逸周書彙校集注

（修訂本）

上册

黄懷信　張懋鎔　田旭東　撰
黄懷信　修訂
李學勤　審定

上海古籍出版社

圖書在版編目(CIP)數據

逸周書彙校集注/黄懷信,張懋鎔,田旭東撰.—修訂本.—上海:上海古籍出版社,2007.3(2023.12重印)
(中華要籍集釋叢書)
ISBN 978-7-5325-4391-5

Ⅰ.逸... Ⅱ.①黄...②張...③田... Ⅲ.逸周書-注釋 Ⅳ.K224.04

中國版本圖書館CIP數據核字(2006)第027080號

本叢書由上海市古籍整理出版
規劃小組主持並資助出版

中華要籍集釋叢書
逸周書彙校集注(修訂本)
(全二册)
黄懷信　張懋鎔　田旭東　撰
黄懷信　修訂　李學勤　審定
上海古籍出版社出版、發行
(上海市閔行區號景路159弄1—5號A座5F　郵政編碼201101)
(1)網址:www.guji.com.cn
(2)E-mail:gujil@guji.com.cn
(3)易文網網址:www.ewen.co
蘇州市越洋印刷有限公司印刷
開本850×1168　1/32　印張39.5　插頁8　字數683,000
2007年3月第1版　2023年12月第12次印刷
印數:12,751—13,800
ISBN 978-7-5325-4391-5
K·852　定價:168.00元

《中華要籍集釋叢書》出版説明

中華文化博大精深，源遠流長。在中華民族發展的歷史長河中，代有英傑，人才輩出，曾經出現過許多堪稱經典的著作，涉及傳統文化的各個方面，包括哲學、政治、經濟、軍事、歷史、文學等各個學科。這些著作不僅在當時産生過巨大的作用，而且對後世産生了深遠的影響，已經成爲中華民族文化的瑰寶，其中蘊含的思想智慧已經成爲中華民族文化精神的體現。歷朝歷代的學者俊彦，或身體力行，或著書立説，爲之闡釋發揮，形成更爲豐富的思想文化寶庫。

由于年代久遠，這些經典連同歷朝歷代積累下來的注釋，對于現代的讀者來説，在時代背景和語言叙述方面都存在着不小的距離。隨着時代的發展，現代的學人也有義務有責任要爲這些經典及其注釋加以整理總結，爲新時期讀者所用。爲此，經王元化先生倡議策劃，上海市古籍整理出版規劃小組特主持并資助出版《中華要籍集釋叢書》，以總結二十世紀之前的學術成果，爲新千年的文化事業作出貢獻。

《中華要籍集釋叢書》入選的圖書，以中國傳統文化典籍爲主，包括哲學、歷史、文學等各個學科。叢書各種均選擇精良的版本加以校勘，以彙集前人注釋成果和體現當代學術水準爲主。叢書各種雖有大致統一的體例，但撰者在闡釋和評注方面可有各自的特色，以體現不同的風格及整理者的學術成果。

本叢書由錢伯城先生任主編，編輯出版工作由上海古籍出版社承擔。

上海古籍出版社

二〇〇〇年七月

逸周書彙校集注(修訂本)出版説明

本書於一九九五年初版發行後，頗受歡迎。惟由於當時諸種原因，書中仍有一些譌誤。爲此，我社特約請本書原撰者之一黄懷信先生統一校訂，出版修訂本，并列入《中華要籍集釋叢書》。

上海古籍出版社
二〇〇六年三月

序言

西北大學張懋鎔、黄懷信、田旭東三位研治古籍有年，所合撰《逸周書彙校集注》一書，將由上海古籍出版社印行。《逸周書》是一部非常重要的典籍，《漢書·藝文志》列於六藝，對研究先秦歷史文化很有價值。好久以來，《逸周書》没有較佳的新注。舊注和有關作品雖然不少，有些流傳不廣，一般讀者很難搜集。近年頗有學者注意此書，但有的論作在引述時，仍祇據《四部備要》所收抱經堂校刊本，没有吸收後來的種種成果。大家都很希望此書有經過整理的新本，所以《逸周書彙校集注》的問世，應該會得到讀者的歡迎。

《逸周書》之名，最早見於許慎《説文解字》，《漢書·藝文志》則稱做《周書》。如謝墉爲抱經堂本作序所説，「『周書』本以總名一代之書，猶之『商書』、『夏書』也」。由於《尚書》中已有《周書》，把《漢志》著録的《周書》七十一篇改稱《逸周書》，是比較方便的。今傳本《逸周書》末有序，列舉七十篇標題，加上序本身，恰合七十一篇之數。蔡邕《明堂月令論》云「《周書》七十篇，《月令》第五十三」，今本仍在第五十三。

《漢志》自注言《周書》爲「周史記」，顔師古注則説：「劉向云：周時誥誓號令也。蓋孔子所論百篇之餘也。今之存者四十五篇矣。」「蓋孔子所論百篇之餘」一句，究竟是劉向所講，還是顔師古所説，前人有不同意見。至於篇數，同屬唐代的劉知幾《史通》不言有所闕佚，顔師古所見恐係不完之本。朱右曾《逸周書集訓校釋》認爲亡十一篇在唐以後，看其所輯佚文多出自唐宋人書，應該是可信的。

今本《逸周書》是否與汲冢有關，是一個值得推求的問題。按《晉書·束皙傳》記汲冢竹書共七十五篇，其中有「雜書十九篇：《周食田法》、《周書》、《論楚事》、《周穆王美人盛姬死事》」。或以《周書論楚事》連讀爲一，恐怕是不對的，因爲汲冢發現後不久所立《太公吕望表》引竹書《周志》即《周書》，内容並非專論楚事。不過《周書》既列於雜書十九篇中，則其篇數不可能多是可以肯定的。《隋志》把《周書》十卷統指爲「汲冢書」，實係誤解。有學者提出今本《逸周書》内無注諸篇來自汲冢，也缺乏根據。孫詒讓《周書斠補》説《太公吕望表》所引《周志》與七十一篇書文例殊異，可知今傳《逸周書》同汲冢「實不相涉」，可能是正確的。

《逸周書》各篇不出一手，年代不同。朱右曾以爲「《克殷》篇所叙，非親見者不能；《商誓》、《度邑》、《皇門》、《芮良夫》諸篇，大似今文《尚書》，非僞古文所能彷彿」。郭沫若先生《中國古代社會研究》主張「《逸周書》中可信爲周初文字的僅有三二篇，《世俘解》即其一，最爲可信。《克殷解》及《商誓解》次之」。現在看來，《世俘》、《商誓》、《皇門》、《嘗麥》、《祭公》、《芮良夫》等篇，均可信爲西周作品。其餘諸篇，我在黄懷信《逸周書源流考辨》（西北大學出版社，一九九二年）序中講過，《度訓》、《命訓》等多篇文例相似，可視爲一組，而《左傳》、《戰國策》所載春秋時荀息、狼瞫、魏絳等所引《武稱》、《大匡》、《程典》等篇，皆屬於這一組。由此足見在書中佔較大比例的這一組，時代也不很遲。

同屬於上述一組的《小開》篇，開首云：「維三十有五祀，王念曰：多□，正月丙子拜望食無時，汝開後嗣謀。」據序，該篇在周文王時，是一次值得珍視的月食記録。董作賓先生《殷曆譜》曾作過專門討論。近來年曆學研究有不少新進展，對《小開》月食也應重加審定，這將有助於推斷《逸周書》的著作時代。

自晚清盛行的經學今文學派，爲了尊崇孔子，總想把孔子説成第一位著作家，似乎孔子以前就不能有學者的著作了。甚至如經學六變的廖平，竟認爲漢字都是孔子創造的。這種説法的錯誤逐漸爲人們所認識，但孔子以前的學者有哪些人，著作有哪些篇，有些看法並不可靠。《逸周書》中有一些篇確係「史記」或「誥誓號令」之類，也有若干篇，如上述的一組，頗富於思想性，其體裁又與《左傳》、《國語》所記春秋時人所論近似，其思想内涵很值得探索分析。我們研究中國學術史，對此似不宜忽略。

《逸周書》的整理工作是很不容易的，《逸周書彙校集注》僅僅是工作的第一步。爲了進一步研究，黃懷信還編有《逸周書通檢》，以便對原書詳細檢索。今後在深入研究的基礎上，應當作出現代水平的新注，使這部重要典籍能爲各方面讀者所利用。

李學勤

一九九四年十月於北京

凡例

一、本編《逸周書》正文及孔晁舊注，均以《四部叢刊》影印明嘉靖二十二年四明章檗校刊本爲底本，底本之簡體、俗體及羨筆、減筆異體字均徑改正體，不出校，餘則一仍其舊。

一、本編〔彙校（含補）〕明各本異同，兼録各家校（含補）語；〔集注〕輯録各家注説。

一、彙校採用舊本包括：

①元至正十四年嘉興路學宫刊本（簡稱「元刊本」）；

②明萬曆間新安程榮輯刊之《漢魏叢書》本（簡稱「程本」）；

③明萬曆二十二年河東趙標輯刊之《三代遺書》本（簡稱「趙本」）；

④明吴琯輯刊之《古今逸史》本（簡稱「吴本」）；

⑤明鍾惺輯刊附評之《秘書九種》本（簡稱「鍾本」）；

⑥清乾隆間王謨輯刊之《增訂漢魏叢書》本（簡稱「王本」）。按此本係翻刻明萬曆間何允中輯刊之《廣漢魏叢書》本）；

按：以上六本，合稱「諸本」。

⑦宋高似孫《史略》（《古逸叢書》本）。

此外，《文傳》、《芮良夫》、《官人》三篇兼校《羣書治要》（《四部叢刊》）本，《謚法》兼校《史記正義》（中華書局校點本），《王會》兼校王應麟《王會補注》（《玉海》附刻）本。其他參校材料皆隨文標出。

一、入校前人校注本包括：

①盧文弨校定《逸周書》，乾隆五十一年抱經堂單刻本（簡稱「盧校」或「盧」）；

②潘振《周書解義》，嘉慶十年月林堂刊本；

③陳逢衡《逸周書補注》，道光五年修梅山館刻本；

④丁宗洛《逸周書管箋》，道光十年刻本；

⑤唐大沛《逸周書分編句釋》，臺灣學生書局影印稿本；

⑥朱石曾《逸周書集訓校釋》單刻本。

按：以上五本，合稱「各家」。

一、凡校語稱「諸本」而不稱「盧校」者，則盧校與底本同；稱「盧校」而不稱「各家」者，則各家與盧校同。

一、採輯前人校注包括：

①盧文弨説(據盧校本所附及《四部備要》本所附覆校);

按:盧引各家分别爲:惠(惠棟),趙(趙曦明),沈(沈彤),謝(謝墉),張(張坦),段(段玉裁),嚴(嚴長明),陳(陳雷),梁(梁玉繩、梁履繩)。

②王念孫、王引之《讀書雜志·逸周書》,《皇清經解續編》本;

③任兆麟《逸周書注》,嘉慶《述記》本附;

④潘振《周書解義》,本同前;

⑤莊述祖《尚書記》,《雲自在龕叢書》本;

⑥郝懿行《汲冢周書輯要》附注,光緒八年東路廳署刻本;

⑦陳逢衡《逸周書補注》,本同前;

⑧丁宗洛《逸周書管箋》(含丁浮山説),本同前;

⑨唐大沛《逸周書分編句釋》,本同前;

⑩朱右曾《逸周書集訓校釋》,本同前;

⑪朱駿聲《逸周書集訓校釋增校》,《國粹學報》第十八期;

⑫王應麟《王會篇補注》,本同前;

⑬何秋濤《王會篇箋釋》,光緒十七年江蘇書局刻本;

⑭俞樾《周書平議》，《皇清經解續編》本；

⑮孫詒讓《周書斠補》，光緒二十年刻本；

⑯于鬯《香草校書·逸周書》，中華書局一九八四年版；

⑰劉師培《周書補注》、《周書王會篇補釋》，《劉申叔先生遺書》本；

⑱陳漢章《周書後案》，《綴學堂叢稿初集》本；

⑲章太炎《逸周書世俘篇校正》，《制言》半月刊第三十二期；

⑳顧頡剛《〈逸周書·世俘篇〉校注》，《文史》第二輯；

按：顧引各家分别爲：《孔戹言》，孔廣森《經學戹言》；《朱釋》，朱右曾《逸周書集訓校釋》；《陳表》，陳以綱《漢志武成日月表》；《王考》，王國維《生霸死霸考》；《沈釋》，沈延國《逸周書集釋》（未刊）。

㉑李學勤《〈世俘篇〉研究》，《江漢論壇》一九八〇年第一期。

一、彙校、集注以《逸周書》原文句子爲單位。句子過長、校注過多者則適當釐分之；句子雖長而校、注無多者則數句合出。

一、原文一般均加標點；各家異讀處則或不加點，以便處理各家注説。

一、原文頂格以大字排之；原文之左，首列〔彙校〕，次列〔集注〕；無校者直列〔集

注〕，無注者亦如之。

一、彙校首列各舊本異同，次列各校注本異同，後列各家校語；舊本同而校注本不同者直列之。

一、孔注之校，隨附該注之下括弧内，有疏解者亦附列之。

一、輯各家注説，以訓詁明義爲原則；凡專言義理，或離題較遠者一般不録；考證性文字則兼録之。

一、凡數説完全相同者，衹取最早一家。

一、録各家説，均直呼其名，以「×××云」形式，略按時代早晚序列。

一、按箋事煩，且衆手難一，故而不附。黄懷信别有《逸周書校補注譯》及《〈逸周書〉源流考辨》單行，可對閲。

目録

卷三

卷四

卷五

卷六

卷七

卷八

卷九

卷十

逸周書彙校集注卷一

度訓解第一

〔集注〕潘振云：昔在文王，生有聖德，緝熙敬止，順帝之則，作解於世，以昭修己治人之術焉。《度訓》，其一也。度，法度；訓，教也。解其義以示人，故曰「度訓解」。冠諸篇首，故曰「第一」。○陳逢衡云：天行有度而四象正，皇極有度而萬民順。紂失度，故以亡；文秉度，故以昌。度也者，所以整齊萬物之具也。斯篇命名立義，與《大學》「絜矩」之説相符，故於好惡特詳言之。○唐大沛云：此篇大旨以立中爲法度之準，以分微、敬微爲王道之源，以教民次分爲治、平之要，以好惡同民爲絜矩之用，而貫以慎始如終之心，蓋内聖外王之至道，典、謨、訓、誥之精義，大端具備矣。又案：《説文》：「解，判也。」王僧虔啓：「古曰章，今曰解。」《古今樂録》：「傖歌以一句爲一解，中國以一章爲一解。」據此，則是書稱「解第」者，猶言篇第也。《殷祝篇》孔注云：「此事不然矣，或者欲解之。」是孔誤作解説之解矣。《管子・形勢》、《版法》諸解義取解説，與此不同。《家語》中稱「解」者十篇，蓋仍古書之舊目也，與此同例。○孫詒讓云：「度訓」，訓釋「度」字之義也。《漢書・藝文志》道家有《周訓》十四篇，此與下《命訓》、《常訓》三篇義指與道家亦略相近。此書如《官人》、《職方》諸篇，多摭取古經典，此三篇或即《周訓》訓文僅存者。

天生民而制其度。

〔集注〕孔晁云：聖人爲制法度。○潘振云：聖人制度，一篇之大旨，下文乃詳言之。○陳逢衡云：度者，自然之矩矱，而聖人裁成之。《詩》曰：「天生烝民，有物有則。」度也。放勳曰：「勞之來之，匡之直之，輔之翼之，使自得之，又從而振德之。」制其度也。○丁宗洛云：經文「制度」，祇就自然言，猶《中庸》言「等殺」也。即「度小大以正」一段，亦係懸空著論，至「明王」以下，始説到聖人耳。（孔）注欠斟酌。○唐大沛云：「天生烝民，有物有則」，度所由制也。

度小大以正，權輕重以極，明本末以立中。

〔彙校〕孫詒讓云：此當作「度小大以正權，權輕重以極明，明本末以立中」，脱「權」、「明」兩重字。

〔集注〕孔晁云：制法度所以立中正。○潘振云：度音鐸。度者，揆其事也。小大，指邦國之事言。權者，稱物使合於義也。輕重，指勸懲之典而言。極者，至善之謂。明者，燭其理也。本末，指萬民之職而言。農爲本，餘皆末也。中者，無過不極之謂。言事有小大，典有輕重，職有本末，度爲正道，道又至善，其所以建極者，中而已矣。○陳逢衡云：正，直也。極，至也。言於事物之小大輕重，無一不權度乎當然之理，以歸於正直至善之區也。本末，猶兩端。○唐大沛云：法度有小大，度以當然之正理；法度有輕重，權以物理之至當。○朱右曾云：度，法；極，中也。聖人制法度，審義理之中正以示民。

立中以補損，補損以知足。

〔彙校〕孫詒讓云：「『知足』下當有『知足以□爵』五字，今脱。」

〔集注〕孔晁云：「損益以中爲制，故知足也。」○潘振云：「補損，即下文從其所好、去其所惡也。中由損益而立，民各得其所而知足。」○陳逢衡云：「立中以補損，則愚不肖不畫於自修；補損以知足，則賢者不騖於高遠。」○唐大沛云：「補損，猶言損益。損益得中，斯至善矣。知足者，止而不過之意，猶《大學》言止於至善。」○朱右曾云：「補不足損有餘皆以中爲制，故知足也。」

□爵以明等極，

〔彙校〕按：闕處唐大沛補「裂」字，朱駿聲補「斴」字，陳逢衡疑是「制」字。丁宗洛云：「按《左・隱五年傳》有『明貴賤，辨等列』語，據以補此，闕處當是『辨』字。《廣韻》：『殷爵三等，周爵五等。三等法三光也，五等法五行也。』浮山校作『序爵』，本《中庸》。」

〔集注〕孔晁云：「極，中也。貴賤之等，尊卑之中也。」○陳逢衡云：「《孟子》曰：『天子一位，公一位，侯一位，伯一位，子、男同一位，凡五等。君一位，卿一位，大夫一位，上士一位，中士一位，下士一位，凡六等。』《傳》曰：『天有十日，人有十等。』《禮含文嘉》曰：『殷爵三等，周爵五等。』《荀子・王制篇》曰：『先王惡其亂也，故制禮義以分之，使有富貴貧賤之等。』然則等也者，所以明冠履辨天澤也。極，至也。謂等級之所至不敢踰也。」○唐大沛云：「當以『明等』爲句，『極』字屬下文讀。等者，尊卑貴賤之等也。」○俞樾云：「孔訓『極』爲中，則『等極』二字義不相屬矣。極，猶則也。《詩・殷武篇》『商邑翼翼，四方之極』，《後漢書・樊準傳》引作『四方是則』。李賢注曰：『《韓詩》之文也。』蓋極有準則之義，故《毛詩》作『極』，《韓詩》作『則』。此云『等極』，猶等則也。上文云『度小大以正，權輕重以極，明本末以立中」，既言極又言中，知極之不訓中矣。

極以正民。

〔彙校〕按此四字唐大沛連上「極」字讀，云：下文有「極等以斷好惡」句，「極極」擬改「極等」。

〔集注〕潘振云：言聖人制爵明貴賤之等以爲民極，所以正民也。〇陳逢衡云：極以正民，《詩》所謂「立我烝民，莫匪爾極」也。〇唐大沛云：極，至也。明等級所至，不得僭越，所以正民也。〇朱右曾云：立中所以生正。

正中外以成命，

〔集注〕孔晁云：内外正則大命成也。〇潘振云：中外，朝野也。正朝野以成王命。〇陳逢衡云：此與下句俱從正民説。命，令也。令出維行，則命成矣。〇唐大沛云：中外，以地言，由宫府以及邦國。内外正則令出惟行，故曰成命。〇朱右曾云：宣之於令曰命。

正上下以順政。

〔集注〕孔晁云：順其政教。〇潘振云：上下，長幼也。〇陳逢衡云：自邦畿以迄荒裔，則統乎中外矣；自天子以至於庶人，則統乎上下矣。成命則雲行雨施，品物流行而無弗亨；順政則自上下，其道大光而無弗届。〇唐大沛云：上下，以人言。自公卿至庶民，有以正之，政教斯順。〇朱右曾云：率之以事曰政。

政以内□，□□自邇，

〔彙校〕丁宗洛云：此八字跟上文「正中外以成命」二句，宜作「政以内成，始成自邇」，則上下俱浹洽。○唐大沛云：「内」字下空圍擬補「始」字，「自」字上二空圍擬補「化行」二字。○孫詒讓云：□□自邇，當作「遠□自邇」。○陳漢章云：當作「政以内外，外興自邇」。下文「内外以知人」，「内外」正應此文。「外興自邇」，「外」字承上「内外」，孫氏似非。○朱駿聲補作「政以内成，既成自邇」。

〔集注〕潘振云：内，指身；邇，指家國。○唐大沛云：政以内始，政教始於宫庭；化行自邇，承上言王化之行自近始。

彌興自遠。

〔彙校〕孫詒讓云：「彌」爲「邇」字之誤。

〔集注〕潘振云：彌，徧也。興，起也。遠，指天下。

遠邇備極，終也□微。

〔彙校〕闕處丁宗洛據下二語補「精」；唐大沛補「慎」；朱駿聲補「敬」，連下四字讀。又「也」字唐改「始」，云：「蓋草書形似而訛。」潘讀「終也」屬上，「□微」連下。

〔集注〕潘振云：備極，言皆得其至善。此度之成也，故曰終。○唐大沛云：極，至也。言王化兼備周至。終始慎微，慎即下文「敬微」意，慎微，猶言慎獨，謂君心居敬終始如一。

補在□□，分微在明。

〔彙校〕二闕文丁宗洛據孔注補「知精」；朱駿聲補「慎順」，「慎」屬上讀，「順」連下讀。唐大沛補改上句爲「慎政在微」，云：末篇《周祝》序有「慎政在微」，義與此合，因據以補改。

〔集注〕孔晁云：知精□□□□微分理有明故。（按：前六字丁宗洛依經旨補作「知精則善補損」。唐大沛云：此注多訛脱，意蓋謂知精微之理，以有明故也。）〇潘振云：此言度制於君心也。微，指心。心之所發，分其緒以滌其源，在明其明德也，爲下文徧行好惡之本。〇唐大沛云：慎政在微，言政之美惡始於君心一念之微，當慎也。分微在明，分別意念善惡之微在君心之明察，猶《大學》言誠意必先致知。此上皆言聖王治天下之法。度該本末，統尊卑上下，兼内外遠邇，貫乎終始，而歸本於君心。《大學》所謂格致誠正，修齊治平之道舉在是矣。〇朱右曾云：微者，事之幾；分者，理之秩。

明王是以敬微而順分。

〔集注〕潘振云：民心之所發有兩端，即下文之好、惡，是之謂分，不可以不順之矣。〇陳逢衡云：敬微，慎獨之學；順分，循理之事。分去聲。〇唐大沛云：分以分位言，與上「分微」之分不同。〇陳漢章云：《常訓篇》「古者明王奉法以明幽，幽王奉幽以廢法，奉則一也，而績功不同。明王是以敬微而順分」，與此文同義。

分次以知和，知和以知樂，知樂以知哀。

〔集注〕潘振云：順分不外乎次。事有小大，職有本末，各得其宜，分斯順矣，故分次可以知和。〇陳逢衡云：循理則君明臣良，父慈子孝，夫義婦順，兄友弟恭，無一不出於自然矣，故曰分次以知和。和則發榮條達，暢於四肢，有不知手之舞足之蹈之者，故曰知和以知樂。樂者，情之逸也。人喜則斯陶，陶斯咏，咏斯猶，猶斯舞，舞斯愠，愠斯戚，戚斯嘆，嘆斯辟，辟斯踴矣。故曰知樂以知哀。○丁宗洛云：此分次就君言。分次以知哀樂，而後知民之好惡，猶《大學》言絜矩先以致知誠意也。○唐大沛云：次，猶舍也。各安其所居之分，則上不替、下不僭，而情誼相通，故知和。和則性情暢達，故知樂。哀與樂相反，皆至情也。知樂之情，斯知哀之情矣。○朱右曾云：循乎分之次弟則心安，安則樂，樂之反則哀。

哀樂以知慧，内外以知人。

〔**彙校**〕哀樂，舊本同，盧改「知哀」，潘、陳、唐、朱從。丁宗洛讀「哀樂以知」句，「慧」屬下，云：「『以』古通『已』。」唐大沛改「内外」爲「知慧」，云：「『慧』當作『惪』，以形近而訛。孔注以智慧言，與下知人則合，與上知哀義不相承。」

〔**集注**〕孔晁云：慧者甚明，所以知人。○潘振云：慧，性解也。内外，以地言。人，指民言。承上文，言明德主乎敬，民心隱微，不可慢也。順則樂，逆則哀，此民之常性所自曉悟者，故可以知慧。性無不同，内外皆然，故可以知人。○陳逢衡云：哀則操心危慮患深，而恒能見禍於未然，審機於當局，故曰知哀以知慧。知慧則内明象坎，外明象離，而知賢與否，如燭照數計而龜卜矣，故曰内外以知人。○丁宗洛云：此二句是下文無樂非人無哀非人之由。○唐大沛云：知哀之發於自然，猶樂之生於不容已，皆性情之惪，故曰知惪。又案慧與惠通，順也。哀樂皆情之順，説亦可通。知性情之惪，斯知天下人之性情皆若是矣，故下文言民之好惡。作順情解義亦相近，可通。○朱右曾云：慧，瘉也，所以去其所惡也。内外以知人者，以己度人，哀樂之情同也。○俞樾云：慧讀爲惠，古字通用。惠，仁也。知哀以知惠，言知哀之則知仁之矣。《吕氏春秋·論人篇》曰：「哀之以驗其人」，「人」即仁之假字。「哀之以驗其仁」，與此文知哀以知惠同義。○劉師培云：《大戴禮記·小辨篇》云：「内恕外度曰知外。」此文内外義與彼同。

凡民生而有好有惡。小得其所好則喜，大得其所好則樂；小遭其所惡則憂，大遭其所惡則哀。

〔彙校〕喜，程本、何本、趙本、鍾本、吴本作「善」。盧校亦作「喜」，云：「舊作『善』，從沈（彤）改。」

〔集注〕孔晁云：言其性之自然。○唐大沛云：喜，喜悦也。樂，快樂也。憂，憂愁也。哀，悲哀也。○陳逢衡云：好、惡俱去聲。

凡民之所好惡，生物是好，死物是惡。

〔集注〕陳逢衡云：生物，如飲食、衣服之類；死物，如鈇鉞刀鋸之類。《左·昭二十五年傳》：「生，好物也；死，惡物也。好物，樂也；惡物，哀也。」○唐大沛云：生，好物，凡養生之物皆是；死，惡物，凡致死之物皆是。

民至有好而不讓。不從其所好，必犯法，無以事上。

〔集注〕孔晁云：不必讓則争，争則犯法矣。（「必」字盧校移「犯法」上。丁宗洛移此注於「不去其所惡必犯法無以事上」下，云：「注係兼釋。」）

民至有惡不讓。不去其所惡，必犯法，無以事上。

〔彙校〕「不讓」上陳、丁、唐、朱各家並增「而」字。

〔集注〕潘振云：有好、有惡，謂作好、作惡也。○陳逢衡云：民至有好而不讓，欲生也；民至有惡而不讓，惡死也。《大學》曰：「民之所好好之，民之所惡惡之。」若不從其所好不去其所惡，是謂拂人之性矣，故犯法而無以事上。

偏行於此，尚有玩民，而況曰以可去其惡而得其所好，民能居乎？

〔彙校〕玩，諸本俱作「頑」。「而況」句諸舊本同，盧從沈改「而況□不去其所惡而從其所好」；潘、陳、朱從，唯「曰」字依舊；丁宗洛改「曰可以」爲「不因以」。唐大沛云：「曰」字當作「可」字，「可」字當作「不」字，與《國語》所云「而況可以淫縱其身乎」文法相類。

〔集注〕孔晁云：偏爲兼行好惡也。能居乎，言不能居好惡。（爲，盧改「謂」；居好惡，諸本作「居好也」。盧文弨云：「居好，好字疑衍。」各家從刪。）○潘振云：偏行，兼爲也。言治民者兼好惡而爲之，尚有不讓之民，況不去其惡不從其好，敢望民之能安乎？居，安也。不能安，言必犯法無以事上也。○陳逢衡云：言好惡俱從民欲，尚有莠民雜處其間，況不去民之所惡而僅從其所好，則是違道以干百姓之譽矣，民詎能遂其好而安宅乎？《大學·平天下章》言絜矩之道，反覆推明所惡，與此意同。○丁宗洛云：偏行，謂好惡之公也。居，猶安也。○唐大沛云：頑民，梗化之民。「不」字貫下好惡，孔注及《補注》皆偏重所惡一邊，似非。言不能去所惡而從所好也。此「而」字猶與也、及也。

若不□力，何以求之？

〔彙校〕□力，丁宗洛云當是「强力」，唐大沛補作「争力」，朱駿聲補作「以力」。○孫詒讓云：闕處疑是「竟」字。「竟」與「競」通，故孔訓爲争。下文「揚舉力竟」孔不復釋，以其義已見於此，足以相明也。下云「力争則力政」，亦即承此爲文。

〔集注〕孔晁云：言力争也。(丁宗洛云：力争乃透起下文爲訓。)○潘振云：言不從其所好而民求之，非力不能也。○唐大沛云：争力，猶言力争。言好惡不遂必争以力，若非争以力，何以求得所好。

力争則力政，力政則無讓，無讓則無禮。無禮，雖得所好，民樂乎？

〔彙校〕劉師培云：《大戴禮記·用兵篇》：「諸侯力政」，盧注云：「言以威力侵争。《周書》曰：『力征則無讓，無讓則無禮；無禮，雖得所好，民皆樂之乎？』」是此文「力政」盧亦讀「征」，惟所據之本「民」下有「皆」字，「乎」上有「之」字，今脱二字。

〔集注〕孔晁云：争則不樂。(按：此注陳逢衡移「若不樂乃所惡也」下。)○王念孫云：政與征同。力征，謂以力相征伐。○洪頤煊云：政讀爲征。○潘振云：力争以力爲主，而無讓無禮，即得其所好且不樂，況不能得乎？○陳逢衡云：政與征通。此言欲民之樂，當先力去其所惡，而化以禮讓。○丁宗洛云：古字政與征通用，但此處作征祇是求其必得意，非戰鬭也。○唐大沛云：政與征通，或當作「攻」，皆誅責之意。無讓，不肯相下。○朱右曾云：政讀爲征，取也。言風俗之敗，知利蔑禮，故貪得無饜，雖獲得所求，亦必不樂。

若不樂，乃所惡也。

〔彙校〕丁宗洛云：此二句不類經文，疑係注語。

〔集注〕潘振云：争爲民之所不樂，承上文言不去其所惡也。〇陳逢衡云：若不樂則民生不遂，而起争奪，是乃所惡也。〇唐大沛云：若既不樂，究係本心之所惡。〇朱右曾云：不樂，則與不獲所求無異矣。

凡民不忍好惡，不能分次。

〔集注〕孔晁云：忍爲持久堅以次第。（盧文弨云：「爲」疑當作「謂」。「堅」字句，「以」疑當作「次」。丁宗洛改注爲「忍爲持之堅。次，次第」。云：「爲古通謂，注多通用。」孫詒讓云：「注疑當作『忍謂持久以堅。次，第』。」）〇潘振云：忍，耐也。分次，分次治之。〇陳逢衡云：分去聲。不能分次，言無度也。沈濤曰：《廣雅・釋言》：「忍，耐也。」古「能」與「耐」通。不忍好惡，猶言不能好惡也。〇丁宗洛云：此分次就民言，語意猶《書》言「惟天生民有欲，無主乃亂」。〇唐大沛云：忍，堅忍也。民惟不能堅忍其性，以致好惡任情以相争。次，合也。孔注訓次第亦通。言必不能安其本分所居，即「民能居乎」意。〇朱右曾云：能，猶安也。〇孫詒讓云：上文云「分次以知和」，與此文同。次當讀爲佽。《詩・唐風・杕杜》毛傳云：「佽，助也。」此分次言分財相資助，故下即繼之云「不次則奪」也。後《糴匡篇》云「分助有匡」，分次與分助義正同。〇于鬯云：此好惡乃指無禮之好惡，非得好惡之正者也。不忍者，不能堪之意也。《國語・周語》云：「庶民不忍。」蓋指不能堪紂之無禮之好惡也。下文云「明王是以極等以斷好惡」，即是得好惡之正者，非無禮之好惡矣。

不次則奪，奪則戰；戰則何以養老幼，何以救痛疾死喪，何以胥役也？

〔集注〕孔晁云：胥，相也。○潘振云：人君不能分次以治之，民奪且戰，而不止於爭矣。役，事也。胥役，猶曰相保相受云爾。○陳逢衡云：不次則無等，而爭鬭之事必起，故上無以惠下，下無以事上也。○唐大沛云：奪謂爭奪。爭奪必相攻戰，相攻戰必不遑仰事俯育也。雖有痛疾死喪，亦不遑救。胥役，如出入相友、守望相助、疾病相扶持之類，凡力役相爲佽助皆是。民至爭鬭犯法，尚能胥役乎？○朱右曾云：不安其分，必至爭戰。治化之敝，親且不顧，而況於上？此所以令之不行，禁之不止也。

明王是以極等以斷好惡。

〔彙校〕丁宗洛云：極等，當云「明等極」。○劉師培云：案上云「□爵以明等極」，此文疑脱「明」字，下節「民主明醜以長子孫」，與此對文，亦其證。

〔集注〕潘振云：斷去聲。承上文，言聖人用立極之等級，以百官決好惡於人。○陳逢衡云：極等以斷好惡則好惡不偏。○唐大沛云：明王有鑒於好惡不平、民不安分，禍亂日興，是以推極尊卑貴賤之等，斷以當好當惡之則，以順其情而不偏。

教民次分，揚舉力竟，

〔彙校〕按：「揚舉」舊爲注語，鍾本左有二小「□」，盧「從卜本」改爲正文，潘、丁、朱從。盧又云：「『力竟』疑『力競』之訛。」王念孫云：「『競』古通作『竟』，不煩改字。」陳逢衡刪「揚舉」及下「力竟」四字，云：「『力竟』見下，猶之力爭、力政耳。此處不當有『力竟』二字，『揚舉』亦係他處小注傳寫之誤。」唐大沛云：「『揚舉』二字當是孔注誤衍，『力竟』連下『任壯』爲句。」劉師培云：「卜本非也。蓋正文作『揚□力竟』，孔注以『舉』釋『揚』，下有脱文。」

〔**集注**〕盧文弨云：競，盛也，强也。優爲下三事，則揚舉之也。○潘振云：教民職事，而小大本末次第分明。其官或以言揚，或以事舉，皆力竟之人。○陳逢衡云：教民以度則次明而分定。○丁宗洛云：浮山云：「《程典解》有『力競以讓』之文，與此『力竟』同。」○唐大沛云：教諭下民各安本分。竟與競古字通。民既教以次分，各安其業，自當强力以任壯者之事。○朱右曾云：明等極制法度，而教以禮也。竟讀爲競。古字聲同皆假借。○孫詒讓云：「次分」與上文「分次」義同，「次」亦當讀爲「佽」。

任壯養老，長幼有報。

〔**集注**〕孔晁云：壯者任之，老者養之，幼者長之，使相報，此謂力竟也。（陳逢衡云：末五字疑誤，或曰當在「和之以懷衆」下。）○潘振云：此即《周禮》孝弟睦姻任恤之事。○陳逢衡云：報如報政之報。○唐大沛云：有報者，骨肉之親以恩相報也。○朱右曾云：任猶傳也，以其任任之也。○劉師培云：長，即《謚法解》教誨不倦曰長之長，謂誨幼也。《寶典解》「知長幼樂養老」，養亦同此。

民是以胥役也。

〔**集注**〕潘振云：有言揚事舉之報，民是以胥役也。○陳逢衡云：任之、養之、長之，則有以養老幼，有以救痛疾死喪矣。民知有等，則有以胥役矣。○唐大沛云：民知有等，各安其分，各盡其力，則有以胥役矣。此與前一段文義一正一反。

夫力竟非衆不尅，衆非和不衆。

〔彙校〕洪頤煊云：「不衆」二字文義不相承，以上下文例之，「衆」當作「聚」，言衆非和不能聚也，因字形相近而譌，依注義亦當作「聚」字。（朱從改。）

〔集注〕孔晁云：和之以懷衆。（劉師培云：「之」字衍。）○潘振云：夫音扶。不衆，不聚。言力竟非人衆不能，衆以度之和而聚。○陳逢衡云：力竟，謂力足以相抗，故非衆不尅。師克在和，衆乃無敵，故非和不衆。○唐大沛云：尅、克通，能也。壯者所任，非人人皆知盡力，則不能勝任。衆非羣居和謀恩誼相通，則雖衆不得謂之衆。

和非中不立，中非禮不慎，禮非樂不履。

〔集注〕潘振云：中者，和之本也。禮教中，樂教和，此制度之大成也。履，行也。○陳逢衡云：致和必以中爲本，故非中不立。教中必以禮爲防，故非禮不慎。慎，順通。禮者，天秩天叙之自然，然必出於懽欣鼓舞，而後可行，故非樂不履。○唐大沛云：和以中爲本，非中則和而漏，故不立。中以禮爲度，非禮則或過中失正，是不知慎。禮者，秩序之自然，必懽欣鼓舞而後可行，故非禮不履。○朱右曾云：中以導和，禮以立中，樂以行禮。○孫詒讓云：「慎」當讀爲「順」，聲相近。○劉師培云：《國語·周語上》云：「然則長庶使民之道，非精不和，非忠不立，非禮不順。」以彼例之，「中」即「忠」省，「慎」亦「順」假。

明王是以無樂非人，無哀非人。

〔**集注**〕孔晁云：言明王所樂所哀非人也。（按：「非」上盧校增「無」字，陳、丁、唐從。丁宗洛云：「注語雖是循照經文，然須作『無非因人』，語義方備。」）〇潘振云：知樂知哀，所以聚衆也。〇陳逢衡云：《孟子》「樂以天下，憂以天下」，與此義同。〇丁宗洛云：此二語當即「樂以天下，憂以天下」之意。〇唐大沛云：與民同好，與民同樂，所謂「樂以天下，憂以天下」也。〇朱右曾云：王者樂以天下憂以天下，則所樂所哀無非人也。

人是以衆。

〔**集注**〕陳逢衡云：無樂非人無哀非人，則天下皆與我和矣。衆非和不衆，故曰人是以衆。〇唐大沛云：哀樂同民，民皆歸之，故人衆。

人衆，賞多罰少，政之美也；罰多賞少，政之惡也。

〔**集注**〕潘振云：事有勤惰，職有修廢，於是乎有勸懲之典。賞以勸之，罰以懲之，較賞罰之多少，則美惡形焉。〇唐大沛云：既衆矣，當有御衆之道。御衆以寬，固屬美政；御衆以嚴，非爲美政。〇朱右曾云：禮教行，力竟者衆則賞多，故爲政之美；不行則罰多，故云政之惡。

罰多則困，賞多則乏。

〔**彙校**〕王引之云：賞多則乏，當作「賞少則乏」。困與乏，皆謂民也。民衆而罰多則民必困，民衆而賞少則民必乏，故上文云「人衆，罰多賞少，政之惡也」，不得言賞多則乏明矣。此「多」字即涉上句「罰多」而誤。（朱從改。）

【集注】潘振云：困，謂民窮；乏，謂財少。〇陳逢衡云：唐順之曰：「罰固不可多，賞亦不可多，所以聖主授受惟厥中耳。」〇唐大沛云：困，民力困；乏，國用乏。王《雜志》云賞多當作「賞少」，乏指民言。沛案：民之不乏，豈盡因君之多賞？况賞有節制，多賞亦非中道。〇朱右曾云：《莊子釋文》：「乏，廢也。」言賞少則人不勸也。

乏、困無醜，教乃不至。

【彙校】困，程本、吴本作「因」。盧文弨云：「困，舊作因，從沈改。」各家從。

【集注】孔晁云：醜謂所厚。（盧文弨云：疑脱「所薄」二字。）〇潘振云：醜，類也。無醜者，謂不知輕重之類也。〇陳逢衡云：周文歸曰：「醜，衆也，言不得衆心也。」盧謂孔注「所厚」下脱「所薄」二字，衡按醜無訓厚薄者，當訓作恥，庶與前後文義相貫。蓋罰多則束縛其手足，故困；賞多則淫佚其心志，故乏。乏困則民無適從而其性失，故無恥。教乃不至，上之責也。〇唐大沛云：醜，類也。賞罰得中，寬嚴相濟，是謂從其類。若過寬過嚴，弊至乏困，則失其類矣。教乃不至，教民之道未爲至善也。〇朱右曾云：賞罰所以明醜弼教，不當則無以勸懲。困謂重足而立。乏，竭；醜，類也。〇劉師培云：醜與等對文，羣分爲等，類聚爲醜。乏困無醜，謂人民涣散弗相屬也。

是以民主明醜以長子孫。

【彙校】是以，諸本作「是故」，盧從。民主，盧云趙曦明疑當作「明王」，陳、朱從改。丁宗洛云：「宜直作『明主醜民』，蓋醜乃活字。」朱右曾云：「《春秋傳》大夫稱『主』；《周禮》『主以利得民』，康成云：『主謂公卿大夫也。』上文有『明王』，今訂正。」劉師培云：「『民主』見《尚書·多方》，朱從趙改『明王』似非。」

〔集注〕潘振云：言聖人明醜，則賞罰輕重得中，以長示子孫。○陳逢衡云：醜，恥也。明恥則教化行，教化行則民無背畔之心，故有以長子孫。○唐大沛云：爲民主者恩威並用，賞善罰惡皆得其中，是明醜也。醜明則民知去惡從善，是以父教其子、祖勉其孫，而民皆遂其生矣。○劉師培云：明醜者，示民類聚之道也。

子孫習服，鳥獸仁德。

〔彙校〕俞樾云：疊「子孫」二字，文義未安，下(此)「子孫」字蓋衍文也。此當以「習服鳥獸」爲句，「仁德」連下「土宜天時百物行治」爲句。

〔集注〕孔晁云：歸其仁德。○潘振云：子孫習服其典要，則事勤職修。仁民即以愛物，故鳥獸被其仁德。○陳逢衡云：子孫習其制度，而好惡哀樂通於天下，則雖鳥獸亦歸仁德矣，而況此受中之民乎？○唐大沛云：習服祖、父之訓，如士食舊德、農服先疇之類，各世其業，各安其分，天下熙皞之象也。聖王建極，德洋恩溥，民遂其性，物若其生，鳥獸之族亦歸仁德。○俞樾云：「仁」讀爲「人」。《大武篇》四凶「一攻天時，二攻地宜，三攻人德」，正與此文同，「仁德」即人德。孔晁不知「仁」爲「人」之假字，故失其讀，因以失其解。

土宜天時，百物行治。

〔彙校〕丁宗洛云：「行」疑「循」訛，言百物循之以治。

〔集注〕孔晁云：土之所宜，天時所生，皆行其物。（丁宗洛云：「行」亦「循」訛，言循其自然之性。）○潘振云：土地有所宜，天時有所生，百物之流行，皆得其條理而治之矣。○陳逢衡云：土宜，剛柔燥濕之性；天時，陰陽寒暑之序。百物，飛、潛、動、植之倫。行治，則天地位、萬物育矣。○唐大沛云：土地所宜，天時所生。高者宜黍，下者宜稻。春無愆陽，夏無伏陰，是以百穀用成，羣生咸若，天地位焉，聖王達中和之極也。○俞樾云：土宜，即地宜。行，猶用也。言人德、土宜、天時百物用治也。

治之初麕初哉，治化則順。

〔彙校〕盧文弨云：「麕」字無考，趙疑即下文「厲」字之訛。○潘振云：「初麕」二字衍。○陳逢衡云：沈濤曰：「厲初」義亦不順，或當爲「靡」字之誤。○丁宗洛云：既無「麕」字，正字宜改作「厲」，以便口誦。○浮山云：「之初」疑衍。○唐大沛云：「初麕」二字疑衍，姑刪。

〔集注〕潘振云：此爲治之始，且因天地自然之利以導之，其度粗有條理，故曰治之初哉，下文遂美其成。教行曰化。○丁宗洛云：「初哉，始也」，見《爾雅·釋詁》。民情可以成終，難於圖始。治厲初哉，言其始皆以爲厲，治化則順。○唐大沛云：治之初哉，言治化之始也。

是故無順非厲。

〔集注〕孔晁云：明醜以使之，所以成順者也。（按：此注丁移上文「治化則順」下，云於此「經傳不相比附」。）○潘振云：厲，勸勉也。公好惡、明賞罰，皆所以勸勉斯民，使之趨於正而協於中也。○陳逢衡云：治化則順，以有等也。厲，若「夕惕有厲」之厲。無順非厲，言凡一切治化之順，皆猶厲精圖治而出也。○丁宗洛云：此當是安不忘危之意。○唐大沛云：治化雖行，然聖王猶競競業業，夕惕若厲之心未嘗稍懈也。○朱右曾云：厲讀爲勵。

長幼成而生曰順極。

〔彙校〕王念孫云：此當作「長幼成而生義曰順極」，故孔注云云，今本蓋脱「義」字。（唐、朱從增「義」字，劉亦從。）

〔集注〕孔晁云：言使小人大人皆成其事上之心而生其義，順之至也。○潘振云：長幼成其君上之命，而生其順政之心，斯時禮可樂可興，其治乃大成矣。○陳逢衡云：言長幼皆遂其生成之性，則無往而不合於度矣，故曰順極。○唐大沛云：至於德澤所流，涵濡既久，壯者老而幼者長，百年之内飲和食德，生斯世者皆成其尊君親上之心，此大順之極也。○劉師培云：極即上文「等極」之極。順極，猶言順則。孔以「至」訓極，似非。

逸周書彙校集注卷一

命訓解第二

〔彙校〕孫詒讓云:命訓,高似孫《史略》作「命順」。

〔集注〕潘振云:命,令也。天生萬物,氣以成形,而理亦賦焉,猶命令也。度以建極,所以使人立命,故次之以《命訓》。〇陳逢衡云:紂不知命,而曰「我生不有命在天」,故大命以傾。文王受天之命,日以小心昭事,故聿懷多福。天者命之宰也,禍福所從出也。文蓋欲冀紂之一悟,故作是篇以警之。〇丁宗洛云:命兼理數言。禍福,數也。福由於德、義,禍由於不德、不義,則理也。〇唐大沛云:此篇與前篇《度訓》脈絡相通。明王立法,奉若天道,故特提天命發論。堯言「欽若昊天」,舜言「勑天之命」,禹言「昭受上帝」,湯言「予畏上帝」,古帝王同出一原,此訓實本於此。

天生民而成大命。

〔集注〕孔晁云:賢愚自然之性命也。〇潘振云:人受天地之中以生,所謂命也。〇陳逢衡云:言生殺之大命皆成於天,即下文禍福是也。〇唐大沛云:承上篇賞罰言。命,天命也。

命司德正之以禍福。

〔集注〕孔晁云：司，主也。以德爲主，有德正以福，無德正以禍。（按：諸本「以禍」下有「然」字。盧文弨云：「然」字衍，卜本無。）○潘振云：德，兼凶德吉德。司，主也。主之者鬼神也。天命之以正人，福善禍淫，天之道也。○陳逢衡云：命，天命也。司德，天神，如司命、司中之類。○唐大沛云：命主於德。

立明王以順之，

〔集注〕孔晁云：順天作故。（作故，盧改「作政」，各家從。丁宗洛云：「作」當是「行」。）○潘振云：順，順天。○陳逢衡云：《書》曰：「惟辟奉天，惟聖時憲。」順謂順命。立者，天所立也。○丁宗洛云：此當即「作君作師，其助上帝」意。○唐大沛云：天立明王，奉天命以順天命。○劉師培云：順、訓古通，順當讀訓。猶言立明王以教誡之也。「曰」下蓋皆訓詞。下節「昭命以命之」，與此語例符，命猶訓也。

曰：大命有常，小命日成。

〔集注〕孔晁云：日成，日進也。（按：此注原在下文「則度至於極」下，今移此。）○潘振云：命，王命。有常，始終如一也。日成，日有成就也。○陳逢衡云：大命有常，作君作師由天付也。小命日成，積德累功當自致也。○唐大沛云：明王言：福善禍淫，天之常道。舉大剛，故曰大命。日成者，日更變而成。禍福無端，即天難諶、命靡常之意。詳細目，故曰小命。○朱右曾云：有常，言否泰循環，天定勝人也。日成，言惠吉逆凶，由於積累，人定勝天也。○孫詒讓云：日成，謂日計其善惡而降之禍福也。與大命有常終身不易異也。《周禮·宰夫》云：「旬終則令正日成。」與此事異而義同。《楚辭·九歌》有大司命、小司命，即司大命、司小命之神。孔訓成爲進，未確。

成則敬，有常則廣。廣以敬命，則度至于極。

〔彙校〕于，陳、丁二家作「於」，下並同。〇潘振云：以，當作「與」。

〔集注〕孔晁云：如有，則其人法度至中正也。（按：「有」下盧增「常」字，丁又增「日成」二字。）〇潘振云：敬，不怠也。廣，不狹也。廣事業，敬王命，斯可已矣。此命民之法度至於至善也。〇陳逢衡云：成則敬，本諸身也；有常則廣，保天下也。至於極，謂至於至善也。〇唐大沛云：禍與福相倚，惟人自召，敢不敬乎？自古迄今，命有常道，何其廣遠乎！王者知天命之廣，曰明曰旦，日監在茲，小心昭事，無時不敬。〇朱右曾云：廣，大也。知其有常，故不敢以小善責報於天；知其日成，故不敢懈其修省。如是，則法度至於中正也。

夫司德司義，而賜之福禄。

〔集注〕潘振云：此司德指人君。〇陳逢衡云：司義，猶司德。〇唐大沛云：主乎德義，賜以福禄。〇朱右曾云：得於己曰德，處物曰義。

福禄在人，能無懲乎？若懲而悔過，則度至于極。

〔彙校〕丁宗洛云：此「福禄」疑衍，「悔過」當作「遷善」。〇唐大沛云：「懲」當作「勸」，涉下文而誤。懲而悔過，案文義擬改「勸而爲善」。

〔集注〕孔晁云：徼，正也。以德居身，深術息其義。（正，鍾本、王本作「王」；餘諸本作「止」，盧校從。丁宗洛云：「當作『正』，玩上文正以禍福自明。若訓作止，衹貼禍而不貼福。」陳逢衡云：「『深』字疑衍。『術息』當作『行習』，一形誤一聲誤。」丁宗洛改「深術息」爲「自深得」，云：「注意以上言德不言義，上言義不言德，而本段兼言德義，故爲之劃清。茲因形似改正。」）〇盧文弨云：「能無徼乎」三句又見下。謝墉云：「悔過，即所以召福。徼其不德不義，即福禄在人矣。」〇潘振云：在人，言其自取之也。徼，創也。言主義而賜之福，福皆自取，司德者能無徼創其不義而使之主義乎？福之，所以徼創之也。人能悔不義而主於義，斯已矣。此福民之法度至於至善矣。下言禍民。〇陳逢衡云：司命益年，司禄益食，司金益富，皆視其人之所受而加焉，故曰在人。言禍禄雖賜於天，而實凖乎人，若能徼而悔過，以求合於德義，則福禄至矣。〇唐大沛云：勸，謂因得福而相勸勉。相勸勉以善，孳孳爲之，民日遷善，則治法大行，故度至於極。〇朱右曾云：徼，艾也。

夫或司不義，而降之禍；在人，能無徼乎？若徼而悔過，則度至于極。

〔彙校〕「在人」上，唐增一「禍」字。〇孫詒讓云：以上文校之，此當作「司不德不義」，「在」上亦當有「禍」字，今本脱三字，遂與上文不相應。

〔集注〕陳逢衡云：言人有悖逆之事，則災及其身，是以君子恐懼，修省無已時也。〇丁宗洛云：勸、徼衹一理，故上下俱言徼。〇唐大沛云：禍在人，人自召禍。徼，因得禍而恐懼以徼戒。相徼戒而悔過自新，改行徙善，則轉禍而得福，天下之善人多矣。善人多則咸與維新治法，所由主善也。又案：能無勸、能無徼，皆當指君上言，與下文一例。

夫民生而醜不明，無以明之，能無醜乎？若有醜而競行不醜，則度至于極。

〔彙校〕能，元刊本、鍾本、吴本闕。

〔集注〕孔晁云：不謂醜者，若道上爲君。（下句丁改「言道在爲君」。）○盧文弨云：無以明之，民不能自明也。在上者能無醜乎，謂旌别淑慝也。舉直錯枉，能使枉者直，斯所謂競行不醜也，是則至於至善矣。下「無以穀之」、「無以畏之」皆謂民，「能無勸乎」、「能無恐乎」皆謂君。○潘振云：醜，惡也。言民生而惡，其德不明，民不能自明也，司德者能無著其惡乎？民知有惡，而强行於善，斯不惡矣。此醜民之法度，至於至善也。○陳逢衡云：醜，恥也。言民生而爲氣所拘、物欲所蔽，舉凡可恥之事無以滌其舊染而明之，則必自陷於罪矣，在上者能無激發其恥乎？若人皆知有恥而至於無恥可恥，則競行不恥矣，故民協於度。○唐大沛云：醜，類也，指善惡言。不明，言善惡易淆，真知者鮮。分辨善惡，即所謂明醜。民愚闇暗，不能自明也，君上能無彰善癉惡以明其醜乎？民雖有善有惡，而争自琢磨，同歸於善，是競行不醜矣，是則治法盡善。○劉師培云：本篇明醜與《度訓解》所云略同。競行不醜，謂不域於類，即《常訓解》所云「醜明乃樂義，樂義乃至上」也。○陳漢章云：競行，即上篇力竟；不醜，即上篇壯任老養幼長。

夫民生而樂生，無以穀之，能無勸乎？若勸之以忠，則度至于極。

〔彙校〕夫，元刊本、程本、趙本、吴本、王本作「天」。若勸之以忠，盧云趙曦明疑「若勸以之忠」。○劉師培云：本文「無」字與下弗屬，疑係字誤。上下節兩「無」字亦然。

〔集注〕孔晁云：穀，善也。謂忠信也。○潘振云：樂生，情也。民不善，以生道勸之，每難盡己。勸民而盡己之心，斯已矣，無僭賞矣，賞民之法度至於至善矣。○陳逢衡云：民雖樂生，而無以自淑，則在上者當導之以德，而民協於中矣。勸，勉也。中心曰忠。○唐大沛云：民生而樂生，承《度訓篇》「生物是好」言。無以穀之，民愚不知養生之善道。能無勸乎，君上能無制田里、教樹畜，以勸其相生相養者乎？若勸之以忠，言相勸以樂生之道，而盡心以爲之也。忠者，盡己之謂。度至於極，言養民之法盡善。○劉師培云：本節之文與下極賞相應，與畏、罰對文。穀當詁禄。《大戴禮記·用兵篇》曰：「讒貸處穀，法言法行處辟」，盧注：「穀，禄也。辟，罪辟也。」此篇穀、畏對詞，與「穀、辟」同，孔説非。

夫民生而惡死；無以畏之，能無恐乎？若恐而承教，則度至于極。

〔集注〕孔晁云：以死亡恐民，使奉上易教也。○潘振云：惡死，亦性也。不畏上，以死亡恐之，恐之而民奉教，斯已矣，無濫刑也。罰民之法度至於至善也。○陳逢衡云：言民雖惡死，而猶不免於犯法，則在上者當齊之以禮，而民知從欲矣。○唐大沛云：此承《度訓篇》「死物是惡」言。樂生，故惡死。無以畏之，民不自知畏懼而或陷於罪。能無恐乎，君上能無以法恐懼之使知畏罪乎？恐而承教，恐犯法而承上之教。度至於極，言去害全生教民遷善，其法盡善。此二節承上篇「從其所好、去其所惡」言。以上言度至於極六者，皆申明上篇制度立中之義。○朱右曾云：刑以威之，所以弱教。

六極既通，六間具塞

〔彙校〕既通，鍾本作「具通」。

【集注】孔晁云：六中之道通，則六間塞矣。○潘振云：間，音諫，罅隙也。非至善不得謂之極矣。具，俱也。○陳逢衡云：六極既通，猶《堯典》所謂「光被四表，格於上下」也。《荀子·儒效》曰：「宇中六指謂之極。」楊倞注：「六指，上下四方也。」盡六指之遠則爲六極。間謂間隙，如天傾西北、地缺東南之類也。塞，實也。王者上蟠下際，放諸四海而太和充滿，無少欠缺，故曰六間具塞，《易》所謂「彌綸天地之道」是也。○丁宗洛云：間猶紅紫爲間色之間，蓋不正也。不正則不中矣。○唐大沛云：此總上文，言六極之道既貫通而無不至，則六者之間隙無不塞矣。

通道通天以正人。正人莫如有極，道天莫如無極。

【彙校】丁宗洛云：二「通」字據下「莫如無極」句皆衍。○俞樾云：此當作「道天以正人」，道猶通也。疑古本亦有作「通天以正人」者，傳寫者誤合兩本爲一，則曰「道通天以正人」，於是文不成義，後人又以「道」上加「通」字而爲「通道通天」矣。下文皆以道天、正人對舉，正承此文而言。《董子》曰：「道之大原出於天。」若作「通道通天」，則先言道後言天，近於《老子》所謂「有物混成，先天地生」者，恐非周初聖人之書所有之義也。下文又曰：「夫天道三人道三。」是天有道人亦有道，更可知此文之不以道與天與人對舉矣。由後人不知道天即爲通天，因致誤耳。

【集注】孔晁云：道謂言説之也。○盧文弨云：趙云「道，即通道之道。注訓言，非是」。文弨案：天道遠、人道邇，此即民可使由之，不可使知之。○潘振云：言六極皆道，而道之大原出於天，通之以正人。人道邇，故有極；天道遠，故無極。○陳逢衡云：楊慎曰：「道，言也。謂會其有極歸其有極也。道天無極，謂生物不測，悠久無疆也。」趙曦明曰云云。衡案：「通道」道字作實理講，「道天」道字作率循講。正人莫如有極，通道也。通道者，達道也。道天莫如無極，通天也。通天者，達乎天德也。有極者，懸象著明，禮樂刑政之謂。無極者，神明變通，羣龍無首之謂。

有極，固所以正人。道天無極，亦所以正人，故曰通道通天以正人。○唐大沛云：通此六者至中之道，以通乎天道，則能修道以正人。天人之道本合，然正人與道天則異。禮樂法度所以正人，必當有整齊劃一之則。若言天道，則神明變化，不可端倪，不可思議，無有窮盡，豈得謂之有極？○朱右曾云：道生天，天生人，其本一也。然天道微妙而難明，人道昭顯而罔外，故民可使由，不可使知。盡性至命，必俟其人；禮樂刑政，亘古不易也。

道天有極則不威，不威則不昭；正人無極則不信，不信則不行。

〔集注〕孔晁云：政教不明。○潘振云：威、畏通。言天有極，人得而測之，故不畏而道不明；正人無極，人得而畔之，故不信而度不行。○陳逢衡云：道天有極則不威，不威則不昭，故不測者聖人之權；正人無極則不信，不信則不行，故畫一者聖人之法。○丁宗洛云：此孔子所以罕言命，所以雅言《詩》、《書》執禮也。又按：此四句經文不過反言以申明莫如有極、莫如無極意，注解以政教未明，未確。即專解「不行」句亦不合。○唐大沛云：論天道而以常情度之，謂爲有極，則不足見天之威。不見威靈赫赫，則天道不昭。若非法度畫一歸於至善，則人不信從。人不信從，則教有所不行。

明王昭天信人以度，功地以利之，使信人畏天，則度至于極。

〔集注〕潘振云：昭，明也。度，所以立極者。功地，致功於地。授田里、教樹畜，度之一大端耳。於以利之，所以使人信者也。倉廩實而知禮節，衣食足而知榮辱，則人畏天命矣。○陳逢衡云：無極以昭天，有極以信人。以度，謂有常也。有常則廣，故能功地以利之，而爵賞及辟公矣。使，謂使令。有土之君信人則令行，畏天則奉法，故度至於極。○丁宗洛云：地，以其所處之位言。有其位則必有其所當爲者，爲其所當，是功地以利之也。按：上六言「度至於極」，經已以「六極既通」總束之矣，此又言「度至於極」，何也？蓋上就天生民及民初生説，道理本來如此也；此就王者設教説，使人如此也，此層即包在上六層内。○唐大沛讀「功」字屬上，云：上則昭明天道，下則取信於人，分職任事，以審度其功。上自公卿下迄庶人，皆受土地以資禄養，是利之也。使天下之人敬信天道，畏天明威，蓋信人則不敢違法，畏天則不敢違理，治法如此，則至於極矣。

夫天道三人道三：天有命、有禍、有福，人有醜、有紼絻、有斧鉞。

〔**集注**〕盧文弨云：紼絻，與韍冕同。○潘振云：紼絻即韍冕，文異耳。○陳逢衡云：醜，恥也。○丁宗洛云：《前漢書·丙吉傳》：「上將使人加紼而封之」，注：「紼，繫印之組。」是紼與紱通也。《荀子·正名篇》：「乘軒載絻」，注：「絻與冕同。」○唐大沛云：承上文舉其目。人道合於天道，亦有三。天有命、有禍、有福，即上文言命、言禍、言福，天有此三道。有醜，即上文明醜之醜。醜以别善惡，紼絻以榮有德，斧鉞以誅無道：人有此三道。○朱右曾云：《白虎通》云：「紼者，行以蔽前者爾，因以别尊卑彰有德也。天子朱紼，諸侯赤紼。」字本作「市」，又作「韍」，通作「黻」、「芾」。「絻」者「冕」之或體。楕銎曰斧，大斧曰鉞。

以人之醜當天之命，以紼絻當天之福，以斧鉞當天之禍。

〔**集注**〕孔晁云：言相方以立教。（方，丁改「並」。按：此注原在「天道三人道三」下，今移此。）○潘振云：當，去聲。生於天地之間者皆曰命，故曰當天之命。○陳逢衡云：以人之醜當天之命者，民知恥則能習於善，故命亦從而善焉。民無恥則必習於惡，故命亦從而惡焉。〇唐大沛云：王者奉天出治，人道合於天道。以彰善癉惡之醜，當福善禍淫之命；以紼絻榮人，當天之賜福於人；以斧鉞誅人，當天之降禍於人。

六方三述，其極一也，不知則不存。

〔彙校〕述，丁宗洛云海山校作「途」。存，丁宗洛、朱右曾據孔注改「行」。

〔集注〕孔晁云：一者，善之謂也。不行善，不知故也。〇盧文弨云：述與術同。〇潘振云：方，比也。述，稱也。合而比之則六，別而稱之則三。天有極人無極，道皆至善，故曰其極一也。知、智通。不智，則不能通道通天以正人，而極非其極矣，故曰不存。存，在也。〇陳逢衡云：天人合一，感應不殊，故曰其極一也。不知，指六方三述。不存，謂天之大命不集於身。〇丁宗洛云：《吕覽·士容論》「士所術施」、「客所術施」，注云皆宜作「述」，可見古字通。「天有命」三句爲六方，「以人之醜」三句爲三述，二者相承。〇唐大沛云：曰命、曰禍、曰福、曰醜、曰紼絻、曰斧鉞，有此六方，方即道也。術者，道之用也。天人相合，則道之用惟三述耳。論其極，三術實皆一理耳。不知，謂不明道也。存，即目極道存之存。《大學》首言格物致知，即此旨也。三句總束上文，「知」字最關緊要。〇朱右曾云：《儀禮·士喪禮》「不述命」注云：「古文述皆作術。」又《毛詩》「報我不述」，《韓詩》作「術」，是「述」與「術」同也。

極命則民墮，民墮則曠命；曠命以誡其上，則殆於亂。

〔彙校〕丁宗洛云：墮，宜是「隳」，但「隳」係俗字，仍宜是「惰」。誡，疑是「詆」訛。〇潘振云：誡，疑當作「逃」。

〔集注〕孔晁云：此下六極謂行之極，其道殆近。〇潘振云：墮即惰。極，甚也，窮也。言命太煩，則民怠廢命，以逃其上，而近於亂。〇陳逢衡云：極者，竟也，窮也。極命則一切總付諸天，而人事無所持，故曰極命則民墮，民墮則曠命。民既曠命，而反以天命有在告誡其上，則事事無備，焉得不亂乎？《墨子·非命》曰：「王公大人若信有命，則必怠乎聽獄治政矣，卿大夫必怠乎治官府矣，農必怠乎耕稼樹藝矣，婦人必怠乎紡績織紝矣。」此之謂也。〇丁宗洛云：此乃極甚之極，謂太過也。〇唐大沛云：此「極」字與上文極字不同，竟也，窮也。敬天命不可廢人事，若極命，則萬事悉聽天命而人事無所持權，故怠於爲善。此下數節皆言過中之害。曠，空也。怠於人事懸空想望，俟命於天。既曠命矣，且謂天命有在，宵旰徒勞，以此語誡其上。如此，勢必廢人事而無所備，難免不亂。〇朱右曾云：此下六極皆謂窮極之，以諭民。命者，吉凶之主。民以爲有命在天，則怠於爲善。曠，空也。言不敬命而有覬覦之心也。誡，警備也，言有遁心也。墮讀爲惰，徒果反。

極福則民禄，民禄則干善，干善則不行。

〔**彙校**〕干，諸本或作「于」。郝懿行云：「于」疑當作「迂」，《禮記》「于則」於義與此同。

〔**集注**〕孔晁云：不行善也。〇潘振云：世禄之家鮮克有禮，犯善而不行。〇陳逢衡云：福禄所以勸善，若富及淫人，是爲極福。極福而民生惟知有禄，而以干善爲務矣。干，通作奸，僞也。謂本無善可福禄，而僞爲善以弋取也。〇唐大沛云：極福則民惟知有禄，將懷竊禄之心。干，求也。民既心繫於禄，必將違道以干譽，是干善也。干善者飾其善，非真能行善也。〇朱右曾云：禄，貪禄。干，如干祫之干，空也。爲禄而爲善，非誠也，故不行。〇于鬯云：干本訓犯。干善，犯善也。蓋民禄則驕奢淫佚無不可爲，皆干善之事也。其義甚明，故孔解不發，朱説殆求深而反拙。《武順篇》云：「危言不干德曰正。」干善猶干德也。彼孔解正云「不干，謂不犯也」。不干德爲正，則干善爲邪矣，故下文云「干善則不行」。

極禍則民鬼，民鬼則淫祭，淫祭則罷家。

〔集注〕孔晁云：罷弊其財，且無禍也。（且，盧校改「冀」，各家從。）○潘振云：罷音皮。非其鬼而祭之，名曰淫祭，求免禍也，故罷弊其家財。○陳逢衡云：殺戮所以止姦，若刑及正人，是爲極禍。極禍則民無所措手足，惟專意祈禳，以冀免禍矣，故至於淫祭而罷家。○丁宗洛云：民祿、民鬼，猶言民貪祿、信鬼也。○唐大沛云：禍以懲惡，若降禍過多，則民思免禍，求媚於鬼神。巫祝祈禱之事盛行曰淫祭。弊其財以冀無禍，其家必至罷憊。○朱右曾云：罷讀曰疲。

極醜則民叛，民叛則傷人，傷人則不義。

〔集注〕孔晁云：民不堪行則叛義也。（按：鍾本無「也」字。）○潘振云：著其惡曰醜。人而不仁，疾之已甚，亂也。○陳逢衡云：沈濤曰：「醜謂愧厲之。愧厲太過，民不堪行，故叛也。」衡案：極醜則民無自新之路，必至逆行而不顧，語所謂惡不仁之人，疾之已甚，亂也。傷人，謂用刑。不義，謂輕重不得其宜。○唐大沛云：醜，類也。彰善癉惡區別太嚴，無以自容，無所逃罪，民不堪命，必生叛義之心。民心叛義，則不仁之人必設計以害君子，是傷人也。傷害善人，雖明知不義而亦不顧矣。○朱右曾云：揚清激濁，固君子之事，然絶之已甚，必將激而爲非，以中傷善類。○孫詒讓云：極醜，謂貴賤無等也，故上文云「以人之醜當天之命」。天命有常，人醜無等，其事相類。貴賤無等，則民傷而上叛，故馴至於傷人不義。朱說未得其旨。○劉師培云：孫說亦非。此文與《度訓篇》「無醜」正相反，蓋無醜則貴賤無等，極醜則上下隔絶，皆不可以訓，故《常訓篇》又云「明醜乃樂義，樂義乃至上」。明醜，如《周易》辨上下定民志，斯無無醜與極醜之失矣。

極賞則民賈其上，賈其上則民無讓，無讓則不順。

〔集注〕孔晁云：賈，賣，以功求其賞也。○潘振云：賈，賣也，以功求賞，如以物求售。民不讓，則不和矣。○陳逢衡云：若賞不以道，是爲極賞，則民必多方悦君，而以市心交於上矣，故曰賈其上。無讓則争，焉能循分而順乎？○丁宗洛云：賈上，是冒功以濫賞意，(孔)注未允。○唐大沛云：極賞，謂賞賜無算。利所在，誰肯讓者？無讓則争，争則奪，焉能順分？○朱右曾云：賈音古。賈上，謂如賈者之居奇貨，挾功邀賞，無遜讓之心。

極罰則民多詐，多詐則不忠，不忠則無報。

〔集注〕孔晁云：上遇其禮，不報巳終。(按：巳，元刊本作「已」；鍾作「闕」，盧從。丁訂下四字爲「終於不報」。孫詒讓云：「注義未詳，疑當作『上遇無禮，不報以忠』，忠、終音近而誤。」)○潘振云：罰即罰布罰鍰之罰。金作贖刑，政之寬者。大甚，則民設詐以避之，不盡心於輸將，而無報上之禮。○陳逢衡云：用罰不當，是謂極罰。習爲巧避，故多詐。詐則不忠，故無以報上。○朱右曾云：忠，實也。詭以僥免而無恥，是上以誠求，下以僞應，而無報也。

凡此六者，政之始也。

〔彙校〕始，趙本作「如」；盧改「殆」，各家從。

〔集注〕潘振云：殆，危也。○唐大沛云：六者皆過乎中道，故其害如此。以此爲政，危殆之道也。結上文。

明王是故昭命以命之，曰：大命世罰，小命罰身。

〔彙校〕「是故」二字丁宗洛移「明王」上。盧校删二「罰」字，云：「《大戴禮・本命篇》注引《周書》：『大命世，小命身』，本無兩罰字，故孔氏注以明之。」各家從。

〔集注〕孔晁云：遺大命則世受罰，犯小命則罰身。（遺，盧校改「違」。）○潘振云：昭命，昭度也。命之，令之也。父子相繼爲一世。聖人不爲已甚，違大命則世受罰，罪人不族也；犯小命則罰身，罪人不孥也。○陳逢衡云：前云「立明王以順之，曰大命有常，小命日成」，蓋天以命命王者之意。此是王者承天命以申命之，蓋謂以人之醜當天之命，以紼絻當天之福，以斧鉞當天之禍也。大命世小命身，兼禍福兩層，言人當强於爲善，已隱寓不可極命意在内。孔注誤。○唐大沛云：明王知天命協於大中，故昭明天命以命下民。天禍福之命無有夫中者，大命有常，故世有令德則世其福，世有凶德則世其禍。小命日成，爲善不終則轉福爲禍，去惡從善則轉禍爲福，祇及其身，未嘗極命也，故下文不復申言極命之害。○朱右曾云：《大戴禮・本命》云：「逆天地者，罪及五世；誣文武者，罪及四世；逆人倫者，罪及三世；誣鬼神者，罪及二世；殺人者，罪止其身。」盧辯注即引此書，與孔晁説合。然《孟子》言文王治岐，罪人不孥，《大戴》之言非盛王法，且上文以命、福、禍、醜、賞、罰爲六方，此處言命，不應兼言刑罰也。

福莫大於行義，禍莫大於淫祭。醜莫大於傷人，賞莫大於信義，讓莫大於賈上，罰莫大於貪詐。

〔彙校〕盧文弨云：行義，當依上文作「干善」。又「莫大於信義讓」六字當爲衍文。此皆約上文而言，上云「無讓」，此安得云讓？所謂六者，兼命而言也。其語義非以干善爲福、淫祭爲禍。所謂莫大，正申言極之害大耳。與《孝經》「罪莫大於不孝」之語不同。後人以「福莫大於干善賞莫大於賈上」語勢似不順，遂爾改之。所云「讓莫大於賈上」，何解？將以爲責讓耶？上文無極讓之語，何可添出？上云「無讓」，自指辭讓而言，寧可牽混？○按：陳、唐二家從盧説刪改，丁從盧説刪下六字，上二字未改，云：上文「賈上」本與賞黏連，非但「讓」爲蛇足，即「信義」亦屬駢拇，盧説可從。但經文跟命説來，首句「干善」原係「行義」，似訛錯尚在首句之上，而「行義」又頗類「信義」，可見「莫大於信義讓」六字定係首句錯在中間，然尚有訛字也。《外篇》又云：「莫大於信義讓」六字如果宜在「福莫大」句上，則「信」必係「倍」訛。倍與背同。「讓」字參諸「曠命誡上」句，一誡一讓，必有一訛。○朱右曾云：行義則非干善，信義則非賈上。「讓莫大於賈上」六字，衍文也，陸麟書説。

〔集注〕孔晁云：言此六者最大。○陳逢衡云：此言極福、極禍、極醜、極賞、極罰之害，不言極命者，上已言大命世小命身，故不復言也。○丁宗洛云：莫大作莫甚解最明。○唐大沛云：申言極福之害莫大於干善，以□福而不□行善也。極禍之害莫大於淫祭以罷其家。極醜則小人背義以傷善類，莫大之害。極賞則民有市心，交於上以争賞，害莫大焉。極罰則民巧於避罰，貪吝欺詐，害莫大焉。此上皆申言極之害大，以示反覆丁寧之意。

古之明王奉此六者以牧萬民，民用而不失。

〔集注〕孔晁云：不失其義。○潘振云：牧，養也。不失，不失其度也。○陳逢衡云：言操此六方三術之用而不至於極命、極福、極禍、極醜、極賞、極罰也。用而不失，則無民墮、民禄、民鬼、民叛、民賈、民詐之虞。○唐大沛云：操此六方三術之用而不流於過中失正，以治天下之民，民服其教守其法，忍好惡安本分，而無民惰、民禄、民鬼、民叛、民賈、民詐之虞，則上不失其道，民亦不失其道，天下大治矣。

撫之以惠，和之以均，斂之以哀，娱之以樂，慎之以禮，教之以藝，震之以政，動之以事，勸之以賞，畏之以罰，臨之以忠，行之以權。

〔集注〕孔晁云：行之以權，以權行之。○潘振云：撫，安撫也。均，平也，與《周禮》「均人」之均同。斂，即大斂小斂之斂。自「撫之」以及「臨之」之「之」，指民也。「行之」之「之」，指度也。惠、均、哀、樂、禮、藝、政、事、賞、罰、忠，所以行度也。行度在權。權，稱輕重也，所以稱物而知輕重者也。○陳逢衡云：此俱牧萬民之事。撫之以惠則民知恩，和之以均則民循分，斂之以哀則民有節，娱之以樂則民情悦，慎之以禮則民志定，教之以藝則民皆有用，震之以政則民不敢玩，動之以事則民興功，勸之以賞則民向善，畏之以罰則民有懲，臨之以忠則民不敢欺，行之以權則民無不化。○唐大沛云：此皆言牧民之政。惠，愛利之也。撫柔萬民，莫先於仁政也。和輯民情，必以均平之道，使民循分。王道在體民情。疾痛死喪之類，民情所哀，必節其情以斂之。哀主抑鬱於内，故曰斂。樂音洛，下同。冠婚喜慶之類，民情所樂，必順其情以娱之。樂主發散於外，故曰娱。禮有節文，度數不可違失，使民慎之。藝，技藝也，教之使習。政以正民，震恐之，使不玩法。事以興功，振動之使無懈惰。有功則賞，所以勸勉之使自奮。有罪則罰，所以畏懼之使遠罪。忠、中古字通，下文「忠不忠」，並當作「中」，觀末段「從中」及「不必中」句可知。上文十事皆臨民之道，而立法必以中爲凖。用中之道非執一也，必權而得中乃可行之。末二句總束上文。○朱右曾云：惠所及必均，哀則情欲斂。藝，工技也。震，亦動也。政，政令。事，浚築師旅之事。通變謂之權。○劉師培云：慎之以禮，慎亦當讀順。《左傳·文二年》：「禮無不順。」是其證。

權不法，忠不忠，罰不服，賞不從勞，事不震，政不成，

〔彙校〕丁宗洛云：不忠，浮山校據後文「賞不必中」語定作「不中」。洛案：子莫執中，不足言中，故以「不中」爲善。

〔集注〕孔晁云：言行權當有如此時。（盧文弨云：「時字疑誤。」丁宗洛倒作「有時如此」，並移於下「不忍人」下，云：「係總括之詞。」劉師培云：「時字蓋即『禮有時』之注，下脱釋詞，錯簡於此。」）○潘振云：服即五刑有服之服。從勞，謂有勞即賞，不分輕重也。震，騷動也。成，一成不變也。○陳逢衡云：權不法，權宜之事不可以爲常法也。忠不忠，忠於內者必忤於外也。罰有必行，故不期於民之服，如子產之謗蠆尾是也。賞以德禮爲先，故不從勞，如晉文公之於壺叔三賞而及趙襄子，之於高赫無大功而賞居首是也。事以謹小而立，故不震。政以積久而報，故不倖其成。○丁宗洛云：服，當如《吕刑》言下服、上服，非《易》「則刑罰清而民服」之服。○唐大沛云：蓋權其事理所宜，非可拘於常法，法有定而權無定也。中無定在，權之斯得，執中無權，猶爲執一，故中不可泥於一定之中。罰必當其罪，不强服之。勞而有功則賞，若賞從力役之勞則濫矣，故不從勞。震者，矜張之意。執事當敬，不可矜張，政以積久而成，不期速成。○朱右曾云：常法非權，小忠非忠。服，執持也。適輕適重，不可執一也。從，讀爲縱，猶失也。震，震矜。成，盛也，猶言鋪張揚厲也。○孫詒讓云：此以不成爲政之善，下文又云「成則不長」，義並難通，朱訓盛亦迂曲，疑「成」當爲「戚」之誤，篆文相近。戚與蹙通。凡政迫蹙則難以持久，故云不長。注云：「不長，言淺近也。」孔所見本戚已譌「成」，而訓義則不誤。○劉師培云：「服」即「𠬝」假。《常訓解》「六極不服」同。

藝不淫，禮有時，樂不滿，哀不至，均不壹，惠不忍人。

〔彙校〕惠不忍人，唐大沛删「不」字，云：「《寶典篇》言明刑曰『惠而能忍，尊天大經』，知『不』字是衍文。觀下節『惠而不忍人』句，與此一正一反可見。」朱右曾依陸麟書説於「不」下增重一「不」字。

〔集注〕潘振云：淫，過也。謂求備於人。禮以時爲大。滿，樂之過也。至，哀之甚也。壹，專一也。忍，堅忍也。謂必與之。○陳逢衡云：藝無取乎技巧，故不淫。禮以適用爲貴，故有時。樂不滿者，情不可極也。哀不至者，喪惟其稱也。均有等差，故不壹。惠以愛爲主，故不忍人。○丁宗洛云：忍謂隱忍，言姑息也，非殘忍之謂。○唐大沛云：藝不尚淫巧。禮時爲大，如婚冠喪祭行之有時。樂不可極。哀有節。均有等差，各視其分次，不均而實均也，故不壹。惠者，愛利之意。唯仁人能愛人斯能惡人，恩不掩義也。放流迸逐，鋤惡所以安良，故仁慈當濟以剛斷。此與《孟子》言不忍人之政義迥别。○朱右曾云：淫，淫巧也。禮從宜，故以時爲大。不忍人，姑息爲愛，婦人之仁也。

凡此，物攘之屬也。

〔彙校〕潘振云：「攘」當作「權」。○丁宗洛「攘」改「權」（朱從），云：玩上惠均十二字，一順一逆，俱以權爲主，此句乃總結文法，則攘爲權之訛明矣。或曰：《前漢·禮樂志》「盛揖攘之容」、《藝文志》「合於堯之克攘」，攘即讓。但讓字與上無涉，不如權字妥。○唐大沛云：「物攘」二字不可解，案文義「物」當作「勿」、「攘」當作「攘」。

〔集注〕孔晁云：物，事。○潘振云：總括其大概曰凡。屬，類也。言此十一事皆行權之類也。○唐大沛云：「攘」與「壞」同，音怪，毀也。

惠不忍人，人不勝害，害不如死。

〔彙校〕惠不忍人，王念孫云：當作「惠而忍人」，此反言之以申明上文也。此「不」字涉上文「惠不忍人」衍。（潘、陳二家亦言「不」字衍，丁徑删。）○害不如死，潘振云：「如」當作「知」。

〔集注〕孔晁云：害則死□而猶不知□。（「知」字盧校改「如」，陳、丁、朱從。上下二闕文丁分補「生」、「死」，朱從。）○潘振云：勝平聲。此言不行權之害。不勝害，言多害也，如後世與之邑而據以叛者是已。言惠而必與之，人多害之，死且不知。○陳逢衡云：惠而忍人者，假仁義以濟其凶也，故惡害甚於惡死。○丁宗洛云：此段乃反言以申明上段，此三句則言忍人之害，以見不忍人之善。○唐大沛云：煦煦爲婦人之仁，有罪不如加誅。惡人不誅則善人受害，如盜賊之類。人不堪其害，是不勝害也。「害不如死」，此民激憤之情也。《糴匡解》歷言惠民之政，而繼之曰「於民大疾惑，殺一人無赦」，此惠而能忍之明證也。

均一則不和，哀至則匱，樂滿則荒，禮無時則不貴，藝淫則害于才，政成則不長，事震則寡功。

〔彙校〕害于才，「于」字陳、丁二家作「於」。

〔集注〕孔晁云：不長，言淺近也。震而其功寡矣。（丁宗洛云：淺近，疑「迫狹」訛。玩此注，知上段「政不成」句言政不可欲速成也。震而其功寡，當即進銳退速意。）○潘振云：匱，窮也。荒，廢也。不長，言近淺也。均一不差分，故人不和。哀甚則難繼，樂過則廢時。禮不沿襲，當王者貴，故無時不貴也。人各有能有不能，教藝而求其備，是害之也。政不成，故淺近；事騷動，故少功。○陳逢衡云：親親尊賢必有等差，均一則無辨，故不和。哀至則費財，故匱。樂滿則無節，故荒。禮無時則用非其宜，故不貴。藝淫則相習爲無用，故害於才。政期於速成則苟且，故不長。不長猶不達也。震矜其事則志滿而驕，故鮮爲功。淩曙曰：「均一則不和，如《昭二十年·傳》齊侯與晏子論和同，若琴瑟之專壹，誰能聽之？事震則寡功，如《僖九年·公羊傳》葵邱之會，桓公震而矜之，叛者九國是也。」○

唐大沛云：匱，竭也。哀過情則匱竭而不能繼，樂過情則無厭而流於荒亂。當其可謂之時，如祭不欲疏，亦不欲數，用失其宜，非禮所貴。人之才力當務正事，作爲淫巧，則聰明誤用，故害於才。或曰：才、財古字通，淫巧之物害於財。政期於速成則章程苟且，故不可長久。矜張其事則有初鮮終，故寡功。〇朱右曾云：極哀則神乏，極樂則志荒。才與材同。不長，言治功淺近。震衆則功必寡矣。

以賞從勞，勞而不至；以法從中則賞，賞不必中；以權從法則行，行不必以知權。

【彙校】盧文弨云：「以法從中」以下數句有脱誤，以上文推之，「賞之」以下當言罰言忠，然後終於權也。趙曦明云：當作「以法從賞，賞不必中；以權從法，法則必行。行以知權」。〇陳逢衡云：盧、趙二説以意改更，非也。〇丁宗洛云：趙説仍脱罰與忠二層，亦未允愜。竊謂「以賞從勞」下六句皆有顛倒訛錯。如「勞而不至」，語意欠圓。「以法」之法，必係罰字音訛。二「賞」字必誤。二「中」字必有一爲「忠」訛。上段言權以不法爲善，此言「以權從法則行」，亦誤也。似應作「以賞徒勞，勞而匱。以罰從贖則不至，忠不必中。以權從法則不行，行以知權」。如此，則上下文義俱各周浹。〇潘振云：「以權從法」二句，當作「以權從法，法則必行，行以知權」。承上文，言惠、均、哀、樂、禮、藝、政、事、賞、罰、忠，其法皆無一定。以權從之，則法必行，行法非知權無以也。〇唐大沛改「以法從中」以下爲「以罰使服，服而不悦。以法從中，中不必中。以權從法則行，行以知權」，云：「以罰」二句案文義補。「從中」下舊有「則賞」二字，案文義當爲衍文，蓋此二句申言上文「中不中」之義，不應又以賞言。舊本「賞不必中」賞字訛，據文義改「中」。舊本「行以知權」行字下有「不必」二字，文義不可通，今删。

【集注】陳逢衡云：以賞從勞，則有虚冒之嫌，故不至。以法從中，奉法者也。從中則事有定格，故賞以旌之。賞不必中，用賞者也。謂有非常之功則有非常之賞，故不必有定格也。以權從法，制法者也。制法因時變通，故行。行不必以知權，如萬物之受鑄於洪鈞而不知其所以然也。○唐大沛云：以賞從勞，以賞從力役之勞。至，盡也，謂盡力也。「以罰」三句，言以罰使之服，民雖服，非心悦誠服也。以法從中，言以一定之法而從時中之用。中不必中，即上文「中不中」之義。上文言執法從中，未必得中，故中與權相因。權而得中，則以時中之用從有定之法，法無不中，斯至善之法也，故行。上文云行之以權者，此也。行以知權，言法得中而行，愈以知權之妙用也。○朱右曾云：此節有脱誤，當缺疑。

權以知微，微以知始，始以知終。

【彙校】《史略》作「權以知始，始以知終」，無「知微微以」四字。孫詒讓云：《史略》疑誤。

【集注】孔晁云：言事勢之相權，物理之相致如此也。○潘振云：權輕重而使合義，義最微妙，即天所賦之理也。得是理，然後有是物，所謂始也。所得之理既盡，則是物亦盡而無有矣，所謂終也。○陳逢衡云：人所不見之地曰微。權以知微，精義入神之謂。微以知始者，知至至之也。始以知終者，知終終之也。上文行不必以知權指民説，此知微、知始、知終指牧民者説，所謂道天莫如無極也。○唐大沛云：知微，知精微之理也。蓋惟得權之妙用於精於擇善之後，斯至微之理無不洞見矣。知始，知聖學王道所由始。始以知終，由始以知所以成終。○朱右曾云：通乎權者必察乎幾，幾者物之始。原始要終，而後有以善其權，則六方三述無窮極之害，而有從欲之治。

逸周書彙校集注卷一

常訓解第三

〔彙校〕訓，《史略》亦作「順」。

〔集注〕潘振云：常，民所秉之常性也。天所賦爲命，人所受爲性，故次之以《常訓》。○陳逢衡云：四徵、六極、八政、九德俱政治之要，所謂常訓也。人有常順，順在可變，是以聖人不專責之民，而民無弗治。古者此民今亦此民，無二性也，故曰政維今法維古。前篇言命，此篇專言性，故其道在因。○丁宗洛云：天有常性，所謂天不變道亦不變也；人有常順，所謂此心同此理同也，故篇名曰常。○唐大沛云：此篇首言常性，即性善之旨。惟習染不同，遂區善惡，故明王立政，使民變其不善之習而習於善。習之有常，斯以常習而復乎常性矣。然明王明醜以正民，非强之也，因民好惡以順其情也。順民情而立政，自古帝王皆然，明王亦猶行古之道耳，故曰政維今法維古。夫政之失中也，始於明不至而疑生，故必參伍錯綜以明之。期欲允當，又必慎於幾微而貫乎終始，否則君德不明，六極、八政、九德豈能順其軌轍哉？是以明王立政以化民，使夫六極不羸、八政和平、九德純恪，而無姦僞之虞，無私欲之害者，良由君德清明，能奉古昔先王化民爲善之法，使民習以爲常者也。而其原則本於慎政在微與教民次分，故總結之曰敬微而順分。此與前篇脈絡相連，義理貫通，疑本係一篇，而後人分爲三篇耳。

天有常性，人有常順。順在可變，性在不改。

〔彙校〕常順，唐大沛改「常習」，云：據孔注以學習言，可知晉時本原作習，後乃訛爲順，蓋草書以形誤耳。觀下文屢言習，《論語》亦以性與習對舉，知正文當「常習」無疑。順在可變，唐亦改「習在可變」，云：孔注云學成故可變，是解習字義。

〔集注〕孔晁云：學能，故可變；自然，故不改。○潘振云：順，順理也。順屬人事，故隨在可變。性屬天命，故隨在不改。○陳逢衡云：天有常性，天命之謂性也。人有常順，率性之謂道也。順在可變，可以爲善、可以爲不善也。性在不改，生之謂性也。○丁宗洛云：常順，應是良知良能意。○唐大沛云：習言習染也。習由漸而入，非一朝一夕之故，故曰常習。習在可變，言美惡皆可互相變易。性雖生質不齊，然好善惡惡，人性所同，千古不易。○朱右曾云：常性，五常之性。常順，惻隱羞惡辭讓是非之心，順其性以發者也。然人不能無欲，故可變。性原於天，故不改。○俞樾云：順當讀爲訓，古字通也。其下文曰：「順在可變」，即孔子有教無類之義。下文又曰：「古者因民以順民」，亦言因民以訓民也。若如本字讀之，則順即因也，因民以順民，文義複矣。

不改可因，因在好惡。好惡生變，變習生常。常則生醜，醜命生德。

〔彙校〕醜命，唐大沛改「醜明」，云：以聲誤耳。

〔集注〕孔晁云：雖有天性，可因其好惡以變之。明醜所以命之，則德生矣。○潘振云：因，仍也。天命之，人因之，所謂率性也。好惡，人之常情。性不可見，於情見之，故曰在也。習，即習相遠之習。常，久也。醜命，醜類無非軀命也。言情感於物而動，故生變。凡情之變，積習生常。習於善則常善，習於惡則常惡，故生類。類有善惡，則德有吉凶，故生德。○陳逢衡云：不改可因，如其性以治之也。因在好惡者，《董子·保位權》曰：「聖人之治國也，因天地之性情，孔竅之所利，務致民令有所好。有所好然後可得而勸也，故設賞以勸之。有所好必有所惡，有所惡然後可得而畏之，故設法以畏之。既有所勸又有所畏，然後可得而制之。」此之謂也。好惡生變則民俗移，變習生常則人道立，常則生醜則善惡分。醜命者，天有命人有醜也。生德則人有常順，能復其性矣。○丁宗洛云：好善惡惡，性也。若好人所惡，惡人所好，則變矣。變而習之，狃於已然則常矣。常則善惡之類判然矣。醜，類也。因其醜命之，所以使人棄惡遷善也，故曰生德。○唐大沛云：惟好善，故可勸以善；惟惡惡，故可懲其惡，所謂因也。下文「因人以順人」，即此因字。因民好惡，故生變易之道。去其惡習變而之善，則復性而生常。既習以爲常，則善惡之類分而生醜也。善惡之類明，則知去惡從善而德生矣。德即五常之德。如民知愛親敬長，則孝弟之心自油然而生。○朱右曾云：因謂因之以立教。好惡，情也。好善惡惡，性也。非情無以識性，故因在好惡。性無不善，情兼善惡，故生變。變於所習，則以變爲常，而善惡之類判然矣。因其醜而命之，使人棄惡遷善而生德。

明王於是生政以正之。

〔彙校〕生政，陳逢衡、丁宗洛均訂「立政」，唐、朱二家分從。

〔集注〕潘振云：政，即度也。生，出也，又性也。言聖人出法度以正民。○唐大沛云：明王知德所由生在於明醜，故立政以正民，使習於善以復其性。

民生而有習、有常。以習爲常，以常爲慎，民若生于中。習常爲常。

〔彙校〕朱右曾删「習常爲常」四字，云：陸麟書曰：「是孔注誤入正文。」○陳逢衡云：《左・昭十六年傳》「習實爲常」，惠棟《左傳補注》引《周書》曰：「習實爲常，□美惡一也。」案今本俱作「習常爲常」，而無下五字。惠氏並未注明某篇，疑誤。

〔集注〕孔晁云：習常爲常，如性自然，故若生於中也。○潘振云：凡民生之事，少而習焉，其心安焉，不見異物而遷焉，是有習也。士之子恒爲士，工之子恒爲工，商之子恒爲商，農之子恒爲農，是有常也。先時之習慣，後日之常行，是以習爲常矣。知其爲常，不可以不慎也。惟是民於法度之中，若習之自然。習即常也，常即習也，一慎無不慎，率其常而已矣。○陳逢衡云：有習者，明善之功；有常者，自然之體。以習爲常，則困知勉行以復其初也。慎，順也。以常爲慎，人有常順也。○丁宗洛云：人能慎其常，則必爲善矣。習常爲善，則似生而有善性矣。○唐大沛云：蓋因民生有習，斯有常。以習爲庸常之行，以庸常之行而慎持之，由此性使然也。而若生於天性之中，非由外至者，所謂少成若天性也。習以爲常，所謂習慣成自然也。○朱右曾云：有習有常，原其始也。以習爲常，要其後也。○孫詒讓云：《左・昭十年傳》云：「將因是以習，習實爲常。」疑即本此文。慎當讀爲順。此節承上「人有常順」言。

夫習民乃常，爲自血氣始。

〔彙校〕丁宗洛引浮山云：「乃」字照注宜是「所」。○朱右曾據《大戴禮記》盧注所引訂作「夫習之爲常，自氣血始」。

〔集注〕孔晁云：性本所有，而幼小習之，若自其氣血生之始也。（氣血，盧改「血氣」。丁宗洛訂作「性所本有而幼小習之，若自其血氣始生之也」。）○潘振云：言習雖起於一時，馴之乃常矣。凡人受生於父母，四月水精至而血生，五月火精至而氣生，是其始也。○陳逢衡云：《大戴・保傅篇》孔子曰：「少成若天性，習慣之爲常。」盧辯注引《周書》曰：「習之爲常，自血氣始。」案習之爲常，即上文習常爲常也。血氣，知覺運動所托，與生俱來者也。○丁宗洛云：明王明醜以使人變其習，所以變化氣質。使人慎其常，所以涵養氣質。蓋其根源如此，經所以言自血氣始也。○唐大沛云：言民復常性，惟習學乃如此。其爲之也，不早鋪教也。性本所有，而幼小習之，若自其血氣始生之日然。○朱右曾云：血陰氣陽，合而成氣質。氣質之性，非性而害性，故慎習必自血氣始。

明王自血氣耳目之習以明之醜。

【彙校】孫詒讓云：依注則「自」當作「示」，聲近而誤。

【集注】孔晁云：示之以好惡也。（丁宗洛云：宜作「示人以好惡之則也」。）○潘振云：耳屬坎，坎爲血；目屬離，離火主氣。人既生，則習尤不可以不慎，聖人從此以明善惡之類。○陳逢衡云：血氣易動，耳目易染，因其粗乃易知，從其欲乃易行。明之醜，則民知愧恥矣。○唐大沛云：血氣在身體，耳目司視聽。身體有勤惰，視聽有邪正善惡之類，習使然也。民生而醜不明，故明王明之。○劉師培云：本篇之醜亦當訓類。孔注似又訓恥，與前注歧。孫謂依注「自」當作「示」，亦失孔旨。

醜明乃樂義，樂義乃至上，上賢而不窮。

【彙校】丁宗洛云：至上，疑「奉上」訛。○唐大沛云：「至」當作「志」，古字通。○俞樾云：「不」字疑「下」字之誤，故孔注以窮爲不肖，蓋謂上賢而下不肖也。若是「不」字，則上賢而不不肖，文不可通，孔氏必不作是解矣。○劉師培云：俞説是也。《羣書治要・文韜》載尚父語曰：「上賢下不肖。」即孔所本。

【集注】孔晁云：窮謂不肖之人。○潘振云：類既明，則民去惡從善而樂於義。樂義，乃至於極。至極，可謂賢矣，而不流於不肖。○陳逢衡云：民知醜則能慕義，能慕義則能向上，能向上則能尊賢。窮謂不失其性。○丁宗洛云：奉上，言奉行上意也。或謂「至上」即下文「民知其至」之至，謂至善也，然義頗犯複矣。上與尚通。窮，窮極也。苛責於民，即窮極之義。蓋言能明醜者爲賢，則尚之；未能明醜者誘之使化，亦不遽加苛責也。此即使自得之，又從而振德之之意。○唐大沛云：醜明則善惡能辨而好惡得其正，故樂義而嚮義。樂於嚮義則恥居人下，而志在嚮上。上、尚同。既嚮上則能尊賢，尊賢則不惑，而行不至困窮矣。○朱右曾云：至上者，達於上也。樂義則氣質清明，不域於污下矣。上賢不窮，謂相尚以賢，互相勸勉也。

哀樂不淫，民知其至。而至于子孫，民乃有古。古者因民以順民。

【集注】孔晁云：皆有經遠之規謂之有古。父教子、子教孫，故曰因也。○潘振云：哀樂不淫，義也。知其至，知其至於極也。至於子孫，常之極也。天有常性，太古已然，故慎常謂之古。所謂古者，因民之性、順民之理而已矣。○陳逢衡云：哀樂不淫，則民習於正矣。知其至，至猶度至於極之至。古，謂高曾之矩矱。因，謂因其好惡順則利而導之，不拂其性也。○唐大沛云：夫如是，民知至善所在。習俗既久，孝弟成風，世德相承，以至於子孫。此與《度訓》「子孫習服」義同。因民以順民，因民情以順導之也。○朱右曾云：哀樂不淫，則好惡不淫可知矣。至，極也。父教子、子教孫，風俗醇懋，比於古初。古，謂虞夏之時。因民順民，猶言以人治人。○陳漢章云：《管子・國準篇》「以人御人」本此，即以人治人。

夫民羣居而無選，爲政以始之。始之以古，終之以古。行古志今，政之至也。

〔彙校〕洪頤煊云：當作「始之以古，終之以今」，故下文云「行古志今，政之至也」、「政維今，法維古」，皆古、今對言之。○于鬯云：始之，疑本云「治之」，涉下文「始之」而誤也。抑始、治二字並諧台聲，本可通假。

〔集注〕孔晁云：言政必敬始慎終。選，行也。（按：此注原在「終之以古」下，今移此。丁宗洛云：「敬」、「慎」亦本下文爲注，而經旨尚是爲政有始終之道。）○潘振云：選者，簡擇之謂。羣居而善惡無所擇，則醜不明。爲政以始之，自血氣始也。始之以古，有習也。終之以古，有常也。心之所之謂之志。今，指聖人所治之世而言。○陳逢衡云：羣居而無選，則無貴賤之等，無賢否之別。爲政，謂爲選政。《董子·官制象天》云：「聖人爲一選，君子爲一選，善人爲一選，正人爲一選。」此以德行爲選者也。又云：「三公爲一選，三卿爲一選，三大夫爲一選，三十爲一選。」此以爵位爲選者也。始之以古，繼自今立政也。終之以古，鑒成憲以無愆也。行古者，因也。志今者，損益也。政之至也，猶云蔑以加矣。○唐大沛云：選，有行列貌。民居雜處，醜類易淆，故無選。王者爲政，教以明醜，振之於始。政之始必遵先王之道，政之終猶是先王之道。行古之遺法，志今之所尚。至，言至善也。○朱右曾云：選，擇也，善也。始之以古，明醜以慎其習；終之以古，樹經遠之規，考諸三王而不謬也。行古志今者，時異勢殊，不可執一也。○俞樾云：羣居而無選，猶言羣居而無等。《程典篇》：「無政無選。」又云：「選官以明訓。」凡言選者，其義並爲等齊。《史記·平準書》：「吏道益雜不選。」是不選有殽雜之義。此言無選，猶彼言不選矣。孔訓爲行，未得其旨。

政維今，法維古。

〔彙校〕「法維古」下原有雙行小字「云云」，盧删，各家從。

〔集注〕潘振云：政度隨時，故維今。性法不改，故維古。○陳逢衡云：夏尚忠、商尚質、周尚文，政維今也。行夏時、乘殷輅、服周冕，法維古也。○唐大沛云：政則因時致宜，法則監於成憲。

頑貪以凝，疑意以兩。平兩以參，參伍以權。

〔彙校〕凝，鍾本、吴本作「疑」，盧校從。二「參」字元刊本、程本、趙本、鍾本、王本並作「叁」，吴本上字作「參」，下字作「叁」。盧校從作「參」。

〔集注〕潘振云：心不則德義之經爲頑。貪，探也，探入他分也。參，如毋往參焉之參。參伍，見《易·繫辭》。三數之，五數之，以成一變。彼指揲蓍，此指行權。言民之頑貪由於惑，而其所以惑者，由於知德而不能以一守之也。參之以義則二心平。○陳逢衡云：頑貪，指民之失其性者。以疑，疑如罪疑從輕之疑。卜堯年曰：「前云順在可變，疑者尚望其改變也。」疑意，揣測之義。以兩，謂事以相比而可否見也。平兩，權衡之義。以參，謂理以得中而是非定也。參伍，錯雜之義。以權，謂用以審量而輕重適也。○丁宗洛云：頑貪，指民言。民情，好惡有偏則頑貪。所以頑貪者，以其意有疑也。所以疑者，以好惡兩途未得其道也。「平兩」二句指君言，言君欲平好惡二者於民，須以參伍，而參伍則莫妙於權也。此四句申明「羣居無選爲政以始之」之義。○唐大沛云：頑則不知義理，貪則利令智昏，不明於道也。明不至則疑生，凡疑者皆存兩可之見而不能決。參、三同。於兩可者平心度之，孰爲過，孰爲不及，孰爲得中，則兩加以中而爲三。參伍，同「三五」。參之矣，復從而伍之，孰爲過中，孰爲不及中，孰雖過中而不失爲中，孰雖不及中而亦不失爲中。中無定體，參之伍之，必權而得中，非執一定之中也。○朱右曾云：治今以古，頑貪不便，故疑。兩，好惡也。參，好惡之則也。參伍之數度之以權，斯宜於今而不悖於古。○劉師培云：《史記·蒙恬傳》引《周書》：「必參而伍之」，似即約引此文，故下文又云：「察於參伍，上聖之法也。」《索隱》以三卿五大夫訓之，誤甚。《韓非子·揚權篇》曰：「參伍，比物事之形也。參之以比物，伍之以合虛。」又《難三篇》云：「不察參伍之政」，《八經篇》云：「參伍之道，行參以謀多，揆伍以責失。行參必拆，揆伍必怒。」所云參伍，均足證明此誼。

權數以多，多難以允，允德以慎。

〔集注〕潘振云：多，無定數也。多難，無易心也。義非權不合，須無易心，而允執其中，允不外乎慎而已。○陳逢衡云：權之，數則以多，一致而百慮也。多而難，則以允，執一以應萬也。允德以順，履信思乎順也。○丁宗洛云：允，信也。權所以治民，而條例之數不宜太多，多則難以上下相信矣。○唐大沛云：權必錯綜，其數且有不止於三五者，故其數多。多難以允，難去聲。多爲辨難，以求允當而適中，即《度訓》言分微在明，《命訓》言權以知微之義。

慎微以始而敬，終乃不困。

〔彙校〕因，程本、鍾本、吴本、王本作「困」，盧校及各家從。○盧文弨云：《左傳·襄二十五年》引：「慎始而敬終，終以不困。」又《中論·法象篇》亦引。（唐、朱二家據增一「終」字，唐又改「乃」爲「以」。）○劉師培云：案盧本讀「慎微以始而敬」句，朱據《左傳》於「敬」下補「終」字，朱本是也。《左傳·襄廿五年》載太叔文子語所引之書，即約此文。自《金澤文庫》本以下，並疊「終」字。《中論·法象篇》引書與《左傳》同，不疊「終」字，蓋偶脱耳。僞《書·蔡仲之命》云：「慎厥初，惟厥終，終以不困。」彼襲本書，亦疊「終」字。又《國策·秦策五》云：「故先王之所重者唯始與終。」

高注云：「敬始慎終，故曰唯始與終也。」敬、慎易文，義實本此。亦「敬」下當補「終」字之徵。

【集注】孔晁云：重明終始之義。○潘振云：不困，即不窮也。道心惟微，慎微在乎敬始。聖人習民自血氣始，故其終賢而不窮也。○陳逢衡云：慎微，猶言慎獨。以始而敬，則事有基而可久，故終乃不困。○唐大沛云：慎於幾微。念慮之始而貫以慎終之心，則知之明守之□，而行之不困矣。

困在坌，誘在王，民乃苟。

【彙校】坌，陳、唐二家均作「岔」。朱駿聲云：「坌」當作「佱」，古法字。○陳漢章云：「王」字必「生」之誤。

【集注】潘振云：坌，蒲悶切，並也。即上文所謂兩也。誘，導也。苟，不敬也。言民之窮在乎兩，惟王有以導之故也。○陳逢衡云：岔，蒲悶切，塵涌貌。困在岔，殷政總總若風草之象。誘在王，民之無良導自上也。王即指紂。苟，如《論語》「無所苟」之苟。《常訓序》所謂「紂作淫亂，民散無性」是也。○丁宗洛云：坌，塵也，借作叢脞之意。言法令煩多所以致困，而上偏以此誘民，則民祇苟且免罪矣。○唐大沛云：困在岔，民行困塞，由於泯泯棼棼罔知義理，若塵涌然也。誘在王，上有昏德以誘導下民。民乃苟，謂苟且不循義理。○朱右曾云：坌，《說文》作「坋」。

苟乃不明，哀樂不時，四徵不顯，六極不服，八政不順，九德有奸。九奸不遷，萬物不至。

【彙校】奸，諸舊本同，盧改「姦」。

【集注】孔晁云：言以坌導民政之弊。○潘振云：不服，不從命也。不順，逆理也。姦，詐也。遷，改也。民不敬始，乃不明其德，哀樂失時，而四徵不著。因悉推之，不服、不順、不遷，由於不明，則不至於極。○陳逢衡云：無性則志氣昏，故不明。哀樂不明，猶《傳》所謂哀樂而樂哀，皆喪心也。四徵不顯則性情乖，六極不服則生殺悖，八政不順則倫紀壞。九德有姦，謂作僞。遷，改也。九姦不改，則萬物何由至於善乎？〇丁宗洛云：遷是更改意。〇唐大沛云：民失其天性，倫常之道不明，是以任情好惡，而哀樂不當其可，故四徵之由於天性者不能彰顯。服，行也。六極不服，不可以人道奉行天道，以故倫紀之八政不能惇叙。姦，僞也。「九德有姦」，九德有作僞者。遷，謂迸逐也。容姦則政亂國危。天時與人事相因，危亂之世，則諸福之物，可致之祥皆不至矣。

夫禮非尅不承，非樂不竟，民是乏生□好惡有四徵：喜、樂、憂、哀。

〔**彙校**〕生□，鍾本作「是曰」。〇陳逢衡云：空方疑在「好惡有」下。「四徵」上疑《度訓解》脱簡之文。非尅不承非樂不竟，與「非衆不克非樂不履」句法相似，而此有脱文。〇唐大沛從陳説删前二句十字，讀「好惡有四徵」句，云：空圍或是「夫」字。〇丁宗洛云：浮山以「□好惡有」四字爲句，謂缺處是「何」字，言何有好惡也。連上「乏生」一氣讀。〇朱駿聲補「民」字，亦連「好惡有四徵」爲句。〇劉師培云：「尅」疑「哀」訛。「克」篆書及古體，形與「哀」近，因以致訛「尅」。又後人所改《管子·四稱篇》「處軍則克」，《册府元龜》二百四十二引作「哀」，是其例也。哀、樂對文，蒙上哀樂不淫言。下文四徵喜樂憂哀，喜該於樂，即《度訓解》「小得其所好則喜，大得其所好則樂」也；憂該於哀，即《度訓解》「小遭其所惡則憂，大遭其所惡則哀」也，故此云哀樂。下復申言好惡。承，大也。竟，極也。

〔**集注**〕潘振云：禮毋不敬，故言禮，因言樂。尅與克同，去也。承，順也。克己則順乎理。竟，成也。立於禮者成於樂。乏，少也。乏生者，言少自然之性也。徵，證也。喜樂憂哀所以證好惡也，故曰四徵。〇丁宗洛云：尅通刻。《吴志·賀齊傳》「謹以尅心」注：「敬也。」承，行也。樂音洛。竟，終也。乏生，猶言罔之生也。蓋禮之體嚴而用和，非敬不能行,非和不能終,如不承不竟,則失生人之道矣。此甚言人不可無禮也。○唐大沛云:民苦百穀不成,又困於虐政,是以養生之道皆匱乏。喜樂憂哀,即《度訓》云小得其所好則喜,大得其所好則樂,小遭其所惡則憂,大遭其所惡則哀。○丁宗洛云:禮乃四徵八政之經、六極九德之本,故特言之。尅,勝;承,奉;樂,和;竟,終也。復禮必先勝私,用禮貴在知和。乏生,言失其生之理。

動之以則,發之以文,成之以名,行之以化。

〔彙校〕成之以名,「名」字舊本同;盧本作「民」,潘、陳、唐、朱各家從。朱駿聲云:當從故書作「名」,言王禮之修文字及偁名也。

〔集注〕孔晁云:以中道化之也。○潘振云:之,指好惡而言也。動好惡於中而有法則,發好惡於外而有文章,成好惡以斯民,行好惡以教化,皆所以顯四徵也。○陳逢衡云:動之以則,不踰閑也。發之以文,謂品節之也。成之以民,作於上而應於下也。行之以化,措諸近而播諸遠也。○唐大沛云:情之動以天則,順其自然也。有品節之謂文。喜樂憂哀發見於外,皆以自然之節。復其性、順其情以成其德,於民驗之。政之行也,使民各得其性情之正,明王能以中道化之也。○朱右曾云:則,法則。文,節文。成以民,行以化,謂以君之喜樂憂哀正天下之好惡也。

六極:命、醜、福、賞、禍、罰。六極不嬴,八政和平。

〔彙校〕醜,盧訂「醜」,各家從。

〔集注〕孔晁云:嬴謂無常。(丁宗洛引浮山云:注首宜作「不嬴」。按:此注原在「嬴」句下,今移此。)○王念孫云：嬴與嬴同。嬴者，過也。言六極不過其度。孔注失之。○潘振云：六極見《命訓解》。嬴，滿也。如極命、極福、極禍、極醜、極賞、極罰是已。言六極不失其滿，則八政不乖不陂矣。○丁宗洛云：嬴謂無常，不嬴則有常，是以和平。○唐大沛云：八政和平，八政和順安平。○朱右曾云：嬴讀爲嬴，過也，猶極命、極福之極。

八政：夫妻、父子、兄弟、君臣。八政不逆，九德純恪。

〔集注〕潘振云：八政順，則九德不雜而敬守之。○陳逢衡云：夫，扶也。妻，齊也。父，矩也。子，孳也。兄，況也。弟，悌也。君，羣也。臣，堅也。此綱常倫紀所繫，故曰政。不逆則人道順軌，而九德於以純恪矣。純恪，完備也。○唐大沛云：夫和妻柔，父慈子孝，兄愛弟敬，君義臣忠，皆順德也，不逆則人道無不順也。是以九德純全而謹恪。○朱右曾云：純，一；恪，敬也。

九德：忠、信、敬、剛、柔、和、固、貞、順。

〔集注〕潘振云：盡己之謂忠，以實之謂信，主一無適之謂敬，堅强不屈之謂剛。柔者，剛之對也。和者，剛柔中節也。固，堅固也。貞，正也。順，有叙也。○陳逢衡云：忠，無私也。信，慤也。敬，肅也。剛，彊斷也。柔，安也。不剛不柔曰和。固，堅也。貞，正也。順，理也。○朱右曾云：忠無佞，信無僞，敬不懈，剛不撓，柔不厲，和不戾，固不奪，貞不邪，順不逆。

順言曰政，順政曰遂，遂僞曰奸。

〔**彙校**〕奸，盧校改「姦」，各家從。

〔**集注**〕潘振云： 遂，暢遂，謂行之而無窒礙也。僞，假也，如居之似忠信之類。○陳逢衡云： 君子名之必可言，言之必可行，故曰順言曰正。遂，成也。順政曰遂，終竟其政也。姦即上文九姦。九姦與九德相背，而外竊其似，故曰僞。○丁宗洛云： 此三句語平意串，蓋謂上以九德示民則有言，言即其政，而民之順之，必有陽奉陰違者，故又曰遂僞曰姦。○唐大沛云： 竊其似而成其僞曰姦。○朱右曾云： 宣之言而順，則可以正人矣。遂，成； 姦，邪也。九姦無目，蓋九德之僞者皆姦也。

監物在目，監聲在耳，耳因皆有疑。

〔**彙校**〕二「監」字程本、鍾本均作「奸」； 盧校改「姦」，各家從。耳因，盧訂「耳目」，各家從。皆有，諸本倒，盧云「皆」字衍，删，各家從。

〔**集注**〕潘振云： 言姦物姦聲接於耳目，民所以惑也。○陳逢衡云： 姦物令人目盲，姦聲令人耳聾，故耳目有疑。○丁宗洛云： 此三句似是言民之好惡因物而遷。○唐大沛云： 物之姦者在辨以目視，聲之姦者在審以耳聽。若視不明聽不聰，則疑真爲僞，疑僞爲真，焉能辨姦？ 猶上文言頑貪以疑，疑意以兩。○朱右曾云： 姦物姦聲接耳目而勿之疑，凝於欲也，審禮則疑之矣。○陳漢章云： 疑，讀如疑立之疑，其義止也，故《詩·大雅·桑柔篇》曰「止疑」、《荀子·解蔽篇》曰「疑止」。朱氏以疑惑説之，非。

疑言有樞，樞動有和，和意無等。

〔彙校〕陳逢衡云：二「和」字俱當作「私」。（唐從改）○丁宗洛云：疑言，似即上文「疑意以兩」之「疑意」訛。兩「和」字浮山疑是「私」訛。

〔集注〕孔晁云：等謂差等。○潘振云：樞，户樞。民之有疑，如户之有樞。樞動則户開，民動則疑釋。政之和，出於心之所發，無差等之可分。○陳逢衡云：言爲樞機，故曰疑言有樞。樞動有私，耳目敝則私意起也。無等則無度，此與下文「萬民無法」句相承，説下言上無等，則下無法也。○丁宗洛云：樞乃門之所以開闔者，此借作好惡念頭初起時之意。和當即上文「平兩以參」平字之義。○唐大沛云：樞者，轉動之物。既疑於心，則言有轉動，謂賢爲姦，謂姦爲賢者有之。因疑而轉動，則必昧於是非之公而私意起矣。私意既起，則好惡顛倒，政亂而無差等矣。○朱右曾云：言語詞心者，耳目之樞。執其樞而後動，斯和於理。和意無等，言自天子至於庶人一也。

萬民無法，□□在赦，□復在古。

〔彙校〕陳逢衡本「復在」二字倒。云：上空方疑重「無法」二字，下空方疑是「治」字。○丁宗洛云：在赦，疑「在政」訛。○唐大沛補改「□□在赦」句爲「政慎在微」，云：「赦」字於上下文義無可通，疑是「微」字之訛，以形近耳。空圍二無可據以補正，姑取後序中「慎政在微」句補。「復」字上空圍當作「法」。○朱駿聲二句補作「辠疑在赦，性復在古」。

〔集注〕潘振云：蓋萬民乏生而至困窮，由於無法，習民者惟復其慎常之古法而已矣。○丁宗洛云：在古，疑即上文「始終以古」古字之義。○唐大沛云：政慎在微，蓋因私意一起，其弊至於無等無法，是無政矣，故政之當慎也。法復在古，法以正萬民，欲法復於大中至善，在監於先王之成憲。

古者明王奉法以明幽，幽王奉幽以廢法，奉則一人也，而績功不同。

〔彙校〕王念孫云：「一」下不當有「人」字，蓋衍文也。績、功，皆成也。明王奉法以成其治，幽王奉幽以成其亂，皆有所奉，而其成也不同，故曰奉則一也，而績功不同。○朱右曾從王説删「人」字。丁宗洛亦云：「人」字似衍。

〔集注〕潘振云：一人，謂君。績，業也。言慎常爲法，反是則幽。奉法者以其昭昭使人昭昭，奉幽者以其昏昏使人昭昭，堯舜帥天下以仁而民從之，桀紂帥天下以暴而民從之，故功業不同。○陳逢衡云：明王奉法，厥類惟彰；幽王奉幽，乃與暗行。奉法則治，奉幽則亂，故績功不同。《荀子·王霸篇》云：「王道治明不治幽，主能治明，則幽者化。」又《正論篇》云：「主道利明不利幽，主道明則下安，主道幽則下危。」此奉法、奉幽之義也。○唐大沛云：奉法以明幽，奉先王之法以立政，政有昧于義理、不合古法者，於以明之。奉幽以廢法，奉行其昏德以廢先王之法。一人，謂王者。奉明奉幽皆出於王者。王謂「人」字衍，非。

明王是以敬微而順分。

〔集注〕潘振云：敬微，慎始終也。分，指好惡。順好惡者，聖人之政所以使民有習有常也。敬微順分，則民可正而復其常性矣。○陳逢衡云：「分」去聲。敬微順分，見《度訓解》。○唐大沛云：敬微，即慎微，立政之本也。順分者，正民之要也。順其分則萬民守法矣。○朱右曾云：此言欲慎民之習，必先自慎其習。

逸周書彙校集注卷一

文酌解第四

〔集注〕潘振云：民無常性，由上之失其道也。文王作文垂教，修仁明恥，斟酌而示之，故次之以《文酌》。○陳逢衡云：此篇文義甚晦，篇中五大十二來，當與《大匡》、《程典》、《大聚》等篇參看，然與序所謂「明恥示教」迥不合。○丁宗洛云：《左·成六年傳》：「子爲大政，將酌于民者也。」注：「酌取民心以爲政。」此篇曰「文酌」，蓋言文之政皆酌乎民者也。○唐大沛云：疑古書《文酌篇》亡，後人取古兵家書以當之，故與序不合。○于鬯云：凡篇題首字出「文」字者指文王也；「武」，武王也；「成」，成王也。

民生而有欲、有惡、有樂、有哀、有德、有則。

〔集注〕潘振云：心所貪愛爲欲。惡，憎不善也。樂，喜樂也。哀，愛也，憐也。德具於心，而見於事，指人才而言。則，法度，指王政而言。○陳逢衡云：欲、惡根於天性，哀、樂動於人情。有德、有則，即《大雅》「有物有則，好是懿德」之義。○于鬯云：此「則」字當讀爲「賊」。「賊」與「則」論義相反，而論聲則相通，「賊」即諧「則」聲也。有德有則者，有德有賊也。有德有賊者，賊即德之反，猶上文有欲有惡，惡即欲之反；有樂有哀，哀即樂之反也。或誤以爲法則之則，則與德比，失義例矣。

則有九聚，德有五寶，哀有四忍，樂有三豐，惡有二咎，欲有一極。

〔彙校〕潘振云：「二咎」當作「三咎」。

〔集注〕孔晁云：廣衍其義也。○潘振云：聚，謂所同歸湊也。寶，貴重之謂。安於不仁曰忍，哀之反也。豐者，多大之名，盈足之義。咎，愆也。極，至也。立極以遏其欲也。○朱右曾云：聚，保聚；忍，容忍；豐，厚；咎，罪；極，正也。

極有七事，咎有三尼，豐有三頻，忍有四教，寶有五大，聚有九酌。

〔彙校〕陳逢衡云：九聚九酌、五寶五大、四忍四教、三豐三頻，數目俱承接説下，惟二咎三尼、一極七事數目各異，而七事後又申論一極，疑有脱誤。

〔集注〕孔晁云：又敷陳也。○潘振云：尼，近也。謂近於咎也。頻，數也。教，所以復其不忍之心也。酌，言斟酌其爲政之事也。○朱右曾云：尼，止；頻，數也。哀不能而容忍之，又教之也。酌，斟酌以行之也。

九酌：一、取允移人，二、宗傑以觀，

〔彙校〕觀，盧據孔注改「親」，各家從。

〔集注〕孔晁云：英傑之人當親之地也。（盧校删「地」字。按：此注原在目九下注「此言所酌爲政之事」後，今移此。)○潘振云：取允，取信於人也。移，感也。信可以感人也。宗，主也。才智過人謂之傑。親，謂親民也。○陳逢衡云：取允移人，明信也。宗傑以親，尚賢也。○丁宗洛引浮山云：宗傑，宗族之傑出者，所謂家英也。○朱右曾云：移，動也，言以誠動人。宗，尊也。可尊之英傑當親之。

三、發滯以正民，四、貸官以屬，

〔彙校〕盧文弨云：正民，趙疑當作「振民」。(朱從改)○王念孫云：振、正古不同聲，則「正」非「振」之誤。疑「正」當作「匡」，字形相似而誤也。「匡民」，謂救民也。○劉師培云：「正」當作「定」。定民者，即《毛詩·鴻雁·序》所云安集也。○孫詒讓云：貸，當爲「貳」，二字形近多譌。

〔集注〕潘振云：發滯，發倉廩也。「正」當作「振」，謂振乏也。貸，假也。言官屬有無相通也。○陳逢衡云：發滯以正民，救荒也。貸官以屬，分任也。○丁宗洛引浮山云：發滯以正民，進用沉滯之賢，所以正民也。貸官以屬，即官盛任使意。○唐大沛云：滯，謂滯留之粟。貸官以屬，即攝官承其職所屬也。○朱右曾云：滯，委積也。貸，《廣雅》：「予也。」○孫詒讓云：《周禮·大宰》云：「乃施法于官府而建其正，立其貳。」又《小宰》云：「以官府之六屬舉邦治。」貳官以屬，謂建官立貳，屬於正長也。

五、人曰必禮，六、往來取此，

〔彙校〕「曰」字舊本同，盧校改「□」，各家從。丁宗洛云：缺處疑是「士」。朱駿聲補「使」。取此，盧云趙疑「取比」，言求其相稱。(丁、朱二家從改)

【集注】潘振云：人者，對己之稱。必禮者，必遇之以禮也。往來，尚施報也，如聘享之屬。取比，取其親近也。○陳逢衡云：往來取比，便民也。○丁宗洛引浮山云：比，合也，如後世之鬭合、勘合。○朱右曾云：比，親也，邦交聘問相親比也。

七、商賈易資，八、農人美利，九、□寵可動。

【彙校】□，鍾本作「曰」，朱駿聲補「恩」字。○丁宗洛云：闕處疑是「矜」字。矜寵，當即嘉善而矜不能之意。

【集注】孔晁云：此言所酌爲政之事。○潘振云：易資，交易資貨也。美利，天地自然之利。寵，恩也。動，作也，鼓之舞之之謂。恩所以鼓舞人心也。○陳逢衡云：商賈易資，通商也。農人美利，勸農也。○朱右曾云：易資，交易其所資。美利，美其稼穡之利。此與《中庸》九經相類。

五大：一、大知率謀，二、大武劍勇，三、大工賦事，四、大商行賄，五、大農假貸。

【彙校】劍勇，丁宗洛引浮山云：「劍」疑「創」訛。《書》：「予創若時。」創，懲也。蓋大武乃義理之勇，自懲創乎血氣之剛也。○唐大沛云：「劍」疑「斂」字之訛。斂，聚也。

【集注】孔晁云：言之爲謀之即。假貸，振施者也。（即，鍾本作「郎」。盧校「言」上增「率謀」、删上「之」、「即」改「帥」，「振施」上增「恤貧」。）○潘振云：率，用也，行也。桃氏爲劍，有上中下之制，觀其劍，可以知其勇。短兵難用，故稱大武。賦，受也，給與也。大工受上命，以給衆工也。賄，與人財之言也。假，借也。貸者，取物於人，出息以償之也。○陳逢衡云：大知富於才，故資以率謀；大武富於力，故資以劍勇；大工富於藝巧，故資之以賦事；大商富於財，故資之以行賄； 大農富於粟，故資之以假貸。古者大農、大工、大商謂之三寶，見《六韜·六守》。又加以大知、大武，則虎門不乏坐論之才，兔罝亦備干城之選，所寶惟賢，是其證矣，故五大亦謂之五寶。○唐大沛云： 劍，賦，斂也，責取也。大工賦事，蓋鳩工集事之意。行賄，流通貨賄。假貸，謂粟米多，人資其借貸。○朱右曾云： 劍，斂也。斂小勇以養大勇也。賦事，賦衆以事而考其成。行賄，通有無也。○俞樾云： 劍勇義不可通，劍當讀爲驗，言大武所以驗其勇也。○劉師培云： 劍當讀檢，與《大開解》「明武攝勇」同。

四教： 一、守之以信，二、因親就年，三、取戚免梏，四、樂生身復。

〔彙校〕丁宗洛云： 「戚」疑「威」訛，言第取其威之不用桎梏也。注訓近似未當。○俞樾云： 《大武篇》四赦「二取威信復，三人樂生身」，與此文大略相似，疑各有誤字，不可强通。此文「取戚」，當從《大武篇》作「取威」，於義爲長。○孫詒讓云： 取戚免梏，當作「取戚信人」。○劉師培云： 「教」當作「赦」，上文「忍有四教」同。

〔集注〕孔晁云： 就年，尊年長也。戚，近也。免梏，無患也。（患，諸本作「忘」。）○潘振云： 守，主守也。守用誠信，言不忍欺也。因親，依其可親之人，尚德也。就年，尊長年，言不忍褻也。取資於親戚，人予之而免其患，言不忍棄也。樂生，好生也。復音伏，報也。人能生我，身當報之，言不忍負也。皆哀道也。四教去其忍也。○陳逢衡云： 守之以信，教以忠； 因親就年，教以孝； 取戚免梏，教以保身； 樂生身復，教以俟命。四者必忍乃有濟，故四教與四忍通。○唐大沛云： 守之以信，以誠實不欺爲本。因親就年，親其親以長其長。戚蓋戚和之意。案陳説太勉强，四教原與四忍牽扯不上，四忍與哀亦不合，疑正文「哀有四忍」忍或思字之訛。○朱右曾云： 因，依； 就，高也。謂親近高年也。著足曰桎，著手曰梏。取其憂戚而免于桎梏，矜不能也。樂生，樂其所生之理者復除役也。復音福。《王制》曰：「升於學者不徵於鄉。」○俞樾云：梏，猶攪也。《後漢書·馬融傳·廣成頌》曰：「梏羽羣」，李賢注曰：「《字書》梏從手，即古文攪字，謂攪亂也。」然則取威免梏，殆謂取足以示威而無攪亂之乎？○孫詒讓云：此爲哀有四忍，忍有四教之一，皆言恤貧振荒之法。因親，即《論語》「因不失其親」，與就年當爲二事。言年凶民乏食，則移之四方，令因其姻親而依之，就年豐之地而求食也。《周禮·大司徒》云：「大荒大札則令邦國移民通財。」鄭注云：「移民辟災就賤。」《廩人》云：「若食不能人二鬴，則令邦移民就穀。」此就年即就穀、就賤之義。○劉師培云：此節均言赦事，守之以信，謂不違赦章。因親，即《周禮·小司寇》議親之辟。就年，即《禮記》悼耄不加刑，就亦因也。取戚免梏，謂過怨艾則免其刑，戚即憂也。《周禮·大司寇》以圜土取教罷民，又謂「能改者反於中國，不齒三年」，《司圜》謂「能改者上罪三年而赦，中罪二年，下罪一年」，與此義同。身復，謂反居中國，既歷三年，俾之仍齒齊民也。○陳漢章云：取戚免梏，爲四教之一。《周易》「蒙以養正」爻詞曰：「納婦吉。」又曰：「用說桎梏。」與此義同。俞改「取威」，似與四教義無涉。

三頻：一、曰頻祿質濆，二、陰福靈極，三、留身散真。

〔彙校〕「曰」字盧校删，各家從。○濆，元刊本同，餘諸本均作「瀆」；盧校依「宋本」作「濆」，云俗間本作「瀆」，各家從。○丁宗洛云：「頻祿」恐是「頒祿」。○孫詒讓云：此蒙上「樂有三豐，豐有三頻」而言，則皆爲遇豐樂節其太過之事，然義皆難通。以意求之，頻祿質濆疑當作「頻祿賞漏」。《五權篇》云：「極賞則漏。」謂祿賜頻數則賞漏，漏與屈同。賞質、漏濆皆形近而誤。

〔集注〕孔晁云：頻，散也。散，失也。○潘振云：濆音狒。水溢爲濆，喻侈泰也。世祿之家鮮克由禮，故質地多侈。陰福，猶陰禮、陰事，謂女寵也。靈，善也。極，盡也。留，淹留，謂安身也。真，性也。〇丁宗洛云：陰宜通蔭。頻禄質瀆，作「瀆」作「瀆」，均近于頻數之義，意與《五權》篇「極賞則渥」同。陰福靈極，言淫祭者歸功鬼神。留身散真，言以身殉之而自失其素操也。〇朱右曾云：質，實也。瀆與費同。

三尼：一、除戎咎醜，二、申親考疏，三、假時權要。

〔**集注**〕孔晁云：尼，是也。（陳逢衡云：「『是』乃『定』字之訛。尼，定也，見《爾雅・釋詁》。」丁、朱二家亦據《釋詁》改。）咎，罪也。考，成也。時，是也。〇潘振云：除，修也。戎，兵戎。咎醜，治脅從也。申，致也。委致其親以成其疏遠，間親也。假，因也。時，謂登庸之時。得權而居要地，臣脅君也。三者皆人之所惡也。所謂近於咎者如此。〇陳逢衡云：除戎咎醜，則禍亂定矣；申親考疏，則厚薄定矣；假時權要，則尊卑定矣。除，去也。醜，如執訊獲醜、獲其羣醜之醜。申，升也。考，校也。假、嘉通。案：三尼本於二咎，其數不符，或曰前二咎當作三咎。蓋戎醜不翦，親疏不明，權要不尊，三者皆不能無咎也。〇丁宗洛云：除戎，即《易》除戎器、戒不虞意。醜，猶言小醜也。浮山云：「尼，和也。又昵也。」考應訓察。假是權要，似是因時制宜意。〇朱右曾云：除，治也。申，束也。治兵以攻其同類，約束懿親使成疏逖，假人以大權，三者皆所宜止也。

七事：一、騰咎信志，二、援拔瀆謀，三、聚疑沮事，四、騰屬威衆，

〔**彙校**〕盧文弨引惠棟案：聚字《説文》引作𣡕，云：「衆盛也。所臻切。」（朱右曾據改）〇陳逢衡引錢大昕曰：《説文・木部》「𣡕」字下引《逸周書》「疑沮事闕」四字，讀者多不能解。今檢《文酌篇》有「聚疑沮事」句，乃悟許氏所見本

云「𠍱疑沮事」,後人轉寫脱𠍱字,妄於句尾添一「闕」字,而二徐不能是正也。𠍱與聚義雖相近,然許氏所見當是古本,魏晉人希識古字,故多誤改。

〔集注〕孔晁云: 騰,勝也。(丁宗洛云: 二「騰」字勝義皆難通,恐有誤。按此注原在目七下,今分移於此。)○潘振云: 騰,奔也。奔告其咎,如飛語之讒是已。信與伸同。伸志,逞志也。潰,亂也。援上望其拔擢,而故亂人之謀,《屈原傳》所謂「心害其能」也。沮,止也。騰躍其徒屬以威衆人,《西京賦》所謂「結黨連羣,如虎如貙」也。○陳逢衡云: 騰咎,道勝則不疚也,故信志。信讀若伸。援拔,薦賢也。潰,通也。潰謀則謀必成。聚疑沮事,貴能斷也。騰屬者,德足以服臣下也,故威衆。段玉裁曰: 聚古讀如驟,與𠍱音近。𠍱疑沮事,猶云蓄疑敗謀也。○丁宗洛云: 騰咎信志,似言咎我者雖騰起,而志可自信也。援拔潰謀,似言援引薦拔之謀雖至再三,而不嫌於潰也。沮通阻,《詩》「何日斯沮」是也。騰屬威衆,似是正衣冠尊瞻視,人望而畏之意。○朱右曾云: 務勝咎我者之口而伸其志,剛愎自用者也。援讀曰爰,緩也。拔,急也。潰,敗亂也。𠍱讀如莘,衆盛也。沮,阻也。多疑寡斷,事必不成。騰屬威衆,謂合才以求勝于下而威其衆。○劉師培云:《詩·大雅·皇矣》:「無然畔援。」鄭箋云:「畔援,謂跋扈也。」是援拔之誼。

五、處寬身降,六、陵塞勝備,七、録兵免戎。

〔彙校〕盧文弨云: 卜本「戎」作「戍」。

〔集注〕孔晁云: 録謂不備兵。(陳逢衡云:「不字疑衍。」丁宗洛訂「録兵,謂備兵」。)○潘振云: 處寬,居大厦,即《夏書》「峻宇雕墻」也。降,即「我心則降」之降,下也。彼指安心,此指安身。陵,丘陵,況聚斂也。塞,實也。求勝於人,備物於己,《左傳》所謂「聚斂積實,不知紀極」也。録兵,不備兵也。免戎,廢武事也。國家閒暇,般樂怠敖,不知思患而豫防也。此七事者，皆欲之爲也。○陳逢衡云：處寬身降，不迫蹙不矜驕也。陵塞勝備，固四境備不虞也。録兵，料兵也。足兵故免戎。○丁宗洛云：處寬身降，蓋言寬和居身，常抑然有以自下也。陵塞勝備，蓋言山陵邊塞之備無不周。録兵免戎，蓋言武備不廢弛，自免意外之戎。○朱右曾云：降，屈也。求所處之寬而身爲之屈，言無守也。陵，陵夷。塞，閉塞。勝備，勝敵之備。録如《荀子》「程役而不録」，謂檢束也，弭兵銷鋒之意，非特不講武也。

一極：惟事昌道開蓄伐。

〔**彙校**〕伐，陳《補注》本誤「代」。○丁宗洛云：一極與二咎、三豐、四忍、五寶、九聚共爲總目，此僅言一極，恐闕誤尚多。○唐大沛云：一極，疑當作「七極」，上文「一極」同。

〔**集注**〕孔晁云：言事事皆以忠政行之，則吉昌之道開行，而征伐之道蓄之也。（盧文弨云：「忠政，趙謂當作『中正』」。丁從改。陳逢衡云：「然正文無中正二字，中正見《寶典解》，忠正見《大戒解》」。）○丁宗洛云：此七字疑是前後段轉捩之語。開蓄伐，似言儲蓄征伐之事皆由昌道開之，注未合。○唐大沛云：此本不可解而孔氏妄爲解之，鑿矣。○朱右曾云：蓄，畜同，養也。伐，功也。言從事于善道以開養民之功。

伐有三穆、七信、一幹、二御、三安、十二來。

〔**彙校**〕二御三，元刊本、程本、吴本「三」作「二」，王本、趙本作雙行小字，趙本「三」下多「二」字。

〔**集注**〕孔晁云：信（盧改「言」）征伐之道必有此道可也。○盧文弨引惠半農云：三穆，即所謂穆卜。○潘振云：穆即穆卜之穆，敬也。信與申同，謂申明之。幹即幹事之幹。人之有謀，如木之有幹也。御與馭同。安，不危殆也。

來,百物聚也。○陳逢衡云:足國足兵,須預於平日。戰國董安于治晉陽,得此意。穆者,深遠之義。○唐大沛云:此承伐字說,下又立許多名目,與篇首絶不相蒙,疑是編者取兵家言并合于此耳。○朱右曾云:御,駕馭也。來,倈之也。言致功之道必有此而後可也。

三穆:一、絶靈破城,二、筮奇昌爲,三、龜從兆凶。

〔彙校〕兆凶,舊本同,盧校本作「惟凶」,潘、丁、唐、朱四家從。丁宗洛引浮山云:「惟即思維之維,言龜雖從而猶思維其事之凶也。」昌爲,丁宗洛倒「爲昌」。又云:「城」疑「惐」訛,惐亦惑義。

〔集注〕孔晁云:絶神,不淫祀也。不正而卜,雖從而凶。(絶神,盧改「絶靈」。)○潘振云:絶靈,不卜也。《左傳》鬬廉曰:「不疑何卜?」遂敗鄖師于蒲騷。筮奇,有奇計而筮之,大有爲也。《洪範》云:「汝則從,龜從,筮逆,卿士逆,庶民逆,作内吉,作外凶。」言龜從而其餘多逆,外事,如征伐,作之則凶也。此之謂龜從惟凶。○陳逢衡云:絶,如絶地天通之絶。靈,謂神靈。破城,猶所謂「思之思之,鬼神通之」也。筮,蓍也。奇,如奇偶之奇。昌,大也。爲,動也。言筮蓍之法必視陽神爲用,而後可動龜卜也。兆,朕兆也。卜從兆凶者,卜必斷以理,審以義,謀於未事之先,而後可獲吉。若龜從而卿士庶民俱逆,則違卜可也。静則吉,動則凶,故不可從。○朱右曾云:絶靈,不祀宗廟神祇也。奇,如數奇之奇。筮雖違,必善其所爲。龜雖從,猶思惟其事之凶危。○陳漢章云:絶靈,謂不用時日、小數、五行、孤虛等。朱謂不祀宗廟神祇,與破城何涉?

七信:一、仁之慎散,二、智之完巧,三、勇之精富,四、族之寡賄,

〔彙校〕完巧，丁《管箋》本作「完好」。丁宗洛云：「散」疑是「敬」。「富」疑是「當」，或作膂力方剛解亦可通。「族」疑是「旅」。

〔集注〕潘振云：慎，見可而進也。散，知難而退也。完，全軍奏凱也。巧，能因敵變化而取勝也。兵練則精，兵足則富。寡賄，乏財。○陳逢衡云：仁慎散則吝生，惠下之道宜信；智完巧則詐出，應事之道宜信；勇精富則技窮，厲武之道宜信；族寡賄則恩薄，親親之道宜信。○唐大沛云：「信」古與「申」同。觀孔注可知「信」同「申」。仁當散於下，慎殆近乎吝歟！大智率謀，僅以巧術爲完全之計，則小矣。大武斂勇，精于技富于力，自謂餘勇可賈，亦小勇也。○朱右曾云：慎散，言用財必當于義。完巧，完好工巧也。精，鋭；富，盛也。

五、商之淺資，六、農之少積，七、貴之争寵。

〔集注〕孔晁云：七者所宜信明之也。○潘振云：淺資，乏本。少積，乏糧。室如縣磬，野無青草，何恃而不恐也？争寵，則軍將不和，敗乃事也。○陳逢衡云：商淺資則利虧，恤商之道宜信；農少積則稼傷，勸農之道宜信；貴争寵則亂生，馭貴之道宜信。信，謂有成法無疑政也。○唐大沛云：財賄寡、資本淺、積穀少，三者皆貧乏之象，固不富不可以伐人。争寵則争權，大臣不和，未可以伐人國也。○朱右曾云：淺，少也。

一幹：勝權輿。

〔彙校〕幹，程本、趙本、王本作「榦」。○陳逢衡云：疑有缺字。

〔集注〕孔晁云：言有權無不輿。（丁宗洛「本經旨」改「言有權輿無不勝」，云：「即凡事豫則立之意。」）○盧文弨云：謝墉曰：「注謬。幹謂骨幹，勝讀平聲。權輿，始基也。立基能勝之也。」趙曦明曰：「權輿，言當先立勝算於其始。」○潘振云：權輿，始也。兵法多算勝，當慎之於始也。○朱右曾云：勝如字。謝説語意迂曲。

二御：一、樹惠不⿸疒悉，二、既用茲憂。

〔彙校〕⿸疒悉，洪頤煊及陳、丁、唐三家作「⿸广悉」。盧文弨云：⿸疒悉字無考，注亦難曉。○洪頤煊云：「⿸疒悉」當是「瘱」字之譌。《方言》：「瘱，審也。」郭璞注：「瘞，埋。又翳。」《左氏・僖二年傳》：「入自顛軨」，《水經・河水注》引作「巔軨」，《穆天子傳》郭璞注引作「寘軨」。《説文》：「寘，塞也。」樹惠不⿸疒悉，謂無所翳塞。（朱從改）○陳逢衡亦云：「⿸疒悉」疑「瘱」之訛。

〔集注〕孔晁云：⿸疒悉，巔也，以爲己巔也。既，盡。○潘振云：樹，立也。⿸疒悉從疒、從悉，疒訓疾，悉訓盡，言盡病也。應讀爲悉音，言立恩於軍中，不病衆也。既，盡也。言戰爲危事，兵爲凶器，盡用此憂心，慎之至也。此二者，所以馭衆也。○陳逢衡云：此言御下之道樹惠用恩俱當審慎。○丁宗洛云：（⿸广悉字注訓巔），巔通顛，又通癲，病也。古戰車必擇御。言樹立其順習於駕車者以爲御，不致爲己病也。既用茲憂，即如顏子論東野畢之御曰：「歷險致遠，馬力盡矣，猶求馬不已，是以知其跌也。」「茲」宜與「滋」通。○唐大沛云：正文及注疑皆有訛誤之字，不必强解。○朱右曾云：⿸疒悉，審也。樹惠于人，而不審其邪正。既用，猶言竭忠盡歡。茲、滋同。

三安：一、定居安帑，二、貢貴得布，三、刑罪布財。

〔集注〕潘振云：帑，妻子也。凡起徒役，毋過家一人，所以定民居而安其妻子也。周制惟衍沃用井田之法，其餘皆用貢法。貴，猶重也。布，泉也。施刑於罪人，則有罰布，所以資軍用也。徭役少，賦税輕，刑罰省，三者所以安國也。○陳逢衡云：定居安帑，貨賂諸物、邸舍之税，《周禮》謂之廛布。貢貴得布，取給於府也，《周禮》謂之邦布。刑罪布財，金作贖刑也，《周禮》謂之罰布。三者既定，則國阜而民安。○丁宗洛云：「帑」本與「孥」通。或以爲帑藏之帑，亦與下二句一例。浮山云「貢」宜作「賞」，洛按當指泉布。布，散也。此疑即束矢鈞金意。○唐大沛云：「安帑」二字見《文傳》篇，謂安其家室子孫也，此似與之同義。○陳漢章云：《説文》：「帑，金幣所藏也。」與下文布、財一律，訓妻子非。

十二來：一弓、二矢歸射；

〔**集注**〕孔晁云：矢常可用。（矢常，元刊本、程本、趙本作「矢當」，盧改「射當」，丁改「言射」。）○潘振云：十二來言「歸」，皆有司存也。○陳逢衡云：此以下言内府所儲各有統也。《周禮》司弓矢在《夏官》。言弓矢，凡一切角、幹、金、笴之類皆屬。歸射，則澤宫造士、春田振旅，胥有以試其藝矣。吴慶恩曰：「來，如來百工之來。」○朱右曾云：十二來皆來百工之政也。《考工記》弓人爲弓，矢人爲矢。

三輪、四輿歸御；

〔**集注**〕孔晁云：言亦可用。（亦，盧訂「御」。）○陳逢衡云：《考工》有輪人、輿人。言輪、輿，凡一切輻、轂、輨、轄之類皆屬。歸御，則巾車、馭僕得以範我馳驅矣。○朱右曾云：《考工記》輪人爲輪，蓋輿人爲車輿。

五鮑、六魚歸蓄；

〔彙校〕孫詒讓云：此十二來並據工事言之。鮑，朱讀爲鞄，是也。魚非工事，不當并舉，疑當爲「函」。《考工記·總叙》：「攻皮之工函、鮑、韗、韋、裘。」函、魚篆文上半相似，因而致誤。

〔集注〕孔晁云：積以爲資。○盧文弨云：鄭注《周官·籩人》「膴鮑魚鱐」云：「鮑者，以魚於楅室中糗乾之，出於江淮也。」○潘振云：鮑，乾魚；魚，鮮魚。○陳逢衡云：薨曰鮑，鱻曰魚。《周禮》天官𠨐人掌之。言鮑、魚，凡一切貍互乾腊之類皆屬。蓄，藏也。○朱右曾云：鮑字本作「鞄」，柔皮之工也。鮑人主製皮，魚可爲膠。

七陶、八冶歸竈；

〔集注〕孔晁云：言竈善則陶冶長也。(長，盧從趙改「良」。)○陳逢衡云：陶，摶埴之工；冶，攻金之工，俱見《考工》。言陶、冶，凡一切合土笵金之類皆屬。按：金、土皆以火成，故歸竈。○朱右曾云：陶人爲瓦器，冶氏爲戈戟。

九柯、十匠歸林；

〔彙校〕孔晁云：「林」當作「材」，匠以爲用。○唐大沛云：取材於林木，義亦可通。

〔集注〕潘振云：柯，斧柄；匠，所以作營壘者。○陳逢衡云：柯、匠，即《考工》攻木之工。言柯、匠，凡一切斧斤繩墨之類皆屬。歸林者，山有木，工則度之也。○朱右曾云：柯，車人也。車人之事以柯爲度，故曰柯。匠人爲宫室城郭溝洫。

十一竹、十二䈰歸時。

〔集注〕孔晁云：取之以時。所以來人也。（「人」上丁增「遠」字）。○潘振云：竹、箭可以作矢。此十二者所以來人。○陳逢衡云：竹、葦，器用所資。《周禮·太宰·九職》所謂「虞衡作山澤之材」是也。歸時者，竹取於夏，葦取於秋。言竹、葦，凡一切園圃草木之類皆屬。○朱右曾云：竹、箭，所以爲籩、笥、筐、筥之屬。時，謂取之以時。○孫詒讓云：孔説非也，此「時」當讀爲庤。《説文·广部》云：「庤，儲置屋下也。」竹葦諸材皆儲置以待用，故云歸庤。蓋與上文歸蓄義相近。時、庤聲類同，古字通用。

三穆七信一幹二御三安十二來，伐道咸布。物無不落。落物取配，維有永究。

〔集注〕孔晁云：落，始也。數也。究，終也。（數，諸本或作「類」，盧從。丁宗洛「照經」於「類」上增「配」字，朱從。劉師培云：當作「落，殆也。配，類也」。殆謂衰危。）○盧文弨云：趙云「落」如《左傳》「落實取材」之落，不當訓始。○潘振云：布，播也。咸布，無敵於天下也。落，即實落材亡之落。無不落，言必敗也。落物，我落之也。取，言易也。配，即配耦之配，謂敵國也。永，長也。究，久也。言此征伐之道，實長久之法。○丁宗洛引浮山云：注語本《爾雅·釋詁》。蓋材木之斬伐，于木爲終，而材木之適用，于木爲始。義均可通。○唐大沛云：布，陳也。落，成也。○朱右曾云：致功之道咸布於國，則物無不懷新，惟當審則宜類，永終是圖。

急哉急哉！後失時。

〔彙校〕急哉急哉，元刊本同，餘諸本不重。盧本亦重，云：宋本重「急哉」，别本不重。

〔集注〕潘振云：軍法急宜修治，後則失時也。○朱右曾云：不可後而失時也。

逸周書彙校集注卷一

糴匡解第五

〔集注〕潘振云：買穀曰糴。匡，救也，方也。謂買穀賑民。此救災之方也。文王之所以修仁者，於此見矣，故次之以《糴匡》。○陳逢衡云：此篇專爲荒歉立法，而首由成年敘起，豐殺各當補凶禮以濟天道之窮也。○丁宗洛云：按《書·盤庚》「不能胥匡以生」注：「匡，救也。」糴匡，當是言告糴以救荒耳，觀篇内君親巡方節可見。○按：唐《句釋》缺此篇。

成年年穀足，賓、祭以盛。

〔彙校〕「祭」字諸本亦重，盧從，云：「年字祭字各衍一。」陳、朱二家從删。丁從浮山下「年」改「菜」、下「祭」改「禁」，云：饑、饉分屬穀、菜，則成年亦應兼舉菜穀，下「供有嘉菜」語是一確證。

〔集注〕孔晁云：言賓客、宗廟足而不奢也。（不奢，程本、鍾本、王本作「不儉」。盧云：何本作「不儉」，詁「以盛」似尤切與《記》所云「祭豐年不奢」，不必强合。）○潘振云：成年，豐年也。足，有餘也。賓、祭皆有常數。盛，如其常數而不殺也。○陳逢衡云：《書》曰：「百穀用成。」《禮》曰：「萬寶告成。」所謂成年也。故足穀。賓，大賓客。《秋官》有三饗、三食、三燕之禮，《儀禮》有公食、饋食、聘燕諸儀，皆所以待賓也。祭，則禘郊祖宗、報以及時、舉月享之類。以盛，言禮備也。成年物力豐美，故賓、祭俱從其厚。〇丁宗洛云：古以、已通用，此「以盛」謂太盛也。〇朱右曾云：成，熟也。盛如字。

大馴鍾絶，服美義淫。

〔彙校〕馴，程本、吴本作「𩡧」。〇丁宗洛云：此句以下二段例之，其言樂無疑，或是「大用鍾鼓」訛也。浮山云：疑是「樂備鍾絃」訛。舉鍾則鼓可知，舉絃則管可知，舉鍾絃則衆音可知，與下段「樂唯鍾鼓」相對。浮山校「義」爲「羨」訛。羨，有餘也。凡有餘者皆可過盛也。洛按：此句分二項，與下不服美、三牧五庫補攝相對，定「義」爲「羨」，於補攝尤愜。又：鍾絶，或「鍾紐」訛。

〔集注〕孔晁云：大馴後落。淫，過。（大馴，趙本、鍾本、吴本、王本作「六副」，丁從，引浮山云：此（六副後落）四字疑是「衣則彩華」訛。）〇盧文弨云：謝云：「大馴鍾絶，注亦難曉，義當闕疑。」服美義淫，謂禮之盛也。注訓淫爲過，凡義之所當爲者皆可過盛。淫如「聲淫及商」之淫，與《周書》「服美于人」迥異。〇潘振云：大馴，大順之世也。絶肺以祭之時且鳴鐘，其軒縣皆備可知矣。服，如接聘賓以皮弁服、祭宗廟以玄冕服。周制諸侯如此，商制未聞。美，謂新之也。禮必有義。淫者，有餘之意。豐年不殺，故義淫。〇陳逢衡云：此與下「樂惟鍾鼓不服美」、「樂無鍾鼓凡美禁」二條緊對，而語有脱誤。〇丁宗洛云：馴或是和擾意。《左・昭二十一年》泠州鳩曰：「小者不窕，大者不槬，則和於物。物和則嘉成。」是馴意也。《考工記》：「鍾懸謂之旋，旋虫謂之幹。」注：「謂懸鐘之紐也。」注中「落」字，當如《左傳》「叔孫爲孟鍾，饗大臣以落」之落，注：「以豭豬血釁鍾曰落。」然則鑄鍾或亦豐年事與？鍾與鐘通。○朱右曾云：馴讀爲訓。舉金絲，則八音備可知。○俞樾云：「義」當讀爲「儀」。《周官・肆師》注曰：「古者書儀但爲義。」是其證也。儀淫者，威儀盛也，故與服美竝舉。《詩・有客篇》：「既有淫威。」此言儀淫，彼言淫威，其旨相近。

皀畜約制，供餘子務藝。

〔彙校〕趙本、吴本、王本無「供」字，盧校從；「皀」字盧本作「皁」，注同，各家本並從。

〔集注〕孔晁云：皀，厩别名。畜則馬。約制，不常秩。餘，衆也。藝，樹也。（厩，吴本作「厨」。約，程本、鍾本、王本作「放」。秩，盧從趙改「秼」，陳、丁、朱三家從。孫詒讓云：注「則」與「即」通。不常秩，當作「有常秩」。盧從趙曦明校改爲「不常秼」，雖本《少儀》，然義似不甚相應。後《大匡》云：「畜不食穀。」乃據大荒言之，非成年之法也。）○潘振云：皁，閑也。牛馬多，須約束有制也。餘子，卿大夫有田禄者之子，當守宫者，專力六藝也。○陳逢衡云：皁蓄約制，使有定數。餘子，庶子也，謂官吏之衆子。《左・昭二十八》「魏戊餘子」，杜注：「卿之庶子爲餘子。」李兆洛曰：「藝，六藝也。」《食貨志》：「餘子亦在於序室。」衡案：即《周官・宫正》所謂「會其什五而教之道藝」是也。鄭司農曰：「藝謂禮、樂、射、御、書、數。」宋保曰：「餘子務藝、餘子務穡，成年、儉年之所有事。餘子倅運，大荒之所有事。務藝、務穡，事同一例，孔注是也。」○丁宗洛云：《周禮・夏官・校人》：「三乘爲皁，三皁爲繫，三繫爲厩。」餘子，蓋餘夫之類。○朱右曾云：約，飾也，美也。約制，言得美其所制之器械。藝，謂六藝。《春秋傳》曰：「又宦其餘子。」謂卿大夫之子也。然民之子弟亦曰餘子：《管子・問篇》「餘子父母存，不養而出離者幾何人？餘子之勝甲兵，有行伍者幾何人」、《莊子・秋水篇》注「未應丁夫者爲餘子」是也。《漢書・食貨志》曰：「餘子亦在于序室。」

即務藝之遺意。

宮室城廓修爲備，供有嘉菜。於是日滿。

〔彙校〕菜，程本、鍾本、王本作「萊」。盧校作「菜」，云：「嘉菜」本作「嘉萊」，今改正。

〔集注〕孔晁云：嘉，善也。爲薑等也屬滿之。（下句盧改「謂薑蒜之屬滿也」）。孫詒讓云：「杜臺卿《玉燭寶典》一引此注，『謂』字不誤，『等』作『芋』，亦通。於是日滿，與下文於是糾秩、於是救困同，皆泛説，不必專屬嘉菜也，注疑誤。」劉師培云：「『之屬』上釋嘉菜，上脱菜字，『滿』下又缺釋詞，當云『滿，□也』，非以日滿屬嘉菜也。」〇盧文弨云：廓與郭同。〇潘振云：廓，外城也。修，增其舊。爲，改作之。備，備物。供，供給。指賓祭言。嘉菜，美菜也。《周禮·醢人》朝事之豆，有韭菹、昌本、菁菹、茆菹；饋食之豆，有葵菹；加豆，有芹菹、深蒲、箈菹、筍菹。是日，賓祭之日也。滿，豐滿也。〇陳逢衡云：成年國有餘財，民有餘力，故得以治宮室城廓。備，完善也。嘉菜，旨蓄也。於是日滿，則民食無不足矣。〇朱右曾云：嘉菜，五虀七菹之類。滿，備物也。

年儉穀不足，賓、祭以中盛。

〔彙校〕陳逢衡云：沈濤曰：「盛」字疑衍，以盛、以中、以薄，文義甚明，中謂酌豐儉之中。

〔集注〕孔晁云：有黍稷，無稻粱。〇潘振云：年儉，中年也。中盛，視常數爲少殺也。〇陳逢衡云：年儉，微歉之歲。中盛，則牲禮不能如成年之備。〇朱右曾云：儉，歉也。一穀不升謂之歉。不足，人不足四鬴也。盛音成。〇陳漢章云，此是中盛，故有簋而無簠。上文成年穀足，賓祭以盛，則如《詩·秦風》「每食四簋」。《商頌·玄鳥》：「大糦是承」,箋云:「糦,黍、稷也。」《説文》:「齍,黍稷器,所以祀者。」皆但言黍稷,皆是中盛,與年饑之「勤而不賓,舉祭以薄」又異。

樂唯鍾鼓,不服美。

【彙校】鍾,鍾本作「鐘」。

【集注】孔晁云:外有祭服,内無文飾。(盧文弨云:「外、内二字疑衍。」朱從删)〇潘振云:不服美者,謂仍舊服。〇陳逢衡云:樂唯鍾鼓,不備樂也,如弛懸之類。不服美,猶所謂朝中無采衣也。

三牧五庫補攝,

【集注】孔晁云:事物相兼,不物設也。(事物,朱改「職事」。物設,丁改「特設」。)〇盧文弨云:三牧,當謂戎馬、田馬、駑馬三物之牧也。《月令》季春令百工審五庫之量:金鐵,一也;皮革筋,一也;角齒,一也;羽箭幹,一也;脂膠丹漆,一也。〇潘振云:三牧,養馬牛羊者。五庫,見後《月令》。補,如無牛則補之以羊,昭其儉也。攝,兼也。事物相兼,不必一一備之也。〇陳逢衡云:補攝者,闕則補之。物可兼用者則攝之,不必物物皆具備也。

凡美不修,餘子務穡。於是糺秩。

【集注】孔晁云:糺之令有事按。(按,盧改「秩」。孫詒讓云:「事」亦當作「常」。)〇潘振云:凡美,如宫室之美、城郭之完皆是。穡,納稼也。糺,收也。收秩,收禄秩之不當者。〇陳逢衡云:凡美不修,則百工之費減;餘子務穡，則倉廩之蓄多。《説文》：「秩，積也。」《詩》曰：「穦之秩秩。」紀則課其程，不使懈怠也。李兆洛曰：紀秩，省百官之秩禄，義見《墨子》。○丁宗洛云：此餘子亦餘夫之類也。紀與糾通。《左傳》：「糾之以政。」糾，舉也。又《釋文》：「糾，察也。」《玉篇》：「糾，督也。」義皆通。秩，則《堯典》之平秩。○朱右曾云：穡，稼穡。紀，督也。秩，次也。紀其分次，毋或踰也。

年飢，則勤而不賓，舉祭以薄。

〔彙校〕飢，程本、趙本、鍾本、王本作「饑」，盧從。○俞樾云：「賓舉」二字，傳寫誤倒。當作「年荒則勤而不舉，賓祭以薄」。勤之言憂勤也。《僖二年·穀梁傳》「不雨者，勤雨也」，《釋文》曰：「勤，麋氏音覲。」《集韻·去聲二十二》：「殣、勤、渠、吝、切，憂也。《春秋傳》：『勤雨。』麋氏説。」此勤字當從麋讀。勤而不舉，言憂勤而不舉也。《周官·膳夫職》曰：「王日一舉，鼎十有二，物皆有俎，以樂侑食。大喪則不舉，大荒則不舉，大札則不舉，天地有災則不舉，邦有大故則不舉。」然則年饑則勤而不舉，正合《周官》大荒不舉之義。賓祭以薄，言賓與祭皆從薄也。上文曰：「成年穀足，賓祭以盛」，又曰：「年儉穀不足，賓祭以中盛。」可證此文舉祭以薄之誤。

〔集注〕孔晁云：用下牲也。○潘振云：年饑，無年也。勤而不賓，但致其殷勤而不能盡賓禮也。○陳逢衡云：年饑，比年儉又歉矣。《爾雅》：「穀不熟爲飢。」《穀梁·襄十四年傳》：「二穀不升謂之飢。」勤而不賓，蓋止修勞問之禮，而無燕飲之事也。舉祭以薄，則並中盛不能矣。○朱右曾云：禮皆從殺。○孫詒讓云：勤當讀爲祈，即《大匡》篇之「祈而不賓」也。古斤聲、堇聲字同部相通。《大匡》又云：「非公卿不賓。」即不賓之事。

樂無鐘鼓,凡美禁。書不早羣,車不雕攻。兵備不制,民利不淫。

〔彙校〕鐘,諸本作「鍾」,盧從。書不早羣,盧疑「畜不皁羣」,各家從改。

〔集注〕孔晁云:攻,治。○盧文弨云:《爾雅》:「攻,善也。」謂功緻也。○潘振云:畜不皁羣,馬牛不多畜也。制,如晉作州兵之類。○陳逢衡云:凡美禁,則工巧之物俱不粥於市,蓋欲使之務本。畜不皁羣,遊牧於野,令其蕃息也。車不雕攻,即《大匡》之「車不雕飾」,省工也。兵備不制,武備則修而用之,不另制也。民利不淫,知有節也。○朱右曾云:畜不皁羣,散其羣,不使蕃息。兵備不利,弓矢甲楯之屬,備則不造。民利不淫,伏臘聚會,勿使過費。

征當商旅,以救窮之。

〔彙校〕于鬯云:「當」字疑「富」字之誤,字形相近。

〔集注〕潘振云:征商旅,所以抑末也。○陳逢衡云:征當商旅,借外財以紓内困也,故窮乏得以少助。○朱右曾云:平時所征關市之賦,至此發之以賑窮乏,非以年饑而征商旅也。窮,鰥寡孤獨也。乏,困也。○劉師培云:「當」誼詁主。言所征以商旅爲主。

聞隨鄉,下礱埶。

〔彙校〕鄉,元刊本字作「卿」,餘諸本作「卿」。盧文弨訂「問隨鄉,不礱熟」,各家從。盧云:舊作「問隨卿,下礱埶」,訛。謝云:「《大匡解》有『鄉問其人』語,又云:『無粥熟。』此當作『問隨鄉,不礱熟』。礱熟則啓奢惰,故禁之。」沈解亦同。章本亦作「鄉」不作「卿」,今從改正。

〔集注〕孔晁云：鬻，賣。○潘振云：問，請問。萬二千五百家爲鄉。熟，飲食之物。○陳逢衡云：問隨鄉者，因其土俗，詢其利害，謀所以安之也。不鬻熟，熟，精熟也。食粗糲則去者少，惜穀也。○朱右曾云：問審其災之輕重，與其利害。鬻熟者，今之酒館。

分助有匡，以綏無者。於是救困。

〔集注〕陳逢衡云：助，補助也。分助則力贍。匡，救也。綏，安也。無者，謂窮乏也。於是救困，在國則有蠲租賑恤之議，在民則有解衣推食之情，而民之無食者可以不轉於溝壑矣。○丁宗洛云：此當繫連上不鬻熟言，蓋一鄉中必有有者有無者，即分彼有以爲生者以安此無以爲生者，則救困之道得矣。○朱右曾云：分助，勸分也。

大荒，有禱無祭。

〔彙校〕盧文弨云：《穀梁·襄廿四年傳》「鬼神禱而不祀」，范甯注引《周書》曰：「大荒有禱無祀」，即此文。○孫詒讓云：《穀梁·襄二十四年傳》文與此略同，「祭」當依范引作「祀」。祀與祠通。《韓詩外傳》説大祲之禮亦云：「禱而不祠。」是其證。《周禮·小宗伯》鄭注云：「求福曰禱，得求曰祠。」此云有禱無祀者，謂唯有禱求而無報塞之祠也。其他祭祀，則仍舉而不廢，但禮較成年大殺，故下云祭以薄。若作無祭，則是大小祭祀咸廢不舉，與下文抵牾，義不可通矣。

〔集注〕孔晁云：飢饉師旅爲大荒也。○陳逢衡云：大荒，五穀俱不收。禱，謂祈請。《白虎通》引《禮》曰：「五穀不收，不備三牲。」故無祭。○朱右曾云：四穀不升曰荒，五穀俱不升曰大荒。禱，祈也。

國不稱樂，企不滿壑，刑罰不脩，舍用振窮。

〔彙校〕脩，元刊本作「修」。窮，程本、趙本、吴本、王本作「穹」，盧從，云：「穹」與「窮」同。○孫詒讓云：惠云：「穹，空也。宋本作窮。」案：穹義雖古，然似當以宋本作「窮」爲正。若作「穹」，則孔注不宜無釋也。○丁宗洛云：浮山云：「企」疑「途」訛。途不滿壑，似是無年則無力役意。丁《外篇》又云：「企」疑「食」訛。壑，欲壑也。食不滿壑，猶言所食不得縱欲也。與《大匡解》「人不食肉」相同。○朱右曾云：「企」蓋「全」訛，古文法字。

〔集注〕孔晁云：不滿壑，不于治地。（盧文弨云：「鍾敬伯本『地』作『也』，因疑『于治』或『干治』之訛。」丁宗洛云：「浮山謂『于』乃『平』誤。不平治地，則經旨自明。」）舍用常以振民也。○盧文弨云：舍與釋同。○潘振云：舍用，舍常用。○陳逢衡云：國不稱樂，如湯大旱禁絃歌之類。企不滿壑，未詳。刑罰不脩，刑用輕典之謂。蓋饑渴所致，或有不得已而遭刑者，此仁人所當恤也。舍用振穹，惠自上也。○丁宗洛云：稱，舉也。○朱右曾云：《周官·大司徒》荒政有蕃樂，謂藩藏其樂而不用也。壑，坑坎，喻犴獄。言出輕罪，用薄刑。不脩，謂不造刑具，《大司徒》荒政所謂緩刑也。舍，讀爲施舍不倦之舍。

君親巡方，卿參告糴，

〔集注〕潘振云：卿參告糴，三卿告鄰國以買穀。○陳逢衡云：君親巡方，恐窮黎無告，有司不以上達也。卿參告糴，如《春秋·莊二十八年》臧孫辰告糴於齊是也。市穀曰糴。參，即《周禮·大宰》「設其參」之參，謂卿三人也。告糴以卿參者，重其事也。○朱右曾云：君自問于卿。卿有三，故謂卿爲參。《周官》：「立其參。」○劉師培云：《大匡解》云：「王乃召冢卿三老三吏大夫百執事之人。」以彼相證，卿即冢卿，參即三老三吏之屬。

餘子倅運，開口同食，民不藏糧，曰有匡。

〔彙校〕口，舊本同，盧作「□」，云：「《左傳》『振廩同食』，此亦當然。」丁、朱從補「廩」字。陳逢衡云：「空方疑是『闕』字。『開闕同食』，即《大匡解》『開闕通糧』之義。」

〔集注〕孔晁云：倅，副也。盡行此事，名曰有匡也。○陳逢衡云：餘子倅運，移民移粟之義。民不藏糧曰有匡者，鄉里自爲賙卹，有無可以相通也。○丁宗洛云：此餘子當即羨卒之謂。○朱右曾云：餘子倅運，運所糴之穀，使餘子副之。廩，倉也。同食，上下無異饌。民不藏糧曰有匡，禁居奇者，急救匡也。

俾民畜唯牛羊。

〔彙校〕俾，鍾本、吳本作「裨」。

〔集注〕潘振云：俾，益也。民之所養者惟牛羊可益也。○陳逢衡云：牛羊食草易長，故俾民畜之，助民食也。○陳漢章云：《吕氏春秋·慎小》云：「去食肉之獸，去食粟之馬。」與此文可參證。

於民大疾惑，殺一人無赦。

〔彙校〕惑，鍾本作「或」。

〔集注〕孔晁云：雖有凶，疾惑而相殺人者不赦也。○潘振云：大疾，饑乏也。惑，心不明也。○陳逢衡云：防奸民乘亂，且不欲多株連也。○朱右曾云：大疾惑，謂盜賊及挾左道者。《大司徒》荒政有除盜賊，鄭司農云：「饑饉則盜賊多，故急其刑以除之。」愚謂左道者亦然。

男守疆，戎禁不出，五庫不膳。

〔**彙校**〕丁宗洛云：「男」疑「募」訛。○朱右曾云：「膳」當爲「繕」，治也。

〔**集注**〕孔晁云：戎事自守而已，不征伐也。（「自守」下程本、王本有四「□」。按：此注原在「祭以薄資」句下，今分移於此。）○潘振云：戎禁不出，兵戎禁止，不出疆也。不膳，不治也。○陳逢衡云：男守疆，防外盜也。戎，兵也。戎禁不出，恐開邊釁也。五庫，見上。膳與繕通，補也。○丁宗洛云：膳宜通繕，治也。○朱右曾云：凡治故造新皆謂之繕。

喪禮無度，祭以薄資。

〔**彙校**〕祭，程本、鍾本、吴本、王本作「察」，注同，盧從。陳逢衡云：楊本作「祭」。丁改「祭」，朱從。丁云：「『祭』舊訛『察』，以形似改。或曰：上已有舉祭以薄語，此又作祭，恐重複。竊謂上與賓對舉，乃四時之祭，此緊接喪禮說，蓋喪中之祭也。」○劉師培云：「竊以『察』當作『祭』，即《大匡解》『哭不留日，登降一等』也。孔云速喪，知祭亦喪禮之祭。」○孫詒讓云：以文義校之，實當讀「祭以薄」爲句，「資禮無樂」句，「祭以薄」與上文年儉章同，「資」則「賓」之譌也。

〔**集注**〕孔晁云：喪儉也，而速喪祭用。（盧文弨云：「注訛脱難曉。」陳逢衡云：「下『喪』字當作『葬』。」丁宗洛改「喪主儉而貴速。喪之祭用薄」。孫詒讓云：「當作『如遇喪殺用』，而、如聲相轉，古書多通用。《周禮·廩人》云：『若不能人二鬴，詔王殺邦用。』《掌客》云：『凶荒殺禮，札喪殺禮。』孔義疑本於彼。」）○陳逢衡云：喪禮無度，喪取盡哀，能斂能葬而已，不必盡制也。祭以薄資，謂節用也。察，審察也。或曰：察、祭通。《書大傳》：「祭之爲言察也。」資與齊同，粢也。粢一名稷。上文有禱無祭，指天地山川，此謂祭其先，亦通。○朱右曾云：荒政殺哀也。

禮無樂，宮不幃。

〔彙校〕幃，潘、陳二家作「帷」。○劉師培云：《初學記》三十二引《周書》曰：「年不登甲則纓縢，宮室不容。」注曰：「縷繩甲不以組。」所引「宮室不容」即本文「宮不幃」也。《周禮·巾車》云：「皆有容蓋。」先鄭注云：「容謂幨車，山東謂之裳帷，或曰幢容。」又《釋名·釋車》云：「容車，婦人所載小車也。其蓋施帷，所以隱蔽其形容也。」是容即帷幕之屬，與帷裳一名童容例同。《荀子·正論篇》：「居則設張容，負依而坐。」容亦帷也。疑本文當作「宮室不容」，別本作「帷」，今脱「室」字，復脱「甲則纓縢」語，當據補。

〔集注〕潘振云：禮無樂，祈禱之禮而不用樂。宮不帷，去文紋也。○陳逢衡云：禮無樂，凡一切吉、軍、賓、嘉也。宮不帷，則幕人之事俱從省。○朱右曾云：禮，謂吉、賓、嘉諸禮。幃，盛香之囊，《離騷》所謂佩幃。○于鬯云：宮謂宮室，幃當指宮室中所用幃帳之屬。而朱右曾《集訓》以幃爲盛香之囊，引《離騷》佩幃爲證，則以宮指宮人矣。然書止言宮，不言宮人。不幃屬宮言，自指幃帳之屬爲近。蓋幃帳之屬易敝，必歲更製可知。大荒則不更製，故曰不幃也。訓囊，爲幃之本義，而幃字自與帷通。

嫁娶不以時，

〔集注〕孔晁云：不以時，秋冬也。媒氏會□□合以。（合以，元刊本、趙本作「合之」。）鍾本「秋冬也」作「殺禮也」，「氏會□□」作「通好即相」。○陳逢衡云：空圍疑是「萬民」。丁宗洛補「男女」二字。○孫詒讓云：「秋冬」上亦當有「不以」二字。嫁娶以秋冬，荀子、董仲舒、韓嬰説也。鄭康成（《媒氏注》）則從《周禮》，謂之中春。王肅《聖證論》據荀、韓説難之。馬昭申鄭難王，孔晁又申王難鄭，故此注亦從王義，謂大荒則不定用秋冬，得隨時嫁娶也。（按：此注原在「賓旅設位有賜」句下，今分移於此。）○盧文弨云：案媒氏司男女之無夫家者而會之，蓋荒政十有二多，昏亦其一也。注所脱蓋不止二字。○潘振云：時，仲春會男女之時。不以時，四時皆可嫁娶也。○陳逢衡云：禮以義起。古者霜降娶女，冰泮殺内，故歸妻有「未泮」之咏焉。不以時，則不拘此義矣。蓋男有家女有室，過此恐有失時之懼，此聖人之權也。

賓旅設位有賜。

〔**集注**〕孔晁云：賓旅隨位賜之，不饗燕也。（饗，程本、趙本、吴本、王本作「錫」。盧從何本亦作「饗」。）○潘振云：賓旅，鄰國之使也。○陳逢衡云：賓旅，過客也。位，謂班次。設位有賜，謂隨其爵秩之尊卑以贈勞而已。○朱右曾云：隨位，謂自上及下隆殺以兩。

逸周書彙校集注卷二

武稱解第六

〔集注〕潘振云：稱去聲。止戈爲武，得其當之謂稱。此文王之所以明恥也，故次之以《武稱》。○陳逢衡云：《孫子·軍形篇》云：「兵法，一曰度，二曰量，三曰數，四曰稱，五曰勝。地生度，度生量，量生數，數生稱，稱生勝。故勝兵若以鎰稱銖，敗兵若以銖稱鎰。」此「武稱」之義也。○丁宗洛云：《孟子》論燕事而云：「爲天吏則可以伐之。」是稱之意也。以文王之德，又受命專征伐，故曰「武稱」。

大國不失其威，小國不失其卑，敵國不失其權。

〔集注〕孔晁云：此即所謂稱也。○潘振云：有力可畏之謂威。卑，降以相從也。言大邦畏其力，小邦懷其德，而其於敵國，能權輕重以制之。○陳逢衡云：大國不失其威，不黷武也；小國不失其卑，不怒鄰也；敵國不失其權，不取侮也。○唐大沛云：威，可畏。卑，遜以事大。權，謂權勢。○朱右曾云：秉德不黷武則不失其威，以禮事大則不失其卑。權，重也。慎四境備不虞則不失其權。

峘嶮伐夷，并小奪亂，□强攻弱而襲不正：武之經也。

〔彙校〕盧文弨云：「峘嶮」與「拒險」同。○潘振云：「峘」當作「拒」。○闕處潘振疑是「遏」，云：「見楊夔文。《詩》云：『以遏徂旅。』」丁宗洛補「取」，云：「《書》『兼弱攻昧，取亂侮亡』，正與此相錯而見，故據以補。」唐大沛據《古學彙纂》所引補「以」，朱駿聲補「征」。

〔集注〕孔晁云：經，常。○潘振云：拒謂拒絶之，不窮追也。嶮，阻難之地。凡師有鐘鼓曰伐。夷者，蹲夷無禮義。并小，如戡黎之類。奪亂，如降崇之類。攻，擊也。弱，不修政刑者。凡師輕曰襲，言如風之襲人，人不覺也。不正，鳥獸行也。○陳逢衡云：峘嶮，得地勢也。夷，平也。并小奪亂，如辛甲所謂服衆小以劫大是已。《司馬法》曰：「馮弱犯寡則眚之，賊賢害民則伐之，暴内陵外則壇之，野荒民散則削之，負固不服則侵之，賊殺其親則正之，放殺其君則殘之，犯令陵政則杜之，内外亂鳥獸行則滅之。」皆所謂襲不正也。○唐大沛云：夷，平也。并小奪亂，兼併小國，奪取亂國。襲，掩取也。不正，謂國無政。○朱右曾云：伐，謂用兵精而聲鐘鼓。百事失紀曰亂。掩其不備曰襲。不正，猶無政。

伐亂、伐疾、伐疫：武之順也。

〔彙校〕劉師培云：疾與疫義複，「疫」疑作「疲」，篆近而訛。「疲」如《左傳·僖十九年》「梁伯好土功，民疲不堪」是。

〔集注〕孔晁云：武道逆取順守，故曰順也。○潘振云：彊取曰奪亂，聲罪曰伐亂。疾，惡也。同惡則伐之，所以恤鄰國也。疫，病也。大兵之後，必有大疫。謂鄰國窮兵黷武，以致民疫，於是伐之，以逸待勞也。順，順人心。○陳逢衡云：木内朽則易摧，國内潰則易滅。事半功倍，不勞而獲，故曰武之順。○唐大沛云：亂興疫、疾，彼兵必弱，乘間以伐之，順時勢也。○朱右曾云：疫讀爲役，如兵法「非其産城者攻其所産」之類，古文形相似。

賢者輔之、亂者取之、作者勸之、怠者沮之、恐者懼之、欲者趣之：武之用也。

〔集注〕孔晁云：武以爲用。(「用」下程本、吴本、王本有「事也」二字，盧從。丁宗洛云：「事」似當在「武」下。)○潘振云：輔賢，親有禮也。取亂，覆昏暴也。勸作，因重固也。沮怠，間攜貳也。恐，畏其力者。懼之，示其威也。欲，懷其德者。趣，向也。向之猶對之，謂對答其仰望之心也。○陳逢衡云：《商書》曰：「佑賢輔德，顯忠遂良」，賢者輔之也。又曰：「兼弱攻昧，取亂侮亡」，亂者取之也。作者勸之，與其善也。怠者沮之，懲其惡也。恐者懼之，風之以害也。欲者趣之，示之以利也。○唐大沛云：輔，助也。政亂則國危，故取之。振作者勸誘之，怠惰者懲而沮抑之，心恐者懼以害，有欲者趣以利，武之用不同，因人而施耳。○朱右曾云：有爲者勸之以道，怠惰者沮使多疑。因其恐而震之，以奪其謀。順其欲而予之，以侈其志。

美男破老、美女破舌、

〔彙校〕盧文弨云：今《戰國·秦策》引此二句破舌作「破少」，唯高誘所注本與此同。○王念孫云：美女破舌，於義亦不可通，「舌」當爲「后」。美男破老、美女破后，猶《左傳》曰「内寵並后，外寵二政」也。隸書「后」字或作「后」，與「舌」相似而誤。段氏若膺《説文注》曰：「舌、后字有互譌者，如《左傳》舌庸譌后庸、《周書》美女破后譌破舌是也。」○朱駿聲云：「舌」當爲「后」，如「后庸」亦作「舌庸」之比，《祭公》篇所謂「嬖御固莊后」也。○孫詒讓云：王校是也。吴師道《戰國策校注》云：「《修文御覽》引《周書》作『美男破産，美女破車』。」文義皆不及今本之長。附識之，以資校覈。○劉師培云：舌、車音殊，奚克通叚？蓋「舌」本作「居」，《修文御覽》「車」則同音借字。破居，猶云毁室。今本訛「舌」，《雜志》易「后」，似非。

〔集注〕潘振云：美男，頑童。老，如方伯稱天子之老，大夫稱寡君之老，皆是。破老者，邦君國必亡，卿士家必喪也。美女破舌，婦有長舌，維厲之階也。○陳逢衡云：國君好艾則遠棄典型，故破老；國君好内則忠諫塞路，故破舌。○唐大沛云：美少年進則老成人棄矣。破，敗壞也。美女在御，則正后失寵。○朱右曾云：舌，諫諍之舌。

淫圖破□、淫巧破時、

〔彙校〕闕文潘振疑是「信」，陳逢衡疑是「典」；丁宗洛據郭某《論中》所引補「國」，朱從；朱駿聲補「謀」。唐大沛補「則」，云：「《古學彙纂》引作『破財』，或財是則字之訛。陳謂疑是『破典』，典亦則也。」劉師培云：「時」當作「庤」。

〔集注〕潘振云：圖，謀也。淫圖，利口也。利口所以亂信也。染采有四時之色，淫巧以蕩其心，故曰破時。○陳逢衡云：破時，謂作爲淫巧則空廢時日。○丁宗洛云：淫圖破國，疑如秦以地誑楚懷王之類。○唐大沛云：圖謀非正則壞法典，作爲淫巧則廢時日。○朱右曾云：淫巧，奇技也。○劉師培云：庤詛同蓄。淫巧破庤，即《大開武解》之「淫巧破用」也。《命訓解》「藝淫則害于才」，才、財古通，亦此義。

淫樂破正、淫言破義：武之毁也。

〔集注〕孔晁云：凡行此事，所以毁敵國也。○潘振云：淫樂，如鄭聲。破正，亂雅樂也。淫言，佞也。破義，亂義也。此皆敵國自毁，因而毁之也。○陳逢衡云：破正，謂日聽淫樂則惑溺心志。破義，謂倡爲邪説則有害政事。六者在彼有之則可伐，在我有之則宜儆。毀，敗也，棄也。〇唐大沛云：淫於逸樂則荒政事，放蕩其言則害義理。毀，敗也，棄也。〇朱右曾云：正，正聲也。淫言，巧言也。

赦其衆、遂其咎、撫其□、助其囊：武之間也。

〔彙校〕闕文陳逢衡疑是「民」字，唐從補；朱駿聲補「困」字，丁宗洛疑是「奔」字。〇丁宗洛云：「囊」疑「橐」訛。

〔集注〕潘振云：赦，舍也。《左傳》：叔弓圍費，平子令見費人執之，以爲囚俘，冶區夫曰：「非也。若見費人，爲之令主，而共其乏困，費來如歸。」從之，費人叛南氏。此赦其衆也。成其愆曰遂咎。《左傳》：晉侯欲伐虢，士蔿曰：「不可。虢公驕，若驟得勝于我，必棄其民。無衆而後伐之，欲禦我，誰與？」此遂其咎也。無底曰囊，所以盛糧者。《左傳》：晉乞糴于秦，子桑曰：「重施而不報，其民必攜，攜而討之，無衆必敗。」此助其囊也。謂之間者，言乘其罅隙而伐之也。〇陳逢衡云：周文歸曰：「赦其衆遂其咎，猶云厚其毒而復之也。助其囊，姑予之也。」衡案：赦其衆則黨孤，遂其咎則國疑。助其囊，如漢高予陳平金四萬，恣其出入之類。間去聲。〇丁宗洛云：赦其衆，如樂毅伐齊、羊祜征吴是。遂其咎，如齊人歸女樂是。撫奔，如由余仕秦、巫臣在晉是。橐音混，束也。如秦使杞子戍鄭是。或曰：助囊，猶《傳》言行李之往來供其困乏。〇唐大沛云：赦衆而遂其咎，尤厚其毒也。撫民而助以資財，誘以利也。凡此，所以間敵國也。〇朱右曾云：遂，亡也。咎，災也。謂恤其艱厄。囊者，所以收斂者也。謂助之蓋藏。間，間暇，所謂好整以暇。

餌敵以分而照其儲、以伐輔德、追時之權：武之尚也。

〔彙校〕陳逢衡云：「追」當作「維」。

〔集注〕孔晁云：以分，謂以分器土田。餌之此術。（此術，丁訂「尚術」。）○潘振云：分去聲。分器賂敵，猶釣之用餌也。照，燭也，明察之義。儲，積也，指軍糧而言。伐人者必明察其軍糧之足否，不可輕易舉兵。德不能化，以征伐之道佐之也。當其可之謂時。《左傳》曹劌曰：「大國難測，懼有伏焉。」所以權之也。又曰：「吾視其轍亂，望其旗靡，故逐之。」此追之得其時也。尚，上也，言武以此爲上也。○陳逢衡云：餌敵以分，如趙約韓、魏殺知伯，共分其地。照其儲，知其蓄積之數。《三略·軍讖》所謂必先察敵情，視其倉庫，度其糧食也。以伐輔德，謂去其左右，則無用命之人。時，是也。○丁宗洛云：「追時」句或即國家閒暇，及是時明其政刑意，然尚有訛誤。照其儲，疑即後世燒斷糧草之計。○唐大沛云：儲，蓄也。照其儲，謂知其蓄積之數。用武尚此術。○朱右曾云：照，知也。誤以多方，使分其守，以知其所儲備也。伐，敗。伐輔德，謂出其不意以敗其臣佐之謀。權，謂所柄用者，如隨少師得君，鬭伯比謂不可失是也。

春違其農，秋伐其穡，夏取其麥，冬寒其衣服；

〔彙校〕俞樾云：冬寒其衣服，義不可通，孔注亦曲説也。據《大武》篇：「四時：一，春違其農；二，夏食其穀；三，秋取其刈；四，冬凍其葆。」孔注曰：「凍葆，謂發露其葆聚。」其文與此篇大略相同，疑此文本作「冬寒其旅」。《史記·天官書》曰：「主葆旅事。」是旅與葆同義。冬寒其旅，猶冬寒其葆也。《後漢書·光武紀》李賢注曰：「旅，寄也。不因播種而生，故曰旅。」今《字書》作「穭」，音吕，古字通。然則冬寒其旅，亦就在田野者而言，方與上文春違其農、秋伐春穡、夏取其麥三句一律。若作冬寒其衣服，則不類矣。旅字古文作「𣥠」，與衣字相似，「𣥠」誤爲「衣」，後人又加「服」字耳。孔注但曰「寒衣」，疑其所見本尚無服字也。○劉師培云：寒其衣服，不當與《大武解》「涷葆」異詁，竊以「衣」或衍文，「服」即「葆」假。俞説亦非，服、穡協韻，易「旅」則非。

【集注】孔晁云：寒衣，爲敗其絲麻。（劉師培云：「『爲』當作『謂』。」按：此注原在「武之時也」句下，今分移於此。）○潘振云：其，指敵國也。○陳逢衡云：違其農，寒其服，使不得耕桑；伐其穡，取其麥，使不得積聚。○唐大沛云：違其農，使不得東作；伐其穡，使不得收斂；取其麥，刈取其麥食之。

春、秋欲舒，冬、夏欲亟：武之時也。

【集注】孔晁云：冬夏寒暑盛，故欲度之。（故，趙本、吴本作「衰」。度，盧改「疾」，云：「亟，疾也，故改。」）○潘振云：舒，緩也。亟，急也。欲者，未定之辭。欲舒欲亟，當隨春秋冬夏而度之，讀者不以辭害意可也。○陳逢衡云：春、秋恐奪我民時，故欲舒；冬、夏慮牽於疾疫，故欲亟。○唐大沛云：用武當因時以毁敵。○朱右曾云：春秋稼穡在野，舒則不甚蹂躪；冬夏寒暑甚急，則可速返。

長勝短、輕勝重、直勝曲、衆勝寡、强勝弱、

【集注】潘振云：長，指守國之兵。短，指攻國之兵。長勝短，言善守也。輕，謂擊兵，舉圍輕也。重，謂刺兵，舉圍重也。輕勝重，言善擊也。師直爲壯，曲爲老。衆寡，以人言。强弱，以力言。○陳逢衡云：長勝短，謂用我之所長以攻其所短。如步戰爲我所長，爲彼所短，則用步戰以勝之；車戰、騎戰、舟戰稱是。或用火攻、或用衝突，皆以我兵所諳練者用之。《史記》李左車對韓信曰：「善用兵者不以短擊長，而以長擊短」是也。輕勝重，如金注、瓦注之類，

俗所謂四兩薄千金是也。輕則所得多所失少，重則得不償失，且有一蹶不堪復振之虞。直勝曲，師直爲壯曲爲老也。衆勝寡，十則圍之，五則攻之也。强勝弱，技擊不如武卒，武卒不如鋭士也。李兆洛曰：長勝短、輕勝重，器也；直勝曲，理也；衆勝寡、强勝弱，勢也。○唐大沛云：輕則便利，重則拙滯。寡不敵衆，弱不敵强。○朱右曾云：長短，謂兵器。輕重，謂軍裝。

飽勝饑、肅勝怒、先勝後、疾勝遲：武之勝也。

〔**彙校**〕饑，盧校本作「飢」。盧文弨云：趙疑「怒」是「怠」之誤。遲，本或作「徐」。○劉師培云：原本《北堂書鈔》一百十三引作「先勝徐」，蓋脱「後」及「疾勝」二字，惟足證唐本「遲」作「徐」。《管子·樞言篇》曰：「衆勝寡，疾勝徐，善勝惡」，字亦作「徐」，是其證。

〔**集注**〕孔晁云：肅，敬也。怒，忿兵也。古人謂敬可以攝勇，與此肅勝怒意同。○潘振云：飢飽，以糧言。肅，敬也。怒，忿兵也。凡師，肅則整，怒則亂。先人有奪人之心，故勝後也。疾，速也。如孫叔敖疾進師，車馳卒奔，故勝遲也。○陳逢衡云：飽勝飢，飽則可以戰，飢則無與守也。肅勝怒，忿兵必敗也。先勝後，先發制人也。疾勝遲，兵貴神速也。此九者，兵家所謂知己知彼，百戰百勝之術，故曰武之勝。李兆洛曰：「飽勝飢，力也；肅勝怒，氣也；先勝後、疾勝遲，機也。」○唐大沛云：伐飢以飽，忿兵易敗，先發制人，兵貴神速。○朱右曾云：疾勝遲，以逸待勞也。

追戎無恪，窮寇不格，

〔彙校〕格，程本、王本作「挌」，陳亦改「挌」。注同。丁宗洛云：「恪」疑「畧」訛。《左傳·隱五年》公曰：「吾將畧地焉」，注：「畧，總攝巡行之名。」《淮南子·兵畧訓》「攻城畧地莫不降」下注：「畧，取也。」改「恪」作「畧」，二義皆通。○唐大沛云：「恪」字義不合，疑是「怯」字之誤。音近而誤。或「恪」是「念」字之誤。「恪」本作「愙」，省作「急」，與「念」字形近，故訛。念，合也。殆謂追戎者俟其力倦氣竭，不必遽與之合歟。

〔集注〕孔晁云：格，鬭也。○潘振云：戎，如山戎之類。恪，敬也。戎輕而不整，故無恪，所以可追也。格，鬭也。寇已窮，不必與之鬭也。○陳逢衡云：追戎當整旅以進，不可遲迴。恪則緩而怠，彼必回軍返鼓以乘之矣。挌，擊也。寇窮則并命，恐反爲所敗，故不挌。《孫子》曰：「歸師勿遏。」此之謂也。○朱右曾云：無恪，恪也。不格，格也。格謂拒捍也。《荀子》曰：「格者不舍。」追戎必當防誘伏，窮寇必將致死。○于鬯云：此「恪」字蓋當如《左·昭七年傳》「陟恪」之恪，借爲「遐」。遐，遠也。無，戒辭。追戎無遐，戒遠追也。不格，不亦戒辭。○陳漢章云：格爲「挌」之假字，恪亦「輅」之假字。輅，迎也。《孫子·軍争篇》云：「歸師勿遏，窮寇勿追。」

力倦氣竭乃易克：武之追也。

〔彙校〕盧文弨云：「乃易克」上疑脱一字，趙疑是「敵」字。（陳從增）

〔集注〕孔晁云：追敵之法。（按：「法」字舊缺，從諸本補。）○潘振云：竭，盡也。○陳逢衡云：擊其惰氣，因其勞倦也。○唐大沛云：言所追者憊甚，自易克也。○朱右曾云：待其氣力倦怠，乃可勝也。

既勝人，舉旗以號令，命吏禁掠，無取侵暴，

〔彙校〕王念孫云：「取」字文義不明，「取」當爲「敢」，字之誤也。無敢侵暴，即所謂禁掠也。若《費誓》之言「無敢寇攘」矣。○王引之云：「舉旗以號」下疑衍「令」字，號即令也。下句又有「命」字，則「令」爲贅文矣。且此以「號」、「暴」爲韻，下文以「虧」、「化」爲韻，（虧古讀若科，化古讀呼禾反，説見《唐韻正》。）若「號」下有「令」字，則失其韻矣。○潘振云：熊虎爲旗。掠，劫奪也。侵，侵淩。暴，暴虐。此武之所不取也。○陳逢衡云：舉旗以號令，安民也。○唐大沛云：命吏禁止掠民財物，無得侵暴閭閻也。○朱右曾云：掠，奪取也。

爵位不謙，田宅不虧，各寧其親，民服如化：武之撫也。

〔彙校〕丁宗洛云：「謙」疑「兼」誤。

〔集注〕孔晁云：謙，損也。（丁宗洛云：「損」疑「攝」訛。）寧，安也。○盧文弨云：謙當與「減」同。○潘振云：謙，損也。爵位不謙，因其官吏，無敢改也。虧，缺也。田宅不虧，各佃爾田、宅爾宅也。親，謂九族。化者，不知其所以然。如化，如自然也。撫，慰勉也。○陳逢衡云：爵位不謙、田宅不虧，令吏民皆安堵如故也。謙與歉同。○丁宗洛云：爵位不兼，言舊官無使失職，不以新官兼之。○唐大沛云：田宅不虧，佃爾田宅爾宅，不虧損也。疑孔注「損也」是訓虧字。民服如化，民心悦服，感應甚速。安撫之道如此。○朱右曾云：謙讀爲「減」。謙、減古通假。○朱駿聲云：謙讀爲「歉」，減少也。如化，言帖然也。○俞樾云：謙之言絶也。《考工記·輪人》：「外不廉而内不挫」，鄭注曰：「廉，絶也。」《説文·火部》作「熑」，曰：「火煣車網絶也。」引《周禮》曰「煣牙外不熑。」蓋熑其本字，其義爲火煣車網絶，引申之則凡絶者皆謂之熑。今《周禮》作「廉」，乃其假字。此文作「謙」，亦其假字也。爵位不謙，言有爵位者不絶其爵位也。《説文·水部》：「溓，一曰中絶小水也。」是從兼得聲之字每有絶義。○劉師培云：《呂氏春秋·懷寵篇》：「而民服若化」，高注云：「若被其化也。」此云「如化」，當同高詁。《小明武解》、《柔武解》並言「勝國若化」，《武寤解》又言「商庶若化」，義咸同。

百姓咸服，偃兵興德，夷厥險阻，以毁其服，四方畏服，奄有天下：武之定也。

〔彙校〕盧文弨云：注言「毁武」，則正文「以毁其服」，「服」當作「武」，且與上下韻協。（陳、朱從改）

〔集注〕孔晁云：毁武，謂毁敵之。（敵之，程本、趙本、吴本作「服之」，王本作「武之服」。盧從「服之」。丁訂作「毁服，謂毁武之服」。）○盧文弨云：惠云：「《左氏傳》楚莊王曰：『夫武，禁暴、戢兵、保大、定功、安民、和衆、豐財者也。』七者皆具此篇中。」○潘振云：咸，皆也。偃，仆也。兵，五兵，弓矢、殳、戟、酋矛、夷矛也。德，文教也。險阻，猶災患也。毁，去也。奄，遽也。定，告成功也。○陳逢衡云：夷厥險阻，以毁其武，謂平其關隘，則彼無用武之地也，如城鄭虎牢之類。惠云《左氏》七者皆具此篇中，衡案篇中無所謂豐財。○丁宗洛云：服，指戎器等物。毁服，猶言倒載干戈、包以虎皮也。○唐大沛云：臣民歸服之後，偃兵不用，興起文德。偃如「偃伯靈臺」之偃。四方諸侯聞而畏服，則天下皆所有也。武功既成，天下大定矣。

逸周書彙校集注卷二

允文解第七

〔彙校〕孫詒讓云：案《商子·徠民篇》云：「以《大武》搖其本，以《廣文》安其嗣。」《大武》即此後第八篇，則《廣文》亦必此書篇名，而今本無之，竊疑即此篇也。「允」當作「光」。「光」與「廣」聲近，古多通用。此篇所言皆克敵後綏輯之事，故《商子》曰安其嗣。後人以篇中「允」字屢見，而叙文又有「大聖允兼」之語，遂改「光」爲「允」。抑或作叙時篇目已誤作「允」，因而牽傅其義，未可知也。〇劉師培云：孫説至確，下孔注「康」即「廣」訛。

〔集注〕潘振云：允，信也。誠實不欺之謂。允文，實有此文德也。偃武修文，故次之以《允文》。〇陳逢衡云：文令見《管子》，文伐見《太公·武韜》，文德見《漢·刑法志》，是皆所謂允文也。通作韻語，與《大明武》、《小明武》同，皆《太公兵法》之逸文。篇中「死思復生，生思復所」數語，尤得王者用兵之意。

思静振勝，允文維紀。

〔彙校〕紀，諸本作「記」，盧從。陳逢衡云：當作「紀」。丁照注改「紀」。孫詒讓云：振，《史略》引作「鎮」。

〔集注〕孔晁云：以静規勝，康文紀武。（丁宗洛云：「康疑秉訛。」朱從改。）〇潘振云：静也。振，收也，收勝敵之兵也。記，識也。作解以示人，使其識之也。〇陳逢衡云：兵如火，弗戢將自焚，故思静振勝。振，收也。允，信也。文，文德也。紀，法律也。〇唐大沛云：思，語詞。静，謂戢兵。振，收也。思静振勝，静收既勝之兵。允，信也。文，文告也。既戢兵，以文告經紀之。〇朱右曾云：振，奮也。

昭告周行，維旌所在。

〔**集注**〕孔晁云：旗旌。治亂所在。（旗旌二字程本、王本倒，盧從。）〇潘振云：告，告新國也。周行，大道，所以見文德者。旌，表也。所在，如象魏門閭，可以縣書者。〇陳逢衡云：昭告周行，露布也；維旌所在，褒有德也。旌，表也。在，存也。〇唐大沛云：周行，大路也。旌，旌旗。即《武稱》篇所謂「既勝人，舉旗以號令」之義。〇朱右曾云：在，古讀才里反，猶涖也。

收武釋賄，無遷厥里。

〔**彙校**〕武，朱右曾據注改「戎」。〇王念孫云：「收武」二字文義不明，「武」當爲「戎」，字之誤也。收戎釋賄者，謂勝敵之後收其兵器，毋取財賄也。據孔注云收其戎器，則本作「收戎」明矣。

〔**集注**〕孔晁云：收其戎器，不取賄。（按：此注原在「因其百吏」句下，今分移於此。）〇潘振云：收武，收敵人之戎器也。〇陳逢衡云：收武，偃武也。釋賄，散財也。無遷厥里，所以安小人。〇唐大沛云：無遷厥里，俾民安處里居不遷。〇朱右曾云：釋，舍也。遷，改也。里，里居。

官校屬職，因其百吏。

〔集注〕孔晁云：因其官吏無敢改。○潘振云：官，官府。校，學校。屬，官屬。職，官職。官吏不一，故言百。仍其官吏，示不改也。○陳逢衡云：官校屬職因其百吏，所以安君子。《尉繚子》曰：「兵之所加者，農不離其田業，賈不離其肆宅，士大夫不離其官府。」即此義也。○唐大沛云：因，仍也。○朱右曾云：校，軍營。在官在軍之百吏因而不改。

公貨少多，賑賜窮士。救瘠補病，賦均田布。

〔彙校〕少多，陳、唐二家作「多少」。○朱駿聲云：「布」當作「市」。○孫詒讓云：朱說是也。「市」與上下文韻亦正協。

〔集注〕孔晁云：主施赦，布政也。○潘振云：公家之貨，新國之所有者。少多，猶言若干。瘠，瘦也。病，疾甚也。救補，指拯民而言。賦均，九賦平也。田布，言無田者當班之以田也。○陳逢衡云：此即《周禮》泉府國服之法。公貨，贓罰之貨，猶後世所謂没入官者是也。振賜窮士，養賢也。救瘠補病，養民也。《周官》九布，在國曰邦布，在市曰征布，總謂之田布。賦均田布，則不病民，不傷財，而上下交獲其贏矣。李兆洛曰：「公貨多少，謂不論貨之多少，皆公之以振賜。」○唐大沛云：公貨多少賑賜窮士，府庫之財量其多少分恤窮士。救瘠補病，散財以恤民。○朱右曾云：公貨，在公之貨，如鹿臺之錢、鉅橋之粟是也。賦，謂出車徒給徭役。○朱駿聲云：賦，即《周禮·大宰》之九賦。均田，即《均人》之均地也。均市，即《司市》之均市也。

命夫復服，用損憂恥。孤寡無告，獲厚咸喜。

〔彙校〕王引之云：「損」當爲「捐」，字之誤也。捐者，除也。謂捐除其憂恥，非徒損之而已也。孔注「損除憂恥」，亦是「捐除」之誤。

〔集注〕孔晁云：損除憂恥，謂赦罪振窮，敷大惠也。○潘振云：命夫，如一命再命三命之官。用，以也。無禄可憂，無爵可恥，復其事，所以減憂恥也。言孤寡，則鰥獨可知，皆窮民而無告者。厚，厚恩。○陳逢衡云：命夫復服，修廢官之謂。命夫在位者復服，謂復其爵也。服如賜服之服。用損憂恥，則士大夫皆有進身之階。孤寡無告，窮民也。獲厚咸喜，則家給人足矣。○丁宗洛云：命夫，命士也。復服，謂除其服役也。《前漢·高帝紀》「七大夫以下皆復其身及户勿事」是也。○唐大沛云：赦其罪還其命服，以蠲除其憂恥也。窮民德惠，故喜。○朱右曾云：復，反；服，事也。命夫以小過削職者皆復之，以減除其憂恥。

咸問外戚，書其所在。遷同氏姓，位之宗子。

〔彙校〕氏，程本、趙本、吴本作「民」。○王念孫云：「遷」本作「選」，言選其同氏姓之賢者而立以爲宗子也。今本「選」作「遷」，則文義不明，蓋涉上文「無遷厥里」而誤。《玉海》五十引此正作「選」。

〔集注〕孔晁云：誅其君，爲之主，□及羣臣宗主。(「爲」以下丁補改爲「爲其立賢及羣臣宗主」。)○潘振云：問，存問。外戚，指勝國之父黨、母黨、妻黨也。書其所在，表厥宅里也。氏者，所以别子孫所自出。姓者，所以統系百世使不别也。言遷徙之，同族而往，立其宗子，以奉祭祀，並爲羣臣立宗主也。○陳逢衡云：外戚，敵之外戚。書其所在，在，存也。謂收録其賢者。遷同氏姓位之宗子，如條、徐六族遷於魯，陶、施七族遷於衛，懷姓九宗遷於晉之類。

蓋世家大族聚則易爲亂，故徙其族於遠，使不相通，復立宗子一人，以主其祀也。〇丁宗洛云：位通立，與《作洛解》「乃位五宫」同。遷同氏姓二句，似與《孟子》言「謀於燕衆，置君而後去之」同意。〇唐大沛云：官民既被澤矣，而又訪問外戚，録其所在之地。雖誅其君併其地，然不可絶其宗祀也，故於彼同姓之中遷其長且賢者立爲宗子，以主其祀。〇朱右曾云：外戚，勝國之甥舅也。同氏姓，其子孫宗族也。

率用十五，綏用□安。教用顯允，若得父母。

【彙校】綏用□安，盧文弨云：《夏小正》：「綏多女士。」此當是「綏用士女」，與韻協，作「女士」亦協。（各家從改「綏用士女」）〇劉師培云：盧後説（作女士）是也。「士」與下文「毋」協。「毋」屬之部。本篇由「紀」迄「毋」均未易韻，若作「士女」，斯與韻乖。「用」疑「多」訛，與《管子》「朋」、「多」互訛例同。

【集注】孔晁云：懷其德政也。〇潘振云：率，領也。領軍，指司馬。十人爲什，五人爲伍也。綏，安也。安民指司徒，教指師保。用通明誠信之人以教之。若得父母，言如父母之慈愛，無所不至也。〇陳逢衡云：十五者，保甲之法。《管子·禁藏》曰：「夫善牧民者，非以城郭也。輔之以什，司之以伍，伍無非其人，人無非其里，里無非其家。」此率用十五之義也。民不驚擾則士女安，故曰綏用士女。與《武成》「綏厥士女」同義。教，如教民七年之教。顯，明；允，信也。〇丁宗洛云：率，當是口率出泉之率。率用十五，謂十五以上方計算。〇唐大沛云：十五與什伍同。統率户口，以什伍編之，民數可稽。綏，安也。使民安其室家也。顯，明；允，信也。教民興行，道在光明信實，民被其德，如受恩於父母者然也。〇朱右曾云：率音類，又音律。《冢宰》「九賦」注曰：「賦，口率出泉也。」漢法算泉百二十，未知於周何如。〇朱駿聲云：女子十五許嫁，有適人之道。《越語》：「句踐令國中女子十七不嫁者其父母有罪。」《漢書·惠帝紀》：「女子十五以上至三十不嫁，五算。」皆蕃息人民之政。疑文王綏德猶斯意也。口率出泉，似已晐上文「賦均田市」中。○孫詒讓云：十五即什伍，謂聯其户版，使什伍相任也。《大武篇》云「以正什伍」，《大匡篇》云「什伍相保」，皆其證也。

寬以政之，孰云不聽。聽言靡悔，遵養時晦。

〔彙校〕朱駿聲云：孰云不聽，「聽」當爲「德」，讀如「王德狄人」之德，涉下「聽言」而誤也。

〔集注〕孔晁云：養時暗昧而誅之。（暗，諸本作「闇」。唐大沛云：「誅」上脱「不」字。）○潘振云：寬以政之孰云不聽，言已上之寬政如此，人皆聽命也。言，昭告之言。靡悔，無遺恨也。遵養時晦，言有師不用，退自循養，與時俱晦也。○陳逢衡云：寬以政之，除苛法也。孰云不聽，得民心也。聽言靡悔，民不倍上則無罪也。遵養時晦，見《周頌》，傳云：「遵，率；養，取；晦，昧也。」箋云：「養是闇昧之君，以老其惡。」○丁宗洛云：政之爲言正也。靡悔，不自悔悟也。《左·宣十二年傳》汋曰：「於鑠王師，遵養時晦，耆昧也。」言致討於昧也，與今作武王自養晦解大異。此蓋言有聽言不自悔悟者，始雖養之，終必討之。○唐大沛云：政者，正也。教不迫求於民，孰不聽信？《書》所謂「敬敷五教在寬」是也。其有聽言不知悔者，循養是闇昧之人以俟其悔過，不遽誅之也。養，蓋如《孟子》中也養不中之養。○朱右曾云：遵養時晦，言率此師以取是晦昧之君也。

晦明遂語，于時允武。死思復生，生思復所。

〔集注〕孔晁云：使昧者脩明，而遂告以信武也。（脩，諸本或作「修」。）○潘振云：晦明，晦極則明，猶言亂極思治也。語，告將帥也。于時信當用武，不必晦也。死思復生，后來其蘇也。生思復所，其究安宅也。○陳逢衡云：死思復生，出水火而袵席之也。生思復所，合婦子而安全之也。《商書》曰：「徯我后？后來其蘇。」此之謂也。○丁宗洛云：晦明遂語，言晦者既明，則遂教戒之。《魯語》：「主亦有以語肥。」語，教戒也。○唐大沛云：倘晦者明而自悔，遂復諭教之，於是其人畏法而信威。時，是也。允，信也。武，威也。罪當死者思矜全而復生之，其生者思各安其業而復其所。

人知不棄，愛守正户。上下和協，靡敵不下。

〔集注〕孔晁云：於守正户，言不逃亡。（於，盧校改「人」，各家從。）○潘振云：棄，死而棄其尸也。户有房户、室户，皆正户也。行師無襲門户，人知不死，故愛守其家，不逃亡也。上，指將帥。下，指民衆。心和順而協合也。下，落也。○陳逢衡云：此養而兼以教也。人知不棄則民氣新，愛守正户則趨向正。如是，則長幼有序，可以觀禮尊君親上，可以觀義，故無敵。○唐大沛云：人知不見棄於上，亦知自愛，不肯自棄，愛守正户而由之。正户，猶言正路。上能愛下，下知親上，上下之情和協，王者之所以無敵于天下也，故曰靡敵不下。

執彼玉珪，以居其宇。庶民咸畊，童壯無輔。

〔彙校〕無輔，陳逢衡云：「當作『是輔』。或曰：『無』當爲『吾』，聲之誤也。」丁宗洛云：「『輔』疑『轉』訛。無轉，猶言無有轉於溝壑者。浮山云：『無』疑『置』訛。《天官·太宰》：『置其輔』，注：『庶人在官者也。有力者耕田，有才者承令。』」朱右曾云：「『輔』當爲『侮』，音近而誤。」陳漢章云：「『侮』與『輔』古音不相通。」

〔**集注**〕孔晁云：彼，謂亂邦之君。○潘振云：玉珪，瑞也。國之四垂爲宇。言持敵國之瑞，以處其國也。庶民咸畊，耕者不變也。童壯，以年言。無輔，無助也。兼貧窮之人與無告之四民而言。○陳逢衡云：執彼玉珪，收其爵也。以居其宇，鎮其地也。庶民咸耕，耕者不變也。○唐大沛云：彼，猶《詩》云「瑟彼玉瓚」之彼，語詞也。○俞樾云：輔當讀爲俌。俌、輔並從甫聲，故假輔爲俌也。《説文・心部》：「俌，惶也。從心甫聲。或體作怖。」童壯無俌，言無使惶懼也。○劉師培云：輔當讀逋。《説文》云：「逋，亡也。」慧琳《一切經音義》八十二引《埤倉》云：「逋，竄也。」則無逋猶言弗播竄矣。上文「愛守正户」孔注云：「不逃亡。」此蒙彼言。

無拂其取，通其疆土。民之望兵，若待父母。

〔**彙校**〕拂，趙本、吴本作「棉」。○朱右曾云：「通」當爲「撤」，撤田也。蓋劉向校書避諱而改。

〔**集注**〕潘振云：《詩》云：「爰及矜人，哀此鰥寡。」無逆其取也。通，通商。歸市者不止也。○陳逢衡云：無拂其取，生有養也。通其疆土，遠人來也。○唐大沛云：「通其疆土」以上六句，蓋謂王者執玉珪以鎮撫其地，但見庶民樂業而耕，童壯相與輔之，利其所利，取之無拂，通達疆土，使同力合作焉，即《詩》所謂「徹彼疆土」者。徹，通也。惠民如此，故凡無道之國，民望王師之征伐，如待父母者然。《書》所謂「徯我后，后來其蘇」是也。○朱右曾云：拂，逆；取，趣也。

是故天下一旦而定，有四海。

〔**彙校**〕丁宗洛、唐大沛並云：「有」字上疑脱「奄」字。朱從丁增。

〔**集注**〕潘振云：定四海於一日，不再舉兵也。○陳逢衡云：言易易也。一旦，猶會朝也。

逸周書彙校集注卷二

大武解第八

〔彙校〕王念孫云：此篇文多譌脱，又經後人删改。○陳逢衡云：此篇四戚五和見《大開武解》，春違其農見《武稱解》，五衛六庠見《酆保解》，蓋兵家相傳之語，而又脱去六庠不載，知其遺失多矣。篇首武有六制，《北堂書鈔》引作七制，豈序所謂七德者即七制歟？○孫詒讓云：此與前《武稱》、《允文》及後大、小《明武》諸篇，蓋皆《周書陰符》之遺文。《商子·徠民篇》云：「天下有不服之國，則王以此：春圍其農，夏食其食，秋取其刈，冬陳其寳。以《大武》摇其本，以《廣文》安其嗣。」即此書也。蓋《戰國策》士習以此爲揣摩之册，故商鞅、蘇秦、黄歇等皆能誦述矣。

〔集注〕潘振云：大武，武之大者。思静允文，晦明允武，故次之以《大武》。

武有六制：政、攻、侵、伐、搏、戰。

〔彙校〕盧文弨云：《北堂書鈔》一百十三引《周書》：「七制：一曰征，二曰攻，三曰侵，四曰伐，五曰陣，六曰戰，七曰鬬。」與此不同。○王念孫云：此本如《書鈔》所引，祇因下文説鬬之事已脱落不全，後人遂妄加删改矣。○劉師培云：《書抄》一百十四引《周書》「政有九因」及下文「政之因也」，字並作「征」。○唐大沛改從《書鈔》，朱右曾從改

「六」爲「七」、「搏」爲「陣」、「戰」下增「鬭」字。

〔集注〕孔晁云：政者，征伐之政。○王念孫云：政與征同。○潘振云：成法曰制。政，政事。專治曰攻。無鐘鼓曰侵，有曰伐。擊曰搏，皆陳曰戰。○陳逢衡云：政、征通。《孟子》：「征之爲言正也。」攻，擊也。侵，漸進也。《周禮·大司馬》：「負固不服則侵之。」《左傳》：「無鍾鼓曰侵，有鍾鼓曰伐。」搏，取也。戰，鬭也。《左傳》：「皆陳曰戰。」○唐大沛云：制，法制也。伐從人從戈，執兵以殺伐也。陳各有式，軍師行伍之列也。鬭，交兵相爭鬭也。○朱右曾云：《春秋傳》云：「觕曰侵，精曰伐。」戰，合戰。鬭，相搏也。

善政不攻，善攻不侵，善侵不伐，善伐不搏，善搏不戰。

〔彙校〕盧文弨云：《書鈔》作「善征不侵，善侵不伐，善伐不陣，善陣不鬭，善鬭不敗」。「善征不侵」句有脱字。○王念孫云：善伐不搏，善搏不戰，本作「善伐不陳，善陳不戰」，俗書陳字作「陣」，因誤而爲「搏」。善搏不戰，則義不可通。莊八年《穀梁傳》亦云：「善師者不陳，善陳者不戰。」下有「善戰不鬭善鬭不敗」八字，亦經後人删去。《書鈔·武功部一》所引皆不誤。○唐、朱二家並從《書鈔》。

〔集注〕孔晁云：言廟勝也。（丁宗洛云：按《晉書·宣帝紀》：「若用其所長，棄城奔走，此爲廟勝也。」語意正同。又《淮南子》：「廟戰者帝，神化者王。」廟戰，法天道也；神化，法四時也。廟戰當亦相同。）○潘振云：善武制者不假威力。○陳逢衡云：善政不攻，戰勝於廟堂也。善攻不侵，先聲有奪人之志也。善侵不伐，行軍決勝而人不覺也。善伐不搏，聲罪致討，敵已服也。善搏不戰，止戈爲武，無事相殺過當也。○唐大沛云：率師往而征之，服則不須攻擊也。攻城既克，不必潛師以侵也。潛師以侵，不必殺伐也。乘機殺伐，不待軍師成列也。行列整齊，先聲以奪人,不必決勝於交戰也。兵刃既接,見可而進,知難而退,不必兩軍相殺争鬭不止也。勇於鬭者,必先立身於不敗之地也。

政有四戚五和,

【彙校】王念孫云:本作「政有九因,因有四戚五和」。合四與五而爲九,故下文云:「凡此九者,政之因也。」今本無「九因因有」四字,乃後人所删。《書鈔·武功部二》有,明陳禹謨又依今本删。○唐、朱二家從增「九因因有」四字。

【集注】潘振云:戚,親也。和,無乖戾也。○唐大沛云:因,猶依也。

攻有四攻五良,

【彙校】王念孫云:本作「攻有九開,開有四凶五良」,故下文云:「凡此九者,攻之開也。」(今本無「九開開有」四字,且四凶誤作四攻,攻有四攻,則文不成義。《書鈔·武功部六》所引皆不誤,陳依今本删改。)○唐、朱二家從增「九開開有四字,「四攻」改「四凶」。

【集注】潘振云:四攻之攻,奪也。良,善也,謂人之善有五也。○唐大沛云:開,啓也。

侵有四聚三斂,

【彙校】王念孫云:本作「侵有七酌,酌有四聚三斂」。合四與三而爲七,故下文云:「凡此七者,侵之酌也。」(此條《書鈔》雖未引,然以上下文相比,亦必有「七酌酌有」四字,而後人删之。)○唐、陳二家從增「七酌酌有」四字。

〔集注〕潘振云：聚者，情義相維繫也。斂，謂收拾人心也。〇唐大沛云：酌，謂酌量也。〇朱右曾云：聚，集。斂，戢。

伐有四時三興，

〔彙校〕與，盧校改「興」。〇王念孫云：本作「伐有七機，機有四時三興」，故下文云：「凡此七者，伐之機也。」（今本無「七機機有」四字，《書鈔·武功部二》有，陳依今本刪。）〇唐、朱二家從增「七機機有」四字。

〔集注〕潘振云：興，謂興起兵甲也。〇唐大沛云：機，謂機宜也。〇朱右曾云：興，行。

搏有三哀四赦，

〔彙校〕王念孫云：本作「陳有七來，來有三哀四赦」，故下文云：「凡此七者，陳之來也。」（今本兩「陳」字皆誤作「搏」，又無「七來來有」四字。《書鈔·武功部五》所引皆不誤，陳依今本改「陳」爲「搏」，而「七來來有」四字尚未刪。）〇唐、朱二家從增「七來來有」四字，「搏」改爲「陳」。

〔集注〕潘振云：哀，憐惜之義。赦，置也。〇唐大沛云：來，謂懷來也。

戰有六厲五衛，

〔彙校〕王念孫云：本作「戰有十一振，振有六厲五衛」。（今本無「十一振振有」五字，《書鈔·武功部六》有，陳依今本刪。）合六與五而爲十一，故下文云：「凡此十一者，戰之振也。」（今本無此九字，辯見下。）〇唐、朱二家從增「十一振振有」五字。

〔集注〕潘振云：厲，勉也。護國家曰衛。〇唐大沛云：振，謂振興也。〇朱右曾云：厲，勵也。衛，用人以自周衛也。

六庠五虞。

〔彙校〕盧文弨云：後獨闕六庠之目，案《酆保解》有五祥六衛七厲，此「庠」字與「祥」通。〇王念孫云：本作「闕有十一客，客有六廣五虞」，（今本無「闕有十一客客有」七字，六廣作六庠，則義不可通。《書鈔·武功部六》所引皆不誤，陳依今本删改。）故下文云：「凡此十一者，闕之客也。」（今本無此九字，辯見下。）〇唐、朱二家從增「闕有十一客客有」七字，「庠」改爲「廣」。

〔集注〕孔晁云：此皆有義，然後能致其攻。〇潘振云：庠，學宫。虞、夏、商各有大、小學，謂之六庠。虞，度也。〇朱右曾云：廣，博也，言儲之平時。虞，度也，言備之臨事。

四戚：一、内姓，二、外婚，三、友朋，四、同里。

〔彙校〕王念孫云：《書鈔·武功部》引此一、二、三、四下皆有「曰」字，（凡篇内之一、二、三、四、五、六，《書鈔》皆作一曰、二曰、三曰、四曰、五曰、六曰，陳皆依今本删。）「同里」作「同盟」，（陳依今本改。）皆於義爲長。此九者政之因也，《書鈔》「此」上有「凡」字，篇内兩言「此九者」，三言「此七者」，《書鈔》「此」上皆有「凡」字，（陳皆依今本删。）亦於義爲長。

〔集注〕孔晁云：言所宜親也。○潘振云：同姓、姻嫁、同志同師、二十五家之里，皆人所宜親也。○陳逢衡云：此皆與國同休戚者。○唐大沛云：内姓，内則同姓；外婚，外則婚姻。○朱右曾云：睦宗族，卹婚姻，聯朋友，敬鄉黨，皆所以使民相親也。○劉師培云：案《大開武解》四戚：「一内同姓，二外婚姻，三官同師，四哀同勞」，與此略同。竊以同師即此友朋。（同門曰朋。古者宦學事師，學成入官，故同僚恒出於同師。《芮良夫解》云：「惟爾執政朋友。」是亦同官稱朋友者。）惟同勞、同里未詳孰爲正文。（《書抄》一百十八引「同里」作「同盟」。）

五和：一、有天無惡，二、有人無郄，

〔彙校〕劉師培云：《書鈔》一百十四引「惡」作「怨」。○于鬯云：此「人」蓋誤文也。以義言之，實當作「地」。上文云：「五和，一、有天無惡。」先言天，故次言地，下三句方及人。有地無郄者，當謂徧種植而勿使有閒隙之地。《大開武解》五和、《小開武解》三極、七順，皆言天必言地，言地方及人，亦並可爲旁證。

〔集注〕盧文弨云：郄、隙同。○潘振云：有天，得天也。天氣和，故無惡歲。人，對己而言，謂將帥也。人心和，故無嫌隙。○陳逢衡云：有天無惡，能奉若也。有人無郄，能一心也。○丁宗洛云：惡宜讀去聲，語意疑如《左傳》所云「天方授楚，未可與争」。○唐大沛云：蓋謂天時順，人心合。○朱右曾云：惡，謂災荒也。郄與郤同，讀爲間隙之隙。

三、同好相固，四、同惡相助，

〔彙校〕陳逢衡云：二語見《太公·武韜篇》，「相固」作「相趣」。○劉師培云：案《治要》三十一引《武韜》有「同惡相助,同好相趣」語,今本《六韜·發啓篇》「趣」作「趨」。《文選·魏公九錫文》李注亦引,爲《周書》太公語,與本書作「固」不同。

〔集注〕潘振云:同好、同惡,謂鄰國和也。固,守其封疆。助,益其兵力。○陳逢衡云:同好相固,有婚姻盟誓之堅;同惡相助,有驅除并力之義。○唐大沛云:好善惡惡之情同,故相固守相輔助也。

五、遠宅不薄。

〔彙校〕盧文弨云:《戰國策》黄歇説秦引《詩》云:「大武遠宅不涉。」當是引此文,「詩」必本是「書」字之誤。梁云:「大武遠宅不涉,《國策》鮑、吴兩注及《史記正義》所解各不同,與此文不合,似未可牽連也。」○俞樾云:「遠宅」二字無義,據《大開武》篇亦有五和,其文曰:「一、有天維國,二、有地維義,三、同好維樂,四、同惡維哀,五、遠方不爭。」與此篇所言五和大略相同,疑「遠宅」亦當作「遠方」,字之誤也。觀孔晁「遠居」之解,是其所據本已誤作「宅」矣。○劉師培云:《書抄》一百十四引「宅」作「澤」。又《新序·善謀上篇》述黄歇語云:「《詩》曰大武遠宅而不涉」,與《史記》同,較《國策》所録增「而」字。

〔集注〕孔晁云:雖遠居,皆厚之。○潘振云:遠宅,遠居者。不薄,厚之也。則遠人和矣。○陳逢衡云:鮑彪《秦策》注云:「逸詩。武,足跡;宅,猶居也。言地之居遠者,雖有大足,不涉之也。」吴師道曰:「威武之大者,遠宅定之,不必涉其地也。」《史記·春申君列傳》正義:「言大軍不遠涉攻伐。」案正義所説是。鮑氏、高氏俱謂此是逸詩,蓋以《詩》有《大武》,而不知逸《書》别有《大武解》也。遠宅不薄,薄,迫也,猶《大開武》言「遠方不争」也。○唐大沛云:若吴云遠宅定之,不必涉其地也,則與鮑注義正合。此篇云遠宅不薄,即遠宅不涉之義,蓋薄之爲言迫也。

不迫近其地，猶云不涉其地耳。

此九者，政之因也。

〔**集注**〕孔晁云：言因此以成政也。〇潘振云：因，由也。

四攻者，一攻天時、二攻地宜、三攻人德、四攻行利。

〔**彙校**〕王念孫云：四攻，本作「四凶」，（辯已見上，《書鈔·武功部六》所引不誤，陳依今本改。）「凶」下本無「者」字。（上下文皆無此例，《書鈔》亦無，陳依今本增。）《書鈔》「行利」作「兵利」（陳依今本改），亦於義爲長。〇丁宗洛云：「者」字衍。

〔**集注**〕孔晁云：攻，謂奪其計使不成也。〇潘振云：天時，時日支干、孤虛王相之屬。《左傳》史墨曰：「越得歲而吴伐之，必受其凶。」是越奪天時也。地宜，山川城郭之險。《蜀記》：秦惠王欲伐蜀，造石牛，置金其後，蜀人使五丁力士拖石成道，秦遂伐蜀。是奪其地宜也。人德，人有德者，用反間以奪之。行利，行賄也。《左傳》：吴將伐齊，越子率其衆以朝，王及列士皆有饋賂。子胥曰：「是豢吴也夫！」使從其諫。是奪越人行賄之計也。〇陳逢衡云：攻天時，因水、因旱、因疫，且視歲星所去留。攻地宜，謂有間道可入或有險可乘也。攻人德，因其不和。行利，則操璧以餌之也。〇唐大沛云：以四凶之義推之，（攻天時）蓋謂彼國天時有災也。彼恃地險以守，攻之使失其宜；彼人之心不和，同而攻之；彼恃兵甲之多，我以利兵攻之。〇朱右曾云：人德，以仁行暴。兵利，器用財賄。

五良：一、取仁，二、取智，三、取勇，四、取材，五、取藝。

〔彙校〕孔晁云：良，當爲「求」，字之誤也。（求，盧訂「來」。）○陳逢衡云：當仍舊作「良」字爲是。

〔集注〕孔晁云：所務來而任之。○潘振云：材與才同，泛言有能者。藝，善六藝者。○陳逢衡云：仁、智、勇、材、藝五者，皆國之良也。良如「秦有三良」之良。此專爲選將而言。《六韜》曰：「將不仁則三軍不親，將不勇則三軍不鋭，將不智則三軍大疑。」故仁、智、勇三者，取人之首要也。材、藝，如公輸造雲梯、墨子修守具、諸葛亮造木牛流馬皆是。○唐大沛云：良，蓋謂我所任用之人皆良智也。○朱右曾云：材，材能。藝，技藝。

此九者，攻之開也。

〔集注〕孔晁云：言開此道以成攻也。○潘振云：開，啓也。○唐大沛云：彼有不利，我善任人，攻擊之道所由開也。

四聚：一、酌之以仁，二、懷之以樂，三、旁聚封人，四、設圍以信。

〔集注〕潘振云：取善而行曰酌。仁，如不斬祀、不殺厲之類。懷之，慰之也。如寒者衣之、飢者食之。此懷之以樂也。旁，四方。封人，謂封疆之人。信，孚也。《左傳》：「晉侯圍原，命三日之糧。原不降，命去之。軍吏曰：『請待之。』公曰：『信，國之寶也。得原亡信，何以庇民？』退一舍而原降。」此設圍以信也。○陳逢衡云：此專爲民而言，酌之以仁，予以生也；懷之以樂，普以惠也；旁聚封人，謹斥堠也；設圍以信，示不欺也。○丁宗洛云：按封有衆義。《禮·王制》：「五十里爲封。」《前漢·刑法志》：「同十爲封，封十爲畿，畿方千里。」蓋封人猶言衆人也。設圍以信，或即晉文公伐原，三日去之以示信之類。○唐大沛云：酌之以仁，予以恩惠也。聚必先結民心。懷保之，使樂得其所。所侵取之地，設封人以掌之。圍其地而守之，示民不欺。○朱右曾云：酌，行；懷，來；旁，大也。聚，邑聚。封，殖；圍，守也。守國以信。○劉師培云：旁聚，即《尚書·堯典》之「方鳩」。旁從方聲，鳩、聚義符。《史記·五帝本紀》作「旁聚」，是其驗。封、邦古通，即安集邦人也。與《左傳·隱八年》「以鳩其民」同。

三斂：一、男女比，二、工次，三、祇人死。

〔彙校〕工次，丁宗洛云：此句疑有脱字。浮山云：據《程典解》「工攻其材」句，宜是「工攻材」，「次」即「攻」之訛。○孫詒讓云：此當作「工受次」。《文政篇》九德「六，商工受資；七，祇民之死」，與此下文「三，祇人死」正同。（祇，王引之讀爲振，是也。孔詁爲敬，失之。）此「次」即「資」之省，而上脱「受」字，遂不可通。○于鬯云：「次」當讀爲「資」。「工」上或亦有「商」字，傳寫脱去未可知。

〔集注〕孔晁云：祇，敬。○王引之云：祇之言振也。振，救也。言救人之死，非敬死之謂也。祇與振聲近而義同，故字亦相通。○潘振云：比，親也。《周禮·遂人》：「以樂昏擾甿。」昏姻匹偶，各得其願，則馴擾而不離散，男女比也。工次，工有次序。如一弓二矢歸射，三輪四輿歸御之類。祇，敬也。敬人死，哀喪也。○陳逢衡云：比，合也。丁男隸卒，丁女饋糧，無仳離也。工，百工制器械者。次，舍也。百工居次，則事易成也。祇人死者，神武不殺也。語曰：「佳兵者不祥，坑降卒者無後。」○唐大沛云：男女比，所侵取之人民，使安其家室，無仳離也。工次，工居次舍。○朱右曾云：比，比志反，合也，使無鰥曠。次，肆也。《記》曰：「宋陽門之介夫死，子罕哭之哀而民悦。」三者皆以斂其情，使壹意以事上。

此七者,侵之酌也。

〔集注〕孔晁云:言酌此法以成侵也。○唐大沛云:侵人土地,必並其人民;取之,則當愛其人民,故四聚三斂皆言愛民之事,侵之所當酌量者也。

四時:一、春違其農,二、夏食其穀,三、秋取其割,四、冬凍其葆。

〔彙校〕割,諸本作「刈」。劉師培云:《書鈔》一百十四引「取」作「收」。

〔集注〕孔晁云:此皆所用以敵之。(盧改「此皆所用以□敵也」,云:疑當作「以毁敵也」。)凍,謂發露其葆聚。(「凍」上丁增「葆」字)○潘振云:凍葆,發露其葆聚。○陳逢衡云:春違其農,見《武稱解》。食其穀取其刈,則因糧於敵也。葆與堡通,小城也。凍其葆,謂毁其屯聚,使彼皆凍餒也。○唐大沛云:隱三年《左傳》鄭祭足帥師取温之麥,秋又取成周之禾,亦類此。凍其葆,蓋即冬寒其衣服之謂。葆與保通,殆謂戍兵保守邊陲者。○朱右曾云:刈禾之可刈者。葆與保同。《管子》云:「窘則民失其所葆。」注云:「謂所恃爲生者也。」

三興:一、政以和時,二、伐亂以治,三、伐飢以飽。

〔彙校〕劉師培云:《書鈔》一百十四引「政」作「征」。

〔集注〕孔晁云:此所行當之也。(「當之」二字丁倒)○潘振云:和時,言本國之春農、夏穀、秋刈、冬葆不可乖戾也。○陳逢衡云:王者應天順人,然後舉事,故曰政以和時。政,征也。平人之亂,而我以仁義節制之師臨之,是伐亂以治也。我有十年之積,而彼無一日之儲,是伐飢以飽也。《漢書》韓安國曰:「臣聞用兵者以飽待飢,正治以待其亂」，本此。○唐大沛云：相時而動，以治國伐亂國，以糧足伐不足者。○劉師培云：《武稱篇》：「飽勝飢。」

此七者，伐之機也。

〔**集注**〕孔晁云：機，要也。以此要成其伐也。○潘振云：主發謂之機。

三哀：一、要不羸，二、喪人，三、擯厥親。

〔**彙校**〕孔晁云：要，當爲「惡」。擯，一作「損」。○盧文弨云：「要不」字訛，注亦難曉。梁處素云：不羸，當作「不嬴」，不足也。下文「必嬴」，程榮本誤作「必羸」，可知此字亦訛。（按：唐從改「嬴」。）○王念孫云：梁氏所辯是。喪人，本作「喪民人」。（今本脱民字，則句法參差。《書鈔・武功部五》有民字，陳未删。）○丁宗洛云：注言「要」當是「惡」，則經文應作「不嬴」。如湯於葛遺以牛羊，使衆往耕，亦即不嬴意。○唐大沛云：予謂注甚明白易曉，蓋「要」字當作「惡」字也。惡不嬴，言無大過惡，可矜全者也。○朱右曾引葛其仁云：惡，喪荒也。羸當爲「嬴」，盈也。○俞樾云：梁説是也，惟「要」之義難解，即從孔注作「惡」，義亦難通。「要」疑「粟」字之誤。粟不嬴者，穀不足也。《糴匡篇》所謂「年儉穀不足」是也。

〔**集注**〕孔晁云：哀敵人之困窮如此。○盧文弨云：所當哀者羸病者也、失位者也、六親不能收䘏者也。○潘振云：要平聲，喪去聲。要，求也。不嬴，不足也。求所不足，如乞糴、乞師之類。喪，失位也。《左傳》昭公曰：「喪人不佞。」擯，棄也。見棄於親，如公子出奔是已。此三者皆可哀也。○陳逢衡云：三哀語多不解。凌曙曰：「哀喪人，當如襄十一年《公羊傳》士匄聞齊侯卒，引師而去是也。」○唐大沛云：喪民人，謂民人逃喪者。擯厥親，謂爲親所擯逐者，皆可哀之人也。或曰：三者皆指敵國之君有困窮如此者，故陳而不戰，以招徠之耳。

四赦：一、勝人必羸，二、取威信復，三、人樂生身，四、赦民所惡。

〔**彙校**〕羸，盧改「贏」，各家從。注同。○俞樾云：以所列四事言之，赦特其一事，且居四者之末，何得統目之曰四赦乎？據《文酌篇》「四教：一、守之以信，二、因親就年，三、取戚免梏，四、樂生身復」，其三、其四與此文二、三略同，然則此文「四赦」疑亦當作「四教」，教、赦字形相似，又涉「四赦民所惡」句，適「四赦」二字相連，因致此誤耳。○孫詒讓云：此當作「二、指戚信人，三、樂生身復」。今本「戚」誤爲「威」，「人」、「復」二字又移易失次，遂不可通。《文酌篇》云：四教「三、取戚免梏，四、樂生身復」，與此正同。取戚信人，言收取其親戚，示之以信也。《酆謀篇》三同「一戚取同」，即此「取戚」二字之義。樂生身復，謂復除其身之繇役，則民咸樂其生也。

〔**集注**〕孔晁云：羸謂益之，復謂有之，皆赦救也。（丁宗洛云：羸，滿也，餘也，故曰益之。「有」疑「再」訛。）○潘振云：羸，盈也。勝人必盈滿，赦之而不戰，所以待其斃也。我能取威，而彼之約信，能踐其言，則赦之。生，養也。田宅所以養身，民樂之，故赦之而不虧。惡，恥也。《左傳》呂甥曰：「小人恥失其君。」故赦之而立宗。○陳逢衡云：羸與贏通，緩也。勝人以緩，不怒敵也。復，白也。取威信復，有罪者殺，無罪者活，天下共見也。人樂生身，有以安之也。赦民所惡，予以不死也。○唐大沛云：人樂生身，赦其死。赦民所惡，赦其刑。

此七者，摶之來也。

〔**彙校**〕王念孫云：《書鈔・武功部五》引作「凡此七者，陳之來也」。（唐、朱二家從改「陳」）

〔集注〕孔晁云：所以懷來之也。○潘振云：來，歸附也。

六厲：一、仁厲以行，二、智厲以道，三、武厲以勇；

〔集注〕孔晁云：厲，爲治政也。□□（按：此注原在目六「射師厲伍」下，今移此。）○潘振云：行去聲。仁、智、武，皆性之德，兼氣質而言者也。《周禮》：「置以馭其行，所以勉仁也。儒以道得民，所以勉智也。」勇，勇士，如司右、虎賁、旅賁、戎右、齊右、道右皆是，所以勉武也。○陳逢衡云：厲與勵通。仁厲以行，則無色取之假；智厲以道，則無詭詐之謀；武厲以勇，神勇上也，氣勇次之，貌勇爲下。○丁宗洛云：厲有三義：勵也，莅也，責也，皆可通。《酆保解》亦同。○唐大沛云：仁貴見諸行，智貴合乎道，用武以勇爲上。○朱右曾云：仁者不欲其煦嫗，智者不欲其穿鑿，武欲其共同。

四、師厲以士，五、校正厲御，六、射師厲伍。

〔集注〕潘振云：師，兵衆也。由伍長而兩司馬而卒長，選衆升之，兵衆以士勉之也。校正，馬官之長。校人頒良馬，乘馬一師四圉；三乘爲皁，皁一趣馬；三皁爲繫，繫一馭夫；六繫爲廄，廄一僕夫。駑馬三良馬之數，麗馬一圉，八麗一師，八師一趣馬，八趣馬一馭夫。故曰厲御。射師，射人之長。射人，下大夫二人，上士四人，下士八人，長則下大夫也。軍制伍皆有長，厲伍者，射師之下士與。○陳逢衡云：師厲以士，如《六韜·練士篇》所載冒刃之士、陷陣之士、勇鋭之士、勇力之士是也。校正厲御，古者車戰，甲士三人，左主射，右主擊刺，御居中央。若將所乘車，則御者在左，勇力之士在右，將居鼓下，在中央主擊鼓。《書·甘誓》：「御非其馬之正」，《正義》：「御以正馬爲政,言御之政事在正馬。」故校正以厲御,則進止合度矣。射師厲伍,師法也。射有師法則命中易。厲武,則尚功之義也。〇丁宗洛云:校正,疑即《周禮》校人之職。伍與耦通。〇唐大沛云:行師最重甲士,御以正馬爲政,校正,所以正馬御之道也。射師教射,厲其行伍,使射必中也。〇朱右曾云:師欲知其方,校正主馬,故以厲御。射師主射,故以厲伍。

五衛:一、明仁懷恕,二、明智輔謀,

〔**彙校**〕恕,盧訂「恕」,各家從。〇陳逢衡云:五衛與《酆保解》六衛同,惟少末句「明命攝政」。輔,《酆保解》作「設」。

〔**集注**〕潘振云:明,顯明之也。藝,指射御。官,如校正射師之類。言顯明其仁,使之懷人以恕;顯明其智,使之輔己以謀。〇陳逢衡云:明者,表而出之也。明仁則百姓懷恕,藏諸身而喻乎人也。明智則士大夫輔謀,君不疑而羣力合也。〇唐大沛云:明,章明之也。將帥仁則衆懷其恕。章明哲士,則足以輔助謀略。〇朱右曾云:恕者仁之術,故欲明仁,在懷之恕。

三、明武攝勇,四、明材攝士,五、明藝攝官。

〔**彙校**〕王念孫云:此下有「凡此十一者,戰之振也」九字,而今本脱之。(《書鈔·武功部六》有,陳依今本删。)上文云戰有十一振,振有六厲五衛,故此説六厲五衛既畢,而總言之曰:凡此十一者,戰之振也。(唐、朱從增)

〔**集注**〕孔晁云:皆所以成戰也。(陳逢衡云:此注當在「五虞」下。)〇潘振云:顯明其武、材、藝,使整飭之,無曠厥職。此皆衛國之臣,故謂之五衛也。〇陳逢衡云:明武則勇足兼人,明材則士可兼事,明藝則官可兼職。攝,與

《左傳・成二年》「攝官承乏」義同，謂訓舉得人，才可兼攝也。○唐大沛云：攝，《説文》：「引持也。」又：「收斂也。」二義皆於本文攝字可通，蓋明武所以收攝勇士而用之，有材藝者章明之，所以收攝士與官也，戰之所由振奮也。○朱右曾云：攝，書涉反，持也。《後漢書》注云：「猶言正也。」任士惟其材，宅官惟其藝。振，謂所以振作之。○陳漢章云：此即上文「五良一取仁，二取智，三取勇，四取材，五取藝」，攻則取，戰則衛也。《管子・四時篇》：「使能謂之明。」（《酆保篇》六衛略同。）

五虞：

〔彙校〕盧文弨云：尚有六庠，闕。○王念孫云：此上有「六廣：一曰明令，二曰明醜，三曰明賞，四曰明罰，五曰利兵，六曰競竟」，凡二十六字，而今本皆脱之。（《書鈔》有，陳依今本删。）（唐、朱二家從增）○劉師培云：「競」、「竟」字同，疑下脱一字。○陳漢章云：「競竟」即《常訓解》「力競」之誤，「竟」上脱一字。

〔集注〕王念孫云：明醜即明恥，故僖二十二年《左傳》曰：「明恥教戰，求殺敵也。」《祭公篇》「厚顏忍醜」，即忍恥。高注《呂覽・節喪篇》及《秦策》並云：「醜，恥也。」又注《呂覽・不侵篇》云：「醜，或作恥。」恥、醜聲近而義同，故古多通用。○唐大沛云：令，軍中令。賞罰平允。兵謂兵器。競竟，競力以終竟之。○朱右曾云：竟，終也。競於終，言不懈也。

一、鼓走疑，

〔集注〕潘振云：鼓，擊鼓。走，行也。疑，遲疑，不遽進也。○陳逢衡云：審虚實也。○丁宗洛云：似言一鼓便走，所以疑敵，如曳柴僞遁是也。○朱右曾云：鼓之即走，疑其誘我。

二、備從來，

〔集注〕潘振云：備，預防也。《左傳》楚屈瑕將盟貳軫，鄖人軍於蒲騷，將與隨、絞、州、蓼伐楚師，鬭廉曰：「君次於郊郢以禦四邑。」是備從來也。○陳逢衡云：謀定而後戰也。○丁宗洛云：似言防伏兵。○朱右曾云：防其斷我歸路。

三、佐車舉旗，

〔集注〕潘振云：佐車，貳車也。舉旗，作旗也。《左傳》張侯曰：「師之耳目，在吾旗鼓。」○陳逢衡云：如龍章、鳥章、虎章、蛇章之類。○丁宗洛云：似是各車俱建一旗，使人不知中軍所在。○唐大沛云：佐車，副車也。舉旗以號令也。○朱右曾云：佐車，戎車之貳者。《春秋傳》曰：「鄭周父御佐車。」舉旗，張疑兵也。

四、采虞人謀，

〔彙校〕盧文弨云：虞人，趙疑「輿人」。○劉師培云：《書鈔》一百十八引作「虞人入謀」，厥誼較長。此爲五虞之一，虞即五虞之虞，謂審度他人所進之謀也。

〔集注〕潘振云：采，擇也。虞人，掌山澤之官，識道路者。○陳逢衡云：虞人，當是山虞、澤虞之類，以其熟於地形，故采其謀以爲鄉導。○丁宗洛云：似是以土人爲嚮導。○朱右曾云：虞人知山澤之險，采其謀以出奇兵。○

陳漢章云：虞、輿字通，虞人即輿人也。《左傳・僖二十八年》：「聽輿人之誦。」○于鬯云：虞蓋讀爲嘆。嘆人者，衆人也。采嘆人謀者，采衆人之謀也。趙疑輿人，輿人亦衆人。古人致萬民而詢國事，故衆人之謀皆不廢也。

五、後動撚之。

【彙校】王念孫云：此下有「凡此十一者鬬之客也」九字，而今本亦脱之。（《書鈔》有，陳依今本删。）六廣、五虞，乃鬬之事，非戰之事，故曰凡此十一者，鬬之客也。客字之義未詳。祇因脱文甚多，遂致混戰、鬬爲一事，後人不知五虞爲鬬之事非戰之事，遂據後以删前，存戰而去鬬。去鬬則七制缺其一，於是改爲六制矣。

【集注】孔晁云：撚，從也。皆求安道令之道。（求，程本、王本作「來」。盧文弨云：「『道令』二字非訛即衍。」丁宗洛云：「或『遵令』訛，且當在『求安』上。」）○潘振云：後動，相時而後動也。撚，蹂也。疾進師以蹂躪之也。○陳逢衡云：《廣雅》：「撚，續也。」王氏《疏證》曰：「《逸周書・大武解》『後動撚之』，孔晁注云：『撚，從也。』從亦相續之義。」○丁宗洛云：似是以兵尾其後。○朱右曾云：《淮南子・兵略訓》：「前後不相撚，左右不相干。」注云：「撚，蹂蹈也。」《説文》：「執也，一曰蹂也。」客，寄也，言所寄以爲鬬者也。

無競惟害，有功無敗。

【集注】孔晁云：强，常念害則不敗也。○王念孫云：《爾雅》：「功，勝也。」《周官・大司馬》「若師有功」，鄭注與《爾雅》同。《燕策》亦云：「轉禍爲福，因敗而爲功。」○潘振云：無競，莫强也，指六制言。維，思維也。害，如輿尸之凶。有功，勝也。敗，敗績。

逸周書彙校集注卷二

大明武解第九

〔集注〕潘振云：明，明德。爲《大武》推其原也，故次之以《大明武》。○陳逢衡云：此篇於攻城陷敵之法尤爲精備，其作於伐崇、伐密時乎！篇中十因、十藝二節文體不類，疑非此篇所有。

畏嚴大武，曰維四方，畏威乃寧。

〔彙校〕陳逢衡云：「畏嚴」二字疑衍。

〔集注〕孔晁云：大武之道，四方畏威，天下乃寧之也。（盧文弨云：「寧之，言安之。」）○潘振云：臨事而懼之謂畏，出師以律之謂嚴。曰，語辭。維，連結也。言畏嚴大武，連結四方，畏威然後安也。○陳逢衡云：四方畏威，則無兵革之事。○丁宗洛云：《大武》一篇，軍政之總綱也。此下二篇皆承《大武》說來，故起語直曰「畏嚴《大武》」。○唐大沛云：「畏嚴大武」四字疑是篇名。

天作武，修戎兵，以助義正違。

〔彙校〕丁宗洛云：「天」疑「夫」訛。

〔集注〕孔晁云：正順其義。○潘振云：天作武者，天生五材，不廢兵也。戎，謂戎車、戎衣。兵，説見《武稱》。舉大義，當有以助之。正，正其罪也。違，逆天理也。此言武之經。○陳逢衡云：天作武，奉天討也；修戎兵，嚴紀律也。治國曰義，亂邦曰違。助義正違，輔有道以伐無道也。○丁宗洛云：助義正違，言助乎順義者而正其違背者。○唐大沛云：作，興起也。修，治也。合義則助之，違命則征之。「正」當讀作「征」。

順天行五官，官候厥政，謂有所亡。

〔彙校〕丁宗洛云：行，一作「時」。○唐大沛云：「謂」字疑誤，或是「未」字。殆言無不備具也。○孫詒讓云：「謂有所亡」義難通，疑當作「謁所有亡」，言五官各計所有無而謁告之上也。《爾雅·釋詁》云：「謁，告也。」今本「謁」誤「謂」，「所有」二字又誤到，遂不可通。○劉師培云：謂有所亡，「謂」當從《斠補》作「謁」，猶《大傳》所云上告天子也。

〔集注〕孔晁云：五官，舉大官之言。亡，無也。（大官，鍾本作「六官」。盧文弨云：「之言」疑倒。）○盧文弨云：此五官當即《曲禮》所云司徒、司馬、司空、司工、司寇也。○潘振云：亡同無。順天行，言政當和時也。五官，司徒、司馬、司空、司工、司寇，皆官長也。文王未有天下，尚仍殷制與。五官之屬，皆伺候政令於其長，長謂其屬。軍中之所無者，必備而有之。此言武之備。○陳逢衡云：五官者，五行之官。《六韜·五音》所謂「五行之神，金、木、水、火、土，各以其勝攻之」是也。《左傳·昭二十九年》蔡墨曰：「有五行之官，是謂五官。」即此。五者俱當奉天而行，故曰順。官候厥政，謂各立一官，以候測敵情所屬，而因以制勝。謂有所亡，如敵陣屬木則亡金，而吾以白虎方位時日勝之；敵陣屬火則亡水，而吾以玄武方位時日勝之。盧以《曲禮》五官當此，與武略無涉。○唐大沛云：政謂軍政。○朱右曾云：候，視也。亡，失也。○劉師培云：案盧、朱並以五官爲《曲禮》五官，今考《曲禮》五官即《嘗麥解》五帝之官，亦即《五權解》之言父、顯父、正父、譏父、□父也。惟此云官候厥政，則所稱五官又即《程典解》「明其伍候」。《左傳・昭廿三年》云：「明其伍候」，孔疏云：「賈、服、王、董皆作『五』。」又引賈注云：「五方之候敬授民時，四方、中央之候也。」賈君以五候爲五方之候者，《尚書・堯典》孔疏引《大傳》云：「主春者張，昏中可以穜稷；主夏者火，昏中可以穜黍；主秋者虚，昏中可以種麥；主冬者昴，昏中可以收斂。皆云上告天子，下賦臣民，天子南面而知四方星之中，故曰敬授人時。」《淮南・主術訓》、《説苑・雜言篇》及《禮記・月令》疏引《尚書考靈燿》文，並觕同，是即賈説所出。蓋益以中央之候即爲五官。本篇所言，足證賈説。（《小開解》云：「時候天視可監」，「時不失以告吉凶」，即此「候」字之本義。）今《程典解》作「伍候」，亦後人據杜本《左傳》所改也。

城廓溝渠，高厚是量。

〔集注〕孔晁云：謂敵人所處也。（丁宗洛云：「所處」下應有「而我量度之」方明。）○潘振云：城，内城。郭，外城。溝，所以蕩水者。渠，池也。量，度也。言高厚則深可知，敵人不得而乘之也。○陳逢衡云：城固而渠深者，以守則固，以攻則難，故當先量。○朱右曾云：量其形勢以定謀。

既踐戎野，備慎其殃，敬其嚴君，乃戰赦。

〔彙校〕戎，鍾本、王本作「戍」。盧云「各本作戍」，誤。○陳逢衡云：「乃戰赦」三字疑有脱誤。○唐大沛云：疑「赦」是「敵」字之誤，「敵」下脱一字，疑是「人」，與上下文韻協。敵人，猶言勝人。

〔集注〕孔晁云：言當明耳目，遠斥候。○潘振云：戎野，戰場也。殃，師敗也。嚴君，父母之謂也。言有備無患，敬慎不敗，愛兵如愛子，則民敬之矣。於是敵國可制，無刑而伐之，服而舍之，故曰乃戰赦也。此言武之慎。○陳逢衡云：既踐戎野，入敵境也。備慎其殃，三軍之命寄焉。○丁宗洛云：戰、赦對舉，乃言如此則可戰可赦，如武王觀兵於商是。○唐大沛云：嚴君，蓋謂主將。

十藝必明，加之以十因，靡敵不荒。

〔集注〕孔晁云：荒，敗也。○潘振云：藝，伎倆也。因者，言武依之而成也。荒，敗也。○唐大沛云：言雖强敵亦敗。○朱右曾云：荒，如《太玄》「荒家及國」之荒，亡也。靡，無也。

陣若雲布，侵若風行，輕車翼衛，在戎二方。

〔集注〕孔晁云：奔敵之陣如此。○潘振云：雲布，言其盛。風行，言其疾。輕車，追敵之車。翼，輔也。衛，捍也。在戎，奔敵也。二，指藝與因而言。方，法也。言克敵不外此二者之法而已。○陳逢衡云：陣若雲布，密也；侵若風行，速也。輕車，見《周禮·車僕》。《後漢·輿服志》曰：「輕車，古之戰車也。」翼衛，張左右翼以衛中軍也。戎，如小戎之戎，兵車也。二方，猶所謂楚君之戎分爲二廣也。《文選·王逸魯靈光殿賦》：「方二軌而並入」，李善引《儀禮注》：「方，併也。」張銑注：「方，謂二車相並。」○唐大沛云：方當讀爲旁，言翼衛之輕車在戎車之兩旁也，即左右翼是。○劉師培云：案《六韜·軍用篇》云：「凡用兵之大數，將甲士萬人，法用武衛大扶胥三十六乘，材士强弩矛戟爲翼，一車二十四人推之。」又云：「武翼大櫓矛戟扶胥七十二具，材士强弩矛戟爲翼，以五尺車輪，絞車自副。」又《軍略篇》云：「材士强弩，衛其兩旁。」此云翼衛，即彼武衛、武翼也。在戎二方，尤與衛兩旁義合。

我師之窮，靡人不剛。

〔集注〕孔晁云：知敵之强，乃剛勇也。○盧文弨云：此即韓信爲背水陣以破趙者也，注非是。○潘振云：我師追敵，無人不剛也。○陳逢衡云：《孫子》所謂投之亡地然後存，陷之死地然後生也。○劉師培云：窮，即《謚法解》「夸志多窮」之窮，猶云我師所窮極也。

十藝：

〔彙校〕唐大沛云：此文通篇皆韻語，不應中間十藝、十因之目使韻語間斷也，故以此下正文爲原注。

一、大援，二、明從，三、餘子，四、長興，五、伐人，

〔彙校〕唐大沛云：明，疑當作「朋」。○孫詒讓云：明從，當爲「萌徒」。明、萌聲類同，即氓之假借字。徒、從形近而誤。謂民之結事爲徒役，不素隸軍籍者也。伐，當爲「戍」，亦形近而誤，謂戍守之卒。

〔集注〕潘振云：大援，大國救援也。明從，明其可追者而追之。長興，興起其戰志，長久而不懈，言能練兵也。伐人，伐亂以治，伐飢以飽也。○陳逢衡云：大援，兵屬，利器械也。《考工記》：「戈廣二寸，援四之。」注：「援長八寸，直刃也。」又《詩·大雅》：「以爾鉤援。」鉤援，引上城者木。明從，知方也。兵識將意，將識士情，故曰明從。餘子，在兵制則謂之羨卒。長興，鼓勵士卒之義。伐，即《管子·禁藏》所云「情伐」、「事伐」、「政伐」之伐。《孫子》曰：

「上兵伐謀，其次伐交，其次伐兵。」伐人之謂也。或謂即《牧誓》所云「四伐五伐」、「六伐七伐」者，蓋教以攻殺擊刺之法。○唐大沛云：大援，似當謂大國援兵。從，隨也。蓋指從征者言，如《左傳》「悉率敝賦以從」是也。餘子，見《羅匡》，注：「餘，衆也。」蓋卿大夫之衆子在戎行者。長，蓋千夫長、百夫長之類也。○朱右曾云：大援，與國。使能謂之明。從，使也。餘子，卿大夫之庶子。《周禮》：「諸子掌國子之倅，若有甲兵之事，則援之車甲而合其卒伍。」興，如軍興之興，謂長于興積者。伐人，長於擊刺者也。○丁浮山云：此餘子謂支庶子。○孫詒讓云：長興，謂國所興發長充繇役者。與上下文餘子、戍人、刑徒，皆時常所不發者，今皆發之。

六、刑餘，七、三疑，八、間書，九、用少，十、興怨。

〔彙校〕盧文弨云：「三」當爲「參」。

〔集注〕孔晁云：刑餘，赦徒。用少者，省費。興怨，離構也。○潘振云：刑餘，赦徒。《左傳》：「斐豹，隸也，謂宣子曰：『苟焚丹書，我殺督戎。』」疑，疑兵。三疑，三覆也。間書，反間之書，所以間離敵人者。用少，用兵少也。《左傳》：「齊伐我，季氏之甲七千，冉有以武城人三百爲己徒卒，師入齊師，獲甲首八十。」兵貴精，不徒多也。興怨，興舉敵國怨望之人，如吳用伍員是也。○陳逢衡云：刑餘，謂赦其罪而令以戰功自贖也。三疑，即林木設旌旗、黑夜擊金鼓之類，蓋爲疑兵以誘敵，《傳》所謂多方以誤之，《管子》所謂三驚當一至是也。或曰即《六韜》之三疑。間書，間諜也。《孫子》有《用間》篇。用少，謂以少擊衆。《六韜》云：「因其驚駭者，所以一擊十也；因其勞倦暮舍者，所以十擊百也。」《吳子》云：「以一擊十，莫善於阨；以十擊百，莫善於隘；以千擊萬，莫善於阻。」《尉繚子》云：「百萬之衆不用命，不如萬人之鬬也；萬人之鬬不用命，不如百人之奮也。」蓋兵貴精而不貴多，故用少。興怨，謂激怒彼國而與之戰,如晉文公私許復曹、衛以攜之,執宛春以怒楚是也。○朱右曾云:三疑,一、虚者實之,二、實者虚之,三、虚虚實實,皆使敵人疑而莫測。間書,遺之書以離間之。用少,謂簡其精鋭。○陳漢章云:孔注赦徒即徒隸,《管子·輕重乙篇》:「今發徒隸而作之。」

十因:一、樹仁,二、勝欲,三、賓客,四、通旅,五、親戚,

〔集注〕孔晁云:凡成皆有因也。勝欲,以義勝欲。(按:此注原在目十下,今移此。)○潘振云:仁,仁政。賓客,如大行人之大賓大客、小行人之小賓小客是已。旅,羈旅。親戚,内姓外婚也。○陳逢衡云:樹仁,布德也。勝欲,不貪也。賓客,攬賢也。通旅,足貨也。親戚,安内也。○唐大沛云:樹仁,立仁政。賓客,集謀士。通旅,足貨財。親戚,睦親屬。○朱右曾云:賓客,聘問。通旅,行人通旅。

六、無告,七、同事,八、程巧,九、□能,十、利事。

〔彙校〕闕處陳逢衡疑是「興」,朱駿聲補「任」。

〔集注〕潘振云:無告,鰥寡孤獨也。同事,即同好同惡也。程,陳也。巧,妙也,《大武解》「工次」也。能,有能者。利事,凡有利乎軍事者。不止上九事也,故概言之。○陳逢衡云:無告,振窮也。同事,一德也。程巧,尚技也。利事,相機也。○唐大沛云:無告,恤窮民。同事,同勞王事。程巧,有技巧者。□能,有才能者。利事,相機而動,利于戎事。○朱右曾云:巧,技也。利事,謂車甲器械。

藝、因伐用，是謂强轉。

〔彙校〕伐，丁宗洛改「代」，朱從。陳亦疑「代」。○王念孫云：「强轉」二字於義無取，且轉字與下文之暑、處、賈、女、下韻不相應，「轉」當爲「輔」，字之誤也。藝，即上文十藝也。輔，助也。言用此十藝以伐人，則戰必勝攻必取，實爲我軍之强助也。

〔集注〕潘振云：伐用，用以成伐也。强，有力也。轉，動也。言有力可動也。○丁宗洛云：代用，猶言並用也。强轉，是妙於運用意。《太玄經》：「軫轉其道」，注：「無窮也。」此轉字亦作此解。

應天順時，時有寒暑。

〔集注〕孔晁云：言時有難易也。（按：此注丁移「民乃不處」下。）○潘振云：應天，奉天命也。順時，相時而動也。寒，小寒、大寒；暑，小暑、大暑、處暑也。欲舒欲亟，當隨時制宜也。○陳逢衡云：應天順時，時有寒暑，宜休息也。《司馬法》曰：「戰道不違時，不歷民病，所以愛吾民也；冬夏不興師，所以兼愛其民也。」

風雨饑疾，民乃不處。

〔彙校〕饑，諸本作「飢」，盧從。

〔集注〕潘振云：風，恒風。雨，恒雨。穀不成曰飢。疾，疫也。○陳逢衡云：風雨饑疾，皆民所不欲，故不處。○丁宗洛云：上「時有寒暑風雨飢疾」八字當作一句，隔斷非是。經蓋言此時民尚不得安處，何可用兵，故注謂時有難易。○唐大沛云：不處，不安居也。

移散不敗，農乃商賈。

〔彙校〕丁宗洛云：按此二句係倒裝文法，「乃」疑「及」訛。蓋言能順天時，則農及商賈雖移散亦不敗。○唐大沛云：「敗」疑「收」字之誤。○孫詒讓云：「敗」當爲「取」之誤。「取」與「聚」通，言民移散而不能收聚之，則農不得耕，皆化爲商賈也。

〔集注〕潘振云：移，徙於他也。散，散而之四方也。敗，亡也。言鄰國不修德政，致天降災，民不安其鄉里，遷移離散，國幸而不亡，斯時，農乃逐末。○陳逢衡云：移，謂移避水潦；散，謂散軍歸戍。不敗，謂立於不敗之地。故農得以盡力田畝，而其利乃比於商賈。○唐大沛云：以上四句似指敵國之民言之，言民不安處，逃散四方，國不收恤，農乃遠適異國，如商賈然。是則邦本不固矣，故因而伐之。○朱右曾云：董子《繁露》云：「寒暑移易，謂之敗歲。」此言民既離散，雖不逢敗歲，亦如商賈之轉徙無常矣。

委以淫樂，賂以美女。

〔彙校〕朱右曾云：此於上下文理不順，疑後人羼入。

〔集注〕孔晁云：謂扇動之，使沈惑也。○潘振云：彼猶不悟，惟知淫樂美女而已，故人委之賂之。○陳逢衡云：淫樂、美女，皆用以試敵，且以緩强寇之逼。

主人若枝，□至城下。

〔彙校〕枝，元刊本同，餘諸本作「杖」，盧從。○孫詒讓云：「杖」當爲「伏」，「伏」與「服」通。(孔注凡「服」字今本多作

「伏」。）《寶典篇》云：「八，温直，是謂明德。喜怒不郄，主人乃服。」與此文略同。〇劉師培云：主人者，被兵之國也。「杖」當作「枝」，枝誼同楮，猶云主人若拒守也，故斯下均言攻城。孔注訓「杖」爲堅，或「堅」下脱「守」字，是所據之本不作「杖」也。〇闕字唐大沛疑是「兵」，朱右曾疑是「鉞」，朱駿聲補「卒」。

〔集注〕孔晁云：枝謂堅也。（枝，程本、鍾本、王本作「杖」，趙本作「技」，盧從「杖」。堅，丁改「掔」，云：「掔，持也，擊也。」按：此注原在「日夜不解」下，今移此。）〇潘振云：主人，指敵而言。杖，憑倚也，言有恃而不恐也。至城下，我師至城下也。〇陳逢衡云：主，如齊桓南伐以魯爲主、西伐以衛爲主、北伐以燕爲主之義。又《左傳·昭十三年》叔向曰：「齊桓有莒、衛以爲外主，有國、高以爲内主。我先君文公，有齊、宋、秦、楚以爲外主，有欒、郤、狐、先以爲内主。」是也。陸賈《新語》曰：「任杖不可以不固。」〇丁宗洛云：杖同仗，《書》「杖黄鉞」是也。杖□，疑即執鉞秉旄意。〇唐大沛云：主人，蓋指敵國言。杖，蓋謂堅守城池也。至城下者，攻其城也。

高堙臨内，日夜不解。

〔彙校〕丁宗洛云：高堙，疑「高樓」訛。《六韜·軍畧篇》：「視城中則有飛樓」，注：「偵敵之車也。」必如此解，方與下湮土句有别。〇劉師培云：解與上下不協韻，疑誤。

〔集注〕潘振云：堙，距堙，踊土稍高，登城之具也。臨内，窺其城内也。〇陳逢衡云：高堙臨内，積土平城以陷敵也。日夜不解，防突騎以衝我也。〇唐大沛云：言攻城之法，高爲土阜以臨城内，日夜攻之不解。〇朱右曾云：堙，土山也。解讀爲「懈」。

方陣並功，云何能禦？

〔彙校〕盧文弨引梁處素云：「陣」當作「陳」。(朱從改)潘振云：「功」當作「攻。」

〔集注〕孔晁云：禦，當也。(按：此注原在「是謂明武」下，今移此。)○盧文弨云：「功」與「攻」同。○潘振云：方即並也。方陣，言陣不一而足也。並攻，謂并力攻也。云，語辭。○陳逢衡云：方陣，謂厚集其陣。並攻，奮力並進，故敵莫能禦。○唐大沛云：四方皆陳攻具，合併攻之。○劉師培云：方、並義同。《説文》：「方，併船也。」兩舟相併爲方，故雙陣亦名方陣。

雖易必敬，是謂明武。

〔集注〕潘振云：敬，警也。敬爲德之輿，是謂明德之武。○陳逢衡云：雖易必敬，不玩寇也。○唐大沛云：雖易攻，猶不敢玩，是明於用武之道也。

城高難平，湮之以土，

〔集注〕孔晁云：湮土，謂爲土山以臨之也。○盧文弨云：此湮字與下「湮溪」皆填塞之義，亦與「堙」通用。《左傳》「井湮木刊」，從水；「堙之，傅于堞」，從土。○潘振云：難平，不降也。湮，塞也。○陳逢衡云：湮之以土，如《左．襄六年傳》堙之環城傅於堞，宣十五年《公羊傳》子反乘堙而窺宋城是也。堙土山，使高與城等而攻之。

開之以走路，俄傳器櫓。

〔彙校〕盧文弨云：「開之」之字疑衍。趙云：「傳」當爲「傅」，音附，著城也。（朱從改「傅」）○盧覆校又云：俄傳，似當作「蛾傅」，音蟻附。《墨子》書有《備蛾傅》篇。

〔集注〕潘振云：器，兵器；櫓，大盾。○陳逢衡云：開之以走路，所謂圍師必闕也。然必設伏以擒之，否則蔓衍恐致敗事。器櫓，攻城之具。《左·成十六年傳》：晉楚戰於鄢陵，楚子登巢車以望晉車。巢車，車上爲櫓。凌曙曰：俄當如桓二年《公羊傳》「俄而可以爲其有矣」之俄，何注：「俄者，謂須臾之間，制得之頃也。」蓋開之走路，旋復以器櫓傅城要截之，且斷其歸路也。○丁宗洛云：城上守禦望樓曰櫓，戰陣高巢車亦爲櫓，《太公六韜篇》「武翼大櫓，提翼小櫓」是也。○唐大沛云：於湮土處各開走路。○陳漢章云：《孫子·軍爭篇》：「圍師必闕。」曹操注引《司馬法》曰：「圍其三面闕其一面，所以示生路也。」

因風行火，障水水下。

〔集注〕潘振云：障水，曲爲隄防，壅泉激水也。○陳逢衡云：因風行火者，火發上風，無攻下風也。月在箕壁、翼軫則風起，是爲起火有日。水攻之法，先設水平，測其高下，可以遏而止，可以決而流，可以漂城灌軍，沈營殺將，二者俱當審慎。○唐大沛云：隨風用火攻，決水灌敵軍以攻。

惠用元元，文誨其寡。

〔彙校〕文誨，丁改「不侮」，云：「此即《詩》言『不侮鰥寡』也。」朱從改。

〔集注〕孔晁云：言務□恤刑也。（鍾本、王本無「□」，丁補「爲」。）○潘振云：古者謂人云「善人」，因善爲元，故云

「黎元」。言「元元」者,非一人也。民寡德,則用文誥以教之。○陳逢衡云:惠,順也。元元,衆庶也。文誨其寡,如漢高約法三章之類。○朱右曾云:元元,民也。

旁隧外權,潦城湮溪。

〔集注〕洪頤煊云:隧,即攻城穴土之法。權,謂烽火。《史記·封禪書》「通權火」《集解》張晏曰:「權火,烽火也,狀如井挈皐也。其法類稱,故謂之權。」○潘振云:旁,城旁。隧,道也。外權,言兵權居於城外也。○陳逢衡云:闕地通路曰隧。旁隧,謂於偏僻處穿道以攻其不備也。權與爟通,烽火也。《後漢·郊祀志上》:「宿郊見通權火。」外權,謂於城外數舉烽火以亂之也。潦城,攻其瑕也。湮溪,平其險也。○丁宗洛云:旁隧,猶言穴地道以攻城也。外權,猶言登轈車以望敵也。○朱右曾云:權,字亦作「爟」,音貫,又音權。○孫詒讓云:此權當讀爲灌,謂以水灌城。《墨子·備城門篇》云:「今之世常所以攻者,臨鉤衝梯,堙水穴突,空洞蟻附,轒轀軒車。」此旁隧即彼之穴,外灌即彼之水,湮溪即彼之堙也。湮者,「垔」之借字。《説文·土部》云:「垔,塞也。」字又作「闉」。《墨子·備穴篇》有救闉池之法。又《備梯篇》云:「煙資吾池。」煙亦垔之借字。上文云「城高難平,湮之以土」,孔注云:「湮土,謂爲土山以臨之也。」即此。

老弱單處,其謀乃難。

〔彙校〕難,盧依惠半農定爲「離」,云與上「溪」協。潘、陳、唐、朱四家從。

〔集注〕孔晁云:單處無於保障。(無於,吴本作「無謂」,盧倒「謂無」。)○潘振云:離,散也。○陳逢衡云:老弱單處，强敵盡於兵也。○丁宗洛云：《字典》引此，謂難叶音饗。洛案：《天官·醢人》注：「有骨曰饗，無骨曰醢。」是饗可借作潰敗之意，與經旨亦協。直謂難與饗通可也。

既克和服，使衆咸宜。

〔集注〕孔晁云：咸，皆。（按：此注原在「是謂大夷」下，今分移於此。）○潘振云：和服，柔和降服之人也。咸宜，如《允文解》因百吏、賜窮士、問外戚、位宗子諸政，使衆皆得其利也。○陳逢衡云：叛而伐之，服而舍之也。○唐大沛云：攻城既克，服而舍之，使民得其所。

竟其金革，是謂大夷。

〔集注〕孔晁云：夷，平。○潘振云：竟其金革，言終其武事也，是之謂大平也。○陳逢衡云：竟其金革，則所以善後者不可不備。

逸周書彙校集注卷二

小明武解第十

〔集注〕潘振云：小，大之對也。明武而曰小，是大武之分見者，故次之以《小明武》。○陳逢衡云：《三墳補逸》曰：「《小明武解》通篇皆韻語，文多奇古，然不類《書》體，類戰國諸子書。《大明武解》亦多韻語，凡下字皆叶户韻。」衡案：自《武稱》至《小明武》五篇，凡選將練士攻城修備，無不精到，直高出孫、吴之上，非太公不能爲此。

凡攻之道，必得地勢，以順天時，觀之以今，稽之以古。

〔集注〕孔晁云：兵，凶器；戰，危事，故以祥順之。稽，考也。（順，鍾本作「慎」。）○潘振云：道，術也。地勢，地高下之勢也。順天時者，時有寒暑，當隨時制宜也。之，指攻道而言。此言攻之當極其慎也。○陳逢衡云：得地勢，謂地居上游則勢如破竹，可以建瓴而下。順天時者，推刑德，隨斗擊也。觀之以今，察敵情也。稽之以古，閱軍志也。○唐大沛云：地勢，山川形勢。以順天時，即前篇「應天順時，時有寒暑」之義。觀之以今，觀今之形勢。稽之以古，考古人之法。

攻其逆政，毁其地阻。

〔集注〕潘振云：逆政，敵國政不順也。○陳逢衡云：攻其逆政則民應，毁其地阻則險奪。○唐大沛云：政不順以虐其民，故攻之。恃山川之險阻，故毁之。○朱右曾云：逆政，害民之政。地阻，關阨也。

立之五教，以惠其下。

〔集注〕孔晁云：五教，五常之教也。○潘振云：惠其下，猶云降德于衆兆民也。○陳逢衡云：《管子·兵法》曰：「教其目以形色之旗，教其身以號令之數，教其足以進退之度，教其手以長短之利，教其心以賞罰之誠，是爲五教。」惠，順也。兵者所以全其生，故曰惠下。○唐大沛云：下文：「五教允中，枝葉代興。」《管子》所言五教，乃是枝葉，非其本也。孔訓爲五常之教，本之《舜典》，自是正解。○朱右曾云：《賈子》曰：「心省恤人謂之惠，反惠爲困。」

矜寡無告，寔爲之主。

〔彙校〕寔，丁、朱二家改「實」。

〔集注〕孔晁云：爲之君。（丁宗洛云：注首似脱「爲之主」三字。按：此注原在「枝葉伐興」下，今分移此。）○潘振云：「矜」作「鰥」。寔，是也。主，主持。老者養之以安，少者懷之以恩也。○陳逢衡云：「矜」與「鰥」通。無告，窮民也。實爲之主，謂彼陷溺其民而我往救之，則我爲彼民之主矣。○唐大沛云：此承上「惠下」言之，無告之窮民，尤仁政所當先者也。

五教允中，枝葉代興。

〔彙校〕伐，盧改「代」，各家從。盧云：代興，當是「代舉」，方與上下韻協。「興」雖可與「中」協，然獨二句間隔，非是。（潘、陳二家從）○王念孫云：「舉」字古通作「與」，因譌而爲「興」。○丁宗洛云：愚謂凡改經文，皆因其字萬不可解，不得已改之，以求其通，豈有語意已極明顯，又欲改之以叶韻耶？盧氏可謂紛更矣。○唐大沛云：與、舉同義。此篇多用仄韻，亦間用平韻。如篇首以「時」協「勢」，下文以「旗」協「梯」，則此處何妨以「興」協「中」，況義亦相同？若謂此二句不應間隔平韻，下文「梯」、「旗」相協，非間隔乎？似當仍作「興」字爲是。

〔集注〕孔晁云：枝葉，謂衆善政也。○潘振云：允中，信合乎中道也。代舉，謂更迭而舉之。此言攻之當務其本也。○陳逢衡云：允，信也。中，不忒也。枝葉，謂一切行軍之務。言以五教爲本，而他務爲枝葉也。代舉者，次第舉行之意。○丁宗洛云：枝葉，猶言中葉也。代興，猶言繼序其皇也。注似未確。○朱右曾云：興，盛也，古讀如凶，與「中」叶。

國爲僞巧，後宫飾女；荒田逐獸，田獵之所；斿觀崇臺，泉池在下；淫樂無既，百姓辛苦。

〔彙校〕斿，程本、王本作「游」，盧校從。○丁宗洛云：「之」疑「乏」訛。乏所，無定所也。

〔集注〕孔晁云：言凡有此事皆可伐。○潘振云：觀，古玩切。樂，音岳。國，謂敵國也。僞，詐僞，指婦官染采而言。巧，淫巧，指工師效功而言。後宫，三宫也。飾，麗飾。從獸無厭謂之荒。游觀，閒館也。崇，高也。四方而高曰臺。泉，水原也。穿地通水曰池。在下，在崇臺之下也。淫樂，靡靡之音。既，盡也。無既，言歌舞不倦也。辛苦，猶言荼毒，謂横征賦税也。此言鄰國有可攻之釁也。○陳逢衡云：如桀、紂所爲是已。樂音洛。○唐大沛云：詐譎工巧之術皆足亂政。爲華靡精巧之服以飾後宫，溺於女色也。荒于田獵，耽于游觀。築臺浚池，皆疲民力。淫于佚樂，無有已時，是以百姓財竭，辛苦無告。○朱右曾云：僞巧，猶言淫巧。荒，蕪也。所，言以之爲所也。游觀，可游衍觀望者。此即所謂逆政也。○陳漢章云：《周禮·天官·叙官》注：「游，離宫也。」《地官》「囿游」注：「離宫小苑觀處。」《晏子春秋·諫上篇》：「望游而馳。」《説苑·正諫》：「便游赭畫。」諸家未取以證此「游」。

上有困令，乃有極□。

〔彙校〕闕處丁補「下」，唐補「楚」，朱駿聲補「侮」。于鬯云：疑當作「詛」，「詛」與上下文韻叶。《周禮·春官序》鄭康成注云：「詛，謂祝之使沮敗也。」《書·無逸篇》孔義云：「請神加殃謂之詛。」然則乃有極詛者，謂百姓乃有極口詛上也。上文云：「百姓辛苦，上有困令。」則其極口詛上也亦宜，故知闕「詛」字也。

〔集注〕潘振云：上，指敵國之君言。困令，困民之令。○陳逢衡云：上有困令，承上節説。○唐大沛云：困令，困民之政也。下句大抵民不堪其苦之意，姑補「楚」字。

上困下騰，戎遷其野。

〔集注〕潘振云：上躍謂之騰，言民怨上也。其野，敵國之野也。○陳逢衡云：騰，沸騰也。《管子·君臣篇》云：「爲人君者倍道棄法而好行私謂之亂，爲人臣者變故易常而巧以諂上謂之騰。亂至則虐，騰至則北。」此上困下騰之説也。戎遷其野，四郊多壘之象。○唐大沛云：上行困令以病民，民乃騰沸不安其分。戎馬遷其野，聲罪致討也。

敦行王法，濟用金、鼓

〔集注〕孔晁云：濟，成也。言以金、鼓濟其伐也。○潘振云：王法，九伐之法。金，鉦也。金以止兵，鼓以作兵，金、鼓以聲氣，故以成其伐也。○陳逢衡云：敦行王法，討有罪也。濟用金鼓者，《周禮·地官·鼓人》「以鼖鼓鼓軍事，以金錞和鼓，以金鐲節鼓，以金鐃止鼓，以金鐸通鼓。凡軍旅夜鼓鼜，軍動則鼓其衆」是也。○唐大沛云：敦，《説文》：「怒也。」《詩》曰：「王赫斯怒，爰整其旅。」行王法，以正其罪也。

降以列陣，無悗怒□。

〔彙校〕悗，程本、鍾本、王本作「悦」。闕處朱右曾疑是「者」，朱駿聲補「夫」。丁宗洛云：或是「怒伐」，觀注中有「怒伐」字可知。○盧文弨云：「怒」字是韻，與上下協，疑所脱字在上句。○陳逢衡云：脱字當在「無悗怒」上。《老子》曰：「善戰者不怒。」《漢書》魏相曰：「争恨小故，不忍憤怒者謂之忿兵，兵忿者敗。」此戒之之詞，故曰無悗怒。○唐大沛云：《東都賦》有「士怒未泄」句，疑正文當作「士無悗怒」，「無」與「毋」通，戒之也。

〔集注〕孔晁云：言不赦有罪，怒伐無辜。（「怒」上丁增「而」字。按：此注原在「無襲門户下」，今分移此。）○盧文弨云：悗與懣、懣同，當訓爲憤。○潘振云：悗，惑也，疑其有二心也。怒，恚也，憤其不早服也。言敵既降，當布陣以示其威，無庸疑且憤也。此言處降之道。○陳逢衡云：降，歸也。列，行列也。陣，戰陣也。「列陣」見《周禮·夏官·大司馬》，蓋寓兵戰之法於田獵，使彼演習之民盡歸行列也。○朱右曾云：《莊子》：「悗乎忘其言。」義與懣同。

按道攻巷，無襲門户。

〔彙校〕門户，丁改「閭户」，云：閭户，猶言平民也。舊作「門户」，訛。

〔集注〕孔晁云：襲，掩也。○盧文弨云：漢武帝封韓説爲按道侯，本此。○潘振云：按道，計路程也。巷，里塗也。無襲門户，不擾百姓之家也。○陳逢衡云：按道攻巷，出以律也；無襲門户，恐遇伏也。按通作安，如安國、安都、安成、安陽、安衆、安郭、安險、安遥之類。○朱右曾云：按，止也。道，鈔寇之道。巷，徑路，謂犄角之師。門户，謂謹守門户，不相抗拒也。

無受貨賂，攻用弓弩。

〔彙校〕劉師培云：此文（上四句）當作「無受貨賂，無襲門户，按道攻巷，攻用弓弩」，上二語對文末語之攻冢、攻巷言。使如今本，則辭義不屬。

〔集注〕潘振云：弓，六弓。《考工記》夾庾利射侯與弋，王弓利射革與質，唐弓利射深。攻用王弓與弩。弩，四弩。《夏官·司弓矢》夾、庾利攻守，唐、大利車戰野戰。王、弧往體少，使矢不疾，故不用也。○陳逢衡云：無受貨賂，懼用間以謀我也。弓弩，器之利者。○唐大沛云：防用間以誘我，用弓弩以射。

上下禱祀，靡神不下。具行衝梯，振以長旗。

〔彙校〕衝，盧改「衝」。朱駿聲云：「旗」當作「旞」，或爲「旝」，與「梯」叶。

〔集注〕孔晁云：先所禱而攻後戰也。（所禱，鍾本作「祈禱」，盧從。「攻後」二字盧倒。）○潘振云：上下禱祀，告天地也。衝車從旁衝突,鉤梯鉤引上城。此言攻外城之器。振,作也。〇陳逢衡云:上下禱祀,告以興師之故。衝,衝車;梯,雲梯,皆攻城之具。振以長旗,麾士卒也。〇丁宗洛云:衝即衝。《詩》:「與爾臨衝。」疏云:「兵書有作臨車、衝車之法。」梯,木階也。《虎韜·兵畧篇》:「視城中則有雲梯飛樓。」〇朱右曾云:《淮南子》注云:「衝車,大鐵著其轅端,馬被甲車被兵,以衝突敵城也。振,舉也。」

懷戚思終,左右憤勇。無食六畜,無聚子女。羣振若雷,造于城下。鼓行參呼,以正什伍。

〔彙校〕雷,吴本作「雷」,盧從。〇孫詒讓云:「參」當作「枲」。枲呼,即譟呼也。凡經典從「枲」字多譌爲「參」。詳顧氏《詩本音》。

〔集注〕孔晁云:言士卒之奮厲也。〇潘振云:懷戚,慰敵國之外戚。思終,思畢其戎事也。左,軍將。右,勇士。此言在車中者。子,美男。女,美女。羣振,羣吏作旗也。若雷,言師之疾也。造於城下,至於内城下也。人三爲衆。參呼,衆譟也。正什伍,使無亂行也。以上皆言攻道也。〇陳逢衡云:懷戚,同憂患也;思終,撫死亡也。左右憤勇,則人争效力。無食六畜,無聚子女,戒士卒勿擄掠也。羣振若雷,造於城下,出不意也。鼓行參呼,明號令也。以正什伍,有節制也。〇唐大沛云:同懷憂戚,思終其事,故憤勇争先。士卒毋擄掠害民,憤勇迅速以圍城,號召士卒行列必整。〇朱右曾云:懷戚,憫敵之困。思終,戰不正勝也。

上有軒冕,斧鉞在下,勝國若化,故曰明武。

〔集注〕孔晁云:軒冕所以爲賞也。〇潘振云:軒,大夫車。冕,冕服。橢銎曰斧。鉞,大斧也。軒冕,所以賞人者；斧鉞，所以戮人者，上有之，下施將士也。勝國，我所勝之國。若化，順我之化也，故亦謂之明德之武。〇陳逢衡云：軒冕以待有功，斧鉞以待有罪。賞罰明則士用命，士用命則無敵。勝國若化，言易克也。〇唐大沛云：《文傳篇》原本有「其取天下如化」句，孔注：「變化之頃，謂其速。」兹云「勝國若化」，亦言其速也。〇朱右曾云：斧鉞，誅違命。〇陳漢章云：勝國若化，《柔武篇》亦有此文。又《文傳篇》云：「明開塞禁取者其取天下如化，不明開塞禁舍者其失天下如化。」《武稱篇》云：「民服如化。」

逸周書彙校集注卷二

大匡解第十一

〔集注〕潘振云：大，大荒。明武必先固其本而後可動。民爲邦本，遭大荒而有救賑之方，故次之以《大匡》。○陳逢衡云：此篇洵救荒良策，而言「均」者凡九。末言「平均無乏」，尤與《史記·平準》義近。《方言》：「平均，賦也。」故篇中有「賦洒其幣」、「克賦爲征」等語，亦以備荒而設。「祈而不賓」以下，大約與《糴匡》同。○按：唐《句釋》缺此篇。

維周王宅程三年，遭天之大荒。

〔集注〕孔晁云：程，地名，在岐州左右，後以爲國。初，王季之子文王因焉，而遭饑饉，後乃徙豐焉。(岐州，丁改「岐周」，云：岐州之號始於元魏，孔氏注書時不應先有此名，或是校書者以音同而誤耳。《紀年》：「武乙元年，邠遷於岐周。」)○盧文弨引趙云：《竹書紀年》文丁五年王季作程邑，帝辛三十三年文王遷於程，三十五年周大饑，正與此合。○潘振云：時文王爲方伯，後人追王，故稱王。宅，居也。《漢志》雒陽有上程聚。○陳逢衡云：三年，謂遷密人於程之三年。宅，即《多士》「宅爾宅」之義。程，在今陝西西安府咸陽縣，東有安陵故城。《漢書·地理志》「右扶風安陵」，闞駰曰：「安陵，本周之程邑也。」〇丁宗洛云：《韓詩外傳》：「一穀不升曰歉，二穀不升曰饑，三穀不升曰饉，四穀不升曰荒，五穀俱不升曰大荒。」按武乙二十四年，爲王季三年，周伐程，戰於畢，克之。至文丁五年作程邑，已十七年矣。至紂三十三年，文王始遷於程。或疑不應作邑五十年而始遷，考《紀年》王季無遷程之事，因以二十九年諸侯逆西伯歸於程，爲文王已先居程之證，不知逆歸於程者，因文王脱羑里之囚，諸侯來相慶賀，集會於程邑，非必文王已居程而諸侯直迎歸國都也。夫紂之三十三年，文王已四十四年，若遷程已久，則孟子述文王之政亦應言其治程，何獨稱其治岐？惟宅程三年遂遷於豐，故治程可以不述，此書所以與《紀年》相印證也。注云程在岐周左右，因思王季雖未遷程，而《通典》謂王季曾都畢，《書序》又謂王季曾宅程，即文王未遷程之先，亦有綸於畢、治兵於畢之舉，可見畢、程相連，即與岐相去不遠也。注又云後以爲國，因思王季作程邑時，當是修其城郭以爲大夫采邑。《詩》「程伯休父」，以程爲氏，必其祖食采於程者也。至文王遷程，方有建國之意，旋因饑而遷豐，故《詩》第詠其築豐而不及程，注此句欠核。〇丁浮山云：考唐之鳳翔府，即元魏岐州，漢爲扶風郡，本雍州地。杜預謂扶風雝東北有周城，蓋即周原岐之舊地名。《詩·周南》疏謂周地在岐山之陽，漢屬扶風美陽縣。（後改爲岐山縣。孫之騄謂岐山在扶風美陽西北。）《史正義》謂郢故城在雍州咸陽縣東，周之郢邑也。（郢即程，故孟子言畢郢。）孫之騄謂《地志》安陵隸扶風。闞駰云古程邑是程，與岐周同爲雍州，同爲扶風郡，故《括地志》言安陵故城在雍州咸陽縣東二十一里，周之程邑也。《雍録》謂程在咸陽東北。是則程在岐周之左，不在其右明矣。顧《路史·國名紀》又云：「程，王季之居，在今咸陽。故安陵亦在岐南，與畢陌接。」證以《詩》「度其鮮原，居岐之陽」，似言在左亦未甚確。然以今地輿考之，岐山縣屬鳳翔府，在西，咸陽縣屬西安府，在東，雖廣狹或有不同，而一東一西究不可易。〇朱右曾云：程，古畢程氏之墟。《詩》言文王伐密後「度其鮮原，居岐之陽」，即咏遷程事。或言王季已宅程，則此不得言宅程三年也。〇孫詒讓云：案《史記·司馬相如傳》集解引皇甫謐云：「王季徙程，故《周書》曰『維周王季宅程』是也。」故《孟子》稱文王生於畢程，西夷人也。」皇甫謐所引「王」下有「季」字者，傳寫誤衍，實不當有。序云：「穆王遭大荒，謀救患分災，作《大匡》。」「穆王」當亦「在程」之誤，王自謂文王，不謂王季也。○劉師培云：孫以此文不當作王季，不謂王季無宅程事也。今考《太平御覽》一百五十五引《世紀》與徐廣所引同，惟《周書》誤作《書序》，則《世紀》所據《周書》固作王季，惟《詩·大雅·皇矣》「度其鮮原，居岐之陽，在渭之將」，鄭箋云：「文王見侵阮而兵不見敵，知己德盛而威行，可以遷居定天下之心，乃始謀居善。原，廣平之地。亦在岐山之南，居渭水之陽，爲萬國之所鄉，作下民之君，後竟徙都於豐。」孔疏云：「太王初遷已在岐山，故云亦在岐山之陽，是去舊都不遠也。《周書》稱文王在程，作《程寤》、《程典》，皇甫謐云文王徙宅於程，蓋謂此也。箋嫌此即是豐，故云後竟徙都於豐。」據孔說，是程即鮮原；據所引謐說，則《世紀》亦以遷程始於文。又《續漢書郡國志》劉注引《世紀》云：「文王居程，徙都豐。」亦以居程屬文王，立說互歧。竊以《世紀》備載二說，一以居程始王季，以所見《周書》爲據，一以遷程始文王，以《周詩》爲據。孔本碻無「季」字，故云文王遭饑饉。其以居程始王季，仍與《世紀》前說同。惟此篇既次《明武》後，自屬文王之事，謐所見有「季」字，蓋屬別本衍文。書既文王所作，又稱維周王宅程三年，似文王即位之初不居程邑，當以《世紀》後說爲碻。《詩·周南、召南譜》孔疏云：「《周書》稱王季宅程。」又宗《世紀》前說。於《世紀》文王自程徙豐說，復斥其非，蓋非一人之筆也。

作《大匡》，以詔牧其方。

〔**集注**〕潘振云：時用告饑服國，牧養程方也。○丁宗洛云：《小爾雅》：「牧，臨也。」○朱右曾云：以大匡之法詔諸臣養其民，遂爲諸侯所遵行，此書之原序也。○劉師培云：「詔牧」句絶，「其方」以下別爲句。牧者，三州之州牧也。方者，西方也。時文王爲方伯，故曰其方。

三州之侯咸率，

【集注】孔晁云：文王初未得三分有二，故三州也。率，謂奉順也。○劉師培云：三州皆所分治，即雍、梁、荆也。

王乃召冢卿、三老、三吏、大夫、百執事之人朝于大庭。

【彙校】郝懿行云：此句不可曉。據孔注，冢卿，公卿；三吏，三卿也。然文王，方伯，三卿之外，無緣復有冢卿，且三吏既三卿，若三老又何官也？竊疑《周禮》有鄉老、鄉大夫之職，諸侯三鄉，此三老，三鄉之老也；三吏，三鄉之吏也，即鄉大夫也。若又不然，則「三吏」二字並誤，當作「三老五更」矣。○陳逢衡引沈濤曰亦云：「三吏」疑「五更」之誤，字形相近也。○朱右曾云：「庭」當爲「廷」。

【集注】孔晁云：冢卿，孤卿；三老，三卿也。大庭，公堂之庭。○潘振云：冢卿，孤卿。三老，三卿致仕者。三吏，司徒、司馬、司空。大夫者，司徒之屬有小司徒，司馬之屬有小司馬、小宗伯，司空之屬有小司空、小司寇，共五人也。百執事，府史胥徒也。大庭，大門外之庭，指外朝也。○陳逢衡云：冢卿，司徒、司馬、司空也。三老，工老、商老、農老也。三吏，三卿之副。大夫，下大夫也。百執事之人，庶有司也。朝於大庭，詢國危也。惠士奇曰：「以年曰三老，以職曰三吏。」○朱右曾云：三老，國老也，謂致仕者。大廷，外朝之廷，在庫門内雉門外。

問罷病之故、政事之失、刑罰之戾、哀樂之尤、賓客之盛、用度之費，

〔**集注**〕孔晁云：戾，罪；尤，過。（按：此注原在「哀樂之尤」下，今移此。）〇潘振云：罷病，指飢饉。刑罰，司寇所掌。戾，不中也。哀，指凶禮；樂，指嘉禮，宗伯所掌。尤，過也。《周禮》九式有賓客之式、好用之式，冢卿所掌。盛、費，言太甚也。〇陳逢衡云：即成湯六事自責之意。〇朱右曾云：罷，亦病也。戾，乖也。

及關市之征、山林之匱、田宅之荒、溝渠之害、怠惰之過、驕頑之虐、水旱之菑。

〔**集注**〕孔晁云：匱、荒、害皆謂官不脩無征。（脩，元刊本、程本、趙本、鍾本作「修」。）〇盧文弨云：征，趙疑是「政」。皆以爲失之者。〇潘振云：司關，司市，山虞、林衡，司徒所統。征，横征。匱，窮也。田，百畝之田。宅，五畝之宅。田間之水曰溝，池曰渠，司空所掌。言民之罷病，其故由於政事之失，而其所以失之者，由於官之怠惰驕頑，宜其致天菑也。〇陳逢衡云：關市征則商賈不集，山林匱則材木不出，田宅荒則五穀不生，溝渠害則水利不備。怠墮之過，貨棄於地也。驕頑之虐，生一殺十也。水旱之菑，水菑如堯，旱菑如湯也。〇朱右曾云：匱，乏材用也。荒，廢也。〇陳漢章云：案《孟子》稱「文王治岐，關市無征」，此云征者，《管子·問篇》云：「征於關者勿征於市，征於市者勿征於關。」

曰：「不穀不德，政事不時，國家罷病，不能胥匡，二三子尚助不穀。

〔**彙校**〕「尚」上盧據孔注增「不」字。

〔**集注**〕孔晁云：不尚，尚也。（按：此注原在「鄉問其人」下，今移此。）〇潘振云：寡人降稱不穀，遇災而懼也。胥

匡，相救也。○陳逢衡云：穀，善也。不穀，謙詞，文王自謂也。言所以遭此大荒，皆由予不德，故政事不時而國家罷病，至不能胥匡以生，則其勢迫矣。然荒歉在天，而救荒在人，故望羣臣相助爲理。二三子，指冢卿、三老、三吏、百執事。

官考厥職，鄉問其人，

〔集注〕孔晁云：問人政得失。○潘振云：官，官長。考察其屬職之治否也。言鄉則遂可知。鄉大夫，朝之大臣兼之。詰問其屬政之得失也。○陳逢衡云：官考厥職則無冗食之員，鄉問其人則有備荒之策。

因其耆老，及其總害。

〔彙校〕盧文弨云：「總害」，惠半農疑是「總轄」。○俞樾云：「總」字之義無解，疑當作「利」，「利」古文作「㓛」，「總」俗書作「惣」，其上半相似，因而致誤。下文曰：「鄉問其利，因謀其菑」，與此文正相應。

〔集注〕孔晁云：總，衆人也。（按：此注原在「無隱乃情」下，今移此。）○潘振云：耆老，庶人之老。總害，衆人受水旱之害也。○陳逢衡云：耆老，土著之民。總害，謂通都大邑之所。害與轄通。○朱右曾云：總害，謂凡所害民者。

慎問其故，無隱乃情，及某日以告于廟。有不用命，有常不赦。」

〔集注〕孔晁云：明日王至廟，告。常者，常刑也。○潘振云：故，所以致災之由也。日有十干，或剛日或柔日，有一定之名，故曰某日。告廟，告后稷也。常，常刑也。不赦，不釋也。○陳逢衡云：故，謂疲病之故。

王既發命，入食不舉，百官質方，□不食饔。

〔彙校〕闕文潘疑「賓」，朱疑「咸」，丁補「皆」，朱駿聲補「朝」。

〔集注〕孔晁云：王不舉樂。百官徹膳，以思其職。方，道。（職，元刊本作「戠」，程本、趙本、吳本作「取」。）○潘振云：入，退適路寢也。不舉，不用樂也。百官，官屬也。質，平也。方，版也，謂所上文簿。聽王平斷之者必書之於版，達之長官，待其既奏，以受報也。賓不食饔，賓禮殺也，指三州之使而言，謂同憂也。○陳逢衡云：入食不舉者，《周禮·膳夫》：「王日一舉，鼎十有二，物皆有俎，以樂侑食。大荒則不舉。」注：「殺牲盛饌曰舉。」《禮·玉藻》：「年不順成，天子食無樂。」注：「自貶損也。」不食饔者，損祿也。《墨子·七患》曰：「歲饉則仕者大夫皆損祿五分之一，旱則損五分之二，凶則損五分之三，餽則損五分之四，饑大侵則盡無祿，稟食而已矣。」《曲禮》：「歲凶，大夫不食粱。」○丁宗洛云：饔，熟食也。《天官》「內饔」注：「饔，割烹煎和之稱。」疏：「饔，和也。熟食須調和，故號曰饔。」○朱右曾云：質，問也。○于鬯云：方蓋讀爲「訪」。「訪」諧方聲，故得通借。《漢書·齊悼惠王傳》顔師古注引如淳曰：「訪，猶方也。」訪可訓方，則方亦可訓訪，是二字義亦相通矣。《後漢書·皇甫規傳》李注云：「訪，問也。」然則質訪者，猶言質問也。即上文所云「官考厥職，鄉問其人，因其耆老，及其總害，慎問其故」者。孔解訓方爲道，失之矣。又案下文云「方收不服」，方亦當讀爲「訪」。彼上句云「詰退驕頑」，訪收正與詰退義對。孔解爲方方，亦失之。

及期日，質明，王麻衣以朝，朝中無采衣。

〔集注〕孔晁云：此凶服自居，爲荒變。〇盧文弨云：凶禮有五，荒居一焉。《詩》云：「麻衣如雪」，蓋純素也。王有朝服，其下非列采不入公門。今而如是，故云凶服。〇潘振云：期日，所期之日，百官復命之時也。質明，天正明也。麻衣，深衣，袷袂襟齊，純之以素者。朝，外朝也，不言大庭可知。治朝日日視之，不必言期日也。〇陳逢衡云：麻衣，素服也。《周禮·春官·司服》：「大荒素服」，注：「君臣素服縞冠。」《禮·玉藻》：「年不順成，天子素服。」〇朱右曾云：麻衣，蓋麻冕而白布深衣。采衣，玄衣纁裳。

官考其職，鄉問其利，因謀其菑。旁匡於衆，無敢有違。

〔集注〕孔晁云：衆，衆民也。百官率我，故無違。（我，盧改「職」。）〇潘振云：其利，謂其屬宜民之事也。旁匡於衆，四方匡救其衆也。無敢有違，言百官順命也。〇陳逢衡云：官考其職則食之者寡，鄉問其利則生之者衆，此慮政事之失也。菑，謂水旱之菑。王氏《廣雅疏證》曰：「《説文》：『旁，溥也。』《爾雅》：『溥，大也。』《逸周書》『旁匡』，即大匡也。」〇丁宗洛云：上鄉問其人，是問民疾苦也，故接以耆老總害等語。此鄉問其利，是究其利害何在，而爲之調劑也，二層有虚實之分。〇朱右曾云：旁，廣也。

詰退驕頑，方收不服，慎惟怠墮，什伍相保。

〔彙校〕潘振云：「方」當作「放」。

〔集注〕孔晁云：萬方放收其不服化者也。（萬方，元刊本、趙本作「方方」。放，元刊本、趙本、吴本作「敖」。鍾本、王本無「萬」字「放」字，重「方收」二字。盧改「方收，方方收其不服化者也」。）○潘振云：退，黜也。放，逐也。收，收其祿秩。不服，不用命者。慎思則審矣。更相保守，防外寇也。○陳逢衡云：此戒驕頑之虐，怠墮之過也。詰退驕頑則怙侈者警。「方」通作「旁」。方收不服則梗化者刑。慎惟怠墮，恐其因循疲玩也。什伍相保，即保甲之法。恐有姦民藉以爲亂，故荒政十二有除盜賊之政。○朱右曾云：詰，責也。相保，相任也。

動勸游居，事節時茂。農夫任户，户盡夫出。

〔彙校〕朱右曾云：動勸，疑當作「勤勸」。○劉師培云：「勸」當作「觀」，與《柔武》「土觀」之觀同。「動」義同行。

〔集注〕孔晁云：茂，勉也。言無户不出夫以勸農。○郝懿行云：茂同懋。○潘振云：動，感其心。勸，作其力。游，游手。居，閒居。事節，從儉。時茂，務勤。民户有版圖，聽閭里者以之，故曰任户。○陳逢衡云：動勸游居則國無閒民，事節則費用省，時茂則生殖繁也。農夫任户，任即《周禮》「可任也者家三人、家二人」之任。户盡夫出，則侯伯、亞旅無不力作矣。○丁宗洛云：游居，即游手好閒之徒。○朱右曾云：游居，游手閑居者。任，以其任任之也。

農廩分鄉，鄉命受糧。程課物徵，躬競比藏。

〔集注〕孔晁云：農夫藏穀于廩，分在諸鄉。合課程比藏者，比方其收藏也。（夫，盧本作「人」。盧云：「合字本或作命，然命課程亦有訛脱。」丁宗洛於程下「依經」增「而徵之」三字。）○潘振云：賦穀以備農荒，因名其倉曰農廩。分鄉，鄉各有廩也。鄉大夫命其屬受糧以待給也。程，計也。課，税也。計其所税，以知賦年之遠近。物，猶色也。

徵，即征。物其所征，以知粟米之陳新。躬競者，謂鄉大夫躬親其事，專用其力也。比藏，校所藏米穀之多寡也。○陳逢衡云：廩，倉廩也。農廩分鄉，謂六鄉、六遂之地各以一鄉大夫主其事，即後世常平、義倉之謂。鄉命受糧，屯積以備荒歉也。課，第也。程課，謂考試上農下農之次第。徵，收也。物徵，謂徵收甲貨乙貨之蓋藏。比，如「洽比」之比。躬競比藏，則人争足穀矣。此懲田宅之荒也。○丁宗洛云：程者程其數，課者課其值。按此言程課其所獲之多少，而徵之以爲藏也。蓋即餘一、餘三之意，但民藏與官藏不同耳。○于鬯云：比當讀爲庇。比藏者，謂庇藏也。庇藏者，猶蓋藏耳。《小戴·月令記》云：「命百官謹蓋藏。」是也。

藏不粥糴，糴不加均。

〔**彙校**〕丁宗洛云：「粥糴」之糴，當是抄寫者誤「糶」爲「糴」耳。下句「糴」則如字。

〔**集注**〕孔晁云：糧不加均，多從所有不限也。（丁宗洛云：「糧」宜照經作「糴」。孫詒讓云：「多」下疑脱「少」字。按：此注原在「保貸」下，今分移此。）○潘振云：糴，買米也。比藏不足，則買以益之。不賣所糴之米，不準糴於民也。準糴，則價雖賤而近於賈矣。不加均，謂豆、區、釜、鍾均平如一，不於均之外有所加也，加則量增價減，民不願上糴矣。○陳逢衡云：糴，買穀也。藏不粥糴，謂不使富民市穀居奇，以蓋藏爲粥糴之地。糴不加均，言市穀之法以均爲主，不增加也。○丁宗洛云：粥即《荀子·儒效篇》所謂「魯之粥牛馬者不豫賈」之粥，《説文》本作「鬻」，今俗作「粥」。玩注意，則經蓋言糴粟貴多，不必拘以定數而均也。○孫詒讓云：此「均」謂平價也。

賦洒其幣，鄉正保貸。

〔集注〕孔晁云：洒，散也。幣以糴，以貨窮也。（貨，盧訂「資」。丁於「洒幣」下增「洒幣」二字。）○潘振云：賦，謂給之。洒，散也。幣，泉也。正，長也，鄉有比長。保，任也。貸，借也。言給散其泉，使民糴米，比長保之，則借與泉也。○陳逢衡云：《周禮·大司徒》荒政十二，一曰散利，鄭司農云：「散利，貸種食也。」疏謂「民無食者從公貸之，或爲種子或爲食用，至秋熟還公，據公家爲散，據民往取爲貸。」然則賦洒其幣，據公家而言也；鄉正保貸，據民往取而言也。○朱右曾云：鄉正，鄉大夫也。《春秋傳》曰：「使四鄉正敬享保而後貸，防奸欺也。」貸即貸所洒其幣。○陳漢章云：《周禮·泉府》：「凡民之貸者，與其有司辨而授之。」注：「有司，其所屬吏也。」其法本此。

成年不償，信誠匡助，以輔殖財。

〔集注〕孔晁云：名曰貸而不償，所以生殖民財也。○潘振云：成年，富歲。不償，不還也。信誠，實也。匡助，救助也。輔，所以扶持輪者。殖，生也。言扶持百姓以生財也。○陳逢衡云：成年，熟年也。不償，謂不限以償還之數，而民之樂輸者亦聽其自來，以備義倉之蓄，故曰信誠匡助，以輔殖財。信誠謂君以實心待民，民亦以實心奉上也。

財殖足食，克賦爲征，數口以食，食均有賦。

〔彙校〕克賦，丁改「充賦」。○盧文弨云：「數口」之「口」元本作方圍。（今按：元刊本亦作「口」，盧説非。）

〔集注〕孔晁云：均民足食，而征其賦以入官也。○潘振云：數上聲，二食音飼。足食，食初足也。克賦者，去田賦而不斂也。征，征商，抑末也。數，計也。數口以食者，上農夫食九人，其次食八人，中食七人，中次食六人，下食五人也。食均者，如以一月食米計之，人四鬴爲上，三鬴爲中，二鬴爲下，均平如一，食無不足也，於是乎可以收田賦矣。○陳逢衡云：財殖足食，言殖財在於足食。克賦爲征，克，能也，言民力能納賦然後從而征之。數口以食，計口授食，給口糧也。食均有賦，旅師所謂春頒而秋斂之也。施彦士曰：「數口以食，如《周禮》人四鬴、人三鬴，《食貨志》曰食人五升之類。」○朱右曾云：量其力能供賦然後征之。《周禮》：民數、穀數並藏於天府，以口計食，率人三鬴而食足。

外食不贍，開關通糧。

〔彙校〕贍，盧訂「贍」。

〔集注〕潘振云：外，謂鄉遂之外，都鄙之地也。不贍，不足也。《周禮·司關》：「國凶札，則無關門之征。」此之謂開關與。人知穀貴，皆懋遷以取利，故可通。○陳逢衡云：開關通糧，移粟以救民也。○朱右曾云：外，鄰國也。

糧窮不轉，孤寡不廢。

〔彙校〕「窮不」二字丁倒。

〔集注〕孔晁云：窮征困內，不轉出外也。（困，元刊本、趙本、吴本作「困」。劉師培云：「窮征困內，似上節『克賦爲征』注文。」丁宗洛云：「按上詳言禦荒救荒之政，國中既足，則可濟及境外矣，經旨甚明，而注却相反。注語或是『內不窮困，徙轉出外』也，『征』蓋『徙』訛耳。」）○潘振云：窮，無也。轉，運也，言糧無不運也。不廢，給其糧也。言孤寡，則鰥獨之不廢可知矣。○陳逢衡云：糧窮不轉，孤寡不廢，謂糧若不足則不通糧，而於孤寡之來歸者亦不廢存活之計，此移民以就粟也。王者有分土無分民，其義如此。○朱右曾云：言如國内糧少，則不轉運外出，然孤寡無告亦必助恤之。

滯不轉留，戍城不留，□足以守。

〔彙校〕闕文陳疑「食」字，劉師培疑「疆」字，丁、朱俱補「衆」字。○丁宗洛云：滯不轉留，「留」疑「蓄」訛。此句應是「轉蓄不滯」，言轉運素所蓄者，恒不滯也。○朱右曾云：轉留，當作「留轉」。年豐穀滯則不留所轉，恐糴賤而傷農。○劉師培云：滯不轉留，疑係衍文。「不轉」涉上衍，「留」涉下衍，「滯」又上語注文也。上文孔注云：「不轉出外也」，「也」上蓋脱「滯」字。又案戍城不留，□足以守，即《糴匡解》「男守疆，戎禁不出」也。○陳漢章云：劉君疑此四字衍文，非衍也。《泉府》斂民之不售、貨之滯於民用者，即此法。此經下文又云：「易資貴賤以均，游旅使無滯。」

〔集注〕孔晁云：不成者不令留。足以守之。（按：此注原在「旦夕運糧」句下，今分移此。注首諸本有一「□」，此在正文。成，盧訂「戍」。丁增改爲「謂遣戍者不令留」，劉師培疑「戍」上「不」字衍。）○潘振云：民有積滯之貨，以之易糧，不久留也。戍城不留，謂相更代也。更代則人數備，故足以守。○陳逢衡云：滯不轉留，四方相通之義。戍城，守邊之士。○丁宗洛云：蓋言因荒而撤回戍卒，祇運糧以濟彼地居民，故衆亦足以守也。○朱右曾云：戍城，邊城。

出旅分均，馳車送逝，旦夕運糧□。

〔彙校〕□，諸本均在注首，盧從。

〔集注〕孔晁云：表皆共運之也。（表，鍾本、王本作「衆」，盧從。）○潘振云：出旅，謂本國出門之商旅也。分均，分物而定均也。《周禮・賈師》：「辨其物而均平之，展其成而奠其賈，然後令市。」送逝，送積滯往也。人以糧易貨，糧貴貨賤，可以獲利，故朝夕運糧，來易賤貨也。○陳逢衡云：旅，衆也。「戍城不留」三句，蓋謂徹邊邑之戍，使人與食足以相守而已，如是則食不耗於邊，而且無齎寇之慮，故設旦夕運糧之法。○朱右曾云：出旅，軍興也。分均，謂將率用食無美惡。

於是告四方：遊旅旁生忻通，津濟道宿，所至如歸。

〔集注〕孔晁云：有告者窮者有所歸也。（丁宗洛云：注首「有告」或是「如歸」之誤。告如告示之告，注「窮者」上加一「使」字自明，然「有告」有字究衍。）○潘振云：遊旅，行貨之衆商也。旁，即四方。忻，樂也。津濟，舟渡處。《周禮・野廬氏》凡舟轚互者，叙而行之。道，路也。《環人》掌通賓客，送迎及疆。宿，住也。《遺人》十里有廬，廬有飲食；三十里有宿，宿有路室，路室有委；五十里有市，市有候館，候館有積。言宿以賅廬市也。言告四方而招遊旅，四方知生財而樂於通商，津濟無阻，道路有環，委積有待，則所至之旅，如歸家之安也。○陳逢衡云：此爲司關者告也。凶荒則流離者多，故《周禮・遺人》縣都之委積以待凶荒，凡以待四方遊旅之至也。有橋梁以待津濟，有郵亭以待道宿，則所至如歸矣。○朱右曾云：旁，廣也。生，生意。

幣租輕，乃作母以行其子。

〔集注〕孔晁云：以貴重爲母，謂錢幣之屬。○潘振云：凡稅皆謂之租。幣租，如《廛人》絘布、總布之類。輕，薄也，謂減租也。大荒以幣糴，時民閒之錢少也。泉始蓋一品，民所通用者。作大泉爲母，則有二品，通用者小而爲子。以母行子，如大錢重，直小錢若干，小錢輕，直一而已。○陳逢衡云：幣，珠玉、黄金、刀布也。租，税也，在工商曰租籍，在農曰租税。《周語》單穆公曰：「古者天災降戾，於是乎量資幣，權輕重，以振救民。民患輕，則爲作重幣以行之，於是乎有母權子而行，民皆得焉。」韋昭注：「民患幣輕而物貴，則作重幣以行其輕也。重曰母，輕曰子，以貿物。物輕則子獨行，物重則以母權而行之也。子母相通，民皆得其欲也。」衡案：單穆公之説與此義近。○朱右曾云：幣，錢幣。租，租賦。

易資貴賤以均，遊旅使無滯。

〔集注〕孔晁云：非但租賦作母行子，遊旅易資亦然。○潘振云：易，貿易。資，貨也。使，役也，謂用錢也。言幣租之輕，因錢少，乃作母以行子，而物價之貴賤，各如其均，本國之易資者然矣。至於四方遊旅，或用彼國之錢於此邦，或用此邦之錢於彼國，賣買隨其自便，無執滯於子母之法也。○陳逢衡云：此即懋遷有無之義。蓋天災流行，不過一隅，而徵貴徵賤，總以平準之法行之，則居貨行貨兩得其平，而轉運不窮矣。○朱右曾云：資，財也。

無粥熟，無室市。權内外以立均，無蚤暮，閭次均行。

〔集注〕孔晁云：均平民財，行之無早晚之常也。○潘振云：凡熟食，使自爲之則省。室市，藏貨於室，如市之多，待賈而貴價也。内，本國之旅。外，四方之旅。蚤暮，朝市夕市也。閭，里門。次，思次介次。言權内外之旅，或行子母法，或隨其自便，以之立均平之市價，無論朝夕，閭次依均而行也。○陳逢衡云：此爲司市者告也。無粥熟，熟，精熟也。米熟則去者多，故不使粥。無室市，謂不私相貿易而市於室。凡交易必以司市之官主之，防有欺僞也。權内外以立均，内謂國内，外謂國外，立均則多少貴賤得其平。無蚤暮，不限以日中也。閭次均行，罔不奉也。閭，里也。次，舍也。○丁宗洛云：粥熟，今俗貧農於穀將熟時即與人議價受錢，俟穫後乃交穀，名曰預穀錢是也。室市，似是囤積居奇之類。○朱右曾云：室市，市中禁粥之物市于室者。閭，市門。次，吏所治舍。無蚤暮，司市之屬非時巡察，不使蚤暮異價。

均行衆從，積而勿□，以罰助均，無使之窮。平均無乏，利民不淫。

〔彙校〕闕文陳疑是「壅」，丁疑是「奢」，朱右曾疑是「粥」，孫詒讓疑是「防」，朱駿聲補「散」字。○劉師培云：《羅匡解》云：「民利不淫。」疑此「利民」亦當互乙。

〔集注〕孔晁云：雖積賞進有，無不隄防之，使民有過者罰其穀幣，其穀幣通以助均。（陳逢衡云：「賞進」疑作「常通」。丁宗洛云：「賞進」有疑「貲過豐」訛。）○盧文弨云：罰民有過者，其穀幣仍以予民也。無使之窮，所謂其罰人也不傷財。○潘振云：衆從，内外無不從也。積，聚也。勿，禁止之辭。大抵言積泉勿他用，惟買穀以賑民與。罰，如質人罰犯禁，胥師罰詐僞，胥罰有罪者皆罰其幣，廛人掌斂之入於泉府也。市肆所税之均錢，既可買穀，又以罰幣助之，雖罰其幣，不使受罰者窮也。平，齊等也。淫，甚也。行均者衆，既齊而一之，故人皆無乏。圖利者多，有罰以抑之，而逐末不淫。○陳逢衡云：以罰助均，即後世以贓罰爲義舉之意。《周禮·秋官·職金》有金罰、貨罰。平均無乏，《地官·司市》所謂以陳肆辨物而平市，以政令禁物靡而均市是也。利民不淫，富者使亡，靡者使微也，故王者之民無甚貧亦無甚富。○丁浮山云：玩上節云「權内外以立均」，以罰助均似是因年饑而新定一法也。若謂罰即金作贖刑之義，則雖豐年亦然，何待凶年？若謂罰專以救荒，恐是時之民救死不贍，安有餘錢以應罰？叔兄（宗洛）曰：均疑與唐人均田之制均字同義，蓋使富户不得居寄網利，貧民不得藉端逞刁，即均之謂也，不遵此道者罰之。義亦可通。

無播蔬，無食種，

〔集注〕孔晁云：可食之菜曰蔬。○潘振云：播，棄也，蔬，疏材。草木根實可食者。種，穀種。食種則穀無由生也。○陳逢衡云：無播蔬，蓄旨亦所以備荒。無食種，有種然後有穫也。○朱右曾云：播，讀爲《離騷》「判獨離而不服」之判。

以數度多少，省用。

〔集注〕孔晁云：國家常用。○潘振云：多少，數度中之分限也。○陳逢衡云：此裁用度之費也。《家宰》量入爲出是其義。《周禮》荒政「七曰眚禮」，鄭注：「眚禮掌職，職所謂荒政殺禮者也。」○朱右曾云：度入之多少而節其用。

祈而不賓祭，服漱不制。

〔彙校〕按：「祭」字各家或屬下讀。王引之云：不賓祭，當作「不祭」。《糴匡篇》云：「大荒有禱無祭」，正所謂祈而不祭也。襄二十四年《穀梁傳》亦云：「大侵之禮，鬼神禱而不祀。」「祈而不祭」爲句，「服漱不制」爲句。今本作

「不賓祭」者，賓字涉下文「非公卿不賓」而衍。祈與不賓，義不相屬，且下文云「賓不過具」，則不得言不賓明矣。孔注亦當作「不祭殺禮」。《周官》荒敗有眚禮，即孔所云殺禮也。今本「不祭」作「不賓」者，亦後人據已誤之正文改之。○劉師培云：案下言「非公卿不賓，賓不過具」，則非不賓甚明。考《山海經》南山、西山二經，均有「祈糈」之文，《中山經》又云：「祈而不糈。」此文「不賓」，或亦「不胥」之訛。胥即糈省，不糈，謂不以穀祭，故孔云殺禮。○陳漢章云：案王氏《雜志》改作「祈而不祭」，劉氏《補正》改作「祈而不糈」，俱非。此當於「祭」字斷句。《糴匡篇》「年饑則勤而不賓，大荒有禱無祭」，此即祈而不賓祭也。祈、勤古字通，下文「非公卿不賓，賓不過具」，正應不賓。下又云「哭不留日，登降一等」，王氏改「祭」，亦非。既不祭矣，何又云祭降一等乎？朱釋及劉寶楠《愈愚録》以「不賓」爲不賓尸，不思賓尸乃大夫禮也。

〔集注〕孔晁云：不賓，殺禮；不制，不造新也。○潘振云：祈，嘄也，謂有災變號呼，告於神以求福也。繹則賓尸，不賓尸，殺禮也。漱，澣也。○陳逢衡云：祈而不賓，不廢祭，不燕饗也，與《糴匡》勤而不賓同。沈濤曰：「案勤、祈聲之轉，祈讀爲『禨』。」○丁宗洛云：「制」通「製」。○朱右曾云：賓，繹祭賓尸也。

車不雕飾，人不食肉，畜不食穀。

〔集注〕孔晁云：畜，謂馬也。○陳逢衡云：車不雕飾，節無益之費，與《糴匡》車不雕攻同。人不食肉，減膳也。歲凶，馬不食穀，見《曲禮》。又《毛詩·雲漢》傳：「歲凶，年穀不登，則趣馬不秣。」

國不鄉射，樂不牆合，牆屋有補無作，

【彙校】俞樾云：「牆合」二字無義，盧氏文弨曰牆合即所謂宮縣，然古書無以宮縣爲牆合者，亦曲説也。疑此文本作「樂不合」。古人作樂必合之於廟，《詩・有瞽篇》：「始作樂而合乎祖」，是也。樂不合者，不合樂也，因涉下句「牆屋有補無作」之文而誤衍「牆」字耳。

【集注】孔晁云：皆爲荒降之也。○盧文弨云：牆合，即所謂宮懸是也。○郝懿行云：樂，諸侯軒縣如牆，闕一面。不牆合者，爲凶荒徹縣也。○潘振云：不制，不造新也。畜，馬也。鄉射，鄉大夫興賢能之射也。樂縣之位，商制未聞，周制王宮縣，諸侯軒縣，卿大夫判縣，士特縣。宮縣四面，象宮室有牆。修破謂之補，改造謂之作。以上八者，省用之目也。其餘數度多少之省用，可例推矣。○陳逢衡云：國不鄉射，謂不行鄉禮、射禮。《禮》曰：「習射尚功，習鄉尚齒。」今以省用，故不舉也。《周禮・小胥》「正樂縣之位，王宮縣」，鄭司農曰：「宮縣象宮室四面有牆，一名牆合。」《曲禮》：「歲凶，祭祀不縣。」牆屋有補無作，緩力役也。○丁宗洛云：《儀禮・既夕》：「巾奠乃牆」，注：「牆，設柩也。」樂不牆合，猶言喪事無樂也。○劉師培云：案賈子《新書・禮篇》云「歲凶穀不登，臺扉不塗」，（即本篇下文之牆屋有補無作。《穀梁・襄廿四年傳》述大侵禮，作「臺榭不塗」。《韓詩外傳八》又作「不飾」。）榭徹干侯，馬不食穀。（即本篇上文之畜不食穀。《禮記・曲禮下》亦云：「馬不食穀。」《墨子・七患篇》「穀」作「粟」。《詩・雲漢》毛傳又作「趣馬不秣」。）榭爲習射之所，徹侯者，不鄉射也。《穀梁・襄廿四年傳》述大侵禮，作「弛侯」。《墨子・七患篇》述荒政云：「大夫徹懸（即下文樂不牆合），士不入學。」所云不入學，即《糴匡解》之餘子務穡、餘子倅運也。據《漢書・食貨志》云，餘子亦在於序室。序以習射，即賈子所云之榭。此云國不鄉射，則餘子不習藝蓋可推矣。

資農不敗務。

【集注】孔晁云：農桑之務不廢。（盧改「農務不廢棄也」）○潘振云：因上文無食種而申言之。資，藉也。國之所藉者，農也。不敗務者，不廢其事也。所以年雖大殺，不可食種也。○陳逢衡云：資農，補助也。不敗務，不以他事妨農務也。

非公卿不賓，賓不過具。

【集注】孔晁云：唯賓公卿，酒食而已。○潘振云：因上文「不賓」而推言之。具，備也。賓公卿之禮，但備數而已，不盛也。○陳逢衡云：此慮賓客之盛也。公卿，指鄰國來聘問者。賓不過具，盡東道而已，不從豐也。

哭不留日，登降一等。

【彙校】登，丁據文義改「祭」，朱從。○王念孫云：登降一等，義不可通，「登」疑「祭」字之誤。自「哭不留日」又下三句，皆指喪事而言，言有喪事則哭不留日，而其祭亦降一等，所謂凶荒殺禮也，故孔注曰「降一等爲荒廢之」。

【集注】孔晁云：留，盡也。降一等，爲荒廢之也。（盧文弨云：「廢」當爲「降」。）○潘振云：天子七月而葬，諸侯五月，大夫三月，士踰月。既葬反虞，然後卒哭。哭不盡日，殺哀也。登降，上下也。一等，猶言一概也，言上下一概行之也。○陳逢衡云：哭不留日，荒政所謂殺哀也。鄭注：「殺哀，謂省凶也。」○朱右曾云：祭，喪之祭也。

庶人不獨葬，伍有植，送往迎來亦如之。

【彙校】郝懿行云：「植」字疑誤，或是「相」字。

〔集注〕孔晁云：均恤與迎亦如植，共送迎亦相救也。(與，程本作「興」；救，諸本作「赦」，盧並從。丁訂爲「均恤與人亦如植，其送迎亦如伍也」。○孫詒讓云：此注譌衍不可句讀，以文義求之，疑當作「均恤相共送與迎亦如之，亦相赦也」。)○潘振云：老而無子曰獨。無後而人葬之，謂之獨葬。不獨葬，謂子葬父母也。五人爲伍。植，監作者。往，還彼國。來，至我邦。言庶人之葬者，役五人，祇以一人監之；賓客之從者有五人，亦祇以一人監之，皆爲省用而然也。○陳逢衡云：庶人不獨葬，鄰里助喪也。植與「置」通。《史記·孝文紀》「餘皆給以置傳」，集解引《廣雅》：「置，驛也。」伍有植者，蓋謂以五人保甲之法，安設郵驛以備非常也。送往迎來，恐有姦宄利其資囊，故亦設伍以衛之。《周禮·大司馬》注：「植謂部曲將吏。」義亦與此相通。○丁宗洛云：植應通「積」。《周官·大司徒》：「令野修道委積。」伍有植，言閭伍中各有委積也。但《周官》注以爲給賓客，此處語意則謂先備凶荒後供賓客，故曰亦如之。○朱右曾云：植，將主也。《大聚》篇「五户爲伍，以首爲長」是也。

有不用命，有常不違。

〔彙校〕丁宗洛云：二句重出，「違」字亦誤。

〔集注〕潘振云：不違，猶不赦也。○朱右曾云：不違，猶言毋違。

逸周書彙校集注卷二

程典解第十二

〔集注〕潘振云：典者，常法也。亦宅程時所作，故次之以《程典》。○陳逢衡云：《竹書紀年》「帝辛二十九年釋西伯，諸侯逆西伯歸於程」，即此篇所云逆諸文王也。周大饑在帝辛三十五年，則《程典》當在《大匡》前，此敘書者之誤。又案：自「助予體民」以下，皆經國之辭，與所謂「奉勤於商，文王弗忍，以命三忠」者毫不相屬，疑《程典篇》文已亡，此篇所云「生穡省用，不濫其度，牛羊不盡齒不屠」，與《大匡》仿佛，即前篇申戒之文，故次於後，而敘者不察，遂以爲即《程典》也。○朱右曾云：典，常也。

維三月既生魄，文王合六州之侯，奉勤于商。

〔集注〕孔晁云：三分天下有其二，以服事殷也。（服，元刊本、程本、趙本、吴本作「伏」，盧從，云：「伏」與「服」同。）○潘振云：魄，形也，月輪廓無光處也。望後生魄。曰既，望後一日也。六州，荆、揚、雍、豫、幽、營也，徐、兖、冀尚屬紂爾。○陳逢衡云：按《竹書紀年》：「帝辛三十年春三月，西伯率諸侯入貢」，與此解合。蓋《程典》作於逆西伯歸程之後，文王在程，故云《程典》。是爲文王即位之四十一年，在帝辛釋西伯之次年。下文「商王用宗讒」蓋述前事，事在帝辛二十三年。六州，荆、梁、雍、豫、徐、揚也。奉勤，服勞王家也。是時諸侯意欲叛紂，文猶率以歸命，故《左・襄四年傳》韓獻子言於朝曰：「文王帥殷之叛國以事紂，惟知時也。」○朱右曾云：三月，建卯之月也。

商王用宗讒，震怒無疆。

【彙校】怒，趙本、吴本作「恕」。疆，鍾本作「彊」。○洪頤煊云：「宗」是「崇」字之譌。《史記・殷本紀》：「九侯女不憙淫，紂怒殺之而醢九侯，鄂侯争之彊，并脯鄂侯。西伯昌聞之，竊歎。崇侯虎知之，以告紂，紂囚西伯羑里。」此即指其事，所謂震怒無疆也。○陳逢衡云：或曰：古崇字作「宻」，此「宗」即「宻」之誤，蓋即指崇侯虎。○劉師培云：陳《補注》以宗爲崇（朱同），是也。《御覽》八十四引《帝王世紀》云：「文王合六州之諸侯以朝紂，紂以崇侯之讒而怒，諸侯請送文王弃於程。」説本此篇。竊疑「請送」二字當作「請逆」，下有脱文。

【集注】孔晁云：宗，衆；疆，境也。（衆，程本、趙本闕，吴本作「有」。盧引謝云：「宗不當訓衆。六州歸化，安得衆人讒之？當是商宗之人耳。程榮本宗下作方圍，蓋亦疑之。」陳逢衡云：「宗讒作衆讒解亦可。當紂之時，文王既不諂事，左右崇侯之輩羣起謡詠，故曰衆。」丁宗洛云：「境當是竟訛」。）○潘振云：宗讒，紂同姓有譖文王者。無疆，無限，謂紂怒盛也。○陳逢衡云：震怒無疆，言紂怒不可測，文於是有牖里之囚。案《程典》作於帝辛二十九年文王歸程之後，此蓋追叙前事緣起也。○丁宗洛云：《詩》「萬壽無疆」箋：「疆，竟界也。」蓋無疆猶不已意。○朱右曾云：宗讀爲崇，二字通假。《史記・周本紀》載崇侯虎譖西伯曰：「西伯積善纍德，諸侯皆嚮之，將不利於帝。」紂乃囚西伯於羑里。《淮南・道應訓》、桓譚《新論》亦載之。據皇甫謐説，在紂二十年。

諸侯不娱，逆諸文王。文王弗忍，乃作《程典》，以命三忠。

〔彙校〕盧文弨云：娱，一本作「虞」，義同。三忠，疑本或作「三𢘑」。《國策》「臣」作「𢘑」，古字也。○唐大沛云：「忍」字蓋「怠」字之訛也。「怠」與上文「勤」字相應，不怠即勤也。○俞樾云：「三忠」未知何義，盧氏文弨訂爲「三𢘑」，曰《戰國策》「臣」作「𢘑」，古文也。然一忠爲臣，其義殊淺。《顔氏家訓》言北朝喪亂之餘，書迹鄙陋，乃以「百念」爲「憂」、「言反」爲「變」、「不用」爲「罷」、「追來」爲「歸」、「更生」爲「蘇」、「先人」爲「老」，偏滿經傳。然則「𢘑」字亦其時所造無疑。《論語釋文》於《泰伯》、《先進》篇俱有「𢘑」字，云：「古『臣』字。」錢氏大昕《養新餘録》以不精小學譏之，是也。盧説恐未足據，且所謂三臣者果何指乎？據《大匡篇》「王乃召冢卿三老三吏」孔注「三吏，三卿也」，疑此文「三忠」乃「三吏」之誤。「吏」字闕壞，後人遂妄改爲「忠」耳。

〔集注〕孔晁云：娱，樂也。不忍從諸侯即王位，所以爲至德常典也。（常典，盧從謝倒。盧引趙云：「當是諸侯勸文王叛商，於上下文俱協。若作勸即王位，恐非特文王不爲，諸侯亦不敢爲文王言之也。」）○盧引惠半農云：三忠，即三公。○潘振云：弗忍，不忍叛也。三忠，周公、召公、太公也。○陳逢衡云：逆諸文王，即《竹書紀年》帝辛二十九年諸侯逆西伯歸程之事。○丁宗洛引浮山云：奏事上書曰逆。《夏官·太僕》「掌諸侯之復逆」注：「復謂奏事，逆謂自下而上。」○丁浮山云：三忠，或亦三事大夫之謂也。○唐大沛云：正文蓋謂文王爲西伯，率六州諸侯勤勞王事。當是時商王信讒，屢有譴怒，是以諸侯不樂勤王事，與文王之意稍違，而文王則服事之心始終不怠。並無勸即王位之意，亦無勸文王叛商之意，且與牖里之事無涉。惠云三忠即三公，文王爲西伯，不得有三公，蓋三卿也。

曰:助余體民,無小不敬!如毛在躬,拔之痛,無不省!

〔彙校〕劉師培云:《文選·弔屈原賦》「遭世罔極兮」,李注云:「罔極,言無中正。《周書》文王曰:『惟世罔極,汝尚助予。』」李注所引,疑即此上脱文。蓋「汝尚助予」屬下「體民」爲句。《治要》引《武韜》云「文王在酆,召太公曰:商王罪殺不辜,汝尚助余憂民」,與此宛同,今本脱六字。

〔集注〕孔晁云:毛以喻小也。無不省,故宜敬外也。(敬外,盧從沈改「敬小」。)○潘振云:以民爲一體,弗因其小也而慢之。省,察也。○陳逢衡云:文王視民如傷,故有斯喻。○唐大沛云:體愛庶民,雖小事無不敬謹。毛謂毛髮,省猶知也。

政失患作,作而無備,死亡不誡,誡在往事。

〔集注〕孔晁云:以往事誡將來也。(按:此注原在「開乃無患」下,今分移此。)○潘振云:備,預防也。誡,警敕也。往事,指夏桀。言政失,故患作而無備,死亡不警敕也。殷鑒不遠,在夏后之世。○陳逢衡讀「誡在往事」連下「備必慎」爲句,云:政失則患作,作而無備,則死亡近。不誡,謂不知懼。誡在往事,則備必慎,前車不可不鑒也。○唐大沛云:政失則民怨,民怨則生亂,故禍患作。禍患既作,未能預備不虞,則近于死亡而不知誡懼也。

備必慎備,思地思地,慎制思制,慎人思人。慎德德開,開乃無患。

〔彙校〕潘振讀各四字句,云:思地思地,當作「慎地思地」。○陳逢衡讀「備必慎」屬上,「備思地」增改爲「思備慎地」,下讀「思地慎制,思制慎人,思人慎德,德開,開乃無患」。○丁宗洛讀「備必慎,備思地。思地慎制,思制慎人,思人慎德，德開開乃無患」。○唐大沛增改上六字爲「備必慎用，思用慎地」，下從陳讀，「德開」上又增「慎德」二字，云：「蓋古人寫書，於重文每作二小畫於旁，寫書者不曉文義，故脱落耳。」俞樾説同。朱右曾從陸麟書説删一「開」字。

〔集注〕孔晁云：開，通。言德合也。○潘振云：無不慎謂之慎備。人，兼百官四民。言欲預防者，必無不慎。慎地、慎制、慎人，皆思有以處之，而其本則歸於慎德。德具於心，心之官則思，故通，通則慎斯備矣。此之謂有備，乃無患也。○陳逢衡云：思備慎地，思地慎制，有土此有財，有財此有用也。思制慎人，有人此有土也。思人慎德，有德此有人也。德開者，大啓之義。開則有備，故無患。○唐大沛云：備之道當慎，必足食足兵，故慎財用。財用出於地，有土此有財，有財此有用，故慎土地。慎地，立爲法制。取人以德，故君子先慎乎德。德既開通，則上下同心，故無患。○朱右曾云：守國以法，用法以人，擇人以德，故無所不慎，而要在慎德。

慎德必躬恕，恕以明德，德當天而慎下。

〔彙校〕唐大沛云：恕以明德，當作「躬恕以明教」。德當天而慎下，係校者旁記此六字，寫書人不曉文義，誤合併正文寫。

〔集注〕孔晁云：以慎道教天下。（唐大沛云：慎當作「恕」。）○潘振云：此申言慎德。當，合也。言慎德必躬行恕道，恕以表明君德。君德即天好生之德，故合天。由是以慎德教下，而德不獨慎矣。○陳逢衡云：此以下言慎德也。爲政在人，取人以身，故慎德必躬恕。有諸己而後求諸人，無諸己而後非諸人，故恕以明德。《左·襄二十四年傳》：「恕思以明德」，即此義。當天者，達天也。慎下者，接人也。○丁宗洛云：當天，疑是合天意。○唐大沛云：躬行恕道，推己以及人。○陳漢章云：《左傳》「恕以明德」本此。

下爲上貸，力競以讓，讓德乃行。

〔**彙校**〕唐大沛云：「貸」當作「化」，「化」字古作「昝」，以形似訛。○劉師培云：「貸」疑「貳」訛，「貳」即《左傳·襄十四年》「有君而爲之貳」也，猶言臣爲君輔。

〔**集注**〕孔晁云：以讓爲化。○潘振云：此申言無患。貸，即《大匡解》保貸，所謂恕也。言下因上之恕，而强力用之於讓，讓德乃行，下無不恕矣。○陳逢衡云：貸，稱貸也。《周禮·泉府》：「凡民之貸者」，鄭司農曰：「貸者，謂從官借本賈也。」故曰下爲上貸。力競以讓，相争以禮讓爲先也。○唐大沛云：上以恕教下，故民化於讓，是下爲上化也。競，强也。争以禮讓爲先，讓德之所以行也。

慎下必翼上。

〔**集注**〕孔晁云：翼，敬也。(按：此注原在「和乃比」下，今分移此。)○潘振云：翼，承奉之意。誠以慎德教下，下必翼戴其命。○陳逢衡云：此以下言慎人也。翼，戴也。慎下必翼上，能得人則有臣鄰之輔矣。○唐大沛云：慎下即慎人，下謂臣下。○朱右曾云：此及下節言慎人也。當，合；貸，假；翼，敬也。德合天之無私，而以慎道教其下。不求備于下，下感而奮，遜讓風行，故敬其上。

上中立而下比争，省和而順，慎同。擕乃争，和乃比。

〔彙校〕盧刪「慎同」二字，讀「上中立而下比」句、「争省」句、「和而順」句，云：「慎同二字乃校者之辭誤入正文。」潘、丁、唐、朱從刪。○陳逢衡從鍾本讀「上中立而下比争」句、「省和而順」句、「慎同」句。○唐大沛於「比争」上增「不」字，「省和而順」下增「德」字，云：「和」當作「私」，下「和」同。○丁宗洛上八字作一句讀，云：《韻會》：「省，少也。」「比」字玩經與注，俱指不好説，「和乃比」恐有訛字，或是「私乃比」耳。浮山云：「慎同」二字宜在注中。

〔集注〕孔晁云：中立，謂無比也。○潘振云：中立，無偏倚也。比，親比。順者，無悖逆之事。攜，貳也。上德合天而無偏倚，下皆相讓以親比，而不讓之事滅，是恕有以和人心也，和則氣順而無患矣。蓋人心貳則不讓而争，人心和則相讓而比，慎德者所以必躬恕也。○陳逢衡云：中立有調亭兩可之意，故下比争。《論語》：「君子周而不比。」又云：「君子矜而不争。」比、争皆非美德，比則黨，争則亂。省，察也。省和而順，則無比争之患。同則偏而害上，故當慎同。攜，貳也。攜乃争，分黨角立也。和乃比，羣小附合也。○唐大沛云：比當訓偏黨。上既中立不倚，而臣下化之以禮讓相先，不偏比亦不争競。省私而順德，察己私而順德化也。攜，離也。心不和則争，各持意見也。各任其私情，故有偏黨。○朱右曾云：比，黨；争，競；省，廢；攜，離也。言不能慎下則上無所偏倚，而其下非比即争，廢和順之道，故離之則争，和之則比。

比事無政，無政無選。無選民乃頑，頑乃害上。

〔集注〕孔晁云：無儁選之士在官，故頑民害上。○潘振云：此下三節申言慎人。比事，百姓相親比以事上也。言民比事而上無德政，由不知慎人而無選也。無選則所用之人不能感民，故民愚且亂。○陳逢衡云：政者，正也。比則不公，焉得有政？無政則小人乘君子之位，故無選，無選謂無辨别也。民頑則不順，故害上。○唐大沛云：在官者以偏比行事，則無公平之政。無政，由用人不知選擇。民統于官，官無良吏，故民不服教而梗頑，甚則作亂以害上。○朱右曾云：比以事君，國無政矣。無選，謂不能用賢，頑者不從上之教令。

故選官以明訓，頑民乃順。

〔集注〕陳逢衡云：選官，辨論官材也。明訓，如月吉讀法之類。頑民乃順，不悖上也。○唐大沛云：選良吏在官以明訓教，民乃知禮義而順上。

慎守其教，小大有度，以備菑寇。

〔彙校〕劉師培云：《玉海》六十七引「慎」作「謹」。

〔集注〕孔晁云：小大□吉凶也。（唐大沛云：缺文當是「謂」字。吉禮莫大於祭，凶禮莫大於喪，然祭有祈禱，喪有中殤、下殤，則於禮爲小，注以小大之事約略言，故曰謂吉凶也。）○潘振云：小大，以事言。菑，水旱。言人之感民如此。○陳逢衡云：慎守其教，法有常也。小大，謂大事小事。菑，天菑；寇，外寇也。○唐大沛云：度謂制度。慎守政教，小大之事皆有度，哀節用時，足備菑年與寇賊。

協其三族，固其四援；明其五候，習其武誡；依其山川，通其舟車，利其守務。

〔彙校〕候，鍾本作「侯」。五，盧改「伍」。○陳逢衡云：惠氏《禮説》曰：《左傳》「親其人民，明其五候」，賈逵云：「五候，五方之候。」王肅云：「五候，山候、林候、澤候、川候、平地候。」董遇云：「五候，候四方及國中之姦謀。」衡

案：昭二十三年沈尹戌曰：「慎其四竟，結其四援。」四援與四竟連叙，猶所謂四達也。又云：「正其疆埸，脩其土
田，險其走集，親其民人，明其伍候，信其鄰國，慎其官守，守其交禮。」伍候與疆埸、土田、走集、民人、鄰國、官守、交
禮並叙，則「伍候」不必作「五候」明矣。杜注「使民有部伍相爲候望」，甚合。

〔**集注**〕孔晁云：修文教誡武備，聖王之事。○盧文弨：《左氏・昭廿三年傳》：「明其伍候」，賈、服、王、董皆作
「五候」，王肅曰：「五候，山候、澤候、林候、川候、平地候也。」杜預以部伍候望解之，非是。○潘振云：三族，祖、
父、孫。此司徒事也。四援，四鄰之救援。伍，部伍。候，斥候。誡，戒備。此三句，司馬事也。守務，萬民所守之事。
此三句，司空事也。○陳逢衡云：協其三族，庇本根也。固其四援，備屏籓也。明其伍候，録兵士也。習其武誡，教
戰陳也。依其山川，度城邑也。通其舟車，足貨財也。利其守務，備機宜也。○唐大沛云：協，和也。三族，父族、
母族、妻族也。固，固結也。援，救助也。武誡，武備之訓誡。習，學習也。依山川之形勢，通舟車之往來，以利其防
守之務。《易》曰：「地險，山川邱陵也。王公設險以守其國。」○朱右曾云：三族，父族、母族、妻族也。四援，四鄰
與國。伍候，賈逵云：「五方之候，敬授民時，四方中央之候。」王肅云：「山候、澤候、林候、川候、平地候也。」愚謂
賈説近是。依，保也。守務，守國之務。

士大夫不雜於工商。

〔**集注**〕孔晁云：使各專其業。商不厚，工不杇，農不力，不可力治。必善其事，治乃成也。（杇，程本作「朽」，盧改
「巧」。力治，盧改「成治」。盧云：「商不厚，趙云當作『不愿』。」唐、朱二家出「商不厚」至「不可力治」十三字爲正文。
唐云：「係正文誤寫入注中。以下文例之，『成治』上當有『以』字。」）○潘振云：此申言思人。士可進爲大夫，故連

言之。○陳逢衡云：士大夫一國之望，不可不尊，若惟利是趨，則失身賤行，所辱多矣。○朱右曾云：四民各專其業，營其事，事乃可成治。不厚，淺資也。力，勤也。

士之子不知義，不可以長幼。

〔集注〕孔晁云：有士行之義方爲正。（正，程本、吴本作「止」；王本作「士」，盧從。丁倒「行之」二字。）○潘振云：長幼，幼有所長也。言士大夫不與工商雜處，雜處則其言哤，其事易。士不言義，子故不知，以之長幼而不可。○陳逢衡云：士不知義，不學故也。不可以長幼，言不可以入學與胄子齒也。○唐大沛云：士之子恒爲士，然不知義者不可以入學而與士齒。○朱右曾云：長幼，猶言長人。

工不族居，不足以給官；族不鄉别，不可以入惠。

〔彙校〕入惠，丁改「行惠」。

〔集注〕孔晁云：族，謂羣也。雖不别其鄉，所以行其惠也。（下句盧訂作「不别其鄉，難以行其惠也」，云：原作「語意相反，非是。」唐大沛云：「舊本固誤，盧訂亦誤。舊本『雖』字當作『惟』，『不』字羡，『所』字不誤，當云『惟别其鄉，所以行其惠也』，與前兩節文法相同。又『行其惠』似亦誤解。」）○潘振云：給，辦也。族不鄉别之族，指商之聚居而言。鄉，指市井商鄉也。入惠，如廛而不征、法而不廛是已。工不聚居，業故不精，以之給官而不足。商不鄉别，不知逐末之多少，以之入惠而不可，皆思有以處之也。不言農，可知。○陳逢衡云：族居，謂羣聚州處也。《論語》：「百工居肆以成其事。」故工不族居不足以給官，《六韜·六守篇》謂「工一其鄉則器足」是也。族不鄉别，族如「宗以族得民」之族，鄉如《管子》商之鄉六、士鄉十五是也。無別則言厖事雜，無以納於訓惠矣。○唐大沛云：聚族居肆業乃精，事乃成，乃足給用器於官。「惠」與「慧」通，謂智巧也。別以鄉則宗族親戚在焉。聲音同，傳授易，乃可啓其智慧。○朱右曾云：鄉別則知民穀之數，而行補助入致也。《管子》定民居之法蓋出於此。

爲上不明，爲下不順，無醜；

〔集注〕孔晁云：言國無恥醜也。○盧文弨云：謝云「醜」當訓類，注似誤解。○潘振云：醜，等也。言上不明德，下不順教，德皆不慎，無分上下之等也。○陳逢衡云：作恥字解爲得，蓋在位者不明制度以訓下，在下者不順功令而悖上，則國無恥醜可知。○唐大沛云：謝云當訓類，是也。上明下順，類也，否則失其類矣。

輕其行，多其愚，不習。

〔彙校〕不習，盧從卜本改「不智」，丁據注亦改「不智」。

〔集注〕孔晁云：不重其行，自多其愚，何智之有？○潘振云：此申言德開。不慎其行，即不能開通其思，而自多其愚，何智之有哉？反言之，以見德之當開也。

慎地必爲之圖，以舉其物。物其善惡，

〔集注〕孔晁云：別其地所生物之善惡也。○潘振云：此申言慎地思地。圖，地圖。以，用也。舉物，行事也。其，指地也。物，相也。善惡，以土色言。○陳逢衡云：此以下言慎地也。必爲之圖以舉其物者，《地官・大司徒》「以天下土地之圖,周知九州之地域廣輪之數,辨其山、林、川、澤、邱、陵、墳、衍、原、隰之名物」是也。物其善惡,則地有肥磽也。〇唐大沛云: 畫地圖以舉其所生之物。〇朱右曾云: 物謂山、林、川、澤、邱、陵、墳、衍、原、隰。大司徒以土會之法辨五地之物生,具在《周官》。物其善惡,猶《春秋傳》云「物土之宜瀦者爲陂,流者爲溝」,農田之利也。

度其高下,利其陂溝。愛其農時,脩其等列,務其土實。

〔集注〕孔晁云: 務其勤樹範也。(範,盧改「藝」。陳逢衡云:「其勤」疑誤倒。)〇潘振云: 高,丘陵; 下,川澤陂障也。等列,上地中地下地也。土實,土地所生之物也。〇陳逢衡云: 度其高下,物有宜燥宜濕之分也。利其陂溝,通溝洫以資灌溉也。愛其農時,使得盡力耕耨也。脩其等列,授田各有上中下之不同也。務其土實,五穀爲上,農圃次之,不使逐末也。〇唐大沛云: 高,原; 下,隰。陂障水,溝通水。不違農時,是愛之也。田有上中下九等,賦亦如之。〇朱右曾云: 愛,惜也。等列,謂上地不易,中地一易,下地再易。

差其施賦,設得其宜,宜協其務,務應其趣。

〔彙校〕潘振云:「施」當作「弛」,謂弛力也。

〔集注〕孔晁云: 言其所施當也。〇潘振云: 賦,力役之征。其務,其事也。應,當也。趣,趣時。言慎地必爲之圖,而其用圖行事者思所以處之也。觀其圖,則物之、度之、利之、慎之至也。行其事,則愛之、修之、務之、差之,思之審也。於是設施得其義,與事無不合,與時無不當,此慎地思地之驗也。〇陳逢衡云: 差,等也。施,謂所出; 賦,謂所入,如春頒秋斂之謂。設得其宜,則生物者衆; 宜協其務,則用力者專; 務應其趣,則奉公者急。

〇丁宗洛云：差，别也。《周官·天官·内宰》：「施其功事」，注：「施猶賦也。」趣應通趨，蓋即「趨事赴功」之趨。〇唐大沛云：施予及賦入皆有差等。宜，善也。設立得法，故善。所宜與農務相協，所務與趣時之義相應。〇朱右曾云：差言别也。别其所施賦斂之法。設，施設也。所施得當，而後能協其務而應其趣，趣，向也。〇劉師培云：《國語·齊語》云：「相地而衰征」，韋注：「衰，差也。」（《九章算術·均輸篇》：「衰出之李籍」，《音義》云：「衰，次也，不齊等也。」是衰差誼同。）與此互明。

慎用必愛。工攻其材，商通其財，百物鳥獸魚鼈，無不順時。

〔彙校〕「愛」下唐大沛增「物」字，云：下文言「百物」，注「愛之」之字即指物言，知此句當有「物」字。

〔集注〕孔晁云：順時，所爲愛之也。〇潘振云：此下申言慎制思制。冢宰制國用，慎用，即慎制也。思所以處之，必在於愛物也。材，五材。物不一，故言百。順時，所以愛之也。〇陳逢衡云：此以下言慎制也。慎用，即慎制。上言慎地，開其源，此言慎用，節其流也。愛，惜也。工攻其材，治器也。商通其財，易資也。百物鳥獸魚鼈無不順時，則撙節愛養之效也。〇唐大沛云：百工飭化八材，商賈阜通財貨。無不順時，長育皆順其時。〇朱右曾云：攻，治也。材，八材。財，泉穀貨賄也。

生穡省用，不濫其度。

〔彙校〕丁宗洛云：生穡，疑「力穡」訛。

〔集注〕孔晁云：濫，過也。（按：此注原在「藪林不伐」下，今分移此。）〇潘振云：春生秋斂，用之以禮，不過其法度，愛五穀也。○陳逢衡云：凡物暴長者，其生不遂，故生者穡之，則土力不匱。省用，從儉也。○唐大沛云：百物春生秋穡，既順其時而用之，則有禮度，宜省不宜濫也。○朱右曾云：穡，愛也，言其生可愛也。○劉師培云：《管子·五輔篇》云：「纖嗇省用，以備饑饉。」注云：「纖，細也。嗇，悋也。」兹作生穡，穡、嗇古通，生即纖也。生、纖古音通轉。《方言》卷二云：「孌、笙、揫、摻，細也。」又云：「凡細貌謂之笙。」《廣雅·釋詁三》亦云：「笙，小也。」笙訓細小，即纖假文。兹文假生爲纖，猶《方言》、《廣雅》假笙爲纖也。《左傳·僖二十一年》云：「省用務穡。」杜注云：「穡，儉也。」儉、悋義符。彼以省用與務穡並詞，亦與兹文義近。又《國語·晉語四》云：「茂穡勸分，省用足財。」穡、用對文，茂、務音近，猶言勉爲儉穡也。乃彼文韋注云：「茂，勉；稼，穡也。」與杜說殊。然以《管子》及本文證之，韋說似非。蓋稼穡之穡指斂穀言，若云生穡，則爲不詞。彼此互勘，則《國語》務穡之義不如韋說，昭然甚明，仍以杜說爲允。

津不行火，藪林不伐。

〔彙校〕王引之云：津非行火之地，「津」疑當爲「澤」，草書相似而誤也。《管子·輕重甲篇》：「齊之北澤燒，火光照堂下」，尹知章曰：「獵而行火曰燒。」是澤爲行火之地。○丁宗洛云：《國語·宣公濫于泗淵篇》有「澤不伐夭」語，與此不行火、不伐二句同意，則「津」宜作「澤」。

〔集注〕孔晁云：非時不火不伐也。○潘振云：津，渡處。非時不火田，愛蟄物也。非時不伐木，愛材物也。○陳逢衡云：津不行火，備柴薪也。藪林不伐，儲材木也。○唐大沛云：藪林不伐，斧斤非時不入山林。○朱右曾云：津，滋也，謂滋生之時。

牛羊不盡齒不屠。

〔集注〕孔晁云：老不任用，食之。○潘振云：牛羊老而後屠，愛家畜也。○陳逢衡云：蕃牧畜也。○丁宗洛云：盡齒方屠，仍是不輕屠之意，所以惜牛羊也。注似未得經旨。

土勸不極美，美不害用。

〔彙校〕土，盧云一本作「上」；丁改「士」，云：上有「士大夫不雜於工商」語，本段既曰「工攻其材商通其財」，又由工商推廣言之，則援上文自應言士矣，故定爲「士」字。○于鬯云：此「土」字疑當作「工」。工、土字形相近，易譌，故譌「工」爲「土」。工勸者，勸工也。即《小戴·中庸記》所謂日省月試，既廩稱事，所以勸百工也。雖勸而戒奇技淫巧，故云不極美。美必適於用，故下文云「美不害用」。作「土勸」，則無義矣。○盧文弨校云：「土」一本作「上」，上勸亦無義。○唐大沛云：「勸」當作「觀」，以形似而誤。《柔武篇》有曰：「土觀幸時，政匱不疑。」觀即觀臺也，築土爲之，故謂之土觀。否則「土」或「臺」字之誤。○孫詒讓云：土勸義難通，「勸」當爲「觀」。土觀，謂土功游觀之事。《柔武篇》云：「土觀幸時。」是其證。觀、勸聲類同，因而致誤。○俞樾云：二句不可解，疑當作「土物不極美不害」，與上句「牛羊不盡齒不屠」相對成文。「物」誤爲「勸」，「美」字重出，「用」字即涉下句「用乃思慎」而誤衍也。「害」當讀爲「割」。《書·大誥篇》：「天降割于我家」，《釋文》曰：「割，馬本作害。」是害與割古字通用。割，猶刈也。《廣雅·釋詁》割、刈同訓斷。然則土物不盡美不割，猶言土物不盡美不刈也。《文傳篇》曰：「無伐不成材。」即其義矣。

〔集注〕潘振云：以土勸民，有再易、三易之地，更相耘耔。不盡地美，愛地力也。以上言思制也。美，包一切而言。害，妨也。不害用，猶言不可勝用。○陳逢衡云：土勸，勸耕也。不極美，謂不窮極其美也。極美則土秏。美不害用，物可常繼也。○丁宗洛云：士勸，即所謂勸士也。不極美，猶所謂先器識而後文藝也。美不害用，猶所謂詞華若無裨於實用，而緩急正足以有恃也。浮山云：「不極美，猶言無求備於一人也。美不害用，猶言小善必録，一藝均庸也。」義亦通。○唐大沛云：《爾雅・釋宫》：「觀謂之闕。」注：「宫門雙闕。」疏：「雉門之旁名觀，又名闕。」《三輔黄圖》：「周置兩觀以表宫門，登之可以遠觀，故謂之觀。」《左傳・僖五年》：「公既視朔，遂登觀臺以望。」注：「臺上構屋可以遠觀者也。」不極美，崇儉也。舉臺觀則宫室可知矣。美不害用，即或近美，亦不害用。○朱右曾云：土美禾善，極美則地力盡矣。

用乃思慎，□備不敬，不意多□。

〔彙校〕上闕文丁宗洛疑是「靡」字，唐大沛疑是「無」字；朱駿聲亦補「無」字，連下「不意」爲句。下闕文陳、丁及朱駿聲俱補「用」字，唐、孫據孔注亦疑作「用」。丁宗洛云：「意」或「竟」訛。

〔集注〕孔晁云：多用，謂振施也。（按：此注原在「遠格而邇安」下，今移此。）○潘振云：慎不外乎思，故曰思慎。備不敬者，所具不能盡敬，謂其禮宜儉也。不意多者，非有意於多，謂其禮宜豐也。○陳逢衡云：用乃思慎，有節也。○丁宗洛云：靡敬不備，言靡有所備者不本于敬也。用乃思慎，猶所謂進賢如不得已也。不竟多用，言敬以備之者悉歸本於慎德，不必用許些法制禁令也。用多似指一切制度言，注釋以振乏施貧恐未的。○唐大沛云：用乃思慎，凡用財即思謹慎。無備不敬，與上文無小不敬句法同，亦即上文慎備之意。備者，儲財以備用也。「意」當與「億」通，料度也。國有振施之事，自當多用，然不能預爲料度也。○朱右曾云：物之美者須適於用，則無侈靡之失。○孫詒讓云：不意多用，言不以多用爲意。下文「用寡」、「用勝」，即冡多用而言。

用寡立親，用勝懷遠，遠格而邇安。

【集注】孔晁云：格，至也。（按：此注原在篇末，今移此。）○潘振云：備不敬，故用少，如《媒氏》入幣不過九兩，冠禮不用醴，所以立親也。不意多，故用勝，如《聘義》用財如此其厚，所以懷遠也。遠，四鄰。邇，封内。遠至近安，慎制思制之效也。○陳逢衡云：用寡立親，儉從近也，如後世不寵椒房之謂。用勝懷遠，厚於往也，如後世金繒互市之謂。○唐大沛云：如有多用之事，則府庫之財存者寡矣。財用雖寡，然所厚者不可薄也，故用財先親後疏，所謂立愛自親始也。如無多用之事，則府庫之財有餘矣。財用既勝，其施也由親及疏，使遠人亦被其澤，所以懷遠也。遠人被澤而來歸，邇近之民其安可知。○朱右曾云：立親，猶言立愛。仁民愛物，皆由親親推之，故曰用寡。勝，勝算也。○劉師培云：勝、寡對文，勝讀《詩·小雅·正月》「靡人弗勝」之勝，毛傳云：「勝，乘也。（《易·漸卦》「終莫之勝」，虞注云：「勝，陵也。」）勝蓋超踰之誼。

於安思危，於始思終，於邇思備，於遠思近，於老思行，

【彙校】老，鍾本作「者」。○陳逢衡云：《左·襄十一年傳》魏絳引《書》曰：「居安思危，思則有備，有備無患。」蓋引《程典》而鈔變其辭也。杜氏截「居安思危」一語，下注云：「逸《書》。」似不合。案此篇《左傳》所載，尚有「願君安其樂而思其終」之語，「思終」二字亦本此。○孫詒讓云：《左·襄十一年傳》引《書》曰即此文。彼下文又云：「思則有備，有備無患」，似亦本此義。又《呂氏春秋·慎大篇》云：「於安思危。」又《直諫篇》高注引《書》云：「於安思危」，亦即此。《左·襄廿四年傳》云：「恕思以明德」，與此上文云「恕以明德」文亦同，足證此書春秋時誦習甚廣也。○劉師培云：案《國策·楚策四》載虞卿語云：「春秋於安思危。」卿傳《左氏》，所述即襄傳魏絳語，是《左氏》

舊本亦作「於」也。又於始思終,《玉海》六十七引作「於終思始」。

〔集注〕孔晁云:必有忍乃有濟也。終謂終其義之也。(盧從卜本刪「之」字,引謝云:「必有忍句引用無謂,疑正文有脱句。」陳逢衡云:「必有忍七字,疑是《寶典解》『患而能忍』下注。」丁宗洛引浮山云:「忍乃『思』字之訛。」按:此注原在「無違嚴戒」下,今移此。)○潘振云:於安思危,言政失患作,安不可恃也,下文遂廣言之。始、終,以事言,慎終於始也。邇,以時言,近時當備後時也。遠、近,以地言。震於其鄰,當省其躬也。老,以年言。創業垂統,當思可傳而可繼也。○陳逢衡云:於安思危,於始思終,豫也。於邇思備,於遠思近,互文也,遠近無不思周備也。於老思行,有惟恐不及之意。○唐大沛讀「於老思行」連下「不備」爲句,云:雖安也常若未安,既始之則思終之。於邇思備,恐政失患作而無備也。於遠思近,思亦若近之,有備無患也。於老思行,備周也,恐所行有缺失也。是時文王春秋高矣,三臣亦皆老臣,故有此言。○朱右曾云:思危故泰可保,思終故幾必察,思備則邇不泄,思近則遠不忘,思行則耄不倦。

不備,無違嚴戒。

〔集注〕潘振云:慎有數端可舉,故曰備。思則周流無常,故曰不備。上文三思,此節五思,惟有德者能開之,故戒莫嚴于此。助君體民者,不可以違逆之也。○陳逢衡云:不備者,政失患作而無備也。無違嚴戒,文與諸臣共懔之詞。○丁宗洛云:不備,猶言豈不備也。○朱右曾云:不備,言所當思者非盡此也。

逸周書彙校集注卷二

程寤第十三闕

〔彙校〕按：此篇亡。篇名祇二字，元刊本、趙本、吴本同，程本、鍾本、王本二字下有「解第十三缺」字樣，盧從，「缺」改「亡」，各家從。下《九政》至《八繁》諸篇同，分别爲第十四至第二十。○盧文弨據《藝文類聚》七十九、八十九及《太平御覽》三九七、五三三所引補正文：

文王去商在程，正月既生魄，大姒夢見商之庭産棘，小子發取周庭之梓樹于闕間，化爲松柏棫柞，寤驚，以告文王，文王乃召太子發占之于明堂。王及太子發並拜吉夢，受商之大命于皇天上帝。

凡七十五字，潘、丁二家從。盧云：《帝王世紀》作十年正月，又「以告文王」下云：「文王不敢占，召太子發，命祝以幣告於宗廟羣神，然後占之于明堂，及發並拜吉夢，遂作《程寤》。」見《御覽》八十四，當亦本諸《周書》。「及發」上有脱字。○陳逢衡云：盧補割裂抄撮，究不知原文何若。考此事所載莫古於《潛夫論》，其《夢列篇》云：「太姒有吉夢，文王不敢康吉，祀於羣神，然後占於明堂，並拜吉夢。修發戒懼，聞喜若憂，故能成吉以有天下。」又《博物志》云：

「太姒夢見商之庭産棘，乃小子發取周庭梓樹，樹之於闕閒，化爲松柏棫柞。覺驚以告文王，文王曰：慎勿言！冬日之陽，夏日之餘(餘當作陰)不召而萬物自來。天道尚左，日月西移；地道尚右，水潦東流。天不享於殷，自發之未生於今十年(當作六十年)，夷羊在牧，水潦東流(四字重出，當衍)，天下飛鴻滿野(「天下」二字亦係衍文，蓋因上文「水潦東流」下有「天不」二字而誤)，日之出地無移照乎(地當作也，移當作私，乎字衍)。按所云「冬日之陽」數語見《大聚解》，「天道尚左」數語見《武順解》，「天不享於殷」數語見《度邑解》，末句見《周祝解》，則「太姒夢商庭産棘」云云定爲《周書》無疑。其連接數篇成文，乃傳寫之誤。又《竹書紀年》「周武王」下注：「太姒夢商庭生棘，太子發植梓樹於闕間，化爲松柏棫柞，以告文王，文王率羣臣與發並拜吉夢。」亦本《程寤》。又案《太平御覽》八十四引《帝王世紀》：「十年正月，文王自商至程，太姒夢商庭生棘，太子發取周庭之梓樹之於闕間，梓化爲松柏棫柞，覺而驚，以告文王。文王不敢占，召太子發，命祝以幣告於宗廟羣神，然後占之於明堂，乃發並拜吉夢，遂作《程寤》。」十年，蓋謂因羑里後之十年。○丁宗洛云：《潛夫論・夢列篇》所引雖不言《周書》，然必《程寤》之文。可見漢末此篇原存，故六朝《帝王世紀》因之，唐初《藝文類聚》又因之。又：遷程又遷酆，前後僅三年，《帝王世紀》作十年誤。又「及發」之發，乃發其所占也。盧氏疑上有脱文，蓋誤以「發」爲武王名耳。又：各書均應作「世子」，稱太子非。又按此篇宜在《程典》之前，蓋此篇係正月，《程典》係三月，觀《詩》疏所列可見。或是校書者因此篇既亡，遂移於後，而十二、十三亦徑改耳。○劉師培云：此篇逸文具見盧、陳、朱三家所輯。又《大開武解》「天降寤于程」，盧引趙説謂指太姒之夢，其説是也。《吕氏春秋・誠廉篇》載夷齊笑武王曰：「揚夢以説衆」，高注云：「宣揚武王威殷之夢以説衆民。」畢校亦據本篇爲説。又《國語・周語二》單襄公引《太誓故》「朕夢協朕卜」，韋注云：「言武王夢與卜合。」似所指亦即斯事。

〔**集注**〕潘振云：寐覺而有言曰寤。太姒吉夢，在宅程時，故次之以《程寤》。〇陳逢衡云：此篇紀太姒得吉夢，寤驚以告事，《周禮·占夢》所謂寤夢也。《詩·大雅·皇矣》「居岐之陽」疏云：「《周書》稱文王在程，作《程寤》、《程典》。」是時文王宅程，故謂之《程寤》。〇丁宗洛云：據《大開武解》「周公拜曰：兹順，天降寤於程，程降因於商，商今生葛，葛佑有周」，孔晁注曰：「言天寤周以和商謀，商朝生葛，是祐助周也。」《程寤解》雖亡，其義略見於此矣。

逸周書彙校集注卷二

秦陰解第十四闕

【彙校】秦，《史略》作「泰」。○陳逢衡云：此蓋「泰陰」之訛也。疑所闕殆如《史記·白圭傳》「太陰在卯，穰；明歲衰惡」之義。蓋以推豐歉而務積聚也，故次於《大匡》、《程典》之後，否則當爲兵家占驗之書。○孫詒讓云：此篇敘已闕，秦陰、泰陰皆不知何義。考《墨子·兼愛篇》云：「昔者武王將事泰山隧。傳云：泰山，有道曾孫周王有事，大事既獲，仁人尚作，以祇商夏。蠻夷醜貉，雖有周親，不若仁人。萬方有罪，維予一人。」其文與《周書》相類。《墨子》多引《周書》，此篇或即記有事泰山隧之事乎！○劉師培云：今考《越絶書·四》載計倪《内經》，大旨以太陰所在推歲凶豐，因及貧富强弱之術。《淮南·天文訓》所述亦較白圭爲詳。此篇所述，疑即計倪、白圭、《淮南》所本也。

【集注】潘振云：秦，隴西谷名，在雍州鳥鼠山之東北。四方西爲陰，東爲陽。秦陰，秦西也，指岐而言。文王宅程治岐，故次之以《秦陰》。○丁宗洛云：「秦陰」名篇，蓋以其爲秦嶺之陰耳。此篇必係言文王得太公事。

逸周書彙校集注卷二

九政第十五闕

〔集注〕潘振云：治岐之政有九，所以戒百官者，故次之以《九政》。○陳逢衡云：九政，九征也。即《周禮·大司馬》九伐之義。○丁宗洛云：上篇既言文王得太公，則此篇必係文王與太公論政之語。

逸周書彙校集注卷二

九開第十六 闕

〔彙校〕閒，《史略》作「閒」，諸本作「開」，盧及各家從。〇陳逢衡云：《大開解》有「兆墓九開」之語，「兆墓」是「兆基」之誤。《大開》又言九過、九禁、九教、九利，並有綱而無目，疑其詳具載於《九開》，而今不傳矣。〇孫詒讓云：後《大開》篇亦有九開之語。

〔集注〕潘振云：開，通也。《程典》之所謂開，主慎德通思而言，此之所謂開，主以德道民而言。其目有九，所以牖庶民者，故次之以《九開》。〇丁宗洛云：此篇必係佑啓後人之道。

逸周書彙校集注卷二

劉法第十七闕

〔集注〕潘振云：劉，殺也。法，兵法。官治民安，武事大備，時有征伐與？故次之以《劉法》。○陳逢衡云：《書》曰：「咸劉克敵。」此劉法當是軍書，與《嘗麥解》大正所作刑書異。○劉師培云：劉當訓虔劉。

逸周書彙校集注卷二

文開第十八　闕

〔集注〕潘振云：文，文教。偃武修文，文所以開導民也，故次之以《文開》。〇陳逢衡云：文，文王也。開，啓也。諸臣遵文王之教，用是修和有夏，遂爲四友。〇劉師培云：《六韜·武韜》有《文啓》篇，啓與開同，或即勦襲此篇。

逸周書彙校集注卷二

保開第十九闕

〔集注〕潘振云：保開，保民當通天道也。文王命周公以此，所以使之助文教也，故次之以《保開》。○陳逢衡云：保開者，明哲保身之謂。《詩》曰：「畏天之威，于時保之。」蓋文王當亂世，懲七年羑里之事，而因以自戒也。

逸周書彙校集注卷二

八繁第二十闕

〔**彙校**〕丁宗洛云：「繁」疑是「繫」訛。八繫，蓋言八卦之繫。○孫詒讓云：《史略》「繁」作「繫」，與敍不合，蓋誤。

〔**集注**〕潘振云：繁，多也，謂多害也。八，其數也。紂殘害於萬方百姓，文王戒武王以此，亦保民之意也，故次之以《八繁》。○陳逢衡云：繁者，奢之漸也。紂之失以奢，文欲以儉德轉之，故有八繁之戒，疑與箕子八條之教相似。○劉師培云：《書抄》三十有「繁政害國，繁賦害財」二語，次於所引《武順解》前，疑本篇佚文。

逸周書彙校集注卷三

酆保解第二十一

〔彙校〕陳逢衡云：此篇當在《大匡》、《程典》二篇之前。案《紀年》：「帝辛三十五年周大饑，文於是乎有大匡之訓。」則文王四十七年也。而帝辛二十九年釋西伯，諸侯逆西伯歸程，作《程典》，則文王四十一年也。故《程典》當在《大匡》前。此篇云「惟王二十三祀」，是爲帝辛十二年，故《酆保》又當在《大匡》前也。

〔集注〕潘振云：酆，在始平鄠縣，今陜西西安府鄠縣也。保，安也。時紂害甚繁，文王命周公謀保酆邑，故次之以《酆保》。〇丁宗洛云：《竹書紀年》：「帝辛三十五年，西伯自程遷于豐。」豐通作酆。《左·昭四年傳》：「康有酆宫之朝。」保者，保守而弗失，即以保世而滋大。〇唐大沛云：此篇首尾戰國時人僞作，中間則雜取兵家言以實之。四蠹、五落、六容、七惡，尤爲詭詐，蓋即戰國時用兵之譎計，曾聖王時而有是哉？首段已謬戾疊見，必是戰國時庸妄人所爲無疑也。

維二十三祀庚子朔，九州之侯咸格于周。

〔彙校〕潘振云：《竹書》：「帝辛三十三年，周遷程。三十四年，伐崇。三十五年，自程遷豐。」此解當在遷程之後，伐崇之前，云二十三祀，恐誤。文王三分有二，不得言九州。○陳逢衡云：「九州」當作「六州」，即《程典解》「六州之侯」。古「九」、「六」多混。○丁宗洛云：二十三，宜作「三十五」。此篇係遷酆後事，其語亦曰王在酆，若作二十三祀，紂與文王之年均不合，考《紀年》自明。○朱右曾云：文王即位四十二年受命，於是伐崇而作酆邑。云二十三祀，非也。以周曆推之，文王四十三年十一月爲庚子朔，蓋古文「四」字積畫相重，故誤耳。

〔集注〕潘振云：祀，年也。夏曰歲，殷曰祀，周曰年，唐虞曰載。稱祀，從殷正朔也。○朱右曾云：九州，廣言之。《尚書中候》云：「維王既誅崇侯虎，諸侯貢，萬民咸喜。」正謂此也。

王在酆，昧爽，立于少庭。

〔集注〕潘振云：酆有離宫，曰在，未遷也。昧爽者，未明將明，謂夜向晨也。少庭，路寢庭也。○陳逢衡云：在酆者，文王至酆會諸侯也。昧爽，由闇而明，夜嚮晨也。少庭，燕寢之處。王有大庭、少庭，大庭以詢衆，少庭以寢息。○唐大沛云：帝辛三十五年文王自程遷于酆，是文王四十六年事也。未遷酆時，必未建酆宫，安得有少庭？○朱右曾云：酆，在今西安府鄠縣東。昧爽，早旦也。少庭，少寢之庭。周曆曆術，見甄鸞《五經算術》。文王四十三年，元餘四百八十四歲。以章月二百三十五乘之，得十一萬三千七百四十。以章歲十九除之，得積月五千九百八十六，閏餘六。以周天分二萬七千七百五十九乘積月，如日法九百四十而一，得積日十七萬六千七百七十一，小餘六百三十四，大餘十一。則是年周正月乙亥朔也。求次月朔者，加大餘二十九、小餘四百九十九。小餘滿日法除之，從大餘。如是累加之，推得是年建亥月爲庚子朔也。錢塘《述古録》以爲是文王二十祀正月朔，則與在酆之文不合。○劉師培云：《漢書·律曆志》云：「《春秋曆》周文王四十二年十二月丁丑朔旦冬至，孟統之二會也。」《春秋曆》即

《三統曆》。文王四十二年十二月，即周正文王四十三年正月也。循是上推，則文王二十三年距入甲申統四百九十三年，積月六千零九十七，閏餘十二；積日一十八萬零四十九，小餘五十五，大餘四十九，得癸酉爲天正朔。由是遞推，則庚子爲八月朔，於殷正爲七月。錢塘《述古録》及朱釋所推均誤，今弗取。

王告周公旦曰：「嗚呼！諸侯咸格，來慶辛苦役商，吾何保守，何用行？」

〔**彙校**〕丁宗洛移此句於「樹昏于崇」句後、「旦拜手稽首」句前，「何用行」改「可用行」。

〔**集注**〕潘振云：慶，賀也。時文王有喜可賀與。辛苦，喻勞瘁也。役，使役，言服事商受也。「何」者，斟酌之辭。保，保城郭。守，守社稷。用，用民。行，行政。○唐大沛云：武王同母弟八人，管叔、蔡叔、成叔、霍叔，皆周公之兄。據《度邑》篇，武王有天下年未過六十，周公必少於武王十餘歲，故《度邑》篇武王謂周公曰「汝幼子」，則是周有天下時，周公才壯年歲耳。由克商之年逆數至文王二十三祀，正四十年，計此時周公尚幼，而謂文王告周公旦，且問以吾何保守何用行，妄人爲文，何謬至于此？言來慶又言役商，語不倫。保守用行，問之幼子何爲？○朱右曾云：來慶賀遷邑也。言諸侯苦商而來歸，吾何以保守之，何用行而可？

旦拜手稽首曰：「商爲無道，棄德刑範，欺侮羣臣，辛苦百姓，忍辱諸侯，

〔**集注**〕潘振云：稽音啓。拜手，拜頭至手，空首也。稽首，拜頭至地也。德、範，指大臣。辛苦，賦重役煩也。忍辱，忍心辱之。○陳逢衡云：棄德刑範，言蔑德用刑也。○朱右曾云：刑、範皆法也。反慈爲忍。

莫大之綱福其亡，亡人惟庸。

〔彙校〕按：此十一字潘、陳、唐三家讀「莫大之綱」句，「福其亡亡」句，「人惟庸」（唐連下「王」字）句，丁讀「莫大之綱福其亡」句，删「亡人」二字，「惟庸」連下「王」字句。朱讀上八字句，下四字句。○陳逢衡云：「人惟庸」三字當在末句下。○唐大沛云：「亡亡」，疑當作「云亡」。

〔集注〕潘振云：綱，大繩屬綱。絶流而漁，況罪罟也。言紂以莫大之禍加於人也。福，五福，用敷錫厥庶民者。亡亡，亡之又亡。言紂絶不加福於人，人遭紂之害，習以爲常也。○陳逢衡云：莫大之綱，福其亡亡，言與國相維繫者，莫大於羣臣百姓諸侯，而俱受其虐，則滅亡可待矣。亡亡者，重言以見義也。○丁宗洛云：惟庸王，庸，功也，言有功之主也。○唐大沛云：民功曰庸。人惟庸王，人以王有功。○朱右曾云：羣臣百姓諸侯，乃莫大之綱紀。今紂如此，福其亡矣。葛其仁曰：「亡人，謂逃人。庸，用也。《傳》曰：『紂爲天下逋逃主。』」

王其祀德純禮，明允無二，卑位柔色金聲以合之。

〔彙校〕祀德，丁改「祗德」。○孫詒讓云：「二」當爲「貣」。「貣」誤爲「貳」，「貳」又誤爲「二」，遂不可通。

〔集注〕潘振云：祀德，猶言祀事。純，不雜也。以下申明純禮。齊明誠信無譏慝，此禮之純於内者。掃地而祭，故曰卑位。此類祭也，紀言者夸之爾。牲用白，屬陰，故曰柔色。從殷尚聲，用金奏，故曰金聲。此禮之純於外者。合之，謂以外合内，無不純也。○陳逢衡云：祀德純禮，至治馨也。明允無二，昭忠信也。卑位，謙也。柔色，合也。金聲，大而遠也。如是以合四方，則人無不用命矣，故曰人惟庸，與《寤儆》「戚和遠人惟庸」同義。○丁宗洛云：《尚書大傳》云：「在内者玉色，在外者金聲。」蓋言和也。○朱右曾云：二、貳通。卑位，謙也。柔色，和也。金聲，肅也。

王乃命三公九卿及百姓之人曰：「恭敬齊潔，咸格而祀于上帝！」

【彙校】按：丁宗洛移「恭敬」以下至「樹昏于崇」於前「立于少庭」下，又云：「之人」二字衍。

【集注】潘振云：三公，見《史記》。九卿，三孤六卿。官備，記者夸也。百姓，見《克殷》。恭主容，敬主事。齊，齊其思慮。潔，潔其身體。上帝，天帝。此命辭也。○陳逢衡云：三公，司徒、司馬、司空也。九卿，泛指羣臣。恭敬齊潔咸格而祀於上帝，言上下一心，俱潔齊相見，以昭事上帝也。○丁宗洛云：咸格，言諸侯同在祀也。○唐大沛云：文王爲諸侯，安得有三公九卿？文王未爲天子，安得祀上帝？○朱右曾云：百姓之人，百官也。不戒諸侯，客之也。董子《繁露》云：「已受命，必先祭天，乃行事。」是受命後得祭天也。

商饋始于王，因饗諸侯，重禮庶吏。出送于郊，樹昏于崇。

【彙校】昏，盧校改「昬」，唐未從；丁改「居」，朱從。○俞樾云：此當作「饋始于商王」。蓋言祀上帝之後而饋膰肉，從商王始也。其下文云「因饗諸侯重禮庶吏」，蓋先商王，次及諸侯，次及庶吏也。今作「商饋始于王」，則文不成義矣。

【集注】潘振云：饋，遺也。王，指紂。饗，致盛禮以飲之也。諸侯，紂畿内所封者。庶吏，紂之衆官也。饋商之禮既備，文王乃出，卿大夫士送之於邑外。妻父曰昏。樹昏，紂命文王主昏也。崇，國名，今鄠東。蓋崇國女紂與。○陳逢衡云：此紀是月在酆受饋發命事。饋始於王，重周且伺周也。重禮庶吏，優待來饋之使臣及陪從也。出送於郊，盡賓禮，謹臣節也。崇，紂黨惡之國，且鄰於酆，故樹昏於崇，使不備己也。《淮南子·道應訓》：「文王歸，乃爲玉門，築靈臺，相女童擊鼓，以待紂之失。紂聞之，曰：『西伯昌改道易行，吾無憂矣。』」是樹昏之證也。○丁宗洛云：商饋始于王，係倒裝句法，猶言王饋始于商也。浮山云：《儀禮·特牲饋食禮》注：「祭祀自熟始曰饋食，饋食者，食道也。」又「特豕饋食」注：「饋，猶歸也。以物與神及人皆言饋。」據此，則始即熟始之始，饋始，即獻燔之禮。出送于郊，蓋來朝諸侯助祭而後去也。樹昬于崇，古人銘功之典，或金或石，並無區别。其在《詩》曰：「文王受命，有此武功。既伐于崇，築邑于豐。」則當日勒石紀功，亦事所應有者。又考《地里志》，豐、崇本屬一地，即今鄠縣，則本句不專指伐崇之功也。○唐大沛云：商饋始于王，似謂商有饋賜于文王。因饗諸侯，似謂因饋以饗諸侯。重禮庶吏出送于郊，似謂禮諸侯之庶吏，且送諸侯出郊。○朱右曾云：商，度；饋，歸也。祭畢饋膰，自此始也。庶吏，諸侯之從者。樹，立也。昬，石也。《楚辭》曰：「藏珉石于金匱。」五祥以下，即樹昬之文，示後世保國之道。必于崇者，亡國之墟，以爲鑒戒也。

内備五祥、六衛、七厲、十敗、四葛，

〔**彙校**〕于鬯云：「祥」蓋當作「羍」，「達」之借字。「衛」、「厲」、「敗」、「葛」皆韻叶，不應「祥」獨無韻。作「羍」正與韻叶。

〔**集注**〕潘振云：内，指本國。備，兼完備、戒備二義。葛，延蔓相及，長久之義。○陳逢衡云：五祥、六衛、七厲、十敗、四葛俱用以治國，故曰内備。○朱右曾云：祥，善；厲，勵也。葛古通蓋，掩覆也。

外用四蠹、五落、六容、七惡。

〔彙校〕王念孫云：四蠹、五落、六容、七惡，皆用之於敵國也，然「容」字義無所取，疑是「客」字之誤。自「游言」以下，六事皆謂散游客於敵國，以陰取之也，故曰六客。客與蠹、落、惡爲韻，若作「容」，則失其韻矣。

〔集注〕潘振云：「惡」去聲。外，敵國。用，用以征伐也。蠹，木中蟲也。敗，自中出之義。落，摧殘之義。容，包函也。○陳逢衡云：四蠹、五落、六容、七惡，俱用以制敵，故曰外用。○丁宗洛云：蠹，書中蟲也，亦係木蟲，此乃借用。○朱右曾云：蠹，害；落，散；容，容忍也。

五祥：一、君選擇，二、官得度，三、務不舍，四、不行賂，五、察民困。

〔彙校〕五祥，于鬯亦疑當作「羍」，借爲「達」，云：是五者皆通達之政也，故謂之五達。五達，政猶《小戴·中庸記》言五達道也。作「五祥」，於義且不協矣。○朱駿聲云：五察民困，「困」當作「固」，讀如《周官》「掌固」之固。○于鬯亦疑「困」爲「固」字之誤，云：固，窮也。謂察民窮也。「固」與「擇」、「度」、「舍」、「賂」亦皆叶韻，誤作「困」，則失韻矣。

〔集注〕潘振云：選擇，選才而能擇其人也。官得度，官不失其法度也。務不舍，農事不廢也。不行賂者，官民不行賄賂也。居而無食謂之困。察民困者，春省耕而補不足，秋省斂而助不給也。○陳逢衡云：君選擇，論定後官也。官得度，官不失職也。務不舍，慎刑罰也。舍與赦通。《漢書·朱博傳》：「姦以事君，常刑不舍。」不行賂，則官無失德。察民困，則民悦無疆。五者皆以福國庇民，故曰祥。○丁宗洛云：五祥皆用人行政之大者，惟「務不舍」難解，或是言庶務皆不敢廢弛也。○唐大沛云：君選擇，謂擇賢。度，法也。務，事也。賂，賄也。困，謂貧乏。

六衛：一、明仁懷恕，二、明智設謀，三、明武攝勇，四、明才攝士，五、明藝法官，六、明命攝政。

〔彙校〕明智設謀，元刊本、程本、趙本、吳本作「明智毀謀」。明武攝勇，盧校作「明戒攝勇」，各家從。明藝法官，程本、趙本、吳本作「明德法官」；盧改「明德攝官」，各家從。○盧文弨云：此六衛與前卷《大武解》有相同者。「明智設謀」，前卷作「明智輔謀」。又「明戒攝勇」，「戒」本或作「武」。「明德攝官」，本或作「明藝法官」。疑皆後人以前卷改易此文也。○朱右曾云：「設」疑「攝」之訛。

〔集注〕盧文弨引趙云：明戒以攝其勇，則知方而不妄逞。明德以攝其官，則在官者皆以實心行實政矣。○潘振云：五衛同而異，故此申説之。戒，軍戒。《左傳》：「晉侯之弟揚干亂行於曲梁，魏絳戮其僕，所以警戒也。反役，使佐新軍。」果敢曰勇。才，才能，如可以爲千夫長、百夫長者。士，即大司馬之屬，上士、中士、下士也。德者，善美之稱，指藝而言，如善射、良御皆是。官，如射人、太馭之類。命，軍命也。《綱鑑》：「漢文帝自勞軍，至細柳，軍門都尉曰：『軍中聞將軍令，不聞天子詔。』帝拜亞夫爲中尉。」政，軍政也。言顯明其仁，使之懷人以恕；顯明其智，使之施陳其謀；顯明其戒才德命，使整飭之，無曠厥職。此皆衛國之臣，故謂之六衛也。○唐大沛云：命，謂號令。

七厲：一、翼勤厲務，二、動正厲民，三、静兆厲武，四、翼藝厲物，五、翼言厲復，六、翼敬厲衆，七、翼知厲道。

〔集注〕潘振云：知、智同。翼，翼之也，贊助之義。勤，不怠也。務，農桑之事。動正，舉行正道。凡民之行，以身先之，所以勸民也。静兆，安静以俟其機兆。遵養時晦，晦明允武，静兆所以勸武也。藝，百工技藝。物，工事。《文酌解》十二來言歸，皆有司存，是有以翼之，所以勸工事也。言，約信也，復，踐言也。約信不可不往，如魏文侯與虞人期獵是已，所以勸踐言也。共命之謂敬。翼敬，如小宰廉敬，閭胥書敬，所以勸衆也。知，明道藝者。鄉大夫書其道藝而賓興之，所以勸道也。○陳逢衡云：厲與勵通。翼，輔也。勤，勞也。務，庶務也。無偏陂之謂正。動必以正，則民有所觀法，故厲民。兆，聯兆也。武，威也。神明剛斷，不予人以窺測，故厲武。藝，技藝。物，猶事也。不失禮之謂敬。衆，謂衆人。心有所明曰知。道者，當然之則。七者皆有儆惕之義，故曰厲。○丁宗洛云：静兆厲武，止戈之所以爲武也。「兆」尚疑誤。○唐大沛云：翼敬厲衆，蒞衆以敬。翼知以道，明道以智。○陳漢章云：此本《虞書》「庶明勵翼」，勵、厲字通。上文六衛言明仁、明智、明戒、明才、明德、明命，即庶明也。

十敗：一、佞人敗撲，二、謟言毀積，三、陰資自舉，四、女貨速禍，五、比黨不揀，

〔彙校〕撲，趙本作「濮」；鍾本、王本作「樸」，盧從。謟，盧校作「諂」。

〔集注〕盧文弨云：女貨速禍，即《左傳》叔向之所云「女富溢尤」也。不揀，不知所擇也。○潘振云：「比」音避。佞人亂義，故質樸之人反爲所敗也。希意道言謂之諂，利口也。積，積累，指基業。利口覆邦家，是敗其基業也。陰資，陰事陰令之所資藉者，謂奄人也。自舉用之，敗君子矣。女，女色。貨，金玉。好色好貨，是敗德矣，故召禍也。比黨皆親厚之出於私者，不揀擇人以任職，是敗政矣。○陳逢衡云：樸，質塞也。女謂色，貨謂財，有一於此，國必亡，故曰速禍。比黨不揀則羣小進。○丁宗洛云：陰資自舉，似是「平凡六出奇計，其奇秘人不敢知」之類。○唐大沛云：佞人敗樸，佞巧者敗壞質樸。諂言毀積，似謂諂言無實，積善者反爲所敗。陰資自舉，似謂陰有所資，爲進身之階。○朱右曾云：佞，巧；諂，媚也。《莊子》曰：「莫之顧而進之謂之佞，希意道言謂之諂。」毀積，毀我之積行也。舉，用也。陰狠之資

好自用也。速，召也。

六、佞説鬻獄，七、神龜敗卜，八、賓祭推谷，九、忿言自辱，十、異姓亂族。

〔彙校〕谷，諸本作「穀」。○劉師培云：「穀」當作「慤」，猶本書《謚法解》「行見中外曰慤」，《史記·高祖功臣侯年表》索隱引作「穀」也。推慤，謂遺棄誠謹之心，與棄敬同。

〔集注〕盧文弨云：佞説鬻獄，謝云亦即《左傳》叔向所云「鮒也鬻獄」。神龜敗卜，趙云此如《詩》所云「我龜既厭，不我告猶」也。○潘振云：鬻獄者，賣獄以受貨，《吕刑》所謂「佞折獄」也，是敗刑矣。龜所以卜，如臧會竊寶龜，僂句卜僭，非聖人立卜之正義，故家不寶龜，恐其敗卜也。賓祭用穀，有一定之數，推而進之，則濫用也，是敗國用矣。忿言，怒言也。出乎爾者反乎爾，故曰自辱，是敗行矣。異姓亂族，如漢高祖賜婁敬姓劉，是敗本矣。此十者，當戒備之。○陳逢衡云：佞説者，《吕刑》所謂「佞折獄」。鬻獄，則惟貨惟來是也。卜以人道爲憑，若以龜爲神而不審之人事，則所以卜者必敗。推，離也。穀，善也。賓、祭，國之大事，而離棄善人，則神不享而鄰不和。忿言，惡言也。出乎爾者反乎爾，故自辱。異姓亂族則譜牒紊。十者俱足以覆亡家國，故曰敗。○丁宗洛云：賓祭推穀，疑似越以穀種遺吴之類。異姓亂族，疑如春申君、吕不韋等事。又按敗有二音，《增韻》云：「物自毁壞，則薄邁切；物不自敗而人敗之，則北邁切。」玩「佞人敗樸」十語，蓋言我以此敗人，當讀北邁切。○唐大沛云：卜與人事合乃吉，若專信龜卜，即《文酌》篇三穆所謂「龜從惟凶」是也。反唇相稽，故自辱。異姓亂族，蓋謂亂宗。○朱右曾云：鬻，賣也。敗卜，謂瀆則不告。推，如以曆推之之推，求也。臨事而求穀，不祥孰甚焉？言悖而出亦悖而入，是自辱也。亂族，謂以疏間親。

四葛：一、葛其農，時不移；二、費其土，慮不化；

〔集注〕潘振云：農之子恒爲農，春耕夏耘秋斂，素知其候，故延其農事則時不移也。土敝則草木不長，當取延蔓之義。不可費其土也。○陳逢衡云：「葛」義不可解。或曰：「葛」取斬斷之義。葛其農時不移者，春耕夏耘時有一定，不可奪也。費其土慮不化者，騂剛用牛，赤緹用羊，費有必用，不可惜也。○丁宗洛云：費其土慮不化，蓋言有所經費於其土，慮不服化也。○唐大沛云：似謂農時一定不可移，土慮失宜物不化。○朱右曾云：移，易也。時不可移易也。費，耗也。謂竭盡地力。物生曰化。

三、正賞罰，獄無姦奇；四、葛其戎謀，族乃不罰。

〔彙校〕朱駿聲云：「罰」當作「詈」，讀爲離合之離。○孫詒讓云：此上三句以「移」、「化」、「奇」爲韻，惟此「罰」字不協，疑當爲「羅」之誤。「羅」與「離」通。《方言》云：「羅謂之離，離謂之羅」，可證。○劉師培云：「族」當作「旅」，冢戎謀言。「罰」當作「罷」，與上「移」、「化」、「奇」韻。《左傳·成十六年》：「而罷民以逞」，即斯文「罷」字之誼也。

〔集注〕盧文弨云：梁處素云：「姦奇即姦邪。」文弨案：奇當如「奇請它比」之奇。○潘振云：奇音羈。矯枉之謂正。《大禹謨》云：「賞延于世」，《呂刑》云：「五刑不簡，正于五罰」，皆延蔓之義。姦僞不中，奇邪不正，速決其獄，非延緩也，故禁止之。戎謀，即蒐、苗、獮、狩之事。族，如晉有中行氏，宋有司馬氏也。延習其戎事，則進退有度，左右有局，官族乃不至於受罰也。○陳逢衡云：賞罰，國之大柄，事畫於一，則無乞恩倖免之路，故獄無姦奇。盧文弨曰奇當如奇請它比之奇，按奇請它比見《漢·刑法志》，師古曰：「奇請，謂常文之外，主者別有所請，以定罪也。它比，謂引它類以比附之，稍增條律也。」按此說於「葛」義尤合。葛其戎謀者，戎，大也，絶其大謀，使不敢逞，則宗子勢臣皆安受其福矣，故曰族乃不罰。此四者皆當裁決，不可少存游移之見，故曰葛。蓋農失其時，種失其糞，則有終歲不穫之憂；賞罰不公，戎謀不消，則有玩法長奸之弊。○丁宗洛云：戎謀，大謀也。《書·太誓》罪人以族，是紂之虐政。族乃不罰，是所以異乎紂者。又按《易》：「困于葛藟」，注云：「引蔓纏繞之草。」此蓋借用其意。○唐大沛云：賞罰既正，則無姦奇之獄。大謀不逞，則宗族安而不罹于刑罰。○朱右曾云：奇如「奇車」之奇，謂奇邪不法也。密其戎謀，乃能保其氏族。

四蠹：一、美好怪奇以治之，二、淫言流説以服之，三、羣巧仍興以力之，四、神巫靈寵以惑之。

〔彙校〕丁宗洛引浮山云：靈寵，疑「靈龜」訛。○劉師培云：美好怪奇以治之，「治」疑「怠」訛。《呂氏春秋·任地篇》云：「無失民時，無使之治」，「治」亦「怠」訛，與此宛同。謂貽以美好怪奇，使之怠於政事也，故列四蠹之一。

〔集注〕潘振云：「治」平聲，「興」去聲。美男、好女、異物、奇器，彼得其欲則不亂，所以治之也。之，皆指敵國而言也。鋪張敵人之功德，不妨過言之。説如水流，莫有能禦之者，此滑稽之所爲，彼悦其辭則不畔，所以服之也。羣小之巧言，因其高興而逢迎之，此敵人爲我盡力於其君者，蓋賄賂使之然也。神巫能通鬼神，神靈降寵，所以惑敵人也。此四者，使之敗自中出。○陳逢衡云：蠹者，蟲生木中之謂。美好怪奇以蠹其目，淫言流説以蠹其耳，羣巧仍興以蠹其物力，神巫靈寵以蠹其志氣。四者皆足以惑溺其心，故曰蠹。○丁宗洛云：「服」有迫音，即從迫義。「力」從協義。○唐大沛云：以下皆言毁敵國之術，如木生蠹則壞。治，蓋謂攻治之。服之，使之信服。力之，耗其物力。惑之，惑其心志。○朱右曾云：「治」音持，化也。淫言，巧言。流説，浸潤之説。羣巧，土木之功。仍，數；

力，勤；寵，眷也。詭言神靈眷寵，使怠于政。〇于鬯云：美好怪奇，安得謂治？此「治」必是借字。或者爲「怡」字之借。《小戴·内則記》鄭康成注云：「怡，悦也。」謂美好怪奇以悦之也。此一解。或讀爲「紿」。《穀梁·僖元年傳》范解云：「紿，欺紿也。」依《説文》字當爲「詒」。《言部》云：「詒，相欺詒也。」謂美好怪奇以欺之也。此亦一解。要兩解原自相通，悦之即是欺之。

五落：一、示吾貞，以移其名；二、微降霜雪，以取松柏；三、信蟜萌，莫能安宅；四、厚其禱巫，其謀乃獲；五、流德飄狂，以明其惡。

〔彙校〕狂，趙本、吴本作「枉」，盧從。〇陳逢衡云：或曰：「飄」當作「諷」。〇劉師培云：案下文柏、宅、獲、惡均協韻，「名」疑「落」訛。此蓋即木爲喻，謂以貞固移其搖落也。德、枉對文，「德」疑「直」訛。「德」正文作「悳」，故訛「直」爲「德」。此即錯直舉枉之義。放棄爲流，升揚爲飄。

〔集注〕盧文弨云：信蟜萌莫能安宅，惠云《周禮》占夢舍萌于四方，眡祲掌安宅叙降。〇潘振云：移，羡也。示以吾正，使敵人歆羡其名也。微降霜雪，歲之仲冬，故可取松柏，喻取人材於敵國也。蟜是蟻，萌通氓，指民言。信蟜萌，取信於敵國之民也。莫能安宅，言來歸也。巫，敵國之巫。凡有侵伐之事，必先禱之，故厚賂其巫，則其謀乃得。流通其德澤，如大賚是也。飄散其冤枉，如釋囚復位是也，所以明勝國之惡也。此五者，皆以落敵人也。〇陳逢衡云：落，如落實取材之落。示吾貞以移其名，謂以義正我，而因以治人之不義也。松柏，喻賢臣。微降霜雪以觀其後凋，士窮見節義，故取以助己。信蟜萌莫能安宅，未詳。盧文弨曰：惠云《周禮》占夢舍萌於四方，眡祲掌安宅叙降。衡按此第截取「萌」與「安宅」三字爲解，與文義不合，俟考。厚其禱巫，謂以神道惑之，使彼棄人信天，如玄都氏所爲，則吾得遂其謀矣。流德飄枉，飄，風貌；枉，邪曲也。布吾之德，以風。指彼之不德，則其惡見矣，故曰以明其惡。○丁宗洛云：示吾貞以移其名，似是善則歸己，怨則諉諸人之意。微降霜雪以取松柏，似言松柏雖不可取，然必先示以威，蓋喻語也。信蟜萌莫能安宅，蟜者，蟲善屈伸也；萌者，草木初長也，此不過動摇之意。蓋我欲摇動，使彼信之，而莫能自安也。厚其禱巫其謀乃獲，《禮·儒行》「不隕獲于貧賤」，注：「隕獲，困迫失志貌。」此「獲」字作此解。流德飄枉以明其惡，似言彼既暴虐，而我益使德政流行，以彰彼之惡也。又按落義以四蠹例之，當亦剥落侵削之意。觀「厚其禱巫」二句與「神巫靈寵」句，相同可見。○唐大沛云：落蓋敗落之意。貞，正也。微降霜雪以取松柏，似謂略作嚴威，以觀其不阿曲之意。厚其禱巫，似謂惑以鬼神。三、五條義未詳。○朱右曾云：示貞、移名，言著善以揜不善之名。霜雪，喻威。松柏，喻君子之守。蟜，毒蟲，有蠆；萌，蘖也，喻小人也。厚禱巫，如晉侯有疾，曹豎貨筮，史使以曹爲解也。德，直；枉，曲也。造爲蜚語，如水之流，如風之飄。○孫詒讓云：惠、朱説咸失其義。此蟜當讀爲僑。《列子·説符篇》釋文云：「僑，寄也。」字亦作寯。《廣雅·釋詁》云：「寯，寄也。」《漢書·劉向傳》「張子僑」顔注：「僑字或作蟜。」《蕭望之傳》作「張子蟜」，注云：「蟜字或作僑。」即二字相通之證。萌者，氓之借字。《史記·三王世家》「姦巧邊萌」，索隱云：「萌一作甿。」《吕氏春秋·高義篇》云：「比於賓萌」，高注云：「萌，民也。」此蟜萌即《吕覽》之賓萌，謂寄居之民人，吾以信結而招來之，則莫能安宅於彼也。

六容：一、游言；二、行商工；三、軍旅之庸；四、外風之所揚；五、因失而亡，作事應時，時乃喪；六、厚使以往，來其所藏。

〔彙校〕因失而亡，程本、趙本、吴本作「困失而亡」，盧從，陳、丁、唐、朱同。○六容，王念孫疑「六客」之誤，説詳前。○

丁宗洛讀「二行商」句，「商」下「工」改「三」，「三軍旅之庸」改「主軍旅之庸」，「因失」句「亡」移「事」下。○朱右曾云：時乃喪，「乃」字下疑脱一「不」字。

〔集注〕潘振云：游説之言容之，則士無不至。商工不通則財用不足，故宜容之以通行。軍旅之用甚多，宜容蓄之也。敵國之風聲，簸揚於我國，容忍之，不爲其所動也。因失而亡，謂敵國之臣因失政而亡在我國者，如陽虎奔齊請師以伐魯，鮑文子諫止之。起兵事當此時，時乃喪失其師也，故必容忍之而不作。厚幣使臣以往敵國，來其所藏之物，我往則彼來，無不容納之也。○陳逢衡云：容，防隱也。游言，無根之言，則防其惑聽。行，通也。通商工則防有奸細。庸，功也。軍旅之庸則防有冒功。外風之所揚，謂風聞之事，則防其無實。困失而亡之人，宜其悖亂狂惑，而乃作事應時，是不當困失而喪亡也。厚使以往來其所藏，謂厚待其使以餌之，則彼國深隱之事均傾心相告，而我得知其所藏矣。然亦防其作僞，反爲所誘。五者俱當深察其事，而不可不預防者也，故曰容。○丁宗洛云：外風之所揚，似是潛結與國，使之揚詡己美。厚使以往來其所藏，似是多遣間諜，以往來偵探也。又按「容」有先容、容忍兩意，一、二、四皆先容意，三、五、六皆容忍意。

七惡：一、以物角兵；二、令美其前，而厚其傷；三、間得大國，安得吉凶？四、交其所親，静之以物，則以流其身；

〔彙校〕間得，諸本作「間於」，盧校從。○丁宗洛云：安得吉凶，「得」宜作「計」。

〔集注〕潘振云：用事於角兵，如州吁是已。王莽未篡之時，以公田口井布令，此美於前也；既篡之後，浚民禍世，是厚其傷也。安得，不得也。如夔子不祀祝融與鬻熊，是失其吉禮也；許不弔災，是失其凶禮也。交接敵國親信之臣,如楚有子常,唐獻馬而歸唐侯,蔡獻佩而歸蔡侯,静之以物也。後蔡侯、唐侯伐楚,子常奔鄭,是流亡其身也。○陳逢衡云: 此段多不可解,訛誤顯然。○丁宗洛云: 令美其前而厚其傷,似是訂盟方甚堅而背之,轉益甚也。間於大國安得吉凶,似是不顧强侯之怨己意。或云即晉至從晉,楚至從楚意,亦通。交其所親,静之以物,則以流其身,似楚子常因蔡侯不與裘佩,而拘留三年之類。○唐大沛云: 令美其前而厚其傷,似謂誘敵小勝而致大敗。間於大國安得吉凶,似即弱小在强大之間,存亡將由之之意。○朱右曾云: 以微物興兵,如吴楚以争桑起釁。令,善也。貌恭情險,如句踐豢吴。安得吉凶,言吉凶由大國。静,謀也。流,沈弱也。如越獻西施,因以沼吴也。

五、率諸侯以朝賢人,而已猶不往; 六、令之有求,遂以生尤; 七、見親所親,勿與深謀,命友人疑。

〔彙校〕丁宗洛云: 命友人疑,「命」疑「令」訛。

〔集注〕潘振云: 賢人,指天子。己,敵國自己,代言之也。不往,不庭也。有令於小國而彼求賂於我,求而無厭,不能滿其欲,故怨也。見,我見之。敵國於其親愛之同姓,勿與深謀,即《寳典》所謂「以親爲疏,其謀乃虚」者也。命友人疑者,友邦疑畔,若彼命之也。○丁宗洛云: 令有所求遂以生尤,似先軫所言「使宋舍我而賂齊、秦,藉之告楚」之計。見親所親勿與深謀令友人疑,似是離間之計。又按七惡皆搆怨啓釁之事,「惡」宜讀去聲。○唐大沛云: 令之有求遂以生尤,似謂令敵國有責于我,遂因以生間隙。七惡條目多不可解,大抵皆詐術也。○朱右曾云: 率,勸也。尤,過也。本令有求,卻府罪以沽潔。所親,所當親者。命,令也。友人,友邦君也。如漢以草具間范增于項羽是也。凡此所陳蠹、落、容、惡之目,聖人非以此傾人國,欲子孫知而防之,勿墮其術耳。

旦拜曰：「嗚呼！王孫其尊天下，適無見過過適，無好自益，以明而迹。

〔彙校〕王念孫云：此文本作「無見過適，無好自益，以明而迹」，三句各四字，而以「適」、「益」、「迹」爲韻，「適」讀爲「讁」。無見過讁者，無見責於人也。今本「無見過」上衍一「適」字，「過」下又衍一「過」字，則文不成義。（唐從）○陳逢衡云：「過適」二字衍。○丁宗洛上「適」移上「過」下，「過適」連下「無好自益」爲句。

〔集注〕潘振讀「嗚呼」以下均四字句，云：孫、遜同，讓也。適音的，主也。言王遜其尊位，天下之主無有也。見過過適，猶云萬方有罪，罪在朕躬爾。自益，自賢也。明，示之也。而，汝也。有行可見之謂迹。○陳逢衡讀「王孫其尊」句，「天下適無見過」句，云：王孫其尊，謂自貶損也。天下適無見過，猶所謂無得罪於羣臣百姓也。無好自益，不自滿也。以明而迹，則萬物皆相見矣。○丁宗洛云：孫與遜通，適與讁通。蓋言王須居高思危而遜其尊，使天下無見爲可過可讁者，如有過讁，即速自改，毋或恥過飾非，因以明其治迹也。浮山校「天下」斷句，次「過適」衍。無見過適，是無然畔援意。無好自益，是無然歆羨意。○朱右曾云：孫讀爲遜。不恃其尊，天下將來；不知其過，過益多。爲人君者，無益其過，乃可明其迹于天下也。

嗚呼，敬哉！視五祥、六衛、七厲、十敗、四葛不修，國乃不固。

〔集注〕丁宗洛云：視有朝考夕糾意。上言備，此言修，惟修乃備。

務周四蠹、五落、六容、七惡，不時不允，不率不綏，反以自薄。

〔彙校〕綏，程本、趙本、吴本作「緌」。盧文弨云：「緌」本或作「綏」或作「緌」，皆訛，疑當作「綏」。（朱從改）○周，潘作「用」。

〔**集注**〕潘振云：專力曰務。時，時此也。允，信此也。率，循此也。緩，緩此也。言當順時誠信，遵循從容而用之。薄，侵也。自薄，自見侵於人也。○丁宗洛云：周是蠹、落四項兼全之謂。務必兼全，始可用也。○唐大沛云：時，是也。○朱右曾云：周，徧也，徧知之也。允，信；率，循；綏，安也。

嗚呼！深念之哉，重維之哉！不深乃權不重。從權乃慰，不從乃潰，瀆不可復。

〔**彙校**〕瀆，盧從沈改「潰」，各家從。○丁宗洛讀「不深乃權」句，云：「權」疑「懽」訛。「從權」二字衍。「慰」疑「懟」訛。懽，憂忘也。懟，怨也。言不深念不重維，必至於此。不深，不重，皆不從也，且潰而難復矣。○俞樾云：不深乃權不重，當作「不深不重，乃權不重」，蓋承上文「深念之哉重維之哉」而言，謂不深念之不重維之，則其權不重也。後人因兩句皆有「不重」字，疑爲衍文，誤删其一，不知「乃權不重」之重爲輕重之重，「不深不重」之重爲重複之重，字雖同而義則異也，且此兩句以「重」、「重」二字爲韻。下文曰「從權乃慰，不從乃饋」，以「慰」、「饋」二字爲韻，並四字一句。今奪「不重」二字，則句法參差不齊，而亦失其韻矣。○陳逢衡云：案正文「反以自薄」下當緊接「王曰允哉」。其「嗚呼深念之哉」至「其用汝謀」，疑是《小開解》「謀大鮮無害」下錯簡。

〔**集注**〕潘振云：維，謀也。敬故深念，深念故重維。不敬則念不深，所權謀之事必輕易而不重。權重則敬至，從敬，則汝之國安；不從敬，則汝之國亂，不可復救矣。○丁宗洛云：「不從」二句，蓋言王若不從此言，則事多潰敗，雖臣爲之瀆告，亦無益矣。次「潰」原文本是「瀆」，可通。○朱右曾云：言不深念重維，不知權之可貴。權以用中，從權則民慰，不從則民潰，瓦解土崩，悔之何及？「重維」直龍反，「不重」如字。

戒後人復戒後人其用汝謀。」

〔**彙校**〕盧删「復戒後人」，云：舊本複出「復戒後人」四字，係因上誤衍。（各家從删）

〔**集注**〕潘振云：戒後人以敬用汝五祥及七惡之謀也。〇陳逢衡云：「不時不允」以下，義俱未詳。「其用汝謀」，亦非周公對文王語。

王曰：「允哉！」

〔**集注**〕潘振云：文王曰：信哉。

逸周書彙校集注卷三

大開解第二十二

〔集注〕潘振云：開者，謂啓謀以示後嗣。曰大者，别乎其小也。保民之本，在於脩身，故次之以《大開》。○陳逢衡云：《大開》即繼《酆保》而作，故亦曰王在酆立於少庭。篇中九過、九禁、九教、九利，俱未叙説，蓋不全之文，有如《武儆》、《銓法》、《器服》諸解。○唐大沛云：《大開》、《小開》二篇，别以大、小者，以字數多寡别之也。《大開武》、《小開武》亦同。後世大經、小經之名，即此例。《大開》原文字數必多于《小開》，今反少于《小開》，則原文之殘闕者多矣。此篇亦《酆保》之類，原是後人湊合之僞書，而又殘闕過半，不足取也。○于鬯云：此篇中間多闕佚，以篇題「大開」知之。凡以大、小名篇者，皆以簡編之多少别之，多者題大，少者題小。如前有《大明武》、《小明武》兩篇，《大明武》簡編必多於《小明武》也。今數彼兩篇字數，可見矣。後有《大開武》、《小開武》兩篇，《大開武》簡編必多於《小開武》也。今數彼兩篇字數，亦可見矣。《詩》之題《大雅》、《小雅》，亦實如此，初無意義，未有簡編少而轉題大、多而轉題小者。獨此篇題《大開》，止百餘字，而下篇題《小開》，轉四百餘字，則此篇中間之必多闕佚也。且篇中止言八儆、五戒，於法本不成篇，其多闕佚，尤爲一望可見者。

維王二月既生魄，王在酆，立于少庭，兆墓九開，開厥後人八儆、五戒。

〔彙校〕二月，《史略》引作「三月」。○王念孫云：「兆墓」二字義不可通，當是「兆基」之誤。「九開」當爲「大開」，九、大字相似，又涉前《九開》篇而誤也。「大開」二字，即指本篇篇名而言。兆基大開開厥後人者，兆，始也，《爾雅》：「肇，始也。」通作「兆」。哀元年《左傳》「能布其德而兆其謀」，杜注：「兆，始也。」言始基此大開之謀以開後人也。後序云：「文啓謀乎後嗣以脩身敬戒，作《大開》、《小開》二篇」，是其證。○丁宗洛「墓」從浮山改「謩」。○朱右曾「墓」亦改「謩」，云：「九開」爲書篇名，則「墓」乃「謩」字之訛。

〔集注〕潘振云：商二月，即夏正建寅之月，孟春也。兆，界域。墓，平地。先儒謂周祭五祀於宫，時蓋祀户與？祀户之禮，南面設主於門内之西，見蔡邕《獨斷》。界域甚平，指門之西與？九開，九户，四方、中央及四隅也。此户主之數與？抑一主而總祀之，因號其主爲九開與？儆，寤也，謂寤其理之所以然。戒，備也，謂備其事之所未然。○陳逢衡云：既生魄，望後一日也。九開，《周書》篇名，今亡。開厥後人，猶所謂佑啓我後人也。○丁宗洛云：儆、戒不甚異，而書既分言，則「儆」乃自儆，「戒」乃戒後人。○唐大沛云：此二月殆承前篇二十三祀歟？○朱右曾云：王二月，商正二月也。兆，臣名。九開，即弟十六篇之書也。兆以《九開》之言陳謨于王，下有「戒後人其用汝謀」，則兆爲臣名，不當訓始。○劉師培云：朱説近是，惟謩當詁法。《禮記·内則》鄭注云：「模，象也。」象、法誼符。《九開》作於《大開》前，謩九開者，猶漢楊統碑所云「謩兹萁猶」也。

八儆：一、□旦于開，二、躬脩九過，三、族修九禁，四、無競維義，

〔彙校〕□旦于開，吴本、王本「于」作「手」。丁訂「□宣肇開」，云：闕處疑是「布」字。布宣肇開，言宣布者宜審於其

始也。

〔**集注**〕潘振云：旦于開，早啓門，勤政事也。九過，如足容重，手容恭，目容端，口容止，聲容静，頭容直，氣容肅，立容德，色容莊。其有差忒，則治而去之。親親以三爲五，以五爲九。禁，如族之相爲，宜弔不弔，宜免不免，有司罰之是也。無競維義，莫强於義也。○陳逢衡云：九過、九禁、九教、九利條目俱不詳。躬脩九過則自治嚴，九過别見《文政解》。族脩九禁則犯法寡。無競維義，向義則不争也。○丁宗洛云：無競維義，競與竟通，盡也。蓋言以義制事，爲用不窮也。○唐大沛云：無競，競也。

五、習用九教，六、□用守備，七、足用九利，八、寧用懷□。

〔**彙校**〕丁宗洛云：「用」上闕處疑是「制」字。制用守備，言制度之可爲世守者宜無不備也。「懷」下闕處疑是「柔」字。寧用懷柔，言懷諸侯，柔遠人，皆所以安天下之道也。

〔**集注**〕潘振云：習，修爲也。九教者，一孤三卿五大夫之諫教也。守，戍卒。備，兵器。保國者宜用之。足，財用足也。九利，即《周禮》之九職。寧，安也。懷，懷之以德也。此八者，皆有所以然之理，故寤之也。○陳逢衡云：習用九教，如九職任萬民之類。足用九利，如九賦斂財、九式均用之類。

五戒：一、祇用謀宗，二、經内戒工，三、無遠親戚，四、雕無薄□，五、禱無憂玉，及爲人盡不足。

〔**彙校**〕王引之云：「憂」字義不可通，當是「愛」字之誤。愛，吝惜也。禱神必用玉，無或吝惜其玉而不用，故曰禱無愛玉。哀二年《左傳》衛大子禱曰：「佩玉不敢愛」，杜注：「不敢愛，故以祈禱。」是也。〇潘振云：脱文疑是「金」。雕刻之事，薄視其金而用之，則費也。〇陳逢衡云：「及爲人」下脱誤。〇丁宗洛云：闕處疑是「幾」字。《禮・郊特牲》：「丹漆雕幾之美」，注：「幾，謂漆飾沂鄂。」疏：「雕謂刻鏤，幾謂沂鄂，言以丹漆雕飾之爲沂鄂也。」沂鄂，即釿鄂。或又云：「薄」宜作「欂」，壁柱也。欂無雕幾，語意更明。按此句只是崇節儉意。〇孫詒讓云：「及」當爲「急」之省。《説文・心部》急，從心及聲。《釋名・釋言語》云：「急，及也，操切之使相逮及也。」言聞此八儆五戒，則當急行之。盡不足，即下文「宿不悉日不足」之義。

【集注】潘振云：謀宗，謀主，謂慮四方之大臣。不敬用，失民表矣。内不治則女禍烈，工不戒則淫巧生。九族外戚，遠之則禍亂作。憂與優同，有餘也。禱祈小祀，用玉有餘，亦費也。貨爲人盡用，則不足矣。此五者，雖屬未然，皆不可不戒也。〇陳逢衡云：祇，敬也。敬用謀宗，則九族睦矣。經内戒工，齊其家也。工通作功。經内，如《天官》内宰掌書版圖之灋，以治主内之政令。戒功，如獻穜稑之種以及蠶於北郊之類。無遠親戚，不使故舊大臣有怨也。禱無憂玉，古者禱有燔玉，不惜費也。〇丁宗洛云：經内戒工，蓋言經理内政則須戒飭女工。玉所以禱，《金縢》之植璧秉珪是也。禱無憂玉，應是勿信淫祠之意。爲人，兼上下言。盡不足，猶言盡心處有不足也。〇朱右曾云：祇，敬；宗，主也。經理内政，須戒飭女工。親戚，宗族兄弟。玉所以禱，淫祀而不務民義。

王拜：「儆我後人，謀競不可以藏。戒後人其用汝謀，維宿不悉日不足。」

【彙校】孫詒讓云：「藏」當爲「臧」，言謀争競者不可以爲善也。「悉」疑當爲「念」。〇劉師培云：以《寤敬解》例之，「拜」下脱「曰」字。

〔**集注**〕潘振云：拜，拜神也。以下皆儆辭。競，力也。藏，不行也。上「後人」，指見在；下「後人」，指將來。宿，用也。日不足，嫌日短也。言我後人即此謀而用力焉，不可以不行也。告戒子孫用汝今日所聽之謀，此謀用之而不盡，日有孳孳，其可也。○丁宗洛云：宿，夜也。二語猶言日夜黽皇，常如不及也。或曰：《禮·祭統》宮宰宿夫人，宿讀爲肅，戒也。宿不悉，言戒之不盡也。○唐大沛云：謀競不可以藏，文不成義，必有訛誤。宿、夙通。○朱右曾云：拜受其謨，以儆後人之謀自强者。藏，匿；宿，夜；悉，盡也。○孫詒讓云：此讀「戒後人其用汝謀維宿」句，後《寤儆》篇云：「咸祇曰戒，戒維宿」，文例正同。宿，謂謀之早也。不念日不足，言不念則日爲之不足也。《文儆》云「後戒後戒，謀念勿擇」，亦即此意。朱説失之。○陳漢章云：《小開》篇亦云：「不可以後戒後戒，宿不悉日不足。」《管子·權修》篇：「功之不立，名之不章，爲之患者三，有日不足者。」又《乘馬》篇「有壹宿之行」，並本此文。

逸周書彙校集注卷三

小開解第二十三

〔集注〕潘振云：開而曰小，别乎其大也。啓示後人，前既陳其綱領，此復就其中習用五教，祇用謀宗，而詳言用人之不易，是《大開》之所分見者，故次之以《小開》。○陳逢衡云：《小開》作於文王三十五祀，是爲帝辛二十四年，其次序亦當在《大匡》、《程典》前。按帝辛二十三年囚西伯，二十九年釋西伯，則此七年中西伯無由在周有册命也，此篇當在囚羑里之前。

維三十有五祀，王念曰：多□，正月丙子拜望，食無時。

〔彙校〕陳逢衡云：三十五祀，疑當作「三十四祀」。「王念曰」三字當在下文「嗚呼」之上，今移置彼，而衍下「曰」字並此處「多□」二字。○丁宗洛移「正月丙子拜望」六字於「王念曰」上，闕處補「士」字。○唐大沛云：「丙子」至「無時」七字疑當在「維三十五祀」下。闕文疑或是「士」，或是「子」字。「拜」疑是「朔」字之訛，「望」疑是「日」字之訛。《春秋》書日食，不聞書月食也。○朱右曾云：「三」當爲「四」。「王念曰多□」句，當在「拜望」句下。

〔集注〕潘振讀「多」字句，云：有、又通。是年遷豐。王念，念德也。多，美辭。商正月，夏正季冬。畢山川之祀，故望也。食無時，申時也。王者四食，旦食、晝食、晡食、暮食。諸侯三飯，無晡食與。地屬陰，故申時祭之與。言美哉德也，正月丙子，拜望祭於晡時，當命汝啓謀於後嗣也。○陳逢衡云：丙子，日。望食，月食。是日周地月食，不以時，文於是循救月之典，故曰拜望食無時。案月象臣道，紂忌文，故天垂其象。施彦士曰：以徐圃臣《天元曆法》推之，文王三十五祀爲中元五十七章第十五歲，歲次壬戌。置距章平朔一百六十八朔，加閏朔五，共一百七十三朔。以朔策乘之，得五千一百〇八日七九一八一三九六爲中積，加朔應一什二日一一二七七六四四除旬周，餘二十日〇九〇四五九〇四，大餘甲申日爲天正月朔，則望爲戊戌。寅月癸未朔，則望爲丁酉，在丙子後二十二日。不合，另推：文王三十四祀爲中元五十七章第十四歲，歲次辛酉，置距章十三歲平朔一百五十六，閏朔五，共一百六十一朔。以朔策乘之，得四千七百五十四日四二四七五一七二爲中積。加一朔一望，再加朔應，除旬周餘十日八三三四一〇九四四爲丑月經望分，大餘命甲，得甲戌丙子爲丑月十七日。以定望推之，當亦不遠。又以交應加中積除交策，餘一日有寄，亦合食限。○丁宗洛云：食無時，猶不遑暇食也。○唐大沛云：無時，蓋謂不應食而食。○朱右曾云：望，日月相望也。《周禮・太僕》：「贊王鼓，日月食，亦如之。」《春秋傳》曰：「日食則諸侯用幣於社，伐鼓於朝。」月食無文，準《太僕》之文，當亦用幣，故云拜望。王見月之眚，念德之明，若天詔之，開後嗣謀也。文王四十有五祀，以周曆推之，是年商正月癸亥朔，十四日得丙子。古曆疏，有晦而日食者，故十四日望。○劉師培云：以三統曆推之，是年距入甲申統五百零五年，積月六千二百四十六，閏餘一，積日一十八萬四千四百四十九，小餘六十四，大餘九，得癸巳爲正月朔，癸卯爲二月朔，十四日丙子。此文正月係從殷正，即周正二月也。蓋時曆後三統一日。更以古四分曆推之，是年距入戊午蔀三十年，積月三百七十一，閏餘一，積日一萬零九百五十五，小餘八百八十九，大餘三十五，亦得正月癸巳朔，二月癸卯朔，與三統同。又案文王受命以前蓋用殷正，受命以後則用周正，均可即本書驗之。

汝開後嗣謀。曰：嗚呼，于來後之人！

〔彙校〕陳逢衡移上句「王念曰」三字於「嗚呼」上，删一「曰」字，移「汝開後嗣謀」五字於「嗚呼」下，讀「王念曰嗚呼汝開後嗣」句，「謀於來後之人」句。○唐大沛云：「于來」上疑有脱誤，陳讀非是。

〔集注〕潘振云：「曰」字以下皆拜望後所命之辭。于，語辭。○陳逢衡云：汝開後嗣，汝指太子發。猶《文儆》「汝敬之哉」、《文傳》「吾語汝所保所守」也。文懼月食之變，恐有不測，故言汝當啓佑後嗣也。來後，猶後來。來後之人，指子孫言。○唐大沛云：汝謂多□。○朱右曾云：于，曰也。

余開在昔曰：明明非常，維德曰爲明。食無時。

〔彙校〕開，諸本作「聞」，盧從。○陳逢衡「余」改「予」，删「德」下「曰」字，云，鍾本「維德曰爲」句，誤。○丁宗洛「德」下「曰」字定「日」，移「夜」上。又云：浮山疑「食無時」句衍。○唐大沛亦云：「德」下「曰」乃「日」字之訛，當屬下句讀，誤倒於此。日食無時，言今者日食無時，當知儆懼也。○于鬯亦云：「曰」字當爲衍文。明明非常，維德爲明，各四字句，其義自曉，不必加曰字。此「曰」字蓋在下文「夜」字之上。下文云：「汝日夜何脩非躬。」今本脱「日」字，乃脱於彼即衍於此，又誤「日」爲「曰」耳。

〔集注〕潘振讀「維德曰爲」句，「明食無時」連下「汝夜」句，云：明明，言天有顯道。非常，命靡常也。維德曰爲，猶言惟德是輔。二句古語也。明食無時汝夜者，言明告於晡時，汝當清夜思之也。○陳逢衡云：明明非常，維德爲明，言上天垂象莫大於日月，故有非常之變，必有非常之災，則惟修德格天，可以復其明明之象也。況今者食不以時，則尤災之大者。○唐大沛云：蓋謀懸象著明，莫大乎日月，倘有非常之變，惟明德者足以弭災。○朱右曾云：日月至明，而遭薄蝕，維德亦然。緝熙爲明，而後常明。不然，亦如日月之食無時也。〇孫詒讓云：明明非常，與《書·吕刑》「明明棐常」義同。《吕刑》之棐乃匪之借字，故《墨子·尚賢中篇》引《書》作「明明不常」。「棐」、「非」、「不」義並同，言天之明命無常也。僞孔安國傳乃云：「以明明大道輔行常法。」失其義矣。

汝夜何修非躬，何慎非言，何擇非德？

〔彙校〕「夜」上丁增「日」字，朱從。劉師培云：「夜」即「何」訛，校者據别本增入。

〔集注〕潘振讀「汝夜」屬上，云：曰何曰非，設爲問答以發其意，見三者不可不盡心也。〇陳逢衡讀「汝夜」句，云：汝當掖予修德以挽之。夜與掖通。汝夜，猶《益稷》篇「汝翼」、「汝爲」、「汝明」、「汝聽」也。何修非躬，盡臣職也。何慎非言，懼讒口也。何擇非德，普仁施也。〇唐大沛云：汝夜二字不成句，亦無義。陳謂夜與掖通，太鑿。蓋此句殘缺，故不成句。疑或如《大開武》篇「夙夜戰戰，何畏非道」云云文法一例。〇陳漢章云：《周易》爻詞已言「夕惕」。《管子·形勢》篇亦云：「夕失其功」，又云：「惟夜行者獨有也。」《形勢解》云：「夜行者心行也。」此文曰脩曰慎曰擇，皆所謂夜行心行也。

嗚呼，敬之哉！汝恭聞不命，賈粥不讎。謀念之哉！

〔彙校〕汝恭聞不命，丁改倒爲「汝昔不聞命」，云：不聞，言聞也。〇唐大沛云：《書·甘誓》：「汝不恭命。」疑此正文當作「汝不恭聞命」。

〔集注〕潘振讀「賈粥不讎謀」句，云：居貨曰賈。讎，售也。言當敬之哉，汝尊所聞，出於汝心，我不命之，居貨求粥，而人不售其所議之物，不可强也。惟敬，故能常思。〇陳逢衡云：「不」讀如「丕」。丕命，大命也。賈粥不讐，淩曙曰：「當如《詩》所謂『賈用不售』也。言如商賈粥貨不售，可不謀念之哉？」施彦士曰：「文王抱服事之忠而不見答，如賈之不見售也。是年即囚羑里之年，蓋已聞崇侯之讒，又感月食之變，能不謀念之哉？」〇丁宗洛亦讀「賈粥不讐謀」句，「念之哉」連下「不索禍招」爲句，云：此言賈粥不與讐謀而讐之者衆，可見人不求禍而禍自至也。〇朱右曾云：讐、售古今字。不售則謀反己而已。

不索禍招，無曰不免。不庸、不茂，不次。人菑不謀，迷棄非人。

〔彙校〕迷棄，元刊本同，餘諸本作「遷棄」。盧從元本作「迷棄」，陳、唐、朱從。潘、丁作「遷棄」。〇于鬯云：「次」當爲「攻」，謂攻治也。「攻」與「庸」韻相叶。

〔集注〕潘振讀「不索禍招無」句，「曰」以下各四字句，云：免，罷去。庸，登庸。茂，勉也。次，序也。遷棄，猶言陟黜。慎勿求禍而招無德之人，蓋小人不去，則國家不能用賢而失其人。由是功力不勉，則庶績不能咸熙而失其序，此人菑所以不能謀也，良由黜陟之不當其人耳。〇陳逢衡云：施彦士曰：「索，求也。禍福無不自己求之，今禍非自作，詎必不免。」衡案：庸，功也。茂，勉也。次，序也。不庸則放佚，不勉則叢脞，不次則陵亂。有此三者，則人菑不謀而集矣。迷，昏迷。棄，暴棄。非人，謂身應其咎，自貽伊戚，無與於人也。〇丁宗洛云：人菑，即禍也。遷棄，言遷善棄惡也。盧從元本以遷棄作迷棄，非是。大旨謂人毋曰禍不可免，知其所以招禍，則知其所以免禍矣。蓋不庸不茂不次，乃招禍之由，故人菑遂不謀而自至。惟是遷善棄惡，庶幾其免之，此豈由乎人者哉？〇唐大沛云：蓋謂不思索招禍之由，毋曰禍至不能免，蓋不招禍自能免禍也。不用力，不茂勉，不循次，則不知所以脩身慎言而擇有德也。○朱右曾云：不反己而責人，所以招禍，不可諉之數也。不思奮庸，不知茂勉，將有不次之禍。猶不自謀，則終身迷棄於非人矣。○于鬯云：「免」當讀爲「勉」，「勉」謂勉力也。勉與茂義相近，作「免」者借字。此文本讀「無曰不勉不庸」爲句，「不茂不攻」爲句，下文「人菑不謀」爲句，而朱右曾《集訓》云：「不思奮庸，不知茂勉，將有不次之禍。」則讀「無曰不免」爲句，「不庸不茂」爲句，「不次人菑」爲句，而「不謀」二字殆不成句矣。

朕聞用人不以謀説，説惡諂言。色不知適，適不知謀，謀泄，汝躬不允。

〔彙校〕丁宗洛云：「泄」疑「沮」訛。○唐大沛云：「諂」當作「諂」，俗寫每誤作「諂」。

〔集注〕盧文弨云：「諂」音叨，疑也。或作「諂」，亦通。○潘振云：言我聞古語，人不以言取。其説之可惡者，莫如疑言。以彼色莊之人，中心無主而不知謀，故爲疑言以應之。如此，則謀泄漏於外矣。汝身當勿信用此人也。○陳逢衡云：便於口者多不忠，故用人不以謀説。諂言，無實之言。適，猝然造次之頃。謀中藏，祕密之事。色不知適，謂有觸即形，《莊子·大宗師》所謂「造適不及笑，獻笑不及排」是也。適不知謀，謂偶然流露之處，其誠不可掩，如衛姬見桓公請罪，仲父知桓公舍衛之類。言當守口如瓶，防意如城，不可忽也。允，信也。謀泄汝躬不允者，機事欲其密也。不密則害成，故不允。○丁宗洛云：諂義較長。蓋用人之所以不以謀説者，惡其説之皆諂言耳。適，過也。○唐大沛云：用人不以謀説，即《論語》所謂君子不以言舉人也。諂言無實，阿意曲從，故可惡。色不知適二句意晦，似謂動於色不知其意之所之，意之所之不知其深謀之所在，言當察之於微也。泄與「渫」同，慢也，如《孟子》「武王不泄邇」之泄。○朱右曾云：諂，僭；適，善也。色不知適，色莊者非必君子也。適不知謀，有守者未必有猷也。泄，失也。

嗚呼！敬之哉，後之人！朕聞曰：謀有共軵，如乃而舍。人之好佚而無窮，貴而不傲，富而不驕，兩而不争，聞而不遥，遠而不絶，窮而不匱者，鮮矣。

〔彙校〕陳逢衡移「後之人」於「舍人之好」下。〇丁宗洛從浮山「曰」改「同」，「如」移「有」下，「舍」改「今」，又云：「匱」似應作「潰」。潰，溢也。

〔集注〕盧引惠云：「如」讀「若」，「而」讀「曰」。（唐大沛云：惠蓋云「如讀而，而讀曰」，盧本寫誤。）〇潘振讀「如乃而舍人之好」句，「佚而無窮」句，云：軵，推也。乃，彼也，指古語。好，指德。言謀有同德，猶車有共推也。如古語所云，則人之有德者宜擇之，而顧可以舍之乎？以下遂歷數人之好。佚，遺也。無有窮之見存，遺佚而不怨也。不傲不驕，富貴若固有之也。兩，謂人與己同功。不争，謙讓也。聞，即升聞之聞。不遥者，親近乎民，所謂居廟堂之高，則憂其民也。遠，隱遯。不絶者，心繫乎君，所謂處江湖之遠，則憂其君也。不匱者，不憂其乏，阨窮而不憫也。如此之人甚少，不可以舍之也。〇陳逢衡讀「謀有共軵如乃」句，「而舍人之好」句，「佚而無窮」句，云：《説文》「軵」與「搣」通，並如勇反，《集韻》音拊。謀有共軵如乃，言謀事當相輔而後有濟。乃，難也。即《莊子·大宗師》「是自其所以乃」之乃，蓋其難其慎而唯恐或泄之義，即承上「謀泄汝躬不允」説。惠氏讀不可解。舍，施也。施人之好，則能從欲以治矣。「佚而無窮」七句皆難能之事，故曰鮮。佚，安逸也。窮，困窮也。佚而無窮，非恭己而治者不能。貴則易傲，富則易驕，不驕不傲，則保家之主也。兩則必争，兩而不争，則能下人者必能長人矣。聞，令聞也。聲聞過情，君子恥之，故不遥。遠而不絶，言德能及遠則遺澤長，故不絶。匱，濫也。窮而不濫，則内難而能正其志矣。〇丁宗洛云：《説文》：「軵，反推車，令有所付也。」言相推以致遠也。是則共軵乃同力致遠意。遥應通摇。〇唐大沛云：謀有共軵者，如兩人共推一車，有相輔而行之意。如乃而舍，言謀必共相推度，而乃曰舍之而獨斷乎？二句古語。○朱右曾云：乃，汝也。兩，謂權相侔。

汝謀斯何嚮非翼，維有共枳？枳亡重。大害小，不堪柯引。維德之用，用皆在國。謀大，鮮無害。

〔彙校〕陳逢衡云：前《酆保解》「嗚呼深念之哉重維之哉不深乃權不重從權乃慰不從乃潰潰不可復戒後人其用汝謀」三十五字當在此節。

〔集注〕潘振讀「汝謀斯」句，「枳無重大害小」句，「大鮮」連讀，云：斯，指國。何嚮非翼，言當心向乎羽翼我之人也。枳，木高多刺，可爲籬落，喻上下相維遞爲藩蔽也。害，妨害，以爲妨於用而舍之也。大小，以德言。重大則天下恐無完人，害小則有善不曾節取。堪，能也。柯，長三尺、博三寸、厚一寸有半，所以運斧者。十丈爲引，所以量物者。不堪柯引，喻不稱其職也。隨德之大小而用之，賢才皆在國而不去也。大鮮，大善也。無害，無禍菑也。○陳逢衡亦讀「汝謀斯」句，云：汝謀斯，斯即指上七事。何嚮非翼，嚮，往也；翼，燕翼也。枳多刺，可以禦外侮，故借以爲屏藩之義。然又恐有震主之嫌，故曰枳亡重。蓋尾大不掉，則爲國大害，而動掣其肘，不少假以事權，則又小不堪柯，無以爲棟梁之器。況乎維德之用，所以挽天災而開後嗣者用皆在國，而可不兢兢乎？引，通作矧。謀大，妄圖也。鮮，少也。覬覦天命，以小謀大，則鮮有不害者。○丁宗洛云：柯引，當是連屬比附意。○唐大沛云：斯，語詞。翼，輔也。何嚮非翼，蓋謂汝謀之何往不資人之輔。枳取藩衛之意，以喻臣下。維有共枳，與謀有共軵同旨。「枳亡重」二句義晦，蓋謂枳有大小，如自卿上以至庶人，皆可詢謀之人也。若爲藩籬者以枳之長大者爲重，而於細枝小條則芟害之，謂其柯條不堪引，而爲籬則惑矣。亡、毋通。柯，枝也。引，導也。《詩》曰：「先民有言，詢于芻蕘。」《書》曰：「謀及乃心，謀及卿士，謀及庶民。」凡有謀，皆有共枳之義，毋以人廢言也。謀大鮮無害，言若僅與左右大臣謀之，而棄衆職庶民之言不取，則所謀鮮有不害於政者。○朱右曾云：翼，敬。枳讀爲枝。重，多也。引，取也。蔽焉而縱尋斧，雖小者猶不可。君有德則人皆爲用，若不慎德，至失政之後，思去大臣，以收威柄，則必有害也。

嗚呼！汝何敬非時，何擇非德？德枳維大人，大人枳維卿，卿枳維大夫，大夫枳維士，登登皇皇。

〔彙校〕「大人枳維」下盧據章懷《後漢書注》所引補「公枳維卿」四字，云：章懷注引作《周書·呂刑》。（陳逢衡云：盧蓋據汲古閣本，作「呂刑」誤，大德板不誤。）

〔集注〕盧文弨云：章懷注云：「枳者，言上下相維，遞爲藩蔽也。」○郝懿行云：《小爾雅》云：「枳，害也。」○洪頤煊云：枳即枝字。《爾雅·釋地》「有枳首蛇焉」，《釋文》引孫炎云：「蛇有枝首。枳、枝古字通用。」德枳維大人，大人枳維公，言大人爲德之枝，公爲大人之枝。《詩·文王》「本枝百世」，《蕩》「枝葉未有害，本實先撥」，正是此義。《後漢書·馮衍傳》李賢注引此數句，云：「言上下相維，遞爲藩蔽也。」義亦作枝。○潘振云：登登，高也。皇皇，大也。言汝何所敬，豈非時乎？隨時佈德，當擇有德之人而用之，以德爲藩者王也。王之藩維公，公卿大夫各有藩，皆所以藩王也，故王德極其高大也。○陳逢衡云：何敬非時，造次顛沛，不戲豫也。何擇非德，見上。德枳維大人，人能宏道也。大人，帝王之號。公之爲言公正無私也。二公宏化寅亮天地，弼予一人，故曰大人枳維公。《書·立政》篇有三公，又有三孤，蓋三公之貳以上大夫爲之。《王制》：「上大夫，卿。」故曰公枳維卿。大夫有中有下，爵次於卿，而以扶助爲義，故曰卿枳維大夫。士有上士、中士、下士，名職甚衆，或爲公臣，或爲家臣，俱任事於大夫，各以其屬，故曰大夫枳維士也。《左傳》「王臣公，公臣大夫，大夫臣士」，即此義。又《春秋》説有六輔：公輔天子，卿輔公，大夫輔卿，士輔大夫，京師輔君，諸夏輔京師，亦本此。登登皇皇，美大之辭。登登，猶烝烝也。《魯頌·泮水》篇：「烝烝皇皇」，毛傳：「烝烝，厚也。皇皇，美也。」〇朱右曾云：大人，天子也。

□枳維國，國枳維都，都枳維邑，邑枳維家，家枳維欲無疆。

〔彙校〕闕處盧從沈補「君」字，各家從。〇劉師培云：《後漢書·馮衍傳》李注引作「登登皇皇，□維國」，監本又作「維在國」。惟洪邁《容齋四筆》卷四引李注作「登登皇皇，維在國枳，國枳維都」，似無訛脱，沈校非。

〔集注〕潘振云：四縣爲都，五十里。四井爲邑，二里。家，五家，所謂比鄰也。欲，指衣食而言。無疆，言饒足也。〇陳逢衡云：家枳維欲無疆，萬年厭乃德也。〇唐大沛云：自國而都而邑而家，亦遞爲藩蔽者也。〇朱右曾云：言大小相輔，上下相維，遞爲藩蔽也。

動有三極，用有九因，因有四戚、五私。極明與與有畏勸。汝何異非義，何畏非世，何勸非樂？

〔彙校〕五私，陳、丁、唐、朱俱改「五和」。極明與與有畏勸，上「與」字潘改「異」；丁改「極有異與畏勸」，删「明」字。〇陳逢衡云：「因有」當作「政有」。〇朱右曾云：「與與」當作「翼翼」；「何異」當作「何翼」，敬也。

〔集注〕潘振云：動，指教。至善之謂極。用者，舉而用之。因，緣由也。以下申言九因。四戚，一孤三卿，與君國同休戚者。五私，五大夫也。用人必因卿大夫，所謂德有由擇也。以下申言三極。極有異與畏勸，皆當明之也。何異非義，言當旌異有義之人也。何畏非世，言當畏服世禄之心志也。何勸非樂，言當勸其樂善也，所謂培德待擇也。○陳逢衡云：三極、九因、四戚、五和、三德，條目俱不詳。三極别見《小開武解》。四戚、五和，見《大武解》，又見《大開武解》。何異非義，義與時遷，故不同。何畏非世，世與運更，故可懼。何勸非樂，樂與人同，故當勉。○朱右曾云：三極，三才之理，詳《小開武》篇。可畏者世之不永。○劉師培云：何畏非世，世即《命訓解》「大命世」之世，謂世受罰也。○陳漢章云：世即《周禮·小史》「奠繫世」之世。先鄭謂《帝繫》、《世本》之屬，小史主定之，瞽矇諷誦之，以戒勸人君。《瞽矇職》曰：「諷誦詩，世奠繫，鼓琴瑟。」《大戴禮記·衛將軍文子》篇：「吾聞夫子之施教也，先以詩世。」又《楚語》申叔時曰：「教之世，而爲之昭明德而廢幽昏焉，以休懼其動。教之《詩》，而爲之導廣顯德，以耀明其志。教之樂，以疏其穢而鎮其浮。」是周代以世與《詩》及樂並教，故此文何畏非世下即言何勸非樂。

謀獲三極無疆，動獲九因無限。

〔彙校〕丁宗洛云：無限，「限」字疑誤。

〔集注〕潘振云：獲，得也。無疆、無限，皆言無盡也。言有謀可用之人得三極之熏陶，故萃聚而無已。感動有成之後，得九因之薦舉，故鼓舞而無窮。互言之，以見德之不勝擇也。○陳逢衡云：謀獲三極則可久，故無疆。動獲九因則可大，故無限。

務用三德，順攻奸□，言彼翼，翼在意，仞時德。

〔彙校〕闕處丁補「慝」字，朱從。○陳逢衡云：「順攻」至「意仞」有脱誤。○丁宗洛云：「三德」無指，當照下作「時德」。「言彼翼翼在意」於此處無着，當是他篇注語錯簡在此。「仞時德」當作「彼時德」。

〔集注〕潘振云：攻，治也。翼翼，敬也。在，察也。八尺曰仞。《論語》「數仞」、《旅獒》「九仞」，皆由此積之也。時，善也。言專力用三有德之人，和順而能治人之詐僞，德莫明於此；出言而彼能敬，德莫飭於此；察意之善惡，而能積小以高大其善德，德莫聚於此，此所以宜務用也。〇陳逢衡云：三德別見《寤儆解》。時德，謂四時之德。〇朱右曾云：三德，即三極也。仞，滿也。時，是也。仞、牣通。

春育生，素草肅，疎數滿；夏育長，美柯華；務水潦，秋初藝；不節落，冬大劉。

〔彙校〕盧文弨云：肅，本或作「蕭」。〇陳逢衡云：施彦士曰：「數」當作「藪」。〇丁宗洛云：浮山校此數句作「春育生，素草滿；夏育長，美柯華；秋樹藝蕭疎，不務水潦；冬大劉薪蒸，數倍何信，謀本以時」。「節落」蓋「薪蒸」訛。〇朱右曾「不節」當作「木節」。〇孫詒讓云：秋物已成，不可云初藝，「藝」當爲「刈」。《大武篇》云：「秋取其刈。」刈、藝音近而誤。下文云：「冬大劉。」大劉與初刈，文義正相承貫也。

〔集注〕潘振讀「春育生素草」句，「肅疎數滿」句，云：素草，初生之草。整肅扶疎，草始盛也。數密滿盈，草大盛也。務，趣也。潦，雨大貌。初藝，草木葉初分解也。節落，則盡隕矣。大劉者，百卉具零，是大殺也。〇陳逢衡云：劉，殺也。〇丁宗洛云：「肅」通「蕭」。「務水潦」四句乃倒裝文法，蓋言秋初藝，務水潦；冬大劉，不節落。或疑秋不可言初藝，不知周之七八月，乃夏之五六月，正樹藝之候也。大劉不節落，當即冬斬陽木意。〇朱右曾云：肅讀爲息，生也。疎數，猶云遠近。柯，幹；華，英也。大雨時行，故務防水潦。藝，才也，言成才也。春言草，秋言木，互文也。節落，枝節解落。

倍信何謀？本□時歲，至天視。

〔彙校〕闕文潘振疑是「四」，丁宗洛補「以」。○陳逢衡云：「倍信」至「天視」有脱誤。○丁宗洛云：「倍」宜作「屈」。○劉師培云：「倍信何」不可通，「何」疑「柯」訛，「信」亦「倍」字誤羨。文中有缺字。

〔集注〕潘振云：倍與背同。信，四時之信也。至，善也。視，效也。言春生、夏長、秋藝、冬劉，時各有信，人背之，不能謀歲，本其時而謀之，則歲無不善。以況人各有德，君背之，不能謀政，本其德而謀之，則政無不善。此用人者所以惟天時是效也。○陳逢衡云：大寒將至，用刑不爽，故曰倍信。○丁宗洛云：信與伸通，視與示通。蓋言屈伸豈有成謀乎？本因乎時也。方冬歲已成矣，天又示之以更新也。○朱右曾云：視，古文示。

嗚呼！汝何監非時，何務非德，何興非因，何用非極？

〔集注〕潘振云：何監非時，言當視天時也。何務非德，言當專力於德也。何興非因，言當起其後日九因之才也。何用非極，言當用其前日三極之人也。○陳逢衡云：監，視也。何監非時，順天道也。何務非德，務用三德也。何興非因，用有九因，足以興也。何用非極，動有三極，無弗用也。九因，别見《大開武解》。○朱右曾云：興，動也。

維周于民人，謀競不可以。後戒後戒，宿不悉日不足。

〔彙校〕按：此數句陳、唐云脱誤重複不可句讀，潘讀「維周于民人」句，「謀競不可以後戒」句，「後戒宿不悉」句；丁讀「維周于民人謀競不可」句，「以後戒後戒」句；朱讀「維周于民人」句，「謀競」句。孫詒讓云：「民人」當屬下「謀競」爲一句，朱失其句讀。「宿」上據《大開》、《寤儆》二篇當有「維」字。此讀「後戒後戒維宿」句。前《大開篇》末章云：「王拜儆我後人，謀競不可以藏，戒後人其用汝謀，維宿不悉日不足」，後《文儆篇》末章云：「維周於民之適敗，無時蓋，後戒後戒，謀念勿擇」，與此文並略同，而此有譌脱。今參取二篇校之，疑當作「維周于民之（今本譌人）謀競，謀競（今本誤不重）不可以臧（今本脱），後戒後戒，維（今本脱）宿不悉日不足」。悉，疑亦當爲「念」。

〔**集注**〕潘振云：言如此則德可普徧于民人，此謀用力，豈不可以戒後人乎！戒後人而用之不盡，惟日有孶孶而已也。〇朱右曾云：周，徧也。

逸周書彙校集注卷三

文儆解第二十四

〔集注〕潘振云：文，文章，即所詔之言也。儆，戒也。前既啓謀乎後嗣，今當有疾，又有以戒之，故次之以《文儆》。○陳逢衡云：此因拜受吉夢於明堂之後，恐後嗣以吉祥廢人事也。利惟生痛，則變而之善；私惟生抗，則變而之不善。上行下效，捷於影響，則所以迪屢者不可不慎。方正學疑此篇非聖人之言，過矣。○丁宗洛云：按文王薨於紂己卯，壽九十七歲，逆推之，應生於前武乙二年癸卯。○唐大沛云：此篇似有殘缺，義亦難曉。

維文王告夢，懼後祀之無保。

〔彙校〕後祀，《史略》作「後嗣」。

〔集注〕潘振云：夢，寐中所見事形也。告，訊占夢也。祀，年也。無保，不保其生也。○陳逢衡云：告夢，即告《程寤》之夢。○丁宗洛云：《大匡解》曰周王，此外凡三稱文王，蓋紀述者因文王將薨，武王將伐殷，而稱之如此耳。世以文自改元稱王，謬甚。○朱右曾云：夢，蓋猶孔子兩楹之夢。

庚辰，詔太子發曰：汝敬之哉！民物多變，民何嚮非利？

〔彙校〕孫詒讓云：《史略》「詔」作「召」，於義爲長。

〔集注〕潘振云：諸侯之子稱世子，云太子者，後人追叙之辭。敬爲一篇之大旨，故每首言之。變，無常也。○陳逢衡云：庚辰，日也。或謂即前篇正月丙子後四日。據《御覽》三百九十七引《周書》「文王去商在程，正月既生魄，大姒夢見商之庭産棘」云云，是爲正月望後之一日。據施彦士推，月食爲正月十七日丙子，而大姒之夢爲正月十八日丁丑。文於是日拜受吉夢於明堂，作《程寤》，其篇亡。又於後三日作此篇以儆太子發，謂之《文儆》，是爲二十一日庚辰，本一時事也。民物多變，當思其難保。公而溥曰利。何嚮非利，民之趨慕養欲給求，皆美利也。○唐大沛云：嚮，謂意所向也。養欲給求，皆思利其身家。○劉師培云：「敬」即古「儆」字，以下「敬」皆同。

利維生痛，痛維生樂，樂維生禮，禮維生義，義維生仁。

〔彙校〕唐大沛云：痛，或疑作「庸」。○俞樾云：此文云民何嚮非利，利維生痛，痛維生樂，樂維生禮，禮維生義，義維生仁，下文云何嚮非私，私維生抗，抗維生奪，奪維生亂，亂維生亡，亡維生死。下文所生五者，皆不美之事，則此文五者宜皆美事，方相對成義，而云利維生痛，殊不可曉。疑「痛」字當讀作「通」。痛與通聲近而義同，故《釋名·釋疾病》曰：「痛，通也，通在膚脈中也。」利維生通，通維生樂者，利則流通，流通則無所鬱結，故樂矣。

〔集注〕潘振云：利有得失，失則痛，得則樂。倉廩實而知禮節，禮以義起，故生義。知義，則有無宜黽勉，有喪宜匍匐，皆出於不忍之心，故生仁。民事之變如此。○陳逢衡云：利維生痛，仰事俯畜，一有不贍，則愁苦怨恨，常相憐也。痛維生樂，憂戚與共則家室安，家室安則歡欣見也。樂維生禮，和而泰，則有自然之品節也。禮維生義，親疏貴賤有品節，斯有裁制也。義維生仁，事有裁制，則心安理得也。諸言生者，謂必至於此也。〇丁宗洛云：利維生痛，猶言有利必有害。痛維生樂，猶言生於憂患也。樂維生禮，猶言安處善樂循理也。〇唐大沛云：不得其利則哀痛生。哀與樂相因，順其情則轉哀而爲樂。衣食足然後禮義生，民樂其生，自樂循理。禮者，人事之宜則樂，循禮則事合宜。知大義所在，則愛戴君親之心油然而生矣。〇朱右曾云：民之爲物，其情多變，利必有害，故生痛。知其害而安於分次，則知足而樂，樂則能循理之節文。循理以處事曰義，安義無私曰仁。〇陳漢章云：此「痛」當讀作「用」。《周易·益》爻詞：「利用爲大作。」《左傳》引《書》：「利用厚生。」故曰利維生用。利用厚生而有九歌。《孟子》亦曰：「生則惡可已也。惡可已，則不知手之舞之，足之蹈之。」故曰用維生樂。

嗚呼，敬之哉！民之適敗，上察下遂。信何嚮非私？

〔**彙校**〕潘振云：「信」當作「民」。按：陳、丁、唐、朱讀「信」字屬上句。

〔**集注**〕潘振云：適敗，即善敗，猶言豐耗。事從志而成曰遂。私，指利。〇陳逢衡云：此因上文而反言以明之。適，至也。民之至於敗，由於上析秋毫而民信之也。私與利相反，溥得曰利，獨據曰私。〇唐大沛云：上察下遂信，上苛察下遂信之。何嚮非私，意向所在，何者非私？〇朱右曾云：上之所爲，民之所歸。察猶未爲，而下已趨之。〇孫詒讓云：「適」與「謫」同。上察下遂，言上愈苛察，下愈遂非也。信，猶誠也。上文云「民何嚮非利」，文例與此同。

私維生抗，抗維生奪，奪維生亂，亂維生亡，亡維生死。

〔集注〕潘振云：抗，拒也。亂，悖逆。亡，逃也。民之宜察如此，故下文言遂民之事。○陳逢衡云：相挺而起曰抗。必期於得而不我與則奪，奪則上下交征而禍亂作，亂則小者滅身大者滅族，而死亡相繼矣。言在上者當公其利，而不可導以私。○唐大沛云：利欲獨據，故與人相抗衡。相抗則相争奪，相争奪則禍亂生，亂生則民逃亡，逃亡無所依則死而已。○朱右曾云：亂，謂無法紀也。

嗚呼，敬之哉！汝慎守勿失，以詔有司，夙夜勿忘，若民之嚮引。汝慎何非遂？遂時不遠。

〔彙校〕慎何，盧倒「何慎」。

〔集注〕潘振云：若，順也。時，是也。言敬之哉，汝謹守其謀，而無有遺失；詔告其官，而勿使偶忘，順民之所嚮而引導之。汝何所慎，非遂民之道乎？其道是甚近者。○陳逢衡云：慎守勿失以詔有司，正一身以正朝廷，正朝廷以正百官也。引，導也。民之嚮利、嚮私，俱當慎以導之。○朱右曾云：知民適敗皆自上始，則舉念凛然，若民之環嚮而相引。遂，成也，成其治也。

非本非標，非微非煇。壤非壤不高，水非水不流。

〔集注〕潘振云：壤與水喻民。非壤不高，喻利之積也。非水不流，喻利之行也。○陳逢衡云：標，末也。煇，顯明也。非本非標非微非煇，此中之相喻微矣。壤非壤不高水非水不流，言當以類相從也。○唐大沛云：末二句似謂上下相因之勢。○朱右曾云：煇，著也。民爲邦本，非本則無末。治道起於微渺，非微則無著。君非民，誰與守邦？

嗚呼，敬之哉！倍本者槁，汝何葆非監？

【彙校】唐大沛云：「倍」疑當作「踣」，踣與仆同，即本實先撥之意。

【集注】盧文弨云：「倍」與「背」同。魏甄后《塘上行》云：「倍恩者苦枯。」意亦本此。○潘振云：木離本，喻棄民也。槁，木枯，喻國亡也。葆與保同。當保其所察之民。○陳逢衡云：本立則道生，背本則人道息，焉得不槁？栽者倍之，傾者覆之，是其象也。○朱右曾云：葆，守也。

不維一保監順時，維周于民之適敗，無有時蓋。後戒後戒，謀念勿擇！

【集注】潘振讀「不維一保監」句、「順時維周于民之適敗」句，云：保監不一而足也。時，指所嚮而言。周，言察之徧也。無有時蓋，言無有所嚮而掩覆之也。謀念勿擇，言此謀宜常思之，勿更有所選擇也。○丁宗洛云：無有時蓋，當是無時可怠意。蓋，怠也。擇通斁。○朱右曾云：「一」讀爲「壹」，專意也。周，周防也。蓋，覆也，君所以覆民。擇讀爲斁，厭也。順與慎通。

逸周書彙校集注卷三

文傳解第二十五

〔集注〕潘振云：傳去聲，傳示後人也。前既有以戒之，此又有以示之，故次之以《文傳》。○陳逢衡云：此篇引用《夏箴》、《開望》，兢兢以積聚爲務，蓋深有鑒於大荒也。《無逸》曰：「文王卑服即康功田功，徽柔懿恭，懷保小民，惠鮮鰥寡」，於此益信。

文王受命之九年，時維暮春，在鄗。

〔彙校〕盧文弨云：《太平御覽》百四十六所引同今本。《詩正義》作「維暮之春」。○王念孫云：時維暮春，《周書》無此例，「時」字必後人所加也。

〔集注〕潘振云：《竹書》：「帝辛三十三年，錫命西伯，得專征伐。」沈約曰：「受命自此年始。」九年，帝辛四十一年也。暮春，商正三月，夏正二月也。鄗，在豐東二十五里，有别館。○陳逢衡云：劉恕《通鑒外紀》曰：「孔安國治古學，見《武成》篇，故《泰誓》傳曰：『周自虞、芮質厥成，諸侯並附，以爲受命之年。至九年，文王卒。』劉歆作《三統曆》，考上世帝王，以爲文王受命九年而崩。賈逵、馬融、王肅、韋昭皆同歆説。皇甫謐《帝王世紀》云：『文王即位四十二年，歲在鶉火，更爲受命之元年，始稱王矣。』引《周書·文傳解》曰：『文王受命九年，時維暮春，在鎬，召太子發。』九年猶召太子，明七年未崩也。」衡按：文王即崩於是年，故召武王而語以所保所守之道。下篇《柔武》，即爲武王元祀，篇次井然。鄗，鎬京也。豐、鎬相去二十五里。〇丁宗洛云：詹景鳳曰：「運期授謂文王以受命之年爲元年，注云：『周文王以戊午蔀二十九年季秋爲受命之月，至明年乃改元。』如此則何以爲文王？彼蓋因《書序》『惟十有三年，武王伐殷』之語而附會之也。」洛按：文王在位五十二年，受征伐之命係四十四年，則運期授之二十九年受命、三十年改元不攻自破。〇朱右曾云：《詩》曰：「考卜惟王，宅是鎬京。」蓋文王營之而武王成之也。

太子發曰：「吾語汝我所保所守，守之哉！

〔彙校〕按此句舊本同，盧據《太平御覽》卷八十四、卷一百四十六於「太子」上增「召」字、「曰」下增「嗚呼我身老矣」六字，「所保」以下作「與我所守，傳之子孫」，潘、丁、朱從，陳、唐二家依舊。〇陳逢衡云：《藝文類聚》卷十二引《周書》曰：「文王在鎬，召太子發曰：我身老矣，吾語汝我所保與我所守，傳之子孫。吾厚德而廣惠，不爲泰靡，童牛不服，童馬不馳。土不失其宜，萬物不失其性，天下不失其時，以成萬材。萬材已成，牧以爲人，天下利之而勿德，是謂大仁。」盧文弨曰：「『萬物不失其性』以下，今多見《大聚解》中。」衡案：《藝文》蓋截取《文傳》，又截《大聚》數語以成文也。《御覽》八十四引《周書》曰：「文王在鎬，召太子發曰：嗚呼，我身老矣！吾語汝我所保與我所守，傳之子孫。吾厚德而廣惠，忠信而志愛。吾不驕侈，不爲泰靡，不淫於美。吾括柱而茅茨，吾爲民愛費也。春夏育山林，不升斤斧，以成草木之長，而慎天時。水澤不内舟楫，以成魚鼈之長。不麛不卵，以成鳥獸之長。畋獵唯時，不殺童牛，不夭胎。童牛不服，童馬不馳不騖。澤不行害，土不失其宜，萬物不失其性，天下不失其時。」又一百四十六引

《周書》曰：「文王受命九年，時惟暮春，在鄗，召太子發曰：嗚呼！吾語汝所保所守，守之哉！厚德廣惠志愛，人君之行。不爲驕侈，不爲泰靡，不淫於美，括柱茅茨，爲民愛費。」○孫詒讓云：《史略》引亦如是，則宋本與今本同。○劉師培云：《御覽》三百八十引作「汝勤之，我傳之子孫」，較盧本復增四字。

〔集注〕潘振云：老，文王九十有七也。言吾告汝我所保民與我所守邦之道，傳之子孫。○唐大沛云：保守，保民守土。文王安得言此？○朱右曾云：保，安也。

厚德廣惠，忠信愛人，君子之行。

〔彙校〕按：此句舊本同，盧據《御覽》八十四、一百四十六「厚」上增「吾」字，「德」下「信」下各增「而」字，「愛」上增「志」字，删「子」字，潘、丁、朱從，陳、唐二家依舊本。盧云：《玉海》三十一引與舊本同。○丁宗洛云：「志」疑「慈」訛。○朱右曾云：「志」當作「慈」，或爲「子」。

〔集注〕孔晁云：四者君德。○潘振云：吾厚其德於内，廣其恩於外，厚德心存誠實，廣惠志在愛人，人君之行也。

不爲驕侈，不爲靡泰，不淫於美，括柱茅茨，爲愛費。

〔彙校〕盧據《御覽》「靡泰」改「泰靡」，「爲」下增「民」字，云：「括」與「刮楹」之「刮」同，《御覽》「柱」即作「楹」。○丁宗洛云：「括」宜作「栝」，栝柱與茅茨一例，不文飾也。○劉師培云：《御覽》八十四引「不爲」上有「吾」字，八十四、百七十八、四百三十一引「括」並作「栝」，惟《書鈔》八亦引作「括」。

〔集注〕孔晁云：言務儉也。因就不決曰括。（不決，盧據《御覽》改「木枚」。孫詒讓云：「木枚」義仍難通，疑當爲

「木材」之誤。)〇潘振云：驕，矜夸。侈，奢侈，指服御而言。泰，體忲；靡，財費，指頤養而言。淫，貪也。美，指用器而言。括柱，刮楹不加文飾也。以茅蓋屋謂之茨。爲民愛財用，務儉也。〇陳逢衡云：「不爲驕侈」三句，即商湯不邇不殖之義。括柱，不雕也。茅茨，不翦也。淩曙曰：按《吕氏春秋》明堂茅茨、蒿柱、土堦三等，以見節儉。又《大戴禮·盛德篇》：「周時德澤協和，蒿茂大以爲宫柱。」然則括柱，其蒿柱歟？〇唐大沛云：驕侈，驕傲侈肆。泰，甚；靡，費；淫，過也。〇朱右曾云：泰，肆；靡，侈也。括，刮也，刮去其皮不文飾也。茨，屋蓋。

山林非時不升斤斧，以成草木之長；川澤非時不入網罟，以成魚鼈之長；不麛不卵，以成鳥獸之長。

【彙校】盧文弨云：川澤非時不入網罟，《御覽》八十四作「順天時水澤不内舟」。〇丁宗洛云：《説文》引作「不卵不蹞，以成鳥獸之長」，云：「蹞者，躐獸足也。」(朱從《説文》)〇劉師培云：《書鈔》六作「水澤不内舟檝，成魚鼈之長；春夏不升斧斤，成草木之長」，疑唐本「網罟」或作「舟檝」。

【集注】潘振云：野外謂之林。斤，斫木刀也。獸初生皆曰麛。卵，鳥卵。〇陳逢衡云：《禮·王制》：「獺祭魚，然後漁人入澤梁；豺祭獸，然後畋獵；鳩化爲鷹，然後設罻羅；草木零落，然後入山林。昆蟲未蟄，不以火田。不麛不卵，不殺胎，不殀夭，不覆巢。」即此至「不夭胎」意。〇唐大沛云：麛，鹿子。

畋漁以時，童不夭胎，馬不馳騖，土不失宜。

【彙校】盧文弨云：《御覽》八十四引此云：「畋獵唯時，不殺童牛，不夭胎。童牛不服，童馬不馳不騖。澤不行害，土不失其宜，萬物不失其性，天下不失其時。」《藝文類聚》亦引：「童牛不服，童馬不馳。土不失其宜，萬物不失其性，天下不失時，以成萬材。萬材已成，牧以爲人，天下利之而勿德，是謂大仁。」案：「萬物不失其性」以下，今多見下卷《大聚解》中。○陳逢衡云：「童」字當在「不夭胎」下。○唐大沛訂「畋獵以時，不殺童，不夭胎。童牛不服，童馬不馳，澤不行害，土不失宜」，云：《御覽》亦有誤。○朱右曾從《御覽》，「不鶩」連「澤」爲句。

〔**集注**〕孔晁云：言土地所宜悉長之。○朱右曾云：夭胎，毀胎也。鶩澤，猶云竭澤。行害，如非時火田，以藥餧獸之類。

土可犯，材可蓄。潤濕不谷，樹之竹、葦、莞、蒲；礫石不可谷，樹之葛、木，以爲絺綌，以爲材用。

〔**彙校**〕二「谷」字諸本作「穀」，盧從。○鍾本、王本「葛木」作「葛藟」，「絺綌」作「絲絡」。盧云：作「藟」非，絺綌謂葛，材用謂木也。○潤濕不穀，「不」下丁增「可」字。○唐大沛云：「犯」蓋「化」字之訛，謂化生也。

〔**集注**〕孔晁云：所爲土不失宜。（盧云：「所爲」疑是「所謂」。朱右曾云：《御覽》九百九十五引此云：「葛，小人得其葉以爲羹，君子得其材以爲絺綌，以爲朝廷夏服。」疑孔注軼文。）○潘振云：犯，勝也。相土得宜，是陵犯得勝也。蓄，聚也。莞，苻蘺，小白蒲也。礫石，小石。葛，蔓草也。○陳逢衡云：犯，抵觸。謂僨興其土脈也。《爾雅》：「東南之美者，有會稽之竹箭。」《禹貢》揚州貢篠簜，荆州貢箘簵，是潤濕宜竹之證。葦，蒲葦也，幼曰蒹葭，長曰萑葦，江灘海岸多有之。《爾雅》：「莞，苻蘺。」注：「今西方人呼蒲爲莞蒲，江東謂之苻蘺。」以其叢生水中，故俱宜潤濕。礫石，土中有細石者。《管子·輕重》所謂山間嵔𡾰不爲用之壤，《戰國·韓策》所謂石溜之地也。葛性柔軔，蔓生，可織爲布，精曰絺，粗曰綌。○丁宗洛云：《周禮·夏官》「太馭掌馭玉路以祀，及犯軷」，注：「行山曰軷。犯者，封土爲山，象以菩芻，棘柏爲神主，及祭之，則以車轢之而去。」竊謂此云土可犯，當亦封土爲山之意，所以資樹種也。○唐大沛云：蓄，養也。潤濕不穀，低窪水蕩之地不能種穀。○朱右曾云：犯讀爲範，範土爲器，陶瓬之事也。

故凡土地之閒者，聖人裁之，並爲民利。是魚鼈歸其泉，鳥歸其林。

〔彙校〕盧文弨云：「是」下疑有「以」字。（陳、丁、朱從增）○「鳥」下丁增「獸」字，朱從。○「泉」字朱改「淵」，云：「泉」蓋唐人避諱所改。

〔集注〕孔晁云：取之以時不夭胎故。○潘振云：凡物言歸，見其多也。此因不夭胎而然也。言此，則材木與獸之多可知矣。○陳逢衡云：閒，讀如閒田之閒。土地之閒，即《王制》所謂「名山大澤，不以封也」，注云：「不以封者，與民同財，不得障管。」聖人裁之，如上文所云是已。歸泉、歸林，繁育得所之象。○朱右曾云：裁，裁成。

孤寡辛苦，咸賴其生。

〔集注〕孔晁云：得所生長材用。（丁删「材用」二字，云：經文指人説，「材用」字衍。）○潘振云：窮民不止孤寡，故以辛苦賅之。賴，藉也。○陳逢衡云：謂以閒田養閒民也。孤寡辛苦，皆無力耕作之人，故賴有閒田之利得以養贍。○朱右曾云：賴其生，賴以養其生也。

山以遂其材，工匠以爲其器，百物以平其利，商賈以通其貨。

〔彙校〕盧文弨云：「山」下疑當有「林」字。（丁、朱從增。）

〔集注〕孔晁云：無二德也。（陳逢衡云：四字疑下文「出一曰神明」下注。）○潘振云：遂，進也。工匠，專指木工。其所生之物，山材甚多，得進於匠而作器；百物甚多，得平其價而通貨。○陳逢衡云：山以遂其材，不槎蘖也。工匠以爲其器，無棄材也。百工以平其利，通工易事，以羡補不足也。商賈以通其貨，無者使有，利者使阜也。○朱右曾云：遂，遂長。

工不失其務，農不失其時，是謂和德。

〔集注〕孔晁云：和故不失。○潘振云：單言工，百工也。和，諧也。惠因德廣，民無不諧，故曰和德。凡言謂者，皆古語也。言百工多造作之資，而不失其事，農夫多耕種之本，而不失其時，是之謂和德也。○陳逢衡云：工不失其務則器用備，農不失其時則黍稷豐。和德，謂羣居和一也。

土多民少，非其土也；土少人多，非其人也。是故土多，發政以漕四方，四方流之；

〔集注〕孔晁云：漕，轉；流，歸。言移內人也。（人，盧改「入」。陳逢衡云：「人」字不訛，「內」音「納」，「移」下當脱「粟」字，言移粟內人也。或曰「內人」二字蓋「粟」字之誤。丁改「言移民入內也」。）○潘振云：郊外可耕之土多，耕者少，敵必奪之；郊內可耕之土少，望授田者多，不能給，人必去之。水運糧曰漕。輸，出賦也。言外土多，則發徙民之政，給糧而運至四方，爲之裁其利，使之賴其生。四方流行其民，無不適攸居者，所以充實外土也，民不患少矣。○陳逢衡云：言地廣民稀，則耕穫不及，而土非其土矣；地狹民衆，則民食不足，而人非其人矣。《管子·霸言》曰：「地大而不爲命曰土滿，人衆而不理命曰人滿。地大而不耕，非其地也；人衆而不親，非其人也。」義本此。發政以漕四方，謂輸粟也。四方流之，民來歸附如流水也。民歸則人衆而土闢，如是則土多之患免。○唐大沛云：民少則多曠土，地廣如無。地狹出穀不足養民，民將四散。發政，猶言發令，使漕轉人民，以實曠土，四方之民流徙於此。○朱右曾云：發政以漕，如《大聚》篇所云是也。

土少，安帑而外其務，方輸。

〔彙校〕唐大沛云：方輸，以上文相核，疑當作「四方輸之」，文義乃明。

〔集注〕孔晁云：外設業而四民方輸穀。（盧文弨云：「當作『外設業民而四方輸穀』。」孫詒讓云：「當作『民外設業而四方輸穀』。」）○潘振云：内土少，則使民安妻子於内，而於外土設農業，四方輸粟，所以遠離内土也，民不患多矣。○丁宗洛云：帑，妻子也。安帑，謂安妻子於家。外，謂出賈於外。務，事也。方，旁也。輸，聚也。取資於外以養其民，如是則土少之患免。○丁宗洛云：「帑」與「孥」通。言安其妻子，使民居外，各有所務，則輸穀以養，不患土少矣。○唐大沛云：人多者取資於外以易粟，故四方之民輸穀於此。○朱右曾云：外務，謂設業於外，使各輸穀以養。

《夏箴》曰：「中不容利，民乃外次。」

〔集注〕孔晁云：夏禹之箴戒書也。業舍次於田。（盧據《玉海》「業」上增「利福」，「舍次」倒「次舍」。）○潘振云：

中，郊門之内。利，指稼穡。外，郊外。次，舍於田也。引此以證土少外務之義。○陳逢衡云：中，謂國中。地小則生息薄，故不容利。外次，謂逐末於外。蓋引以證安肸而外之義。○丁宗洛云：引《夏箴》，所以證安肸二句，言國中土少，不容居住，故民不能不外居作業之次也。

《開望》曰：「土廣無守，可襲伐；土狹無食，可圍竭。二禍之來，不稱之災。」

〔彙校〕盧文弨云：《潛夫論·實》邊篇引《周書》曰：「土多人少，莫出其材，是謂虚土，可襲伐也；土少人衆，民非其民，可遺竭也。是故，土地人民必相稱也。」遺竭，疑是「匱竭」之誤。○陳逢衡云：《潛夫論》蓋抄變《周書》成文，非《文傳》本文如此。○丁宗洛云：《開望》疑即《啓筮》，蓋「筮」與「望」形相近，而「開」則如《山海經》避明帝諱「啓」皆作「開」。○俞樾云：「圍竭」二字義不相屬，「圍」疑「匱」字之誤。《潛夫論》引《周書》，「遺」亦當爲「匱」。○劉師培云：《開望》不可考，疑係《開筮》之訛。自郭璞《山海經注》以下，恒引《歸藏·啓筮》。《周禮·太卜》疏作《開筮》，蓋古有斯書，因爲《歸藏》篇名。

〔集注〕孔晁云：《開望》，古書名也。政以人土相稱爲善也。○潘振云：竭，盡也，謂盡其糧也。裒多益寡之謂稱。言土多而不知轉徙，無以守土，可襲而伐之；土少而不知外務，無以輸粟，可圍而竭之。二禍之來，人土不稱之災。此引古書而總證之。○陳逢衡云：土廣而不招集則無守，土狹而不出賈則無食。不稱，謂土多民少、土少民多也。○朱右曾云：圍竭，圍之以待其竭。

天有四殃，水、旱、饑、荒，其至無時。非務積聚，何以備之？

〔彙校〕劉師培云：《書鈔》一百二引「備之」作「備糧」，「糧」與上「殃」、「荒」韻，似較今本爲長。

〔集注〕孔晁云：積財用，聚穀蔬。○潘振云：二穀不熟爲饑，四穀不熟爲荒。積聚，乃實政也。○陳逢衡云：《易》曰：「天地之大德曰生，聖人之大寶曰位。何以守位曰仁，何以聚民曰財。」故積聚者，生民之大命也。○唐大沛云：無時，言俄而至，不能預測。

《夏箴》曰：「小人無兼年之食，遇天饑，妻子非其有也；大夫無兼年之食，遇天饑，臣妾輿馬非其有也。」

〔彙校〕《治要》及《御覽》三十五、五八八、《玉海》三十一引此下並有「國無兼年之食，遇天饑，百姓非其有也」十五字，陳、唐、朱三家據補。盧文弨云：《御覽》三十五引此作《夏歸藏》，訛。案《墨子·七患篇》引《周書》曰：「國無三年之食者，國非其國也；家無三年之食者，子非其子也。」胡廣《百官箴叙》曰：「墨子著書，稱《夏箴》之辭。」即謂此也。○孫詒讓云：《黄氏日鈔》引亦有「國無兼年之食」二句，「國」下更有「君」字，於文例尤完備。

〔集注〕孔晁云：古者國家三年必有一年之儲。非其有，言流亡也。（儲，鍾本作「積」。「三年」下陳據《玉海》補「耕」字。）○潘振云：兼，並也，有餘之義。○陳逢衡云：古人懼天災如此。方正學指此篇爲言利之書，失其旨矣。

戒之哉！弗思弗行，至無日矣！

〔彙校〕王念孫云：《治要》作「禍至無日矣」，今本脱「禍」字，則義不可通。（朱右曾從增「禍」字。按：今本《治要》「哉」以下作「不思，禍咎無日矣」，與王見本異。）

〔集注〕孔晁云：言不遠也。○潘振云：惟戒故能備。之，指天饑也。思，存諸心也。行，舉其政也。至無日，言四殃之至不遠也。○陳逢衡云：弗思，謂不知天災。弗行，謂不務積聚。至，謂禍至。

不明開塞禁舍者，其如天下何？

〔彙校〕《治要》「其如天下何」作「其失天下如化」，「不明」上有「明開塞禁舍者其取天下如化」十二字及孔注「變化之頃謂其疾」。唐、朱二家從。○王念孫云：祇因上文及注皆已脱去，後人遂不解「如化」二字之意，而以意改之曰「其如天下何」，不知如化者，言其速也。明於開塞禁舍，則其取天下必速，故曰取天下如化。不明於開塞禁舍，則其失天下亦速，故曰失天下如化。兩如化上下相應，今改爲「其如天下何」，則失其旨矣。《武稱》篇曰「民服如化」，《小明武》篇曰「勝國若化」，《吕氏春秋・懷寵篇》曰「兵不接刃而民服若化」，皆言其速也。故孔注曰：「變化之頃謂其疾。」

〔集注〕孔晁云：不明謂失其機。○潘振云：通曰開，指發政安帑而言。不通曰塞，指無守無食而言。禁，不時則禁之也。舍，置之而不取也。不思故不明，雖有天下，不能治也。○陳逢衡云：開謂開其源，塞謂塞其流，禁謂裁其太過。舍，施也，施謂補所不及。《管子・地數》曰：「昔者桀霸有天下而用不足，湯有七十里之薄而用有餘。天非獨爲湯雨粟菽，而地非獨爲湯出財物也。伊尹善通移輕重，開闔決塞，通於高下徐疾之筴，坐起之費也。」按開闔決塞，與開塞禁舍義同。又《尉繚子・兵談篇》「明乎禁舍開塞」，《淮南・本經訓》「明於禁舍開閉之道」，《鹽鐵論・非鞅篇》「昔商君明於開塞之術」，皆本此。《文選・王融策秀才文》「開塞所宜」，注引《淮南子》曰：「通乎動静之機，明乎開塞之節。開塞，猶取捨也。」《尹文子》曰：「書開塞之宜，得周通之路。」○丁宗洛云：開塞，即所謂開財源，節財流也。禁，如《大匡解》所云「毋粥熟，毋室市」。舍，則《糴匡解》「舍用振穹」之舍。

人各修其學而尊其名，聖人制之。

〔集注〕孔晁云：制而業用。○潘振云：尊其名，如尊之爲秀士、選士、俊士、進士也。制，裁也。裁用之，所以使之行政也。○陳逢衡云：各修其學，謂各務其業也。尊其名，各執一藝以成名也。聖人制之，曲成不遺也。○丁宗洛云：經似是衣食足則禮義興意。制之，蓋言制爲五禮也，注似未盡合。○唐大沛云：衆人各務其業，各以所長成名，聖人則總而制之。

故諸横生盡以養從，從生盡以養一丈夫。

〔彙校〕盧文弨云：謝云上「從」下脱一「生」字。（陳、丁、唐、朱從增）○孫詒讓云：《黄氏日鈔》引正有「生」字，是宋本尚不脱也。

〔集注〕孔晁云：横生，萬物也。從生，人也。一丈夫，天子也。言兆民者天子也。（者，盧從趙改「養」。孫詒讓云：「《黄氏日鈔》引此注作『言兆民所奉者天子也』，足證今本之誤。」）○潘振云：從音蹤。横生，指物，背向上也。從生，指人，首戴天也。一丈夫，指天子。承上文，言行政，則萬物可以養人，而人可以養君，無禍殃也。

無殺夭胎，無伐不成材，無墮四時。如此者十年有十年之積者王，

〔彙校〕墮，諸注本或作「墮」。○唐大沛云：「無殺夭胎」句有脱字，亦如上文「童不夭胎」句脱二字，當作「無殺童無

天胎」，文義乃明。

【集注】孔晁云：通三十年之計也。○盧文弨云：趙云：三十年之通，惟有耕耳，此兼言庶物。如此者十年，承上即以貫下，但當就十年作解可耳，注非是。○潘振云：無墮四時，勤土宜也。○陳逢衡云：如此者十年，言惜物力，講農事，至於十年也。下有十年之積三句指耕，生十殺一四句指庶物。此十年之積，乃當從孔注爲是。積，即上文務積聚之積，專指百穀，重民食也。○唐大沛云：墮與惰同。四時樹藝，宜勤力乘時。十年之積，謂十年中每年皆有所積，非謂現有十年之積也。

有五年之積者霸，無一年之積者亡。

【彙校】一年，趙本、吴本作「二年」。○唐大沛云：「有五年之積者霸」句，當是後人妄爲增入。周以前雖有霸諸侯者，然聖王垂訓，未嘗言霸術者。

【集注】孔晁云：通計五年之計，有五年也積也。亡爲無國家。（上二句盧訂「通十五年之計，有五年之積也」。）○陳逢衡云：王者富民，霸者富國，亡國之君富府庫。是故聖王務積，以養民也。○朱右曾云：此言積聚之不可緩也。霸若昆吾、大彭、豕韋也。

生十殺一者物十重，生一殺十者物頓空。十重者王，頓空者亡。

【集注】孔晁云：生多到重，生少到空。（二「到」字丁宗洛均改「則」。）潘振云：物十重者，物數足也。物頓空者，物遽盡也。○陳逢衡云：此節專指庶物説。十重，謂有十倍之孳息。頓空，謂竭澤而漁，則明年無魚也。孔注到重、到空，大錯。

兵强勝人，人强勝天。能制其有者，則能制人之有；

〔彙校〕《治要》無「則」字。下句同。

〔集注〕孔晁云：勝天，勝有天命。（下「勝」字丁改「謂」，朱從。）○潘振云：言兵强人强，在乎能制其有。○陳逢衡云：兵勝人以力，人勝天以德。制其有以制人之有，謂我有土地而我自闢之，我有人民而我自植之，我有庶物而我自蕃息之，則天下之有皆其有矣，言能大一統也。○唐大沛云：人强勝天，疑即人力回天意。能控制己所有土地人民，則能先制人。

不能制其有者，則人制之。

〔集注〕孔晁云：術自取之。○陳逢衡云：不能制其有，則不患土多即患人多，而國非其國矣，焉得不受制於人哉？

令行禁止，王始也。

〔彙校〕「王」下《治要》有「之」字，朱據補。○盧文弨云：王始，疑是「王治」。○王念孫云：王始也，本作「王之始也」，「王」讀「王天下」之王。令行禁止則可以王天下，故曰令行禁止，王之始也。上文曰：「能制其有者則能制人之有」，即是此意。今本脱「之」字，則文義不明。《羣書治要》正作「王之始也」。○潘振云：令，如發政安帑之類。

禁，如非時不取是已。蓋爲治之初，且因天地自然之利，而樽節愛養之，故令之而民行，禁之而民止，王道之始也。○陳逢衡云：令行禁止始於王，謂一人首出，權肇於上也。○丁宗洛云：王始，言自王爲始，所謂君者，出令者也。

出一曰神明，出二曰分光，

〔**集注**〕孔晁云：政有二名，分君之明。光亦明也。（盧文弨云：「名」字趙改作「臣」。陳逢衡云：「二名」當作「二門」。《管子·明法》曰：「政不二門。」《左·昭十三年傳》：「晉政多門。」）○潘振云：出政有四等：神明者，純乎忠信，人所不測，所謂誠者天之道也；分光者，學乎忠信，髣髴神明，所謂誠之者人之道也。○陳逢衡云：出一曰神明，威福獨御也。《管子·心術》曰：「獨則明，明則神矣。」出二曰分光，言君不能獨理，則分其任於臣也。○朱右曾云：此言威柄不可下移也。

出三曰無適異，出四曰無適與。無適與者亡。」

〔**彙校**〕唐大沛云：異，疑當作「翼」，輔也。言無專主輔政之人也。○劉師培亦云：「異」當作「翼」。適訓專主，翼與對文，翼即《書·益稷》「汝翼」之翼，猶言無專輔也。孔注非。

〔**集注**〕孔晁云：君臣無適異，民無適與，不亡何待也？（唐大沛云：「君」字疑衍。）○潘振云：適，善也。無適異者，不勉乎忠信，無善可異，則愚柔之主也。與，許也。無適與者，全失其忠信，無善可許，則暴虐之君也。○陳逢衡云：無適異，謂政出多門，國有異政也。無適與則一國三公，吾誰適從矣？黨與各立，君如守府，則不待襄伐圍竭，而分崩立見矣。○唐大沛云：適，專主也。與，猶從也。○朱右曾云：適，丁歷反，主也，專也。

逸周書彙校集注卷三

柔武解第二十六

〔集注〕潘振云：柔，服也。以德服人，不尚兵力，是柔武也。文王既没，武王即位而作此解，故次之以《柔武》。○陳逢衡云：此篇用意專以内治爲要，内治勝則外侮服，故曰柔武。○丁宗洛云：柔應即懷柔之柔。

維王元祀，一月既生魄，王召周公旦曰：「嗚呼！維在文考之緒功，

〔集注〕孔晁云：此文王卒之明年春也。○潘振云：《竹書》帝辛四十二年，周武王元年。一月，商正建丑之月也。緒，業也。國功曰功。○陳逢衡云：古者生曰父，死曰考，曰文考，則文考既崩可知。曰惟王元祀，則武王即位改元，未嘗上冒先君之年又可知。凡《書序》之十一年、《泰誓》之十三年，皆從武王即位起數，而大祥伐紂之誣，不待辨而自明矣。○唐大沛云：在，察也。○朱右曾云：據此可知《史記》、《漢書》謂武王不改元之謬。緒，謂未竟之業。○劉師培云：此爲武王元年，即文王受命十年，距入甲申統五百一十八年，積月六千四百零六，閏餘十六，積日一十八萬九千一百七十四，小餘五十八，大餘五十五，得戊寅爲正月朔。

維周禁五戎。五戎不禁,厥民乃淫。

【集注】孔晁云:此成周也,而謂之戎,言五者不禁,戎之道也。○潘振云:五戎,言五事可以致寇者。淫,邪也。○陳逢衡云:此戎字作戎兵解,不作戎狄解。據下文,五者不距自生戎旅,與《書》「唯口出好興戎」、《左傳》「有男戎必有女戎」同義,孔注誤。○丁宗洛云:戎,兵也,《書》曰「詰爾戎兵」是也。五戎,謂五項招戎之事,觀下文五者不距自生戎旅甚明。○朱右曾云:周,帀也。五戎,五者致戎之道。

一曰王觀幸時,政匱不疑;

【彙校】王觀,諸本作「土觀」,盧從。○孫詒讓云:此「幸」當作「韋」。《説文·韋部》云:「韋,相背也。」獸皮之韋可以束物,枉戾相韋背,故借以爲皮韋。此正韋之本義。經典多改爲「違」。韋時,言興土功違其時也。

【集注】潘振云:土觀,築土構屋,可以遠觀,時時幸往,政窮廢而不介意也。○陳逢衡云:有土而不務是謂土觀,不耕而望穫是謂幸時。匱,竭也。不疑,不憂疑也。國空無積則寇興,此召戎旅者一。○丁宗洛云:匱疑通潰。二句似言興築游觀,過時無度,政已潰敗,彼尚不疑也。○唐大沛云:土觀,當謂臺觀,説見《程典》篇。幸時,因時遊幸也。○朱右曾云:興土功築游觀,徼幸於閒暇之時。○劉師培云:「疑」讀爲「䰳」,「不疑」猶云一定,謂政無定制也。

二曰獄饑刑蔽,奸吏濟貨;

【彙校】丁宗洛「刑蔽」改「蔽刑」,云:「貸」宜照注作「貨」。

〔集注〕孔晁云：濟貸，成其貨也。（孫詒讓云：注「貨」亦當作「貸」。《大戴禮記·千乘篇》云：「以財投長曰貸。」）○潘振云：獄讎者，民有讎怨，爲報讎者致人於獄。刑蔽者，情有遮隔，爲矯詐者致人於刑。此奸吏所以成其貨也。若假貸然，假不反矣。○陳逢衡云：獄以讎興則刑罰蔽，故奸吏得以濟貸，《吕刑》所謂惟貨是也。民虐無告則民叛，此召戎旅者二。○唐大沛云：獄讎，猶言獄貨。讎，售也，謂鬻獄也。刑蔽，謂刑蔽於私也。濟貸，謂濟其寬貸而得貨。○朱右曾云：蔽，罔；濟，成；貸，忒。

三曰聲樂□□，飾女滅德；

〔彙校〕闕處丁疑「損神」，唐疑「溺志」，朱駿聲補「亂惑」。

〔集注〕潘振云：聲樂，音樂。飾女，麗後宫之華飾。色爲伐性之斧，故滅德。○陳逢衡云：聲樂以溺耳，飾女以溺心，蠱惑多端，變生肘腋，此召戎旅者三。○唐大沛云：後宫飾女則好色不好德，而廢滅有德者。

四曰維勢是輔，維禱是怙；

〔彙校〕維禱是怙，鍾本作「根本已摇」。

〔集注〕孔晁云：輔，□；怙，恃。（盧文弨云：「輔□怙恃」，疑當作「輔勢怙禱」。陳疑空方是「助」字，丁疑是「附」字。按：此注原在目五下，今移此。）○潘振云：勢，有權力者。如晉假道以伐虢，虞公許之，是助勢也。禱，求福之祭。如神降於莘，虢公請命，神賜之土田，是恃禱也。○陳逢衡云：輔勢者必慢賢，怙禱者多務鬼，威福失馭，民神雜糅，此召戎旅者四。

五曰盤游安居，枝葉維落。

【集注】孔晁云：盤游、安居，皆害之術。○潘振云：盤游，久游；安居，晏處，好逸樂也。枝葉，指衆政。落，隕也。○陳逢衡云：盤游安居枝葉維落，如太康盤游無度，五子用失乎家巷是也。不能亢身，焉能亢宗？則奸人乘隙矣。此召戎旅者五。○朱右曾云：盤，樂也。枝葉維落，言臣民解體。

五者不距，自生戎旅。

【彙校】朱駿聲本「自」作「㠯」，云：「自」當作「㠯」，故書作「目」，亦非。○劉師培云：《文選·王融曲水詩序》李注引作「五戎不距，加用師旅」，「用」與「以」同。蓋謂五惡不絕，則爲師旅所加也。所據當非孔本。

【集注】潘振云：距與拒通。國必自伐而後人伐之，故曰自生戎旅。○陳逢衡云：距，絶也，去也。○唐大沛云：不拒絶五者，戎旅自我召也。

故必以德爲本，以義爲術，以信爲動，以成爲心，以決爲計，以節爲勝。

【彙校】盧文弨云：以成，趙疑「以誠」。

【集注】孔晁云：言以德爲本，以節爲勝，距戎之本也。（盧文弨云：但舉首末兩語，亦有訛，當作「言以德爲距戎之本也」。）○潘振云：德之宜於事者爲義。術，法也。德之孚於人者爲信。動，感動敵人也。德之有樹立爲成。心者，人之神明所以具衆理而應萬事者也。德之有果斷爲決。計，謀也。德之有限制爲節。勝，勝敵也。此爲拒戎端其本也。○陳逢衡云：以德爲本，自修也。以義爲術，正人也。術，路也。以信爲動，不貳也。以成爲心，慎終也。

以決爲計，尚斷也。以節爲勝，知足也。○唐大沛云：德以修身，義以制事，信以接物。以成，言同事居心。以決爲計，計事有決斷。以節爲勝，勝在有節制。○朱右曾云：成，成其功也。

務在審時，紀綱爲序，和均□里，以匡辛苦。

【彙校】闕處丁、唐、朱均補「道」字。

【集注】孔晁云：匡，正也。辛苦，窮也。○王念孫云：匡，救也。説見《文酌》篇。○潘振云：務在，事在也，包下文而言。審時者，春違其農，夏食其穀，秋取其刈，冬凍其葆。此勝敵之事也。既勝之後，事有紀綱。如《允文解》「收武釋賄」以下二十言是紀，其綱則周行也。和平其里，匡救其窮。○陳逢衡云：務在審時，不妄舉也。紀綱爲序，内治嚴也。辛苦，指百姓，即《文傳》所謂孤寡辛苦也。○唐大沛云：相時而動，師出以律。道里遠近，計日而行，不迫促不參差也。戎行辛苦，有以匡救之。

見寇□戚，靡適無□。

【彙校】王念孫云：「無」下闕文當是「下」字。○丁宗洛云：似當作「見寇興戚，靡敵無安」。○唐大沛「戚」上補「奮」字，「無」下從王補「下」字。○朱駿聲「戚」上補「心」，「無」下補「侮」。

【集注】王念孫云：「適」與「敵」同，「無」猶不也。○潘振云：見敵國之外戚，無善不賚，皆所以收其心也。○唐大沛云：戚，斧也。奮戚，猶言奮戈，勇往之意。

勝國若化，不動金鼓，善戰不鬬，故曰柔武。

〔集注〕潘振云：善戰，謂廟勝。不鬬，不假威力也。〇陳逢衡云：勝國若化，見《小明武解》。善戰不鬬，即善陣不鬬，見《大武解》。不動金鼓，謂不戰而屈人之兵也。光武曰：「吾取天下，以柔得之。」此柔武之道也。〇唐大沛云：不動金鼓，不交兵也。柔武，以柔克剛也。

四方無拂，奄有天下。

〔彙校〕奄，元刊本、趙本、吴本作「掩」。盧文弨云：宋本作「掩」。又引謝云：當作「奄」。

〔集注〕孔晁云：拂，違也。言威也。（威，程本、鍾本、王本作「感」，盧從。「言」上丁增「無拂」二字。）

逸周書彙校集注卷三

大開武第二十七

〔彙校〕開武，《史略》作「武開」。〇孫詒讓云：《史略》作《大武開》，下篇亦作《小武開》，則高所據本兩「開」字並在「武」下。以文義校之，高本是也。《序》云：「武王忌商，周公勤天下，作《大、小開武》二篇。」（亦當作《大、小武開》，因篇名誤倒，校者並以改《序》耳。）是此二篇皆武王開告周公之言，（此書凡以「開」名篇者，並取詔告開發之義。《皇門》篇云：「維其開告於予嘉德之説。」）故以「武開」名篇，而以大小分題，且以別前《大開》、《小開》二篇爲文王之言也。（《序》云：「文啓謀乎後嗣以脩身敬戒，作《大開》、《小開》二篇。」）又前文王之書謂之《文開》，（此篇今佚，《序》云：「文王卿士諗發教禁戒，作《文開》。」可推其義。）後成王之書謂之《成開》，（《序》云：「成王元年，周公忌商之孽，訓敬命，作《成開》。」）諸篇名義並同，可以互證。（前《大明武》、《小明武》二篇皆論武事，非武王書也，與此二篇不同，不足取證。）

〔集注〕潘振云：大，謂廣大其義也。王既作《柔武》，而又訪之周公，乃大通其武而告之，故次之以《大開武》。〇陳逢衡云：是時紂忌周愈甚，武王難之，故有其落若何之問。十淫，指商俗。武周兢兢爲念，則牧野之事已不待甲子而決矣。故心戰在乎自修，廟勝在乎能戒。

維王一祀二月，王在酆，密命。

〔彙校〕《史略》「二月」作「十有二月」，「密命」上有「聞」字。○孫詒讓云：以注推之，疑孔本亦作「聞密命」，今本誤脱也。○劉師培云：據孔注，似正文作「聞密謀周命」，今本所脱匪僅「聞」字。○朱右曾云：前篇云元祀，此不應云「一祀」，且距伐紂時尚遠，或是「十祀」之訛。下篇倣此。

〔集注〕孔晁云：密人及商紂謀周大命。○盧文弨云：密如「君不密」之密，注以爲密人，非也。○潘振云：一祀，即元祀。時武王未遷鄗，故在酆。有祕密之命也。○陳逢衡云：紂辛三十二年，西伯率師伐密。三十三年，密人降於周師，遂遷於程，密於是年已滅。《路史·國名紀》：「密，文王伐之，《詩》云密人不恭者，事見《周書》。蓋與紂有謀周之意。」其誤亦因孔注，總之不知武王時已無密，故輾轉滋誤如此。密命，謀不外泄之謂。○劉師培云：是年二月朔爲戊申。又案《漢書·地理志》謂安定郡陰密爲《詩》密人國。《詩·大雅·皇矣》：「密人不恭。」毛傳云：「國有密須氏，侵阮遂往侵共。」《尚書·西伯戡黎·序》孔疏引伏生《書傳》謂文王受命三年，伐密須。《吕氏春秋·用民篇》亦言密須之民自縛其主而與文王。蓋密即密須，（《元和郡縣圖志·關内道三》謂靈臺縣西陰密故城，即古密國地。）雖爲文王所伐，其國未滅，武王即位，因復即商。（《説苑·指武篇》謂文王遂伐密須滅之，係傳聞之異。）孔説當有所本，（密須之密至共王時始滅，詳陳奂《詩毛氏傳疏》。）盧、陳、朱三氏均斥孔説，未必然也。

訪於周公旦曰：「嗚呼！余夙夜維商，密不顯，誰和？

〔彙校〕陳逢衡云：誰和，疑是「維和」，言我君臣當一心一德以自警戒也。○劉師培云：「不顯」上當有脱字。

〔集注〕孔晁云：言欲以毁送之商密。○盧文弨云：篇中無一語及密人。《序》云武王忌商，亦不及密。上云密不顯誰和，蓋云茲事密不顯，誰其與我合意者。注乃云欲以毀送之商密，聖人豈有此意哉？毀而儆懼，毀其足以亡人國乎？甚矣，注之謬也！○陳逢衡云：密，故不顯。○丁宗洛云：是時紂有疑周之心，武王懼喪其國，惟與周公慎密商量，不敢明告外人。誰和，猶言何道可以和之，使彼不疑也。如盧氏之説，則是武王圖商，機事不密矣，安足與論聖人心事乎？即《序》云武王忌商，亦追論之詞，不可泥。○唐大沛云：維，圖維也。誰和，誰則與我合志。或曰當作「誰知」。○孫詒讓云：密當讀爲毖。夙夜維商毖，猶《小開武》篇言余夙夜忌商也。和，讀爲桓，與宣同。言懲毖商人之謀，事不可顯佈，誰可宣告之者？此密與上文密命不同，孔皆訓爲密人固非，盧以二密皆爲君不密之密，亦未得其義。孔注「毀送」二字，亦疑有誤。○劉師培云：維當詁念。和當從《斠補》讀桓，與宣字同。蓋謂商密之惡未顯，思以毀言宣其惡也。

告歲之有秋，今余不獲，其落若何？」

〔**彙校**〕告，《史略》作「若」。○王念孫云：歲之有秋云云，乃取譬以明之，則「告」當爲「若」。下文「若農之服田，既秋而不獲，維禽其饗之」，即其證。「若」與「告」字相似而誤。（陳、丁二家從改）

〔**集注**〕孔晁云：和捐萬物，而商密欲擯我周，不得其落，恐將亡。（丁宗洛云：「和」當爲「秋」。）○盧文弨云：此蓋以田事爲喻也。後云秋而不獲，正是一意。○潘振云：言譬如歲之禾穀既熟，余不得其刈，將若之何？○陳逢衡云：獲與穫同，收也。落，如不殖將落之落。言當及時自勉。周文歸曰：「落，成也。言歲已有秋而我不得享其成。乃自反之意，非急於伐商。」○唐大沛云：及時不收穫，零落奈何？○朱右曾云：落，落實取材也。是時紂已疑周，周亦忌商矣。

周公曰：「茲在德敬。在周其維天命，王其敬命！

〔**彙校**〕在周，《史略》作「右周」。○孫詒讓云：下文云葛右有周，與此文正同。又案「德敬」疑當作「敬德」，讀「茲在敬德」句。○唐大沛云：「在周」周字疑是「君」字之訛。

〔**集注**〕孔晁云：言天命在周，當敬命而已。○潘振云：言此商之難，在敬德以禦之，天命在周，王其敬命而已。○陳逢衡云：德敬，即《召誥》所謂敬德。天命有德，敬德即所以敬命。○唐大沛云：言茲事在德，敬德在君，唯有德者能受天命也。

遠戚無十和，無再失。維明德無佚，

〔**彙校**〕無十，丁改「無干」，朱從。○陳逢衡云：「遠戚」上疑脱「無」字。施彦士曰：「十」疑「干」之訛。（唐並從）

〔**集注**〕孔晁云：所親近疎遠也。再失，爲復失也。（盧文弨云：「爲」當作「謂」。丁宗洛云：「也」當爲「者」。）○潘振云：遠去聲。遠戚，昏棄厥遺王父母弟不廸也。商王受遠其所親，無十人之和衷，一戎衣而即失其天下，不必至於再也。○陳逢衡云：李兆洛曰：「戚即四戚，和即五和，失則七失。」○丁宗洛云：無干，猶無生嫌隙意。○唐大沛云：言毋踈遠親戚，毋干犯祥和，毋一失復再失也。無佚，猶《書》言無逸，惟明德之君則然。○朱右曾云：干和，謂賞罰刑政之乖。再失，貳過也。佚，逸豫也。

佚不可還。維文考恪勤戰戰，何敬何好何惡？時不敬，殆哉！」

〔**彙校**〕陳逢衡云：「何敬」二字疑衍。○唐大沛云：何敬，「何」當作「祇」，涉下文而誤。○孫詒讓云：「還」當作

「還」，與「逮」同。

【集注】孔晁云：言一佚不可還，故念文王所敬。○潘振讀「戰戰何敬」句，云：戰戰，恐懼。時，指好惡而言。蓋明德可以無失，一失則不可復。思我文考恪恭勤敏，其所以恐懼者，果何所敬乎？民有好惡，何者所好，何者所惡？知民之好惡而不敬，國其危哉！○陳逢衡云：鍾本「維文考恪勤」句，「戰戰何敬」句，誤。佚，放佚；不可還，悔不可追也。恪，恭也。勤，勞也。戰戰，恐懼貌。何好何惡，猶言無有作好無有作惡也。時，是也。殆，危也。○丁宗洛云：不可還，猶後悔難追意。○唐大沛云：佚不可還，不敬則心放佚而難返矣。戰戰祗敬，小心翼翼祗敬厥德也。○朱右曾云：一日偷安，雖悔無及。何敬，言無所不敬。何好何惡，言無有作好作惡也。○孫詒讓云：佚不可還，言好安佚則事必有所不逮也。

王拜曰：「允哉！余聞國有四戚、五和、七失、九因、十淫，非不敬，不知。

【集注】孔晁云：言非不欲敬，而未知所聞，欲知之也。○潘振云：九因者，謂伐敵有由也。○陳逢衡云：四戚、五和見《大武解》，又見《小開解》。九因亦見《小開解》。非不敬不知，言予非不能德敬者，特不知四戚、五和、七失、九因、十淫之目，汝當明告朕，而啓以未聞也。

今而言維格。余非廢善以自塞，維明戒是祗。」

【集注】孔晁云：而，汝；格，至也。是祗敬之。○潘振云：善，指明德。廢則自障矣，惟周公明示戒警之言是敬也。○陳逢衡云：周文歸曰：「而，汝；格，法也。祗，敬也。謂汝言必衷於法度，予非廢善言以自塞其聰明者，惟汝明戒是敬也。」○唐大沛云：塞，閉也。○朱右曾云：塞，滿也。

周公拜曰：「茲順天。天降寤于程，程降因于商。商今生葛，葛右有周。

【彙校】陳逢衡云：「茲」下疑脱「在」字，猶上文言茲在德敬也。○俞樾云：「程」字不當疊。降寤於程、降因於商，皆天之所降也。若作程降因於商，則義不可通矣。「葛」字亦不當疊。孔注曰：「商朝生葛，是祐助周也」，可知所據本不疊「葛」字也。

【集注】孔晁云：言天寤周以和商謀，商朝生葛，是祐助周也。○盧文弨引趙云：降寤於程，蓋即指太姒之夢。○潘振云：茲，指明戒言。順天，順理也。其命維新，有因殷之勢，所以儆商也。葛，蔓延之草，喻紂惡也。○陳逢衡云：紂辛二十三年囚西伯於羑里，二十九年釋西伯，諸侯逆西伯歸於程，故《程寤》一篇即次於《程典》之後。寤有猛然驚醒之意。言我文考用晦而明，倍加惕勵，是天降寤於程以開我也。又於紂辛三十年西伯率諸侯入貢，紂悦其服事，因有得專征伐之命，而崇、密、耆、邘因以次第翦除，則是周日以大商日以衰，皆因於逆程之後，所謂程降因於商也。商今生葛，與「鞠爲茂草」同義。國穢不治，有銅駝荆棘之象焉。商之葛，周之福也，非助周而何？故曰葛右有周。凌曙曰：按生葛者，《詩》「葛生蒙楚」、「葛生蒙棘」，荆、棘一物也。《老子》：「師之所處，荆棘生焉。」商郊生葛，周之所以興也，故曰右周。《程寤解》太姒夢商庭産棘，葛生之兆也。○丁宗洛云：右與佑通。○唐大沛云：茲順天，茲惟敬順天命。○朱右曾云：葛，喻政亂也。言昔天寤周以夢，因商政已失，今商更淫戲自絶於天，是右助有周也。

維王其明用《開和》之言言，孰敢不格？

〔彙校〕俞樾云：「言」字亦不當疊。

〔集注〕孔晁云：可否相濟曰和。欲其開臣以和，則忠告之言無不至矣。○潘振云：開和之言，開導和衷之言。○陳逢衡云：《開和》，書名，又見《武儆解》，疑當在《九開》、《文開》、《保開》中，今亡。或曰：下文四戚、五和、七失、九因、十淫皆《開和》之言。○陳漢章云：《開和》，當如《開望》。

四戚：一、内同外，二、外婚姻，三、官同師，四、哀同勞。

〔彙校〕潘振云：内同外，當作「内同姓」。（丁改，朱從。）

〔集注〕潘振云：婦之父爲婚，壻之父爲姻。婦之父母壻之父母相謂爲婚姻。官，宦也。宦必有師，事師所以明道也。官皆如此，故曰同。哀，凶禮也。《大宗伯》凶禮有五，皆所以慰勞之也，故亦曰同。○陳逢衡云：勞去聲。内同外則恩無所私，外婚姻則情無所溺，官同師則法有所受，哀同勞則誼有所聯。四戚當與《大武解》參看。○朱右曾云：師，長也。同師，同僚也。

五和：一、有天維國，二、有地維義，三、同好維樂，四、同惡維哀，五、遠方不争。

〔集注〕孔晁云：以文德來遠。○潘振云：維，繫也。有天時之順，敵人必受其殃，故可以維國。有地利之順，戰守皆得其宜，故可以維義。同好，可以維繫人之安樂；同惡，可以維繫邦之凶禮。遠方與我無争。此皆人心之順也，故曰五和。○陳逢衡云：有天維國，順天出治也。有地維義，因地制宜也。同好維樂，樂生也。同惡維哀，哀死也。

遠方不爭，柔遠也。五和當與《大武解》參看。○唐大沛云：法天治國，因地制義。樂所好，哀所惡，不勤師於遠。○朱右曾云：得天心方能享國。資地之利以和義。同好惡，言人和也不爭。

七失：一、立在廢，二、廢在祇，三、比在門，四、謟在内，五、私在外，六、私在公，七、公不違。

〔彙校〕謟，盧校作「諂」。注同。

〔集注〕孔晁云：立所廢則功多，廢所敬則不見疑。□比謟近，公私於錯。公法不能違之所謂失。（「疑」以下丁訂作「暱比在朝，諂諛近已，公私差錯」。）○盧文弨云：趙云：「立在廢，立者在所廢也；廢在祇，廢者在所敬也。」注不可曉。○潘振云：立在廢者，立其所廢也，如衛立黔牟，王人救之，諸侯放之是也。廢在祇者，廢其所敬，如放黜師保，屏棄典刑是也。比在門者，親比在門之人，指閹寺而言。諂在内者，婦有長舌也。私在外者，嬖人在關塞也。私在公者，所寵之人，專任公事。公不違者，公事而莫之違。君日驕而臣日諂，未有不喪邦者也，故曰七失。○陳逢衡云：此七失俱指用人言。立在廢，立所可廢也。廢在祇，廢所可敬也。比在門，近親匿也，《易》曰「同人於門」，《詩》曰「瑣瑣姻亞」是矣。諂在内，蔽於讒也。《天官書》曰：「附耳搖動，有讒亂臣在側。」私在外，謂俾私人以權，如後世中貴典兵之類。私在公，以左右干預朝政也。公不違，則政在私門，惟命是聽矣。○唐大沛云：所立在應廢者，所廢在可敬者。比，偏黨也。諂，媚悦也。私在外，私人有權在外也。私在外，私人干與公政。公不違，公廷轉不敢違也。○朱右曾云：立即八柄之置也。私在外，外寵也。私在公，假公濟私也。

九因：一、神有不饗，二、德有所守，三、才有不官，四、事有不均，五、兩有必争，六、富有別，七、貪有匱，八、好有遂，九、敵有勝。

〔彙校〕德有所守，盧改「德有不守」。

〔集注〕孔晁云：此皆因其事而以誤彼國也。○盧文弨引趙云：因乃因利乘便之因，無誤彼國意。○潘振云：神有不饗，不敬不孝也。德有不守，顛覆厥德也。才有不官，君子在野也。政事不平，兩賢必争。國君侈富，別乎常制，則僭越也。貪貨賄，則匱竭人之財也。好有遂者，好暴從志。敵有勝者，如紂百克是也。○陳逢衡云：神不饗則天怒，德不守則人怨，才不官則職曠，事不均則令違，兩有必争則内叛，富有別則衆離，貪有匱則厚亡，好有遂則用奢，敵有勝則志滿。九者俱指敵國。因，謂因而襲之。○唐大沛云：神有不饗，不敬神；德有不守，不修德；才有不官，不舉賢；事有不均，不均勞；兩有必争，兩相争；富有別，殆不相合意；貪有匱，蓋謂多藏厚亡；好有遂，遂其嗜好；敵有勝，有時勝。○朱右曾云：不誠則不饗，命去則不守，用違其才則不官。事有難易簡繁，故不均。物莫能兩大，疑則戰，故必争。富有別，教之禮也。好有遂，天從民欲也。敵有勝，戰不正勝也。

十淫：一、淫政破國。動不時，民不保。

〔彙校〕盧文弨云：動不時民不保，《北堂書鈔》三十引作「民乃不保」。案下文句中皆有「乃」字，此處亦當從《書鈔》補。（陳、丁、唐、朱四家從補。）○劉師培云：淫政破國，《書鈔》三十引作「淫聲破國」。

〔集注〕潘振云：淫政，如春行夏令、秋行冬令之類，國不固矣。作事不以時，民不保其生也。○陳逢衡云：淫，過也。政謂紀綱。動不時，好爲紛更也。民不能，保刑罰亂也。○唐大沛云：政、征古字通，疑此亦當讀作征。蓋淫於征戰，動不以時，故足以破國，而民不保。若作政令解亦可通。○朱右曾云：政，賦斂徭役。

二、淫好破義。言不協，民乃不和。

〔集注〕潘振云：淫好，如好土功、好遊田、好貨色皆是。不宜好而好之，故破義。君命不合乎人情，民乃不順其所好也。○陳逢衡云：非所好而好之，故不合於義。言，謂號令。不能協衆，故不和。○唐大沛云：淫好，淫於嗜好。○朱右曾云：淫好，聲色犬馬之屬。協，協於義也。

三、淫樂破德。德不純，民乃失常。

〔集注〕潘振云：淫樂壞德音，君德不純，民乃失其恒性也。○陳逢衡云：淫樂破德，聲色溺則君德傷也。失常，謂民失其性。○唐大沛云：淫於佚樂則傷君德，德不全於上則下化之而民失其常性。

四、淫動破醜。醜不足，民乃不讓。

〔集注〕潘振云：淫動，如作丘甲、作田賦之類。衆不足於財，乃争競也。○陳逢衡云：動，舉動也。醜，恥也。恥不足則争奪起。○朱右曾云：動謂賞罰舉錯。破醜，不足以勸懲也。

五、淫中破禮。禮不同，民乃不協。

〔集注〕潘振云：聖人以五禮防民僞而教之中。似中非中，是謂淫中。禮不合，民乃不協於中也。○陳逢衡云：文質得宜謂之中。淫中則婚冠喪祭皆無適從，故不協。〇唐大沛云：過中失正，破壞禮法，不能同風俗，故民情不協。〇朱右曾云：淫中，傲惰也。〇劉師培云：中即《周禮・小司寇》「升中天府」之中。又《鄉士職》云：「士師受中。」後鄭注云：「謂受獄訟之成也。」《國語・楚語》：「左執鬼中。」韋注云：「執謂把其録簿。」是中爲簿籍。淫中者，猶云奇衺之則也，故下云破禮。〇于鬯云：中蓋讀爲用。《說文・用部》云：「用，從卜從中。衛宏說。」而戴侗《六書故》引宏說云中聲。蓋中即以義兼聲，故中、用可通借。《書・大誥》言「卜用」，即卜中也。《高宗彤日》篇云：「民中絶命」，謂民用絶命也。淫中即淫用。蓋行禮不可無費用，而過用又適所以破禮，故曰淫用破禮，義至明曉。若讀中如字，不可解矣。或疑下文言淫巧破用，此中既讀爲用，似不宜兩出用字，而不知淫巧破用、淫用破禮，義正相成，無害也。即如上文既言動不時，而又言淫動破醜，明兩出動字也，豈有害乎？

六、淫采破服。服不度，民乃不順。

〔集注〕潘振云：淫采，閒色不正。服非法度，民乃不循用其正色也。〇陳逢衡云：采，繪畫也。淫采，則用非其色。不度、不順，如齊桓公好紫，一國皆服紫是也。〇唐大沛云：淫於華采，服色不度，故民不順從。〇朱右曾云：淫采，閒色不衷之服。

七、淫文破典。典不式教，民乃不類。

〔集注〕潘振云：造作文字以壞經典，典不用教，民乃不善也。〇陳逢衡云：文，文書。典，典則。奸吏舞墨則舊章壞，故典不式教。式，法也。類，謂比式。〇朱右曾云：淫文，巧言深文，變亂舊章。式，用也。

八、淫權破故。故不法官，民乃無法。

〔集注〕潘振云：淫權，如唐陸贄《論兩税之弊疏》：「舊制賦役之法曰租庸調，建中初，再造百度，而遽更其法，每州取代宗時一年科率最多者，以爲兩税。」舊章不爲法於官，民無良法也。○陳逢衡云：權者一時之宜，故成憲也。事無定格，則官無法守而百姓疑。○唐大沛云：權謂權宜。屢有權宜而不得中，則官不遵成憲而民無法守。○朱右曾云：權，權勢。故，典故。

九、淫貸破職，百官令不承。

〔彙校〕丁宗洛云：「貸」疑「貣」訛。「貣」，古賦字也。○孫詒讓云：貸與《柔武篇》「姦吏濟貸」義同。以上下文例校之，「百官」上當有「職不□」三字，今本脱之。○劉師培云：「貸」當作「貳」，即《周禮·太宰》「立其貳」之貳也，貳謂屬官羣吏。淫貳者，吏之姦邪者也，故下云百官令不承。（《管子·七法篇》「姦吏傷官法」，與此同。）

〔集注〕潘振云：淫貸，如王莽貸民以財，使治産業，計赢受息。壞民之九職，百官之令民弗奉也。○陳逢衡云：貸，假貸也。淫貸則寵賂章而侵濫衆，故破職。令不成，不奉法也。○丁宗洛云：職則九職任萬民之職。○唐大沛云：貸當與代同，更代也。官職不時更代，故官不承令。○朱右曾云：以名器假人則無以勸功，故令之而不承。

十、淫巧破用。用不足，百意不成。

〔彙校〕淫巧，丁宗洛本作「淫功」。○潘振云：淫巧，則常用之器不售。造作者少，故用器不足，而百工之生意不成也。○陳逢衡云：淫巧，作奇技也。破用則財匱而庶務廢，故百意不成。意，藝也。○唐大沛云：作爲淫巧則破財用，故財匱而庶務廢。○朱右曾云：淫巧必費財，財匱則事不成。○朱駿聲云：「意」讀爲「事」。○孫詒讓云：朱説近是，後《寶典》篇云：「心私適慮，百事乃僻。」

嗚呼！十淫不違，危哉！今商維茲。

〔集注〕孔晁云：言商紂所行，如此十者之所蔽。○潘振云：違，去也。言十淫不去，其國必危。商王所行，維此而已，是可鑒也。○朱右曾云：維，去也。

其唯第茲命不承，殆哉！

〔彙校〕茲命，趙本、鍾本、王本作「茲念」。第，朱右曾本作「弟」。○劉師培云：「弟」當作「夷」，形聲相近而訛。○陳逢衡云：此九字疑有脱文。或曰：「第」字當作「商」，言商紂有此失德，而我不能順天受命，是背福而安禍矣，故殆。

〔集注〕孔晁云：不奉天命則危殆也。（不奉，盧本作「不率」。）○潘振讀「其唯第茲」句，「命不承」句，云：其維分次第而言此十淫。天命不奉，豈不殆哉？○丁宗洛上七字作一句讀。○唐大沛讀同潘，云：其唯第茲，似謂商豈惟但如此也，且不能承天命，故危。○朱右曾云：弟，次弟。天將以周繼商，宜益敬德以承之。○劉師培云：「夷茲命」者，即《尚書·甘誓》「勦絶其命」也。蒙上今商唯茲，言謂商德若此，當夷其命。「不承」爲句，「殆哉」爲句。承即《商誓解》「承天命」之承，謂不承其命，將危殆也。

若人之有政令，廢令無赦，乃廢天之命？ 訖文考之功緒，忍民之苦，不祥。

〔集注〕孔晁云： 廢政令，罪不赦，而乃廢天命，□父之業，忍民患，是不祥也。（闕處王本作「與」，丁宗洛據文義補「絶」。）○潘振云： 若有政令於人，不從令者，有刑無赦。不然，廢天之命，以及文考之國功世業，見民之苦而忍之，其不善孰甚焉？ ○陳逢衡云： 言人君出令而民不從，則廢令者罪無赦，今乃廢天之命而不成，棄父之業而不終，忍民之苦而不救，則當反受其咎矣，故不祥。 此申言兹命不承之害也。

若農之服田，務耕而不耨，維草其宅之，既秋而不獲，維禽其饗之，人而獲飢，去誰哀之？」

〔彙校〕去，盧訂「云」，丁訂「夫」。○盧文弨云： 不獲，沈改「不穫」。○陳逢衡云： 「饗」當作「食」，與「宅」叶，注作「獸食」可據。

〔集注〕孔晁云： 草居之，是農不修也。 獸食之，是飢也。 已自取之，是時矜之，父業之遵。（盧文弨云： 「是時」疑當作「有誰」，「父業」上疑有脱文。 丁從改「有誰矜之，是棄父業之遺也」。 唐大沛云： 「獸」當作「禽」，「父業之遵」疑當作「言父業當遵」。）○盧文弨云： 蓋即肎播、肎穫之意。 周公欲武王纘承文考之功緒也，王是以拜受其言。 ○潘振云： 譬如農夫有事乎田，起土而不去草，則草居之； 既成熟而不刈，則禽食之，人而得飢，其誰哀之？ 十淫之不可不去如此。○陳逢衡云： 此亦申言兹命不承之害也。 獲與穫同。 服田而不耨、既秋而不獲，皆自貽之咎，以此獲飢，其誰哀之？ ○唐大沛云： 耨，芸草也。 ○朱右曾云： 服田，力田也。 宅，如甲宅之宅，根也。

王拜曰：「格乃言。 嗚呼！ 夙夜戰戰，何畏非道，何惡非？ 是不敬，殆哉！」

〔彙校〕陳逢衡云：「何惡非」下疑有空圍，後人傳寫脱去，遂與「是」字接連矣。是不敬，猶上文「時不敬」也。〇俞樾云：「是」字連「不敬」讀，則「是」上闕一字明矣。

〔集注〕孔晁云：王乃以周公言爲至，故拜也。〇潘振云：是，指十淫。〇陳逢衡云：言，即所謂開和之言。夙夜戰戰，法文考也。道心惟微，故可畏。

逸周書彙校集注卷三

小開武解第二十八

〔彙校〕開武，《史略》作「武開」。孫詒讓云：當從《史略》作「小武開」。

〔集注〕潘振云：小，承大而言。武之分見者，亦以備商難也。周公通之以告武王，故次之以《小開武》。○陳逢衡云：是篇與《洪範》相表裏，蓋天人合一之學，周公所得於文考者也。時紂爲長夜之飲，舉國不知甲子，其沈酗至矣，而紂猶曰吾有命在天。嗚呼！紂之言天，與桀言日同，其不自速其亡者鮮矣，故三極、五行、九紀周公以爲告。○丁宗洛云：此二篇不言武事而皆以武爲名，蓋追述武王之武烈也。曰「開武」者，卜世三十，卜年七百，皆由此武烈開之也。曰《大、小開武》者，隱然與文王之《大、小明武》相配。

維王二祀一月既生魄，王召周公旦曰：「嗚呼！余夙夜忌商，不知道極，敬聽以勤天下。」

〔彙校〕天下，元刊本、《史略》引同，餘諸本作「天命」，盧從。○孫詒讓云：天命，《史略》作「天下」。考《序》云「武王忌商，周公勤天下」，高引似與彼文相應，但審校文義，究以作「天命」爲長。高本疑涉《序》而譌。又案「敬聽」，疑當作「敬德」。上篇云「周公曰兹在德敬（亦當作「敬德」），在周其維天命」，可與此互證。

〔集注〕潘振云：忌，戒也。道極，道之至善也。敬聽，謹聞《大開武》之言也。勤，勑也。○陳逢衡云：二祀，紂辛四十三年。忌，畏也。畏商，恐其圖己。不知道極，猶言不知所處也。敬聽以勤天命，則修身以俟耳。○丁宗洛云：忌商，當作驚忌之忌，非妬忌之忌也。○唐大沛云：王，武王也。道極，謂道之極至處。極，中也。敬聽汝言，庶有以勤奉天命。○朱右曾云：忌，惡也，惡其淫亂。○劉師培云：是年正月朔爲壬寅。

周公拜手稽首曰：「在我文考，順明三極，躬是四察，循用五行，戒視七順，順道九紀。

〔集注〕孔晁云：皆文王所行之。（丁移「之」字於「文王」下。劉師培云：「之」當作「者」，或脱一字。）○潘振云：在，察也。順，理也。是，直也。《博雅》直訓正。戒，警戒。視，教也。順道者，叙而治之也。紀者，記也，所以記事也。言察我文考，理明三極，身正四察，遵用五行，警教七順，叙治九紀，其勤如此。○唐大沛云：順明三道，三極之道順序明之。「是」當讀作寔。四察切於身，當寔辨之。五行相生相剋，循其序用之。七順無一可違，儆戒以視之。○朱右曾云：是，正；戒，警；道，由；紀，理也。

三極既明，五行乃常；四察既是，七順乃辨；明勢天道，九紀咸當；順德以謀，罔惟不行。

〔彙校〕陳逢衡云：「勢」字當作「執」。○丁宗洛云：浮山云「明勢」疑「明哲」訛。○朱右曾云：「勢」當爲「埶」，法也。

〔集注〕孔晁云：言化道大行也。○潘振云：罔惟不行，與「無思不服」相類。三極明，則五行乃得其常矣。有四察，然後知七順；四察正，則七順乃辨矣。至若明自然之勢於天道，所謂叙而治之也，則九紀皆合其宜矣。因總承上文，而言順君德以謀此，則人心皆從，無思不行矣。〇陳逢衡云：三極與五行相因，四察與七順相因，故錯綜言之。是，則也。九紀本乎天，故明執天道則九紀咸當。順德以謀，天德合也。罔維不行，人事從也。〇唐大沛云：明於天地人之道，五行之用乃安其常，不至汨陳矣。四察既寔究之，七順之理乃能辨析。九紀本乎天道，既明天道，所紀皆得其當。順天人合一之德以圖天下之政，無有不行者，所謂道極是也。

三極：一、維天九星；二、維地九州；三、維人四左。

〔**彙校**〕盧文弨云：四左，《成開解》作「四佐」。〇劉師培云：《玉海》二引作「四佐」，一百三十四引同。

〔**集注**〕孔晁云：九星，四方及五星也。四左，疏附、禦侮、奔走、先後是也。〇盧文弨云：惠云《文選注》引《周書》：「王曰：予不知九星之光。周公曰：日月星辰四時歲，是謂九星。」案《文選注》三十六所云乃九紀也。孔以經緯釋九星，甚當，他説皆不足取。上言文考，故注引《詩》爲釋。（陳逢衡云：九星乃三極之一，若九紀另是一項。《文選·任昉宣德皇后令》注所引當是《逸周書》亡篇中語。惠説本《困學紀聞·二》，然不足據。）〇潘振云：維，語辭。左，佐也。〇陳逢衡云：九星，謂九天之星，指二十八宿言。或曰即天璇、天樞、天機、天權、天衡、開揚、瑶光及左輔、右弼二星。維地九州，東南曰揚州，正南曰荆州，河南曰豫州，正東曰青州，河東曰兖州，正西曰雍州，東北曰幽州，河内曰冀州，正北曰并州。維人四左，與《武順解》心有四佐同，四佐指四枝，謂手足也。〇唐大沛云：盧云孔以經緯釋九星甚當，是也，五星爲經，四方朱雀、玄武、青龍、白虎各七星爲緯。九州，見《禹貢》與《職方》。四左，即王者之四輔。〇朱右曾云：九星正歲時，辨封域，察祲祥。九州奠山川，則土壤周知其利害。左，助也。《毛詩傳》

曰：「率下親上曰疏附，相道前後曰先後，喻德宣譽曰奔走，武臣折衝曰禦侮。」

四察：一、目察維極；二、耳察維聲；三、口察維言；四、心察維念。

〔彙校〕維極，丁改「維色」，云：以音訛。

〔集注〕孔晁云：四者當所必察真僞。（丁倒「當所」二字。唐大沛云：「必」字疑衍。）○潘振云：極，即三極。聞諸耳者爲聲，宣諸口者爲言，察之，可以知人之情實。心之所察，則惟罔克之念也。○陳逢衡云：目察維極，禦視於忽似也。耳察維聲，禦聽於怵攸也。口察維言，禦言於訖衆也。心察維念，禦思心於有尤也。○唐大沛云：極謂準極。念謂意念。○朱右曾云：四者審其邪正，《洪範》之明、聰、從、睿也。

五行：一黑，位水；二赤，位火；三蒼，位木；四白，位金；五黄，位土。

〔集注〕孔晁云：言其所順而勤。（順，鍾本作「慎」。盧文弨云：「勤」疑當作「動」。陳逢衡云：注與正文不合，當是「敬聽以勤天命」下注錯誤在此，仍宜作「勤」字。）○潘振云：位，謂位置之也，以五色位五行。水、火、木、金對待，土在中央，則生尅見矣。○陳逢衡云：此序五行與《洪範》同。水色黑，位在北方；火色赤，位在南方；木色青，位在東方；金色白，位在西方；土色黄，位在中央。詳見蕭吉《五行大義》。○唐大沛云：天一生水，故序居先。地二生火，故次之。天三生木，地四生金，天五生土。○朱右曾云：五行，九疇之首，位之所以修六府。

七順：一、順天得時；二、順地得助；三、順民得和；四、順利財足；五、順得助明;六、順仁無失;七、順道有功。

〔彙校〕盧文弨云:順得助明,謝云疑是「順助得明」。(丁從改,又云:「明」疑「朋」訛。)〇朱右曾云:當爲「順德助明」。

〔集注〕孔晁云:順天時,得天道。順道有功,得人功。〇潘振云:天理有盈虚,順之,故得進退之時。地勢有高下,順之,故得戰守之助。順民者,所欲與聚,所惡勿施,得民心之和也。順利者,如居澤利魚鹽,居陸利田蠶之類,財用足也。利令智昏,順得,故可以助明。仁者,人心之全德,順之,故德無闕失。道者,天下所共由之路也,順之,則協力者衆,故有功。〇陳逢衡云:順天得時,則四序正;順地得助,則百穀登;順民得和,則百族安;順利財足,則百藝作;順得助明,則九式均;順仁無失,則四方協;順道有功,則百度修。〇唐大沛云:七順蓋皆言用武之道。順寒暑之序,故得時;順山川之險,故得助;順民情所欲,故得和,《孟子》所謂人和是也;順資生之利,故財足,《論語》所謂因民之所利而利之也。「得」字疑古與「德」通。順得助明,蓋謂順承有德者則聽不惑,故可以助我之明。「仁」字疑當讀爲「人」,古字通。人謂在位之人,用武則將帥是也。將帥得人,故無失。伐暴安民,王師之道也。順王道,故有武功。〇朱右曾云:順利,因利也。助明,謂輔助者明,作有功也。

九紀:一、辰以紀日;二、宿以紀月;三、日以紀德;四、月以紀刑;

〔彙校〕月,程本作「旬」。〇陳漢章云:辰以紀日,此「日」爲「星」之壞字也。「星」本作「曐」,從晶,故字壞爲「日」。《管子·宙合篇》「夜有昏晨半星辰序,各有其司」,即此辰以紀星。宿以紀月,此「月」爲「貣」之誤字也。貣假爲忒,亦爲忒。《説文》:「忒,更也。忒,失常也。」《禮記·月令》「宿離不貣」,貣亦貣之誤字。此文宿以紀貣,即紀宿離也。

字誤作「月」，與下文月以紀刑複矣。

〔集注〕孔晁云：日月之會曰辰。甲乙十者，於四方以紀日。宿次十二，紀十二月次。日爲禮，月爲法也。○潘振云：自娵訾以至玄枵，辰十二也。從亥右旋而至子，日次遞在焉，故可以紀日。星各止其所曰宿。每月各有昏旦中星，故可以紀月。日，實也，光明盛實也。君子終日乾乾，夕惕若，故紀德。月，缺也，盈則缺也。刑，法也。聖人作則，月以爲量，故紀刑。○陳逢衡云：以十二辰配十日而成六十甲，故曰辰以紀日。十二次以二十八宿得名，用紀十二月之躔離，故曰宿以紀月。日，陽也，故紀德。月，陰也，故紀刑。《管子·四時》曰：「日掌陽，月掌陰；陽爲德，月爲刑」，是也。○唐大沛云：九紀，本《洪範》五紀而增以四時。○朱右曾云：宿，次也，星紀至析木，月與日會之次也。日陽精，常實，故紀德。有眚則修德。月陰宗，有盈有闕，故紀刑。有眚則修刑。

五、春以紀生；六、夏以紀長；七、秋以紀殺；八、冬以紀藏；九、歲以紀終。

〔集注〕孔晁云：四時終則成歲。○潘振云：歲，越也，越故限也。終，成也。○陳逢衡云：春爲發生，故紀生；夏爲長嬴，故紀長；秋爲收成，故紀殺；冬爲安寧，故紀藏。紀，記也。

時候天視，可監。時不失，以知吉凶。」

〔彙校〕上二句陳逢衡删改爲「天視可監，候時不失」。○孫詒讓云：《小開》篇亦云「歲至天視」，與此義同。「可」字無義，疑衍。○劉師培云：《斠補》云「可」字疑衍，今考《小開解》言「何監非時」，疑「可監時」三字當作「何監非時」，「不失」上亦當有「時」字。

〔集注〕孔晁云：天視，言視天時。○潘振云：視與示同。欲知時候，則天之所示者可察也。時不失，言有常度也。合常度則吉，否則凶。○陳逢衡云：此占驗之義，《淮南·天文訓》丙子干甲子諸説，是以支干論吉凶；《春秋繁露·治亂五行篇》火干木諸説，是以五行論吉凶；《月令》春行夏令諸説，是以四時論吉凶。在《周禮》，則有馮相氏、保章氏之掌。○丁宗洛讀「時候天視」句，「可監時不失」句。○唐大沛讀上六字句，下七字句，云：監，察也。辰宿日月歲時不失其占驗之法可以知吉凶。○朱右曾云：三月爲時，五日爲候。視、示同。監時不失，兼三極、四察、七順言。

王拜曰：「允哉！余聞在昔，訓典中規。非時，罔有格言，日正余不足。」

〔彙校〕格言，諸本作「恪言」，盧從，引惠云：「恪」即古文「格」字。

〔集注〕孔晁云：謙以受。○潘振云：訓典，先王之書。中，合也。規圓，指天。時，即上文九紀也。不足，有所短也。言信哉，我聞在昔，先王之書，合乎天道，非天時，無有至言矣。余有所短，汝日正之也。○陳逢衡云：予聞在昔，聞自古先哲王也。《周語》：「脩其訓典。」《左傳·文六年》：「告之訓典。」杜注：「訓典，先王之書。」中規，中法度也。時，是也。非是，則不爲格言矣。

逸周書彙校集注卷三

寶典解第二十九

〔彙校〕丁宗洛云：鄭伯熊曰：《商書》「典寶」之作，其以祖宗之物所當寶，而無德則失，固亦不可常乎？《周書》有《寶典》篇，疑傳寫者顛倒耳。

〔集注〕潘振云：寶，貴也。典者，常經也。前既訪道極，道固君子之所貴，而以爲常經者也，故次之以《寶典》。○陳逢衡云：信以生寶，而生寶尤在知義。生仁，方爲子孫世守之器。四位，自脩也；九德，齊治也；十姦，用人也；十散，監敗也；三信，法天也。信能法天，則王者之大寶在是矣。

維王三祀，二月丙辰朔，王在鄗，召周公旦曰：

〔彙校〕三祀，《史略》作「二祀」。盧文弨云：《唐書》引作「元祀」。○陳逢衡云：此篇次於大小《開武》二篇之後，當作「三」祀爲是。○朱右曾云：三祀，《唐書·大衍曆議》引作「元祀」。今以周曆推之，武王元年，元餘四百九十二，天正己未朔，人正戊午朔，惟建午月爲丙辰朔耳。三年二月亦非丙辰朔，當闕疑。○孫詒讓云：《唐書·曆志·大衍日度議》引《周書》曰：「維王元祀二月丙辰朔，武王訪於周公。」一行所引月朔日名與此篇合，而云武王訪於周公，則又與《大開武》篇「維王一祀二月，王在酆，密命訪於周公旦」文相涉，疑一行偶誤記，參合兩文爲一也。○劉師培云「丙辰」乃「丙寅」之訛。是年距入甲申統五百二十年，積月六千四百三十一，閏餘十一，積日一十八萬九千八百一十二，無小餘，大餘十三，得丁酉爲正月朔，則二月朔爲丙寅。錢塘《述古録》謂二月當作七月，非是。

〔集注〕陳逢衡云：三祀，紂辛四十四年。施彦士曰：是年係中元五十八章第十六歲壬午。置距章首十五歲，平朔一百八十，加閏朔六，共一百八十六朔。以朔策乘之，得五千四九二日六八九四六四七二爲中積。中積加章首朔應五十一日八〇一〇七八六四。累除旬周，餘二十四日九四〇五四三三六，大餘命甲，得戊子日爲子月朔。加朔策三除旬周，餘五十三日〇八二三〇八九二。平朔在丁巳丑初三刻，定朔先數刻是爲丙辰。

「嗚呼，敬哉！朕聞曰：何脩非躬，躬有四位、九德；

〔集注〕孔晁云：言脩身以四位九德也。○潘振云：位，所也，指心而言。○陳逢衡云：何脩非躬則自治嚴。○朱右曾云：位所以立，德所以行。

何擇非人，人有十姦；

〔集注〕孔晁云：凡人所不能免者。○陳逢衡云：何擇非人則審官當。○朱右曾云：姦讀爲奸，亂也。

何有非謀，謀有十散，不圉我哉；

〔彙校〕丁宗洛云：「有」，宜是「舉」。

〔集注〕孔晁云：圉，禁也。○盧文弨云：圉讀爲禦。○陳逢衡云：何有非謀則庶務成。○朱右曾云：散，雜也。圉，困苦之意。

何慎非言，言有三信。

〔集注〕陳逢衡云：何慎非言則機事密。

信以生寶，寶以貴物，物周爲器。

〔彙校〕俞樾云：物周爲器，當云「物用爲器」，注文當云「用，用之爲器」，今作「周」者皆字之誤。

〔集注〕孔晁云：周用之爲器。○潘振云：周，備也。○陳逢衡云：寶以貴物，物周爲器，明信以生寶之義。言信之可貴，有如器周於用也。○朱右曾云：信者國之寶，凡所謂寶者以物之可貴。物周於用爲器。

美好寶物無常，維其所貴，信無不行。

〔彙校〕陳逢衡云：「美好」二字疑衍。

〔集注〕孔晁云：貴在周用。○潘振云：美、好皆善也。○陳逢衡云：寶物不如寶信，物無常寶，有貴有弗貴也。信無弗貴，故無不行。此言信之爲寶尤貴於物。○唐大沛云：人所貴斯寶之，寶無常也。○朱右曾云：天下美好之物不一，惟視其君之所貴重。若以信爲寶，則蠻貊可行，四海皆準。

行之以神，振之以寶，順之以事，明衆以備，改□以庸，庶格懷患。

〔彙校〕闕處趙本、程本、吴本作「曰」。○陳逢衡云：「患」當作「忠」，懷忠則止信之符。（丁亦改「忠」）○唐大沛云：「患」當作「惠」，以「惠」與「備」韻協也。「改」似「攻」字之訛。

〔集注〕孔晁云：言治實以器用。○潘振云：之，指信而言。事，九職之事。明，示也。備，成也。言行信以不測之神，作信以自然之寶，循信以生寶之事，示衆以成其信，改造以用其信，衆於是乎至於善矣。所以尊君親上，皆知思患而預防之也。○陳逢衡云：行之以神則用不滯，振之以寶則動有常，順之以事則令無弗達。庶，衆；格，至也。庶格，則豚魚之感。○唐大沛云：用則行之，至誠如神。振，收也。振之以寶，藏於身以爲寶。順之以事，順而施之以成其事。明衆，似謂示信於衆。○朱右曾云：神，慎也。振，動也。衆庶來歸，猶懷後患。

四位：一曰定，二曰正，三曰静，四曰敬。敬位丕哉，静乃時非。正位不廢，定得安宅。

〔彙校〕陳逢衡云：張惠言曰：「非」當爲「行」，注同。或曰：「非」乃「作」字之訛，與「宅」叶，亦通。○丁宗洛云：丕哉，疑是「丕承」；時非，疑是「時作」。

〔集注〕孔晁云：丕，大也。時非，待時不動。（陳引張惠言曰：「『不』當爲『而』。」丁宗洛云：「末句應是『時作，待時而動』。」）○潘振云：定，謂志有定向。敬位丕哉，言敬則心廣也。時非，言心待時不妄動也。廢，怢也，正心不驕泰也。定則有天理自然之安，無人欲陷溺之危，常在其中，而須臾不離也，故曰安宅。○陳逢衡云：定、静之説，開《大學》知止得止之先。敬位則能大。正位，凝命之象。不廢，不敗事也。定則無欲，故安宅。○唐大沛云：四位皆以心體言之。定，謂心有定向。正，謂心無偏私。定，謂心不妄動。敬者，小心翼翼之謂。時有，伺察之義，如《論語》

「時其亡也」。○朱右曾云：哉，始也。慎終於始。時非，待時而動。廢，失；宅，居也。

九德：一、孝。子畏哉，乃不亂謀。

〔彙校〕畏哉，丁改「畏義」。「子」上朱增一「孝」字。○俞樾云：「子」乃「孝」字之誤，鄭君注《禮》所謂壞字也。當讀曰「一孝(句)孝畏哉乃不亂謀」，猶下文曰「二悌，悌乃知序」，悌下疊悌字，則孝下必當疊孝字矣。

〔集注〕潘振云：言九者之德，一君能孝，則爲子者皆畏敬父母，乃不有悖亂之謀。○陳逢衡云：畏則懼辱親，故不亂謀。○唐大沛云：謀謂圖謀。子懼辱親，故守分而不敢亂謀。○朱右曾云：孝者必敬，敬畏必無亂謀。

二、悌。悌乃知序，序乃倫。倫不騰上，上乃不崩。

〔彙校〕下「悌」字丁改「弟」。○王念孫云：「騰上」當爲「上騰」，「騰」與「崩」爲韻，九德皆用韻之文。○陳逢衡云：「序乃」下疑脱「有」字。○朱右曾删一「上」字。劉師培亦云：崩、騰協韻，據注不當疊「上」字。于鬯云：此當讀「倫不騰」三字爲句，「上上」二字當作「不騰」，即承上複疊言之。

〔集注〕孔晁云：不騰，不越，不相超越。○潘振云：二君能悌，則人亦悌，乃知長幼之序，而不失其倫，故下不超越乎上，上不崩墜於下也。○陳逢衡云：騰上，猶言陵上。不崩，不替也。○唐大沛云：倫謂倫紀。○朱右曾云：倫，理次也。崩，墜失之意。

三、慈惠。茲知長幼。知長幼，樂養老。

〔彙校〕盧從謝墉删「兹」字,引謝云:「因上慈字而誤衍耳。」陳、丁二家又删一「知長幼」。○俞樾云:當作「三慈惠,慈惠知長幼」,「慈惠」下疊「慈惠」字,猶「孝」下疊「孝」字,「悌」下疊「悌」字也。「兹」字即「慈」之壞字,亦猶「子」字即「孝」之壞字也。

〔集注〕潘振云:慈,慈幼。惠,恤老。知長幼,一言管老幼,一言知養幼也。言君能慈惠管老幼,則民以此知養幼,樂養老矣。○陳逢衡云:慈以長幼,惠以養老。長幼者,使幼孤得遂長也。

四、忠恕。是謂四儀。風言大極,意定不移。

〔彙校〕唐大沛云:「四」疑「事」字之誤,又以聲同,又涉上句「四」字而誤。

〔集注〕孔晁云:儀,言也。(陳逢衡云:「言」當是「宜」之誤。丁宗洛據《太子晉》篇注改「善也」。)○潘振云:四君能忠恕,是謂四方之儀法,則其教言皆大中之極,故民心之所發,皆有定向而不遷也。○陳逢衡云:風言,無實之言。極,至也。意定不移,中有主也。戴清曰:「伊尹以辯言亂政,戒其君盤庚以度乃口,告其民義,與此合。」○唐大沛云:風當讀爲諷,即辨言也。似言忠以持己,恕以接物,是謂得事之宜,雖阻撓以諷我者極言不可,而本忠以行恕之道在我,既得其宜,故意定而不移也。○朱右曾云:四儀,四方所儀則。風言,流言;大極,已甚也。

五、中正。是謂權斷。補損知選。六、恭遜。是謂容德。以法從權,安上無慝。

〔彙校〕陳逢衡云:「以法從權」當緊接「是謂權斷」,「是謂容德」下疑脱一句。

〔集注〕孔晁云:選,數。慝,惡。○潘振云:法,度也。從,順也。五君能中正,是謂權變之斷制,不及者補之,太過者損之，知所擇也。六君能恭遜，是謂有德之容，民以君度可敬，而順其所行之權，下無覬覦，則安上而心無匿惡也。○陳逢衡云：中正，不偏倚也。權，權衡。斷，裁斷。選，擇也。補損知選，以就中也。恭遜，謙讓也。容德，猶德容也。安上全下莫大於禮，故無慝。○唐大沛云：中正不可執一，資權以爲斷，乃得中正之準。補損，猶言損益。○朱右曾云：權斷，謂權其中正而斷之。選，善也。補不足損有餘，以臻至善也。容德，有容之德。

七、寬弘。是謂寬宇。准德以義，樂獲純嘏。

【彙校】弘，王本作「宏」。

【集注】孔晁云：純，大也。嘏，大也。謂之大大之福。○潘振云：天地四方爲宇，人心廣大如之，故曰寬宇。准與準同，所以揆平取正也。七君能廣大，是謂寬宇，揆德以合宜之義，則樂得其福也。○陳逢衡云：准德以義則不失之姑息，故並受其福。○丁宗洛云：《詩》「純嘏爾常矣」，箋：「子福曰嘏。」此嘏字正宜依《廣韻》訓福，不必拘《爾雅·釋詁》之文。○唐大沛云：宇謂器宇。寬大之德准之以義，非姑息也，是以受福。○朱右曾云：恭遜寬宏，恐近優柔，故濟之以法義。

八、温直。是謂明德。喜怒不郄，主人乃服。

【彙校】唐大沛云：「主」字訛，或是「匡」字。

【集注】孔晁云：郄，間也。○潘振云：八君能温直，是謂明德，喜怒無罅隙之可議，敵人乃服也。○陳逢衡云：温，和厚也。直，正也。喜怒不郄，有常度也。主，如《周禮》「主以利得民」之主。○唐大沛云：郄與隙同。喜則温和，怒亦正直無偏私，故無間隙也。○朱右曾云：温直，温厚易直也。喜怒以理，故無間隙。主人，爲人主也。

九、兼武。是謂明刑。惠而能忍，尊天大經。九德廣備，次世有聲。

〔**彙校**〕次世，鍾本作「没世」。

〔**集注**〕孔晁云：長令有問。（盧倒「令有」二字。丁宗洛云：令問即令聞。）○潘振云：兼攝武事，善將將也。刑，軍刑。九君能兼武，是謂明刑，施恩惠以拯鄰民，能含忍而不黷武，有罪當討，天之大經，宜貴重而不可褻也。此九德者，君能廣備，則世世有令聞也。○陳逢衡云：惠而能忍，則非婦人之仁。經，常也。五刑之用皆奉天討以率天常，故曰尊天大經。九德廣備，總上文而言。○唐大沛云：兼武，兼用威武。《書》曰：「明於五刑。」能愛人者能惡人刑有罪，是能忍也。○朱右曾云：武，刑之大者。温直並行，天之大經。次世，猶言累世。○孫詒讓云：兼當讀爲廉。《官人》篇云：「有隱於廉勇者。」廉武，猶廉勇也。

十姦：一、窮□干静；二、酒行干理；三、辯惠干智；四、移潔干清；五、死勇干武；

〔**彙校**〕闕處丁補「慾」字，唐疑「約」字，朱駿聲補「虚」字，孫詒讓疑是「居」字。孫云：「《大匡》九則云『昭静非窮，窮居非意，意動於行，思静醜躁』，即此意。」○盧文弨引謝墉云：十姦，當作「十干」，古字姦作奸，奸與干通用，後人訛作姦。○丁宗洛《外篇》云：移潔，疑「狷潔」訛，蓋孤高絶物之意。《楚語》：「其心狷而不潔。」○酒，潘改「洒」。陳亦云：「酒」乃「洒」字之誤。○劉師培云：「酒」疑「涓」訛，草書形近。《大匡解》：「昭潔非爲，爲窮非涓，涓潔於利，思義醜貪。」涓行之涓蓋同彼。

〔**集注**〕孔晁云：實少而名多曰移也。○洪頤煊云：移即侈字。《考工記・梟氏》：「侈弇之所由興」，鄭注：「故書侈作移。」《儀禮・少牢饋食禮》「主婦侈袂」，《周禮・追師》鄭注引作「移袂」。移、侈古字通用。○潘振云：干與奸通。洒，高峻貌。言心本不静，而極致其安，是謂奸静；躬本無道，而高峻其行，是謂奸理；處事本無智，而辯論就順，是謂奸智；待物本不清，而遷移合潔，是謂奸清；無殺敵之武，而矢死於勇，是謂奸武。○陳逢衡云：洒行干理，謂洗滌其行以自表見。此飾外以欺世者。辯惠干智，謂敏給有口才而内無深識。移潔干清，如陳仲子避兄離母，獨居於陵之類。死勇干武，如暴虎馮河之類。○丁宗洛云：酒行干理，猶言過飲則喪德失儀也。惠通慧。移潔干清，蓋言跡潔而心汙，有清名無清實也。○唐大沛云：身居窮約者非甘心於窮約，必外趨幽静之名，故曰干静。《玉篇》：「理，正也，道也。」干理，蓋干方正有道之名。惠與慧通。辨惠干智，原無深識，而恃辯言小慧以干智者之名。移潔干清，矯爲廉潔以干清譽。死勇干武，原無武略，而勇於赴敵，雖死不悔，欲徒倖以干武功。○朱右曾云：惠讀爲慧，移讀爲侈。自多其潔，若陳仲子之類。死勇，期死也。

六、展允干信；七、比譽干讓；八、阿衆干名；九、專愚干果；十、愎孤干貞。

〔**彙校**〕劉師培云：專愚干果，「專」當作「顓」。《漢書》「專」均作「顓」，是其例。《法言・孝行》：「倥侗顓蒙」，注：「頑愚。」

〔**集注**〕孔晁云：十者皆不誠之行，故曰姦。○盧文弨引惠云：《外傳》「展而不信」，韋昭云：「展，誠也。」誠謂復言，非忠信之道。○潘振云：無孚民之信，而開展於信，是謂奸信；有譽則比黨之，以推讓於人，是謂奸讓；遇衆則阿迎之，以得名於世，是謂奸名；無決斷之才，而專擅自用其愚，是謂奸果；無貞正之德，而剛愎孤行己意，是謂奸貞。○陳逢衡云：展允則言必信行必果，蓋如尾生之類，故曰干信。《爾雅·釋詁》：「允，佞也。」郭注：「允，信也。佞人似信。」邵晉涵曰：「允訓爲信。又訓爲佞者，《逸周書·寶典解》云：『展允干信。』是允爲不信，反覆相訓也。」比譽干讓，比，阿比也，此互相標榜，以謙退弋名者。阿衆干名，猶所謂「違道以干百姓之譽」也。專愚干果，如宋襄公不擒二毛、不鼓不成列之類。愎孤干貞，如巢父、許由之類。諸言干者，爲其近似而亂真也，故官人者當善擇之。施彦士曰：「愚而自用，有似於果，如揠苗之宋人；不臣不友，有似於貞，如卻馬之華士。」○丁宗洛云：比譽干讓，言違道干譽，是有爭心。○唐大沛云：阿衆干名，阿諛衆人，使稱己之善。專愚干果，冥冥決事，自示果斷。愎孤干貞，性愎孑居，孤高自命，以示堅貞。○朱右曾云：展允，必信也。《國語》所謂復言不謀身也。比譽，競名也。阿衆，同流合污也。專愚，愚而自專也。愎諫者必孤立。

十散：一、廢□□□□行乃泄□□□□□□□

【彙校】「泄」下陳、丁、唐三家均增「二」字。丁云：止闕八字，未成句法，故增。○朱駿聲補作「一，廢法亂紀，事行乃泄；二，刱奇好異，政令乃滋」。

三、淺薄間瞞，其謀乃獲；

【彙校】潘振云：「乃獲」當作「不獲」。（唐疑同，云：「乃」字涉上下文而誤。）丁宗洛云：此句已見《酆保》篇，此處「獲」似當作「惑」。

〔集注〕孔晁云：間瞞不察，謂聽謀也。（聽謀，程本、趙本、吴本、王本作「所謀」。唐大沛云：作「聽謀」是。按：此注原在目五下，今移此。）○潘振云：閒，即遠閒親、新閒舊之閒。匿情相欺曰瞞。淺薄之言，相閒相欺，其謀不得也。○唐大沛云：其謀淺薄，其貌間瞞，此愚陋之人，與之謀事，安能有所獲哉。《荀子·非十二子篇》楊倞注：「瞞，閉目貌。」○朱右曾云：閒，私也。瞞，閉目之貌。獲，猶《淮南子》「不獲五度」之獲，誤也。

四、説咷輕意，乃傷營立；

〔集注〕盧文弨云：「説咷」當即「侻佻」，皆謂不厚重。○潘振云：輕意發之，乃傷毁謀爲與建立之事也。○陳逢衡云：説音悦，謂喜説。咷謂號咷。輕意，恣意也。言哀樂無定，則營立之事皆不得成就也。○丁宗洛云：乃傷營立，謂敗其所經營創立者。○唐大沛云：盧説是也，侻佻輕意者不能慎重其事，故謀之不威，而所營立者不成。○朱右曾云：説音脱，咷音挑。

五、行恕而不顧，弗憂其圖；

〔彙校〕唐大沛云：上句疑有訛誤，以韻讀之，似「顧」爲「顧」字之訛，「行恕」似「民怨」之訛。

〔集注〕潘振云：君當行恕，如以不願施於人，則人弗憂我之所謀矣。○陳逢衡云：行恕而不願，則不能喻諸人矣。憂，懼也。圖，謀也。○丁宗洛云：此蓋言與人而不肯行恕道，則其所圖謀者尚堪慮其成敗乎？○唐大沛云：弗憂所圖，謂不憂慮其所圖謀也。○朱右曾云：行恕不願，言與人不恕。

六、極言不度,其謀乃費;

〔彙校〕劉師培云:《書鈔》三十引作「無度」。○丁宗洛云:「費」似當作「廢」。蓋即《詩》「發言盈廷,誰敢執咎」之謂。

〔集注〕盧文弨云:極言不度,言汗漫也。○潘振云:至言不揆,忠告之謀損矣。○陳逢衡云:窮極其言而皆不合於法度,所謂言則非先王之法言也,故其謀乃廢。○唐大沛云:費,大也,謂大而無當。○朱右曾云:費,拂也,逆於理也。費音弗。《中庸》「費而隱」,《釋文》:「本作『拂』。」

七、以親爲疎,其謀乃虚;

〔集注〕潘振云:以親爲疎,至親之謀空矣。○陳逢衡云:以親爲疎,無腹心矣。其謀乃虚,無實用也。○唐大沛云:疎其所親而與疎者謀,必不以實告,故虚。

八、心思慮適,百事乃僻;

〔彙校〕思,元刊本同,餘諸本作「私」,盧從。

〔集注〕孔晁云:適,單也。(劉師培云:「單」疑「專」誤。按:此注原在目十下,今移此。)○潘振云:居心私曲而不中,圖慮安適以自便,百事偏矣。○陳逢衡云:「適」當讀如丁歷切,解如《論語》「無適也」之適。言心既處乎私,而所慮又膠固牢合,不通權變,故百事俱偏僻而不中。○唐大沛云:心不公而慮,專主於一,凡謀事必偏僻。○朱右曾云:適,專主也。心存固我,故僻而不中。○孫詒讓云:孔注未詳。適與謫通。盧適,言畏干譴謫,苟求自免，則百事多邪僻也。朱說誤。

九、愚而自信，不知所守；

〔集注〕潘振云：愚而自是其謀，不知所以獲國之道矣。〇陳逢衡云：愚而自信則搖動易，故不知所守。〇唐大沛云：自信必好自用，昧昧以謀，焉知所守？

十、不釋太約，見利忘親。

〔彙校〕劉師培云：《書鈔》三十引作「無親」。〇丁宗洛云：「釋」疑「擇」訛。

〔集注〕孔晁云：言二者皆散汝成。（二者，諸本作「十者」。）〇潘振云：太約者，道之大要，指仁義言。見利忘親者，子懷利以事其父，弟懷利以事其兄也，此皆謀之散失者也。〇丁宗洛云：約，要也。言凡事不擇其要而理之，則事不可成矣。〇朱右曾云：釋，解；約，要也。言不中竅要。

三信：一、春生夏長無私，民乃不迷；

〔集注〕潘振云：無私，溥偏也。不迷，不眩也。言信有三，一生長無私，民不眩於事。〇陳逢衡云：此以天道生殺喻人主之刑德。民乃不迷，遂其性也。〇唐大沛云：信即《中庸》所謂誠也。無私，無私心之偏愛。民知王者之德化如天地之無私，乃戴德而無所迷惑。

二、秋落冬殺有常，政乃盛行；

〔集注〕潘振云：二落殺有常，政盛行於世。○陳逢衡云：政乃盛行，不敢違也。○唐大沛云：王者法之，刑罰有常，是之謂信。法天地以爲政，政之所以盛行也。○朱右曾云：政法天以爲信。

三、人治百物，物德其德，是謂信極。

〔集注〕孔晁云：言其信至。（「至」下丁增「而物感也」）○潘振云：物德其德，人感其德也。三人治百物，感君之德，是謂信之至。○陳逢衡云：物德其德，則徧爲爾德矣。○唐大沛云：百物，兼人與物。人治百物，言盡人性以盡物性，使凡物無不得其所者，是以物物感王者之德而德其德。極，至也。○朱右曾云：信至而物感也。

而其余也，信既極矣。嗜欲□在。在不知義。欲在美好有義，是謂生寶。」

〔彙校〕闕處陳、唐疑「所」，丁補「何」，朱駿聲亦補「所」。○盧文弨云：「而其余也」四字趙疑衍。（陳、丁、朱從删。）○潘振云：「而其」二字，當在「有義」之上。○陳逢衡云：「有義」二字疑衍。

〔集注〕孔晁云：以義爲寶。○潘振讀「欲在美好」句，「有義」屬下句，云：言余也信既至矣，嗜欲何在？在乎不知制事之宜，惟知美好之物耳。而其有制事之宜者，是謂生天地之寶。○陳逢衡云：民不知義則美好無定，故王者示之以寶。○丁宗洛云：按此五句蓋言信既極而猶未能生寶者，嗜欲間之也。嗜欲之萌，皆由於不知義。若所欲在美好而合乎義，則寶自生矣。珠玉之寶待求而得，求且未必得，此寶祗在祖宗作則，故曰生寶。○唐大沛云：而、如古字通。如其者，設言之詞。心之嗜欲或有所偏，則昧干理而不知義，是誠與明不能兼至也。信是美好之物，而又濟之以義，是誠與明兩盡之道也。上文云信以生寶，此言生寶，仍指信言，但信中有義，爲權衡耳，非以義爲寶也。孔注非是。○朱右曾云：以義輔信，信乃可寶。好，呼報切。

周公拜手稽首興曰：「臣既能生寶，恐未有，子孫其敗。

〔彙校〕陳逢衡云：「臣」字疑衍，「有」下疑脱「義」字。○丁「照下層文法」移「臣」於「有」下，朱從。○唐大沛云：以下文例之，「有」下所脱當作「仁」字。

〔集注〕孔晁云：有□其心恐有寶，而子能有以致治也。（「子」下盧從趙增「孫不」二字。丁復於注首增「未」字，闕處補「臣」字。）○潘振云：言臣既能生寶，尚恐未有其寶，則子孫之業壞矣。○丁宗洛云：蓋言無賢臣以遺子孫，雖有典制，亦必敗也。○唐大沛云：興，起立也。臣既能生寶，亦設言之。「仁」與「人」古字通。子孫其敗，子孫無賢人之輔，行將敗其所寶。

既能生寶，未能生仁，恐無後親。王寶生之，恐失王會，道維其廢。」

〔集注〕孔晁云：會所當會之寶。○潘振云：後親，後嗣也。會，聚也。廢，墮也。既能生寶，未能生仁，人心離叛，恐無有後嗣也。王當以寶生其仁，惟恐失王會聚之皇極，蓋道當思其廢，則政無不舉，斯子孫無敗也。○陳逢衡云：恐無後親，仁不能佑之也。會，和會也。○丁宗洛讀「王寶生之恐失」句，「王會道維其廢」句。云：恐無後親，猶言恐後無親。王道會是朝諸侯之意，非必如《王會》篇言各獻寶物也，注誤。○唐大沛云：「仁」同「人」，下並讀作「人」。恐無後親，恐後來無可親信而任之者。○朱右曾云：王會，可王之機也。

王拜曰：「格而言！維時余勸之以安位，教之廣。

〔彙校〕唐大沛云：「廣」字下疑有脱字，或是「惠」字，與「位」字韻協。

〔集注〕孔晁云：安位，謂信有德。（德，諸本作「得」，盧從。丁改「謂位可保」。）〇潘振云：安位，各得其所。言至哉汝言，惟是余勸勉之，以各安其所。其爲教也，行之以神，振之以寶，順之以事，可謂廣矣。〇丁宗洛云：維時余勸，猶言維汝爲余勸也。安位，如《易》言「履帝位而不疚」。教廣，如《易》言「教思無窮」。〇唐大沛云：格，至也。而，汝也。時，是也。言信如爾言，余維是勸以安處其位，教以廣行仁政，庶幾有以得人而致治也。《易·繫辭》曰：「履信思乎順，又以尚賢也。」則此節之旨。

用寶而亂，亦非我咎。上設榮禄，不患莫仁。

〔集注〕孔晁云：言以榮禄禄□仁也，則用是榮人也。（闕處丁補「人」字，唐疑「賢」字。）〇潘振云：既能生寶，民用之而生亂，亦豈非我之過哉？爲人上者，設榮禄以選俊民，不患其不仁。〇唐大沛云：倘或以信義之寶用以治天下而天下不治，是天未欲乎？治天下而不生輔助之人也，其咎亦不在我。然上設厚禄以榮天下之士，不患莫人，猶言不患無人也。注皆以人言，則正文五「仁」字通作「人」可知。〇朱右曾云：安以四位則能擇人，教以九德則民興仁，又設爵禄以勸之，豈患無仁哉？

仁以愛禄，允維典程。既得其禄，又增其名，上下咸勸，孰不競仁？維子孫之謀，寶以爲常。」

〔集注〕孔晁云：言仁人以愛禄爲常法，則人皆競仁，欲愛子孫，謀此爲常。○潘振云：仁人愛禄，鄉舉里選，信爲常法。既得朝廷之禄，又增仁人之名，上以勸下，下以自勸，上下皆勸，誰不用力於仁乎？富所以宜教也。寶能生仁，當有以謀之，子孫維以此爲常也。○陳逢衡云：自「信既極矣」至此，大約言以信爲寶，而又當以義輔之，以仁守之，則子孫得所庇，而寶以爲常矣。○丁宗洛云：按舉直錯枉，愛禄也。能使枉直，則人皆競仁矣。○唐大沛云：仁以愛禄，人人以愛禄之故，各安其位，各盡其職所當爲。允，信；典，常；程，法也。允維典程，信能守此常法，凡爲臣下者既得厚禄又增榮名。上以禄勸下，下相勸以報上，孰不强於爲人者，而何患無人也？○朱右曾云：愛，惜也。擇仁而禄之，是愛禄也。賢臣迪哲記於功載，是得禄而又增其名。

逸周書彙校集注卷三

酆謀解第三十

〔彙校〕酆謀，元刊本、吴本及《史略》作「酆講」。孫詒讓云：當作「酆諜」。

〔集注〕潘振云：酆説見前。謀，議也。《寶典》以安國，此以禦敵也，故次之以《酆謀》。○陳逢衡云：謀於酆，告文王也。武王之時周日以盛，蜚廉、惡來之輩知必不免，則所云望謀建功，蓋勢所必至矣。興師循故，故後世不以咎周。

維王三祀，王在酆，謀言告聞。

〔彙校〕三祀，《史略》作「二祀」。「謀」，元刊本作「講」，吴本作「諆」。《史略》「謀言」作「講吉」。○孫詒讓云：惠云「謀」宋本作「講」，非。正文「謀」字，實當作「諜」，諜旁世字，唐人避諱作廿，與謀相似，古書多互誤。與下文諸謀字不同。宋本作「講」雖誤，然篇中諸謀字皆不作「講」，唯此字獨爲錯異（《史略》亦作「講吉告聞」），即其蹤跡之未泯者也。（盧校以其誤而不采，其錯異之跡遂不復可辨。）注當作「知敵情伺人間人曰諜」。《説文・言部》云：「諜，軍中反間也。」（今本注伺譌作向，間譌作問，曰諜譌作曰謀。盧復删去諜字，則又並其蹤跡而去之矣。下句亦當依舊本，盧校並誤。）孔義正與許合。若如今本作「謀」，則義甚易解，不煩如是詁釋矣。以情事求之，蓋紂微聞周謀，乃陰使諜間之，而諜轉以紂情告周，故云諜言告聞。下文云「謀言多信」，《史略》正作「諜言」。商諜來告之言，多可信也。通篇謀字甚多，惟此二謀字當作諜，自傳寫諜譌作講，淺人不解，遂妄改爲謀，並下文及注諸諜字而亦改之，不知其文義之必不可通也。盧校知注之有誤，而以臆刪改其文，使略可通，遂莫能得其譌互之跡。甚矣，校書之難也！

【集注】孔晁云：自文王受命，至此十年也。知敵情向人問人，日謀以紂聞酆謀告武王也。（盧刪上「謀」及「聞酆」三字，又云：「十年，趙云是十二年。」丁從改。劉師培云：「趙説是也，後儒宗文王受命七年而崩説，因刪二字。」陳逢衡云：「此當注於前篇『維王三祀』下。」）○潘振云：謀言，謂紂黨助虐，謀伐周之言也。告聞，諜告武王聞知也。○陳逢衡云：謀言，紂謀周之言，告聞於武王也。○唐大沛云：武王夙夜忌商，必密使人察商之動静，故人以紂謀周之言來告也。此伐紂前一年事。○朱右曾云：此距伐紂時尚有八年，云三祀疑誤。商謀伐周，人以其謀告武王。

王召周公旦曰：「嗚呼！商其咸辜，維日望謀建功。謀言多信，今如其何？」

【彙校】《史略》「商」上有「傷」字，「咸」作「成」，「日望謀建功」作「日望見功」，「謀言」作「諜言」，「如其」二字倒。○丁宗洛云：「如其」應倒。

【集注】孔晁云：言商君臣皆罪周，日望以周建功也。（鍾本、王本「以周」二字倒。）○潘振云：商王之黨皆罪周，如奄與五十國是已。彼日望商王謀周，以立武功，諜告謀言，多可信也。今如其何，謀所以禦之也。○陳逢衡云：據此，則周師之興，蓋亦不得已而應之者也。

周公曰：「時至矣！」乃興師循故。

〔彙校〕孫詒讓云：「循」當爲「脩」，古書多互譌。「故」當讀爲「固」，同聲叚借字。脩固，謂脩治險固，爲守圉之備。後《周祝》篇云：「脩山川之險而固之」，「脩」今本亦譌「循」，可與此互證。趙、朱説並望文生訓，不足據。

〔集注〕孔晁云：言何伐紂之時至。謂循古法。（何，盧訂「可」。）○盧文弨引趙云：循故，謂循用湯之故事，即《世俘解》所云「脩商人典以斬紂身」者也。○潘振云：伐敵之時至。循文考之故事。○丁宗洛云：按興師循故，當指伐黎之師。《竹書》紂四十四年西伯發伐黎，適當武王三年，與此相合。注以爲伐紂，非也。○朱右曾云：言謀言果信，則時至矣，我當興師承之。故，初也。謂用三同、三讓、三虞也。○劉師培云：「故」即舊典，下文三同、三讓、三虞是也。《斠補》謂當作「修固」，似非。

初用三同：一、戚取同；二、任用能；三、矢無聲。

〔集注〕孔晁云：矢，誓。言誓衆以盡心也。○潘振云：初用，文初所用者。同，齊也。戚兼内外。取同姓，親親也。任，事也，指軍政。能，有才者。無聲，不諠譁也，指軍法。同心、同事、同法，此之謂三同。○陳逢衡云：戚取同，親親也。任用能，尚賢也。矢無聲，機事密也。○丁宗洛云：戚取同，或是同其好惡，所以親親意。矢無聲，當是無譁聽命意。○唐大沛云：近戚參謀帷幄，取同德同心者。選擇將士，任用有才能者。○朱右曾云：皆欲其同力同心也。

三讓：一、近市；二、賤粥；三、施資。

〔集注〕孔晁云：以財讓也。近來民市，旅資以惠也。（惠，元刊本同，餘諸本作「思」。盧文弨云：旅資以思也，疑當作「施資以惠也」。朱右曾改「施資以恩」。）〇潘振云：讓，推以與人也。近，指貨之名實。凡貨賄，名相近者，相遠也；實相近者，相爾也，而平正之，肆長是也。賤粥，賤賣也。凡天患，禁貴儥者，使有恒賈，賈師是也。施資，施資財於賓旅，如遺人、委人是也。此三者，皆以財讓也。〇陳逢衡云：近市則民志通，賤粥則民力足，施資則民用饒。讓，謂損上益下也。〇唐大沛云：近市，市者交易之所，發令招商，使於近郊之地相交易。《大聚》篇所謂商賈趣市，以合其用是也。賤粥，謂以刀布之賤物粥米粟器用之貴物，使商賈得刀布之利而我國軍需因以備儲。資謂資本。施資，倘商賈有乏資者，官施而貸之，使之貿遷有無，則商得其利，而我利其用矣。三者皆治市之法，即讓財之道也。

三虞：一、邊不侵内；二、道不敺收；三、郊不留人。

〔彙校〕收，盧訂「牧」。

〔集注〕孔晁云：虞，禁也。設此三禁，所以悦民。（禁也，盧改「樂也」。）〇潘振云：邊，陲也。深入其地之謂内。不侵内，防伏兵也。不敺牧，不逐養馬牛羊之人也。邑外謂之郊。留，止也。幾其出入，無滯留也。〇陳逢衡云：邊不侵内則守土安，道不敺牧則庶物阜，郊不留人則關市贏。虞，安也。〇丁宗洛云：邊不侵内，言外寇不敢動也。敺與驅同。《月令》季春遊牝，孟夏驅獸，二義皆具。郊不留人，似是野無遺賢義。〇唐大沛云：邊民不得侵擾内地，道路之地不得驅牛馬而牧之。郊關之地除商旅外不妄留人，防姦細也。邊侵内則邊境不寧，道敺牧則道路損壞，郊留人則姦易容隱。三者皆可慮之事，故禁之。〇朱右曾云：禦之於竟，不使内侵。不敺牧、不留人，防鈔掠及間諜。

王曰：「嗚呼，允從！三三無咈，厥徵可因。

〔集注〕孔晁云：言三同、三讓、三虞無違，言善徵可用以立功也。（言善徵，丁改「其善徵」。）○朱右曾云：言三者前用之而無違，既有徵矣，可因而用之。

與周同愛，愛微無疾。疾取不取，疾至致備。

〔彙校〕微，陳從戴清説改「徵」。

〔集注〕孔晁云：疾，惡。○潘振云：愛者，奉上之通稱。試觀天下諸侯與周同奉商王受者，非無惡也。惡當取之而不取，則惡至矣，故宜招致其備。○陳逢衡云：與周同愛，民歸心也。愛徵無疾，徵，證也，愛有徵則民忠於上，故無害。疾取不取，疾至致備，謂不先發制人則患至，而反欲設備也。○丁宗洛云：次「疾」字當訓亟，三則當云災咎。○唐大沛云：同愛，猶云同好，蓋指諸侯與羣臣百姓。愛我者深微，能無疾我之所疾者乎？所疾者謂商也。「無疾」是反語詞。若所疾惡者時當取而不取，及所疾惡者先至伐我，然後備禦之，則晚矣。言當先發制人也。○朱右曾云：與，助；微，無也。言今天下諸侯助周者，皆愛周者也。次之雖不愛周，亦無惡周之意。則商雖惡周，不能取也，然在周不可不爲之備。

由禱不德，不德不成。害不在小，終維實大，悔後乃無。

〔彙校〕盧文弨云：「由」字疑本是「曲」字，故注云然。（丁、朱從改。）王念孫亦云：由禱不德，當爲「曲禱不德」，故孔注曰：「曲爲非義，神不德之。」曲與由字相似而誤。

〔集注〕孔晁云：曲爲非義，神不聽之。（聽，趙本、吴本作「德」，盧從。盧又云：「爲」字疑當作「謂」。）○潘振云：從而禱其黨惡之事於神，神不德之，彼不能成其謀周之事矣。蓋受之與國害周，如因其事勢之小，以爲害不在此，則害終實大，雖悔之於後，乃無及也。○陳逢衡云：禱，祈禳也。惟神不享非德，故不成。「害不在小」三句，言當保邦於未危也。終維實大悔後乃無，猶云終實維大後悔無及也。○唐大沛云：不爲神祐，故事不成。○朱右曾云：禱之而神不德，事不成。厥害非小，後悔無及。○陳漢章云：由即祝由。《素問·精變氣論》「祝由」，《説文》作「𥜒」，《玉篇》作「袖」，與「禱」同爲類。

帝念不諂，應時作謀。不敏，殆哉！」

〔彙校〕念，盧校作「命」，諸家從。

〔集注〕孔晁云：帝，天也。諂，僭也。敏，疾也。（按此注原在「乃菑」下，今移此。）○潘振云：言上帝眷顧我周，無有疑貳，合時以起其謀可耳。不速圖之，國其危哉！○陳逢衡云：帝命，降祥降殃也。不諂，不疑也。《左·昭二十六年》「天命不諂」，二十七年「天命不慆」，哀十七年傳「天命不諂」，杜注俱云：「諂，疑也。」時，是也。應是作謀，而不敏，則不及事而天命亦去矣，故殆。○唐大沛云：《爾雅·釋詁》：「諂，疑也。」言天命無可疑，當應時而起，以圖商也。失時，則違天命而事不成。殆，危也。

周公曰：「言斯允格！誰從己出？出而不允，乃菑。

〔彙校〕「言斯」二字丁倒。孫詒讓云：「誰」疑當作「維」，形、聲並相近而誤。

〔集注〕潘振云：言此言信乎其至，誰不從我出師乎？出師而不信三二，乃受其菑。〇陳逢衡云：誰，伊也。誰從已出，謂言出於己也。出而不允，則發令有更革之嫌，故菑。〇唐大沛云：誰、惟古字亦通。出言不允，乃召菑害。〇朱右曾云：已，謂紂也。諸侯皆已叛商，誰從之出？乃，是。

往而不往，乃弱。士卒咸若周一心。」

〔集注〕孔晁云：不往則是弱，一心則不時也。（不時，盧從卜本作「應時」。）〇潘振云：咸若，謂皆順也。允則宜往而不往，乃是弱也。士卒皆順周，一心興師可哉。〇陳逢衡云：往而不往，則行軍生畏葸之跡，故弱。言既有興師循故之言，則不可持二三之見，況士卒咸若周一心哉？〇唐大沛云：欲往而不往，則畏葸而弱。〇朱右曾云：不允是菑，不往是弱，吾惟撫我士卒，使之咸順周一心，以應時而已。

逸周書彙校集注卷三

寤敬解第三十一

〔彙校〕敬，諸本及《史略》並同，盧改「儆」，云：「敬」亦與「儆」通。《管子·立政篇》「敬山澤」，敬同儆，訓爲戒也。

〔集注〕潘振云：寤者，武王既夢而覺。儆者，言因夢而有戒也。酆謀恐泄，王戒備之，故次之以《寤儆》。

維四月朔，王告儆。召周公旦曰：「嗚呼，謀泄哉！今朕寤，有商驚予。

〔集注〕孔晁云：言夢爲紂所伐，故驚。○潘振云：告儆，告國人戒備也。言酆謀恐泄露於商，夢有商來伐而驚予。○陳逢衡云：此亦紂辛四十四年事也。武王蓋以謀言告聞而因形諸夢，寤則其勢孔棘矣。○唐大沛云：泄謂漏泄。○孫詒讓云：驚、儆字通。《序》云「武王將起師伐商，寤有商儆」，即此義。○劉師培云：是年四月朔爲甲午。

欲與無□則，欲攻無庸，以王不足。戒乃不興，憂其深矣！」

〔彙校〕丁、唐及朱駿聲均删方框。丁云：「欲與無則爲句，詞義可通。」唐云：「曰則、曰庸、曰王，下文分釋之，此處三句句法相稱，本無缺字。」○俞樾亦云：此三句本無闕文，當以「欲與無則」爲句。欲與無則，欲攻無庸，以王不足，每句皆四字，言欲與之而無則，欲攻之而無庸，以王則不足也。下文周公之言曰：「奉若稽古維王，克明三德維則，戚和遠人維庸」，正對此三句而言。淺人不知無則、無庸相對成文，而以「則」字屬下句，因疑「欲與無」下尚有闕文，乃加空圍以識之耳。

〔集注〕孔晁云：不興，言所憂不從戒中來也。（戒中，程本、吴本作「職中」。不從，丁從浮山倒「從不」。）○潘振云：王去聲。則，地未成國之名。庸，功也。欲與之地，不成國矣。我周作伯已久，斷無不成國者。欲攻之，於義不克，恐無功也。以我小邦周王天下而不足，故祇戒備，乃不興師，恐謀之泄，憂其深矣。○陳逢衡讀「欲與無□則欲攻」句、「無庸以王不足」句，云：欲與無□則欲攻，言欲與紂相安而不能，則不得不有攻伐之事。無庸以王爲不足，王指紂。《克殷解》「先入適王所」，猶指紂所爲王所。言紂力尚强，不可玩也。戒乃不興憂其深矣，自儆之詞，言不能夙興夜寐，則其憂未可量也。○丁宗洛云：言欲化殷善，無可格之則；欲攻殷，無可庸之具；以之自興王業，而德勢均屬不足。惟儆戒深，斯憂患可免。○唐大沛云：與者，和好相與安於無事也。則，法也。欲與之，無有方法。攻者，舉兵伐之，聲罪致討也。欲攻之，又恐無功。君自稱王以臨天下，又恐德威不足服天下。戒，懼也。興，起也。○朱右曾云：乃，猶而也。

周公曰：「天下不虞周，驚以寤王，王其敬命！

〔彙校〕王念孫云：「下」與「不」字形相似，「不」字蓋涉「下」字而誤衍也。天下虞周驚以寤王者，孔注曰：「虞，度。」言唯天下度周，故驚以寤王也。若作天下不虞周，則義不可通。○丁宗洛云：「下」字似衍。○孫詒讓亦云：此當衍「下」字，「不」字非衍文也。天不虞周，謂天之命周不可測度，言無常也。《成開》篇云：「王其敬天命無易，天不虞。」是其證。

〔集注〕孔晁云：虞，度。○潘振云：言受黨之外，天下無有圖度我周者，商王伐我可驚，以夢寤王耳，王其敬天命可也。○陳逢衡云：言天下三分有二，俱不虞度我周，而王乃寤有商驚予，是天啓我王也，則王惟敬命以俟之。○唐大沛云：蓋謂天下無有度周而圖謀之者，今因夢而驚，天欲寤我王耳，其惟敬順天命以待之。○朱右曾云：虞，度也，言無叛意。

奉若稽古維王，克明三德維則，戚和遠人維庸。

〔集注〕孔晁云：若，順。三德，剛、柔、正直。和近人則遠人用。○潘振云：言承順而稽考古道，可以致王；能明三德，可以爲法；親睦遠人，可以立功。○陳逢衡云：奉，承也。稽，同也。古，天也。三德，猶三綱也。則，法也。此與上「奉若稽古維王」、下「戚和遠人維庸」本一串説。奉若稽古，順天也。克明三德，修身也。戚和遠人，安民也。庸，功也，民功曰庸。《周官·太宰》「以八統馭萬民，五曰保庸」，是其義。○唐大沛云：言順承天道者謂之王。三德，蓋指賢士。章明有德之士，則足以通和，而不慮無則；和好鄰封之遠人，則相助者衆，而不慮無庸。○朱右曾云：言承順天道，合於天之無私，則民往歸之。

攻王禱，赦有罪，懷庶有，兹封福。

〔彙校〕攻，丁改「致」。○陳逢衡云：此節文義殊晦。「赦」疑「殺」字之誤。召公曰：「有罪者殺，無罪者活。」曾是有罪而可以赦乎？○唐大沛云：王禱，疑當作「巫禱」。庶有，疑當作「有庶」。

〔集注〕孔晁云：庶，衆；封，大。○潘振讀「懷庶」句，「有茲封福」句，云：攻王之所禱，捨脅從之罪而罔治，以懷衆庶，有此大福矣。○丁宗洛亦讀「懷庶」句，「有茲封福」句，云：「封」通「洪」。○唐大沛云：攻，治也。攻巫禱，《和寤篇》「加用禱巫，神人允順」是也。有罪者分别輕重而赦宥之，《大聚》篇所謂「赦刑以寬」是也。有庶，《盤庚》篇所謂「有衆」，即有庶也。懷，念也。懷念有庶，推恩及之。○朱右曾云：庶有，猶庶類也。

監戒善敗，護守勿失。無虎傅翼！將飛入宫，擇人而食。

〔彙校〕宫，盧從《韓非子·難勢》所引改「邑」。○王念孫云：《韓子·難勢篇》引此「虎」上有「爲」字，而今本脱之，則文義不明。李善注《東京賦》引此，亦有「爲」字。（朱從增）○陳逢衡云：《韓詩外傳》卷四引《周書》曰：「爲虎傅翼也。」又《漢書·賈誼傳》：「所謂假賊兵如虎翼者也。」應劭曰：《周書》云：「無爲虎傅翼，將飛入邑，擇人而食之。」又張衡《東京賦》：「嬴氏傅翼，擇肉西邑。」薛綜注引《周書》曰：「無爲虎傅翼，將飛入邑，擇人而食也。」傅翼，謂著翼也。○唐大沛云：「擇」疑「攫」之誤。○劉師培云：監戒，《書鈔》三十引作「鑒戒」。又《易林·漸之隨》云：「聞虎入邑，必欲逃匿。」又《頤之賁》、《旅之謙》並云：「羣虎入邑，求索肉食。」所言均據本書，此亦作「邑」弗作「宫」之證。《法言·淵騫篇》宋咸注引《韓詩外傳》亦作「將飛入邑」。○陳漢章云：今考《漢書·賈誼傳》應劭注引《周書》亦有「爲」字。又《後漢書·翟酺傳》章懷注引《韓詩外傳》文同《周書》，亦有「爲」字。（今本《外傳》不全）若《韓非·難勢》所引，「擇人而食」下又有「之」字，王氏尚未考及。

〔集注〕潘振云：出師於外，察其善而戒其敗，護守其國，勿有闕失。無使虎附翼而飛入邑，擇人而食。虎喻紂，傅翼喻紂有黨惡之人也。○陳逢衡云：監戒善敗，視前轍也。善敗，猶云成敗。護守勿失，矢弗諠也。無虎傅翼，譬紂惡不可長。言當先發制之，緩則彼羽翼成，而我受其毒矣。○唐大沛云：言監戒古今成敗之故，護守先王之道而勿失。無虎傅翼，喻紂當伐之意，言不可養惡以害民也。虎傅之翼，飛入邑而食人，則被害者衆矣。○朱右曾云：爲虎傅翼，喻助凶暴。

不驕不慆，時乃無敵。」

〔彙校〕慆，朱改「吝」。

〔集注〕孔晁云：此是義也。（唐大沛云：注似有脱句。）○潘振云：王其以禮接下，不矜夸而得將帥之心，以惠及人，不吝嗇而賞有功之士，是乃無敵於天下也。○陳逢衡云：不驕則戰勝廟堂，不慆則士卒用命，故無敵。○唐大沛云：不矜其才則以謹慎居心，不惜其力則以艱鉅自任，如是乃無敵於天下。○朱右曾云：驕，泰；吝，嗇也。

王拜曰：「允哉！余聞曰：『維乃予謀，謀時用臧。不泄不竭，維天而已。』

〔集注〕孔晁云：聞古言也。天道無窮。（無窮，程本、吴本、王本作「無常」，盧從。）○潘振云：乃，難也。臧，善也。言允哉，余聞曰：維其難其慎於予之謀，謀是以善。幾密而不泄，福大而不盡，維奉天而已矣。此古語也。○陳逢衡云：允，信也。乃，汝也。時，是也。不泄，不漏也。不竭，不窮竭也。李兆洛曰：「乃予，猶爾我。所謂出於予口，入於爾耳，即不泄之謂。」○唐大沛云：古有言曰：維汝爲我謀，謀是以善。不泄越不窮竭，惟俟天命而已。○朱右曾云：乃，汝也。謂公之謀王亦前聞之。泄，怠緩；竭，竭蹷。言天運有常，故順天者不可先時後時也。

余維與汝監舊之葆，咸祗曰：「後戒維宿！」

〔彙校〕後戒，盧作「戒戒」。○朱右曾云：「曰」當爲「日」。

〔集注〕孔晁云：言宿古文，文戒於心。（盧訂「言戒於心。宿，古文夙」。）○潘振讀「監舊之葆咸」句，「祗曰戒」句，「戒維宿」句，云：葆，藏也。「咸」讀爲「緘」，封也。藏而封之，謂古文也。宿通作夙，早也。言余維與汝察舊之葆，咸敬而戒之，戒宜早，不可遲也。○陳逢衡云：「葆」與「寶」通。監舊之寶，所謂「寶典」是也。咸，皆也。祗，敬也。○唐大沛云：監，視也。葆、保通，謂保天命。

逸周書彙校集注卷三

武順解第三十二

〔集注〕潘振云：順，循也。前既告儆矣，此言武之取象，與其成法，以及用武之人，無不循其道也，故次之以《武順》。○陳逢衡云：是篇周家兵制之祖，猶是「其軍三單」之遺制，故以三立法。前段兵制之推原，後段兵制之歸束。太公兵法，此爲上乘。

天道尚右，日月西移；地道尚左，水道中流；人道尚中，耳目役心。

〔彙校〕中流，《史略》及鍾本、王本作「東流」，盧從。○「右」、「左」二字盧從《博物志》互易，丁未從。

〔集注〕孔晁云：言耳目爲心所役也。○郝懿行云：三者所謂順也。○潘振云：天，顯也，在上高顯。地，底也，其體在底下，載萬物也。尚左、尚右，陰陽對待之義也。耳目役心，耳目爲心所役也。此言天地人之體。○陳逢衡云：天左旋，故尚左。日月西移，則右行也。地右旋，故尚右。水道東流，則左行也。此亦迴環之義。人得天地之中以生，故尚中。中者，天地之心，亦即人之所以爲心也。耳目者，心之使也，故役心。○朱右曾云：西移，陽趨於陰；東流，陰趨於陽。

心有四佐，不和曰廢。地有五行，不通曰惡。天有四時，不時曰凶。

〔集注〕孔晁云：四佐，脾、腎、肺、肝也。金、木、水、火、土更相生。○潘振云：廢、癈通，病也。五行專一，不相生剋，則不能相濟，故惡。凶，如大災、大疫、大札、大荒皆是。○陳逢衡云：四佐，即指下「左右手」、「左右足」，故不和曰廢，廢謂肢體廢也。五行，謂五方金西、木東、水北、火南、土中央也。不通則衰旺之令不行，故惡。不時，如春行秋令、夏行冬令之謂。凶則災咎疊見矣。○朱右曾云：廢，廢疾也。水木火土金不生則氣化絶，不相勝則功用匱。凶，災也。《春秋傳》曰：「天反時爲災。」○陳漢章云：四佐即下文四枝。《管子・戒》篇：「心不動，使四枝。」可證。

天道曰祥，地道曰義，人道曰禮。知祥則壽，知義則立，知禮則行。

〔集注〕孔晁云：言其相通。○潘振云：祥，善也。元亨利貞無不備，故曰祥。剛柔燥濕無不分，故曰義。親疎貴賤無不叙，故曰禮。造道必始於知，知祥，則天行至健，可以不息，故壽。知義，則事物得宜，有所持循，故立。知禮，則小大皆由，無所不可，故行。○陳逢衡云：祥，仁也。天以仁生人，故曰祥。義，正也。地道方，故曰義。禮，體也。上體天道，下體地道，而人道立，故曰禮。知祥則壽，萬物並育而不相害也。知義則立，直方大不習無不利也。知禮則行，謂五倫各循當然之道，斯體信達順，無不由之也。○朱右曾云：祥，象也。天事恒象。義，宜也。高卑燦陳，各有宜也。人如天之無爲則壽。

禮義順祥曰吉。吉禮左還，順地以利本；

〔彙校〕順地，盧從沈與下「順天」互易，丁未從，云：經乃互文見義。

〔集注〕孔晁云：本謂人也。（盧引趙曰：注首亦當有「天左還也」一句，與下注相配。）〇潘振云：從東而南，左還，陽也。〇陳逢衡云：吉事尚左，故左還。順天者昌，逆天者亡，故曰順天以利本。民爲邦本，利本，猶利民也。〇朱右曾云：本謂治國之本。

武禮右還，順天以利兵；

〔彙校〕天，盧從沈與上句「地」互易。

〔集注〕孔晁云：天右還也。〇潘振云：從西而南，右還，陰也。〇陳逢衡云：凶事尚右。武禮則軍禮而兼凶禮者也。故右還，順地利兵，取容畜也。〇朱右曾云：陽主生，陰主殺，故喪禮亦尚右也。

將居中軍，順人以利陣。

〔集注〕孔晁云：人尚中。〇陳逢衡云：將居中軍以節制左右，能得人心，則無往不利矣，故曰順人以利陣。

人有中曰參，無中曰兩。兩爭曰弱，三和曰彊。

〔集注〕孔晁云：有中必有□，故曰參。（缺處盧補「兩」。丁宗洛云：注末疑脱「和」字。）〇盧文弨引謝云：有中、無中，即謂男女，皆以形體言之。男成三，女成兩，皆下體形象。合三兩而成五，交構成室以生民。下文左右手，亦以形體言之。注「有中必有兩」，解未明。〇潘振云：上節「中軍」總全軍而言中，此言乘皆有中也。參，指車右及御車之人也。無中，則兩必争而弱，三則和而彊。〇陳逢衡云：參兩者，奇偶之謂也。有中曰參，則左提右挈而罔不順；無中曰兩，則勢均力敵而不相能，故兩則争而弱，參則和而彊。此將居中軍之微權也。惠氏《禮説》解有中曰參，謂中民之農，非是。

男生而成三，女生而成。五以室成。室成以民生，民民以度。

【彙校】盧校「女生而成」下增「兩」字，上「室成」倒「成室」，「民生」倒「生民」，「民民」改「民生」。

【集注】孔晁云：陽奇陰耦，謂相配成室。（「耦」下程本、種本、王本有「五」字，盧從。）〇潘振云：承上文，合參、兩言之，以況行軍之有伍法也。男子奇數，故三；女子耦數，故兩；三、兩合，故五。度，三、兩之體度也。〇陳逢衡云：男生而成三，奇也；女生而成兩，偶也。五以成室，一夫一婦成一室也。室以生民，男女相及以生民也。民生以度，度猶數也，謂成三成兩之數。〇陳漢章云：《大戴禮·本命篇》：「中古男三十而娶，女二十而嫁，合於五也。」《白虎通·嫁娶篇》：「陽小成於陰，大成於陽，故二十而冠，三十而娶。陰小成於陽，大成於陰，故十五而笄，二十而嫁也。」又《説文》：「元氣起於子，子，人所生也。男左行三十，女右行二十，俱立於巳爲夫婦。」然則男之生數成數皆三，女之生數成數皆兩也。

左右手各握五，左右足各履五，曰四枝。元首曰末。

【集注】孔晁云：四枝，手足；元首，頭也。〇盧文弨云：惠半農云：「《左傳》風淫末疾，謂首疾也。」文弨案《易·大過·象》曰：「本末弱。」本謂初，末謂上。又木上曰末。則以元首爲末，理固然也。〇潘振云：承上文

「五」字而推言之，以況伍法之有統率也。五，五指也。手足謂之四枝。元首在上，故曰末。〇陳逢衡云：枝與肢同，附在人身，如樹木之有枝也。

五五二十五曰元卒。

〔集注〕孔晁云：伍，兵名。〇潘振云：元卒，大卒。〇陳逢衡云：左右手各握五，左右足各履五，四肢又合元首爲五，共得五五二十五之數，故元首與元卒對也。

一卒居前曰開，一卒居後曰敦。

〔集注〕孔晁云：開謂啓，敦謂服。（下「謂」字諸本作「猶」，盧從，並上「謂」字亦改「猶」，云：上句當作「開猶啓」，所謂元戎十乘，以先啓行是也。下當作「敦猶殿」，軍後曰殿是也。）又《司馬法》曰：「大前驅啓，乘車大晨，倅車屬焉。」則古人名前軍爲啓，又有名後軍爲晨者。《左氏·襄二十三年傳》齊莊公伐晉，軍有啓有胠。杜注謂「左翼曰啓，右翼曰胠」，此出後人所名耳。〇潘振云：開，謂導之也；敦，以厚終也，皆陣名。〇丁宗洛云：陳星垣引《左·襄二十三年傳》齊侯伐衛，先驅、申驅、貳廣、啓、胠、大殿，以爲敦即殿之證。洛按：《傳》注：「軍左翼曰啓，右翼曰胠」，則此言左右一卒曰闇，闇必與胠通，猶夫敦與殿之以音通也。又按「啓」必作「開」，蓋皆以避諱之故。〇朱右曾云：開即啓，《司馬法》「大前驅啓」、《詩》「元戎十乘，以先啓行」是也。敦，厚也，即殿也。

左右一卒曰闇，四卒成衛曰伯。

〔集注〕孔晁云：皆陣名。伯，卒名。○潘振云：閭，門也，左右卒似之。四卒百人。衛，護也。伯，把也，把持軍事。○陳逢衡云：二十五家謂之閭，閭，卒門兵也，其數與元卒相應。左右一卒者，左右各二十五人爲一卒也。四卒成衛，則爲兵百人。伯，長也，總百人，則能把持軍政矣。○朱右曾云：左右一卒，如里之有門，故曰閭。四卒百人，《克殷》篇「百夫」是也。

三伯一長曰佐，三佐一長曰右。

〔集注〕孔晁云：九伯卒也。○潘振云：三伯，三百人。長，所以統率者。佐，輔也。三佐，九百人。右，助也。○陳逢衡云：三伯一長，三百人之長。三佐一長，九百人之長。

三右一長曰正，三正一長曰卿，三卿一長曰辟。

〔集注〕孔晁云：伯卒則右，千卒則正，三千卒則卿，萬卒舉令之於君。辟，君也。此謂諸侯三軍數起於伍，故不正相當。○盧文弨云：此段注有譌。案伯所統者四卒，爲兵百人，以下皆三三而益之。佐十二卒，兵三百人；右三十六卒，兵九百人；正百八卒，兵二千七百人；卿三百二十四卒，兵八千一百人；辟九百七十二卒，兵二萬四千三百人。○潘振云：三右，二十七乘，二千七百人。正，備也。佐、右、正，皆長官名也。三正，八十一乘，八千一百人。卿，章也，嚮也。章善明理，人所歸嚮也。大國三卿，二百四十三乘，二萬四千三百人。辟，君也。○陳逢衡云：孔所言兵數俱不合，惟數起於三，故無成數，若起於伍，詎不正相當耶？《周禮·小司徒》：五人爲伍，五伍爲兩，五兩爲卒，五卒爲旅，五旅爲師，五師爲軍。又《夏官》：「凡制軍，萬有二千五百人爲軍，軍將皆命卿；二千有五百人爲師，師帥皆中大夫；　五百人爲旅，旅帥皆下大夫；　百人爲卒，卒長皆上士；　二十五人爲兩，兩司馬皆中士；五人爲伍，伍皆有長。」此周公輔成王制禮時所立軍數。《武順》作於武王伐商之前，猶是周人舊法，故其數不合，疑即《公劉》「其軍三單」之遺制，故自伯以上三三而遞增也。辟，法也。能立法斯謂之君也。○朱右曾云：此周初三軍之制。卿爲軍帥，則正爲中大夫，右爲下大夫，佐爲上士，伯爲中士乎？○孫詒讓云：注兩「伯卒」並當作「伯百卒」。此伯四卒，凡百人；　右三十六卒，凡九百人。而孔云百卒、九百卒者，此卒爲一人之卒，與經二十五人之元卒異也。云右千卒者，以右領九百人，與千相近，故云千卒。正領二千七百人，與三千相近，故云正三千卒。卿領八千一百人，與萬相近，故云卿萬卒。此皆約舉大數。蓋孔意欲爲整數，以三軍三萬人計之，故爲此解，與本書實不相應也。黄以周云：「案孔注有字誤，元卒即《詩》之元戎。五伍曰元卒，爲車一乘，古者謂車爲兩。《周禮》五人爲伍，五伍爲兩，故車以二十五人爲一乘。四卒成陳，故曰成衛。伯四卒，佐十二卒，右三十六卒，正百八卒，卿三百二十四卒，爲兵八千一百人。古者軍帥皆命卿，三卿，三軍也。爲乘九百七十二，兵二萬四千三百人。三卿一長曰辟，辟有親軍，是武王國制千乘之法也。《司馬灋》言制軍『一乘甲士三人，步卒七十二人』，即仿此前左右啓閭之卒也。杜牧注《孫子》又有『將重車二十五人』，即仿此後敦之卒也。武王之制，五伍爲卒，四卒成衛，《司馬灋》用其成衛之卒以爲一乘。以此差之，卿一軍八千一百人，爲八十一乘。《司馬灋》云：『八十一乘爲專。』以卿一軍言也。卿主一軍，故謂之專。正二千七百人，爲二十七乘。《司馬灋》云：『二十九乘爲參。』九當作七，以正二十七乘言也。正爲三右之長，故謂之參。然則《司馬灋》所言乘制，實仿《周書》，特其所用人數較古爲多耳。」（《禮經通故》）案黄説是也。此唯伍與《周禮·夏官》文同，元卒即《周官》之兩，四卒即《周官》之卒，餘俱不合。閭當讀爲旅。《説文·吕部》云：「吕，脊骨也。」重文膂篆文从肉从旅。旅聲閭，亦从吕聲，故此借閭爲旅。（沈欽韓謂即《左傳·襄二十三年》之胠，胠、閭聲相近，亦通。」）此自右以上以三積數，與《周禮》軍制以伍起數者不同。○劉師培云：《詩·大雅·篤公劉》篇云：「其軍三單」，毛傳云：「三單相襲也。」孔疏云：「重衣謂之襲。三單相襲者，謂三行皆單，而相重爲軍也。」又引王肅云：「三單相襲，止居則婦女在内，老弱次之，强壯在外。」據王説，則《大雅》三單指强壯、老弱、婦女言。竊以本文所云蓋古三單之制。毛公以相襲爲訓，襲誼同重，言積累成軍，均依三數相疊也。此文軍制由伯以下均爲獨數，及三而合，毛或據斯爲説。王、孔所申，疑失厥旨。（黄以周《禮書通故》謂武王祖三單爲乘法，其説是也，惟未伸毛旨。）

辟必明，卿必仁，正必智，右必和，

〔彙校〕和，丁據下文「均右必肅」改「肅」，朱從。

〔集注〕孔晁云：言其德如此，乃堪其任也。○陳逢衡云：明則能將，將仁則能惠衆，智則能審勢，和則能合謀。

佐必敬，伯必勤，卒必力。

〔彙校〕「敬」字諸本闕，盧從沈補「肅」，潘、陳從；丁據下文「均佐和」語補「和」，朱從。

〔集注〕孔晁云：卒，三十五人之師（盧作「二十五人之帥」），故以勇力爲之也。○潘振云：自辟至卒，言任之不易勝也。佐右俱宜和肅。右和、左肅，互言之也。○陳逢衡云：肅則能整齊，勤則能訓練，力則能先登。

辟不明，無以慮官；卿不仁，無以集衆；伯不勤，無以行令；卒不力，無以承訓。

〔彙校〕陳逢衡云：「無以集衆」下脱「正不智」、「右不和」、「佐不肅」三條。○丁宗洛亦云：「衆」下尚有脱文，應云「正不智」、「右不肅」、「佐不和」云云。○劉師培云：以上文證之，此節蓋脱三語。《書抄》三十引本文云：「上不知，無以利事；下不力，無以承順訓；（順即訓字，蓋由二本不同並存之。）佐不利，無以集衆；卿不仁，無以讓賢；伯不勤，無以行令。」雖所引亦有舛脱，然較今本增七字。知即明也。

〔集注〕孔晁云：訓，謂先後辟也。承，謂奉行後令也。（盧文弨云：後令，趙疑是「其令」。孫詒讓云：注「後」當爲「君」，蓋「君」譌作「后」，「后」又譌「後」，遂不可通。趙疑爲「其」字，失之。）○潘振云：此承上文推明「必」字之義。君不明，無以詳審百官。卿不仁，無以集聚衆職。伯不勤，無以行令於卒。卒不力，無以承教乎伯。此反言之，以見其當必然也。○陳逢衡云：無以慮官則不能選士，無以集衆則不能將兵，無以行令則不能整軍，無以承訓則不能克敵。○朱右曾云：慮，計度也。集，和也。行，奉行也。

均卒力貌而無比則不順

〔彙校〕程本、王本重「比」字，盧從。○王引之云：《彖傳》曰：「比，輔也，下順從也。」《祭統》曰：「身比焉，順也。」《管子·五輔篇》曰：「爲人弟者，比順以敬。」是比與順同義，不得言比則不順。「比」當爲「北」，字之誤也。北，古背字，故曰北則不順。孔注失之。○劉師培云：「貌」係「貇」訛。古籍「懇」恒作「貇」。本文「無比」《雜志》讀爲背，則貇而無背謂誠摯而無貳心也。又《廣雅·釋詁》訓懇爲力。貇有力訓，例與勞勤恭肅同。○陳漢章云：此文「貌」乃「竟」之誤。「貌」本作「皃」。《管子·問篇》「貌德」，宋本作「皃德」，其證也。「皃」字形近「竟」，故「竟」誤「皃」。朱釋誤。

〔集注〕孔晁云：比者，比同也。○潘振讀「均卒力」句，云：官職同曰均。均卒力，則二十五人皆禮貌其上，而無計校之私。計校，則不承順也。○陳逢衡讀同潘，云：均卒力，伯之職也。均者，調平之義。貌，謂接以禮。無比者，一以公也。比則偏厚而軍心疑，故不順。○朱右曾云：均，同也。貌，若《荀子》「情貌之盡」，謂恭敬也。無比，欲其各致死力。

均伯勤勞而無攜，攜則不和。

〔集注〕孔晁云：攜，離。○潘振讀「均伯勤」句，云：均伯勤則百人皆服勞於上而無攜離之志，攜離則不和睦也。○陳逢衡讀同潘，云：均伯勤，佐之職也。勞，慰勞。無攜，謂不使有二心也。攜則不和，必有内潰之憂矣。○朱右曾云：無攜，欲其勞而不怨。

均佐和敬而無留，留則無成。

〔彙校〕和，盧從沈與下句「肅」字互易，潘、陳、唐從。○丁宗洛云：注以遲訓留，費解。竊疑「留」或「流」訛，謂和貴於不流也。

〔集注〕孔晁云：留，遲。○潘振讀「均佐肅」句，云：均佐肅，則三百人敬事，而無遲留之意；遲留，則不成就其武功也。○陳逢衡讀同潘，云：均佐肅，右之職也。敬謂申儆軍實。無留者，軍貴神速，不慢令也。留則軍心懈，故無成。○朱右曾云：留，遲滯也。

均右肅恭而無羞，羞則不興。

〔彙校〕肅，盧從沈與上句「和」互易，潘、陳從。○盧文弨云：沈又云此下疑有脱文，蓋尚闕均正、均卿也。

〔集注〕潘振讀「均右和」句，云：均右和，則九百人協恭，而無羞恥之情；羞恥，則不興起其勇氣也。○陳逢衡讀同潘，云：均右和，正之職也。虚己下士之謂恭。羞則士氣阻，故不興。○朱右曾云：羞，縮恧之意。興，奮發也。

辟必文，聖如度。

〔彙校〕丁宗洛云：「必文」似當作「必聖」。

〔集注〕孔晁云：言聖君有所爲如度，度功不有差也。○潘振云：言君必文章通明而能合度。○陳逢衡云：經天緯地曰文，聰明睿知曰聖。度即「生民以度」之度。聖人立人道之極，故曰度。○朱右曾云：文者，以文德經武功。

元忠尚讓，親均惠下，集固介德。

〔彙校〕孫詒讓云：元，當爲「允」。《和寤篇》云：「人允中惟事惟敬。」是其證。朱釋非。

〔集注〕孔晁云：介，大也。言必所集，則常在大道也。（丁宗洛云：「則」字似衍。）○潘振云：均，即卒伯佐右也。體仁盡己而能尚讓，此其所以明也，故能親近其卒伯佐右之官，惠愛其卒伯佐右所統之人。卿之集衆，固在大德。○陳逢衡云：此連上「辟必文聖如度」爲一節，俱指君德言。元，善也。忠，周也。尚讓，不驕也。親均惠下，如雨露之及物而無私。集固介德，則君身學問之事。○朱右曾云：元忠，忠之大者。讓，謂不争功、不伐善。親均惠下，則能安集，固守大德。

危言不干德曰正。

〔集注〕孔晁云：不干，謂不犯也。○潘振云：危，高峻也。危言不犯卿德者，正也。正即三右之長也。○陳逢衡云：此所謂正，非指三右一長曰正也。正、極、帝三層，俱指君德之極而言。危，高峻也。干，奸也。

正及神人曰極，世世能極曰帝。

〔集注〕孔晁云：極謂其上。（丁宗洛云：「其上」疑是「太上」。）○潘振云：此推廣「辟」字之義而贊美之。上節「正」指官，此節「正」指君。明以德言，正以道言。及，謂造及之。聖不可知，是名神人，可謂至善矣。德合天地者稱帝。帝，諦也，公平通遠，舉事審諦也。○陳逢衡云：幽明兼治，則正及神人矣。極，猶至也。世世能極，則子子孫孫永保民，而有配天之德矣，故曰帝。○朱右曾云：謂正直之德孚於上下，則造其極矣；道敷於後裔，則世世能極矣。

逸周書彙校集注卷三

武穆解第三十三

〔集注〕潘振云：穆，深遠也。言武義深遠，不但順而已也，故次之以《武穆》。○陳逢衡云：《武穆》似與《武順》不類，然「昭天之道」四語已括孫、吴、司馬之全。至「小國不凶不伐」、「一德訓民民乃章」等語，尤爲正大之師。《序》以爲作於一時，必有本也。○唐大沛云：此篇述古用武之道，正大簡要，蓋周先世相傳之法也。《序》謂與《武順》同時作，而文法則不類。至謂周將伐商，作此以訓乎民，則未必然。○朱右曾云：前篇訓軍制，此篇訓軍政也。

曰若稽古曰：昭天之道，熙帝之載，揆民之任，夷德之用。

〔彙校〕陳逢衡云：「稽古」下「曰」字衍。

〔集注〕孔晁云：夷，常。（常，鍾本作「通」。）○潘振云：曰若，語辭。昭明天道，先上帝之事也。君有民之任而揆度之，大君德之用也。此古語也。○陳逢衡云：曰若稽古，順考古道也。昭，明也。昭天之道，奉天時也。熙，廣也。帝，上帝也。載，事也。熙帝之載，亮天工也。揆，度也。揆民之任，無失所也。夷，平也。夷德之用，位各當也。○唐大沛云：曰、粤通。曰若，發語詞。稽考古道，如下文所述云云也。帝，謂天子。陳謂帝指上帝，則與上句意複，似非。古者寓兵於農，車甲牛馬芻糧之屬皆民任之，約八百家出車一乘。歲有豐歉，民力有厚薄，不可不度其任也。「夷」與「彝」通，故孔訓夷爲常。選將士必用有常德者。○朱右曾云：天道，温肅生殺之道。帝載，謂六府三事，所以教養萬民者也。任，以九職任之也。夷，常也。

總之以咸殷，等之以□禁，成之以□和。

〔彙校〕唐大沛云：「咸」字衍。二空圍皆宜删。○朱右曾云：缺處疑是「九」、「五」，九禁、五和見《大開武》。○朱駿聲補「明」、「惟」二字。

〔集注〕孔晁云：咸，皆；殷，盛也。皆以法總之也。（唐大沛云：「咸，皆也」當在「咸康於民」句下，正文誤衍「咸」字，後人移三字於此，又於「以法」上添一「皆」字。）○潘振云：殷，中也。成，平也。言合民以咸中，齊民以禁制，平民以和順。○唐大沛云：殷，衆盛也。以一軍言，萬有二千五百人爲軍，可謂衆盛矣，而自伯以上各有以總之。自伯而佐而右而正而卿而辟，總師者各有等而皆當嚴其禁令。上下同心同德，則武功有成，故曰成之以和。○朱右曾云：言總此以誠和殷民也。等，齊也。

咸康於民，卿格維時，監於列辟。

〔彙校〕孫詒讓云：「卿」當爲「鄉」，形近而誤。

〔集注〕孔晁云：視古公列也，君以爲師也。（盧校删「列」下「也」字。唐大沛云：「『公』疑『者』字之訛，『師』疑『帥』字之訛。」原文蓋云「視古者列辟以爲帥也。」）○盧文弨云：列辟，周上世之賢君也，子孫臣民所當取法也。○潘振云：格，正也。列辟，諸侯也。言上皆安民之道也，其有不合於道者，卿有以正其君，維是視古之諸侯以爲師法。○陳逢衡云：咸康於民，能安民也。格，至也。卿格維時，卿士從也。列辟，指有土之君。監，如既立之監同義。監於列辟，各守爾典也。○唐大沛云：咸，皆也。康，安也。武以伐暴安民，故曰咸康於民。《武順》篇三正一長曰卿，蓋凡軍將皆命卿爲之，卿統一軍。《武順》篇三卿一長曰辟，列辟，猶言列侯，謂君也。蓋卿之舉動皆聽令於君，故曰監於列辟。○孫詒讓云：「鄉」即「饗」之省。古書祭享字多作「饗」。鄉格維時，言祭祀以時舉也。

敬惟三事，永有休哉！

〔集注〕潘振云：敬思三事，長有美休哉。○唐大沛云：三事皆用武之要道，當敬圖之。

三事：一、倡德，二、和亂，三、終齊。

〔彙校〕丁宗洛云：「治」古文作「乿」，形似「亂」字，此或是「和乿」訛。

〔集注〕潘振云：終，盡也。齊者，一其心志。○陳逢衡云：倡德則民應，和亂則事平，終齊則治洽。○唐大沛云：倡，謂倡率。和，謂和解。齊，疑當讀作「濟」，謂事終有濟。

德有七倫，亂有五遂，齊有五備。

〔集注〕潘振云：倫，常也。遂，擅成事也。又舒達之意。備，具也。言德中之常事有七，亂國之遂事有五，齊民之具事有五，條目也。此總計之，下文乃悉數之。

五備：一、同往路，以揆遠邇；

【彙校】陳逢衡云：「同往路」句疑脱一字。○唐大沛云：下文衍「要」字，疑當在「路」字上。○孫詒讓云：「往」當作「徑」，俗書相似而誤。

【集注】孔晁云：同往路，謂□遠之也。（唐大沛云：「注有訛脱。」按此注原在「不畏强寵」下，今移此。）○潘振云：一同歸王路，無遠無近，其揆則一。○陳逢衡云：揆，度也。

二、明要醜友德，以衆爾庸；

【彙校】陳逢衡删「要」字，又云：「衆」疑作「要」。○丁宗洛亦云：「要」字似衍，「衆」似「聚」訛。○劉師培云：「明」涉下文明義衍，「要」即「惡」訛。醜與惡同。惡醜，猶云嫉不善，故與友德對文，謂去惡進善，足益功績也。

【集注】潘振云：要，一音邀。要，要道，謂孝也。醜，比也，分别之義。友德，「彊弗友剛克，燮友柔克」也。衆，多也。二明孝道，分别友德，以多其庸行。○陳逢衡云：醜，類也。庸，功也。○唐大沛云：明醜，見《度訓》，又見《命訓》，皆言明善惡之類。友德，蓋即尚德意。

三、明辟章遠，以肅民教；

【集注】潘振云：辟，法也。三明禮法，表著其遠嫌之事，以整飭民教。○唐大沛云：章，明也。法主嚴肅。

四、明義倡爾衆，教之以服；

〔彙校〕陳逢衡删「爾」字。劉師培云：「衆」涉上文「衆爾庸」衍。「爾」當作「邇」，與上章遠對文，猶云明義始於近也。

〔集注〕孔晁云：教之以服，先王法服也。（按：此注原在目五下，今移此。）○盧文弨引趙云：服，行也。○潘振云：四明制事之宜，先爲衆倡，教之以行。○陳逢衡云：義，宜也。○俞樾云：《説文》服從𠬝，𠬝從卩。卩，事之制也，故鄭石制字子服，是「服」有法制之義。教之以服，服即法也。孔以法服釋之，豈所教止在衣服乎？失其旨矣。

五、要權文德，不畏强寵。

〔彙校〕唐大沛云：「要權文德」句疑有誤字。○劉師培云：此即「要醜友德」複衍之文，惟傳寫復訛。

〔集注〕潘振云：要，劾實也。權，所以稱物者。文德，所以齊民者。强寵，指在位之人。五劾稱文德，以懲戒之，不畏有力有勢者。此五者，齊民之事也。○唐大沛云：强寵，謂恃强持寵者。

五遂：一、道其通以決其壅，

〔彙校〕壅，趙本、吴本作「雍」，盧從，云：「雍」與「壅」同，元本即作「壅」。

〔集注〕潘振云：道，引也。凡人往來交好曰通，如宋合成是也。決，去也。雍與壅同，言道路無壅也。○丁宗洛云：道與導通。○唐大沛云：此下意皆難曉，似謂政亂於上，民亂於下，上下之情壅塞不通，宜開道之而決其壅也。○朱右曾云：道，由也。通，迎服者。決，攻之也。雍，抗拒者。

二、絶□無赦不疑，

〔彙校〕闕處朱駿聲補「遏」字。

〔集注〕潘振云：絶即絶世之絶。如晉里克弑其君之子奚齊，此無赦而不疑者也。○唐大沛云：無赦，似謂無赦其罪。不疑，言決也。

三、挫鋭無赦不危，

〔集注〕潘振云：挫，摧也。鋭，細小也。挫鋭，謂强鄰伐小國，如密人侵阮徂共，此無赦而不以爲危者也。○唐大沛云：似謂挫亂國之鋭。○朱右曾云：挫，折也。

四、閑兵無用不害，

〔集注〕潘振云：閑兵，謂敵國降卒，宜防閑之。此雖無用之兵，不可害也。○唐大沛云：似謂和亂之道，無取戰争，兵雖閑而不用，不爲害也。

五、復尊離羣不敵。

〔集注〕孔晁云：離羣，故不敵也。○潘振云：復，還也。尊，謂鄰國之君。離羣，離羣臣也。敵，拒抵也。言鄰國之君見逐於羣臣，當納復其國，不可拒也。五者無不遂，此和亂之事也。○唐大沛云：似謂復其君之尊，離其小人之羣，則莫與我敵也。○朱右曾云：復，覆也。

七倫：一、毀城寡守不路；

〔集注〕孔晁云：路，通。○潘振云：毀城，不修之城。寡守，謂守者少也。路，墮城以成路也。通道，謂道路交通也。○陳逢衡云：毀城寡守，疲弊之國。不路，謂不於此假道，恐疑襲彼，致驚百姓也。○朱右曾云：毀，圮也。不路，師不入其境。○于鬯云：路蓋當讀爲挌。挌、路並諧各聲，例得通借。《説文・手部》云：「挌，擊也。」不路者，不挌也。不挌者，不擊也。毀城寡守，則勝之不爲武，且防設計誘我，故不擊也。孔解乃訓路爲通，毀城寡守不通，殆無義矣。《武稱》篇云：「窮寇不格。」不格亦即不挌。書傳多以「格」爲之，少以「路」爲之，其實「格」、「路」並「挌」之借字。不路，猶不格也。彼孔訓格爲鬭，鬭與擊亦同義。○劉師培云：路讀《韓非・亡徵篇》「罷露百姓」之露，謂毀城寡守之地勿俾疲病也，孔説非。

二、通道不載；

〔彙校〕載，諸本作「戰」，盧從。

〔集注〕潘振云：不戰，不鬭也。○陳逢衡云：通道，謂聘問往來之國。不戰，不用武也。

三、小國不凶不伐；

〔集注〕潘振云：凶，咎惡也。○陳逢衡云：小國不凶不伐，字小也。凶謂治法紊亂。○唐大沛云：凶謂暴虐。

四、正維昌靜不疑；

〔集注〕潘振云：正，正道。如《小明武解》「五教允中，枝葉代舉」，皆道之正者。維，連結之也。昌，美言。如《允文解》「昭告周行」，此言之美者。静，安之也。不疑，民不惑也。○陳逢衡云：正維，正其綱維。昌静，倡爲寢兵之説。不疑者，爾無虞我無詐也。

五、睦忍寧於百姓；

〔彙校〕劉師培云：孔注未諦，竊以「忍」當作「𡰥」，即古仁字。

〔集注〕孔晁云：中厚忍辱。（丁宗洛云：中厚，玩經文睦字當作「和厚」。唐大沛云：「中」與「忠」同。）○潘振云：睦忍，和睦含忍。如《允文解》「收武釋賄」，以至「位之宗子」，皆和忍之事，所以安寧勝國者。族姓甚多，故以百賅之，非專指民也。○陳逢衡云：睦，和厚也。容耐曰忍。寧，安也。

六、禁害求濟民；

〔集注〕潘振云：害，如侵掠之類。求，索也，索取勝國之財物。禁止之，所以救民也。○陳逢衡云：害謂民害，禁害則民安。○唐大沛云：禁害民之事。

七、一德訓民，民乃章。

〔集注〕孔晁云：明於教訓。○潘振云：一德，純一之德，以之教民，民德乃章明也。此之謂七倫，倡德之事也。○陳逢衡云：一德訓民，令不二三也。章，明也。

欽哉欽哉！余夙夜求之無射。

〔**集注**〕孔晁云：射，厭也，終也。〇潘振云：欽，敬也，書之大旨。之，指七倫、五遂、五備而言。無射，無厭斁也。〇唐大沛云：五備、五遂、七倫，所列條目不盡可解。

逸周書彙校集注卷四

和寤解第三十四

〔集注〕潘振云：和，順也。寤，覺也。武義深遠，既稽古以示卿，必教禮胥順，方可用武，當有以覺之，故次之以《和寤》。

王乃出圖商，至于鮮原。

〔集注〕孔晁云：近岐（元刊本字作「歧」）周之地也。小山曰鮮。○盧文弨云：《汲郡古文》曰：「帝辛五十二年秋，周師次於鮮原。」《詩》曰：「度其鮮原。」○潘振云：時未遷鄗，出豐也。《爾雅》：「小山別大山，鮮。」鮮原，在洽之陽、渭之涘，即程邑也。○陳逢衡曰：乃者，繼詞、難詞也。至於鮮原，師次而不驟進也。《竹書紀年》：「帝辛五十二年，周始伐商。秋，周師次於鮮原。」即此事。其地在岐山之南，故《皇矣》云：「度其鮮原，居岐之陽。」是時周師初出，駐於高曠之所，蓋猶未出岐周疆界。○丁宗洛云：《爾雅·釋山》：「小山別大山，鮮。」疏：「大山少，故曰鮮。」《詩》：「大山曰鮮。」（孔）注以小山釋鮮，未確。○朱右曾云：時蓋武王十年也。鮮原近程邑。

召召公奭、畢公高。

〔彙校〕召公，諸本作「邵公」，盧校從。○孫詒讓云：《史略》「邵」亦作「召」。

〔集注〕潘振云：邵，地名，舊説扶風雍縣南有邵亭，即其地。今雍縣爲岐山、鳳翔三縣，俱屬陝西鳳翔府。畢，國名，在長安縣西北，今縣屬陝西西安府。奭食采於邵，高封於畢，皆文王子也。○陳逢衡云：召公奭，周同姓；畢公高，文王庶子。或曰：召公亦文王庶子。○朱右曾云：邵公，周之同姓。畢公，文王庶子。邵、畢皆采地，今鳳翔府岐山縣境有邵亭，西安府咸陽縣北有畢原。

王曰：「嗚呼，敬之哉！無競惟人，人允忠，惟事惟敬，小人難保。

〔彙校〕人允忠，「人」下《史略》有「惟」字。

〔集注〕孔晁云：言王以多賢人爲强。保，安之也。（盧文弨曰：「言王」疑當作「武王」。）○陳逢衡曰：人，指賢人。無競惟人，言能用人則能敬其事矣。小人，指百姓，撫則后，虐則讎，故難保。

后降惠于民，民罔不格。惟風行賄，賄無成事。

〔彙校〕丁《管箋》增重「風」字，改下「賄」爲「則」。○王念孫云：惟風行賄，文不成義，「行」下當有「草」字，而今本脱之，言民之歸惠如草之應風也。其「賄賄無成事」五字上仍有脱文，大意謂賄不可以致民，若用賄，則必無成事也。孔注曰「人之歸惠如草應風，如用賄則無成事」，是其證。○郝懿行云：后降惠於民，民罔不格。惟風綿綿不絶，蔓蔓若何？豪末不掇，將成斧柯。王乃厲翼於尹氏八士，惟固允讓。案《蘇秦傳》引《周書》四句與此同，唯「掇」字彼作「伐」，「末」字彼作「釐」，「成」字彼作「用」，又有「前慮不定，後有大患，將奈之何」三句，爲此書所無，疑彼所引即《周書陰符》之謀也。○丁宗洛云：「則」舊訛「賄」，今據注改。○俞樾云：下「賄」字乃「則」字之誤。其原文蓋曰：「后降惠於民，民罔不格。惟風行賄，則無成事。」故孔注云云，是其所據本尚未誤也。王氏念孫《讀書雜志》謂「行」下當有「草」字而今本脱之，此説非也。注中草字乃孔氏增出以明風行之義，非必正文有草字也。《大明武篇》曰「侵若風行」，與此義同。王氏又謂「賄賄無成事」上更有脱文，由不知下賄字乃則字之誤故耳。賄與則左旁並從貝，因而致誤。注中「賄則」連文，即本正文，可據以訂正。○孫詒讓云：王云「行」下當有「草」字而今本脱之，「賄賄無成事」上仍有脱文。案：孔似以「惟風」屬上「民罔不格」爲句，王又讀「惟風行草」句，似均未協。今諦審文義，「風」當讀爲《周禮·士師》「邦朋」之「朋」。《説文·鳥部》以「朋」爲鳳之古文，借以爲朋黨字。以「惟朋行賄」爲句，言惟相爲朋黨乃行賄賂也。《大戴禮記·千乘篇》云：「以財投長曰貸。」即此以朋行賄之義。○劉師培云：案本文句讀孔注近是。「惟風」句絶，與上「惟人」、「惟敬」、「惟事」同，冡「降惠」言。「風」讀《大聚解》「此爲行風」，彼文孔注云「行風化也」，則「惟風」猶言惟化，此云如草應風，訓詞轉曲。下「賄」字當從《平議》改「則」。

〔集注〕孔晁云：人之歸惠，如草應風。如用賄，則無成事。○潘振云：君稱臣曰后，與《畢命》「三后」同。

緜緜不絶，蔓蔓若何？豪末不掇，將成斧柯。

〔彙校〕盧文弨云：豪末不掇，《戰國策·魏策》引作「毫毛不拔」。○孫詒讓云：《史記·蘇秦傳》引此「若」作「柰」，「末」作「釐」，「掇」作「伐」，「成」作「用」。疑此篇出《周書陰符》，即蘇秦所讀者。○劉師培云：案《書抄》三十引「蔓」作「夢」，「掇」作「撥」，「成」作「尋」。○陳漢章云：案王尚書《漢藝文志考證》以蘇秦所引二句爲佚文，吴禮部《戰國策校注》以《魏策》所引《周書》爲《家語》文，是或宋元本《周書》無此數句，後人以《陰符》羼入之。

〔集注〕孔晁云：此言防患在微也。○潘振云：緜緜，微細之辭。蔓蔓，延也，言其長久。「豪」與「毫」通。末，木杪也。掇，採也。言草不因其微而斷之，延長久而不可奈何矣；木不因其微而採之，將成爲斧柄而日大矣。不能防患於微，非允忠矣。此禮所以禁於將然之前乎，后其敬哉。○陳逢衡云：《詩》詠「椒聊遠條」，《易》占「履霜堅冰」，即此意也。綿綿，小長貌。蔓蔓，大長貌。《廣雅》：「綿綿、曼曼，長也。」曼與蔓通，豪與毫通。豪末，微也。掇與剟同，削也。○朱右曾云：緜緜，微細也。蔓蔓，曼衍也。鋭毛爲豪，纖緒爲末。掇，拾趣也。柯，斧柄也。

王乃厲翼於尹氏八士，唯固允讓。

〔彙校〕尹氏，鍾本作「尹民」。

〔集注〕孔晁云：厲，獎厲。武王賢臣也。（「武王」上盧增「尹氏八士」四字。）○潘振云：厲者，以爵勉之。翼者，以禄輔之。尹氏，己姓，黄帝之子囂，爲少昊金天氏，其子封於尹，因氏焉。八士，見《論語》。允讓，非飾讓也。固允讓，猶云固辭爾。言王命八士，八士固辭。○陳逢衡云：厲翼，勸勉之義。固，堅固也。允，信也。讓，謙遜也。○朱右曾云：厲，作也。翼，佐也。尹氏八士，或云即達、适、突、忽、夜、夏、隨、騧也。王以作爲翼佐之任，任之八士，八士固讓而陳其謨如下文所云者也。

德降爲則，振於四方。行有令問，成和不逆。加用禱巫，神人允順。」

〔集注〕孔晁云：言皆順成和志也。（劉師培云：「成」當作「咸」。《尚書·無逸》：「用咸和萬民。」是其證。孔注多訛，疑當作「言皆成和順志也」。孔以順志釋不逆，今本誤。）○陳逢衡云：藴於内爲德，播於外爲則。振，動也。令聞，美譽也。成，就也。和，會也。應天順人，故不逆。加用禱巫，昭告也。神人允順，人謀、鬼謀罔不協也。○朱右曾云：振，整理也。

逸周書彙校集注卷四

武寤解第三十五

〔集注〕潘振云：教與禮既順，可用武矣。又當有以覺之，故次之以《武寤》。

王赫奮烈，八方咸發。高城若地，商庶若化。

〔彙校〕孫詒讓云：王赫奮烈，「烈」《史略》作「列」，字通。

〔集注〕孔晁云：主士（元刊本作「主士」，趙本作「言土」；餘諸本作「言士」，盧校從。）卒應王之奮烈，視高城若平地。若化，恐怖（趙本作「稀」，鍾本作「悕」，吴本作「視」）也。〇盧文弨云：若化，如「蒲盧待化而成」之化。〇潘振云：八方，四正四隅也。〇朱右曾云：武王伐紂，不期而會孟津八百諸侯，是八方咸發也。若地，不待攻而無阻也。若化，不徠而歸附也。

約期於牧，案用師旅，商不足滅，分禱上下。

〔集注〕孔晁云：於牧野將戰，先禱（程本、吴本作「薄」）天地也。〇潘振云：約，約信也。期，日期，二月甲子四日也。紂近郊三十里地名牧。案用者，整而用之。商不足滅，言滅之易也。○陳逢衡云：約期，二月癸亥日佈陣，甲子日戰。牧，紂南郊地名。《水經·清水注》：「自朝歌以南暨清水，土地平衍，據皋跨澤悉坶野矣。」案用，師旅進止有節也。王氏《經傳釋詞》曰：「安，猶於是也，字或作案。《周書·武寤篇》曰：『約期於牧，案用師旅。』言約期於牧野，於是用師旅也。」○朱右曾云：牧，地名，在朝歌南七十里，今衛輝府汲縣地。《吕氏春秋》曰：「武王伐紂至鮪水，紂使膠鬲候周師，曰：『將何之？』武王曰：『將之殷。』膠鬲曰：『將以何日至？』曰：『將以甲子至商郊。』是約期於牧也。」案，發聲，烏汗反，《荀子·王制篇》注云：「發聲也。」○于鬯云：商不足滅，言滅商之易也。商不足滅，分禱上下，明滅商之後分禱上下也。孔解乃云「於牧野將戰，分禱天地」，失之矣。蓋因序有「將行大事乎商郊，乃明德於衆」之説，故以爲將戰，而不知序本合序《和寤》、《武寤》兩篇。《和寤》篇中信有未戰之前明德於衆之説。此篇發首言王赫奮烈，至約期於牧，雖非明德於衆，亦正是將戰，故云將行大事乎商郊。至案用師旅以下，則所謂大事者乃實行之，非將之謂矣。抑孔或誤一案字作止字解，止用師旅，明亦未戰，故云然。則又不知此案字乃於是之義也。王引之《釋詞》云：「案用師旅，言於是用師旅。」是也。於是用師旅，正載牧野之戰實事矣，故曰商不足滅。若作案止義，商不足滅又何以説乎？且下文云：「王不食言，庶赦定宗」，亦正載滅商後之實事。蓋王先是有庶赦定宗之言，至是果庶赦定宗，故曰王不食言。若在未戰而曰王不食言，其殆有不能取信於商人者與？則殆非所以爲武王與！又云：「尹氏八士，太師三公，咸作有績。」若未戰，何以知其有績與？又云：「王克匹天，合於四海，惟乃永寧。」又明是有天下後史臣贊辭。故如孔義誤既戰爲將戰，直於上下之義無一可通者矣。○劉師培云：案《朱釋》以案爲發聲（本王氏《經傳釋詞》），非也。《詩·大雅》「以按徂旅」，毛傳云：「按，止也。旅，地名也。」鄭箋云：「文王赫然，與其羣臣盡怒，曰整其軍旅，而出以卻止徂國之兵衆。」據毛説，則「旅」爲周地，謂止案此要旅之師。據鄭說，則「徂」爲國名，徂師壓境，周遏其鋒。二說不同。(《孟子·梁惠王下》引「按」作「遏」，「旅」作「莒」，趙注亦用毛說。)然皆訓按爲止。竊意本文「案用師旅」，案與按同，謂以師旅拒遏商人也。

王食無疆，王不食言，庶赦定宗。

〔彙校〕丁宗洛云：「疆」當讀作「忘」，言每食不忘弔民伐罪之心也。○俞樾云：「王」當作「玉」，所謂維辟玉食也。古玉字王字竝三畫而連，故易致混，又涉下句「王不食言」而誤。此篇文皆用韻，以四字爲句，多頌美之詞，「玉食無疆」義亦然也。○孫詒讓云：王食無疆，朱駿聲云：「王食，食字疑當讀爲『德』，涉下食言而誤。」案：朱說是也。「德」正字作「悳」，「食」隸書作「飠」，二字形近而誤。

〔集注〕孔晁云：言當赦其罪人，定其宗言(程本、吴本作「主」，盧從；鍾本、王本作「王」)，不食言也。○陳逢衡云：《湯誓》：「朕不食言。」僖公二十八年《傳》：「背惠食言。」又哀二十五年《傳》：「是食言多矣。」言出於己而不能踐，猶飲食在口而復下咽也，是謂食言，言王所食言甚多，而言則必信，不致既出而復内也。王不食言，即指庶赦定宗說，言王所以來，不過除暴救民，赦爾衆庶，定爾宗社，非有他也。孔注誤。○丁宗洛云：不食言，謂先有此庶赦定宗之言，克紂後必不食之也。庶赦，指無罪而爲紂所囚者，如下篇所言釋箕子之囚，出百姓之囚是也。注作「赦其罪人」，誤。○朱右曾云：庶赦，猶云脅從罔治。定宗者，定其宗主，立武庚也。

尹氏八士，太師三公，咸作有續，神無不饗。

〔彙校〕續，盧校改「績」，云：注云「皆謀立功」，則當作「績」。○陳漢章云：案太師，三公之一，下「三公」或「二公」

誤。蓋尹氏八士與《和寤篇》同,則二公即《和寤》之邵公奭、畢公高也。太師,則《克殷》篇之尚父矣。

〔集注〕孔晁云:羣臣言(盧校訂「言羣臣」)皆(鍾本作「其」)謀立功,而神明享其禱。○潘振云:太師,吕尚也。三公,周公、召公、畢公也。作,起也。

王克配天,合於四海,惟乃永寧。

〔集注〕孔晁云:德合四表。○王念孫云:孔注曰「德合四表」。引之曰:「配、合皆對也。《爾雅》曰:『妃、合,對也。』合於四海,猶《大雅》言對於天下耳。合與荅,古同義,荅亦對也。」○潘振云:配,對也。合,合人心。惟,是也。王能應天順人,是乃久安也。○陳逢衡云:此史臣頌美永清大定之辭。

逸周書彙校集注卷四

克殷解第三十六

〔彙校〕劉師培云：案《文選·任昉爲范尚書讓吏部封侯第一表》曰：「三千景附，八百不謀。」李注云：「《周書》曰：『湯放桀而復歸於亳，三千諸侯大會，然後即天子之位。』又曰：『武王將渡河，中流白魚入於王舟。王俯取出涘以祭，不謀同辭，不期同時，一朝會武王於郊下者八百諸侯。』所引武王事係《太誓》佚文。」李氏所據蓋即當時所謂今文《太誓》者，惟所引湯事雖亦語見《大傳》，然稱爲《周書》，則所據自係《殷祝解》，於所引武王事冠以又曰之文，或舊本《克殷解》亦附此詞。又《史記·周本紀》「白魚躍入王舟中」，《索隱》云：「此已下至火復王屋流爲烏，皆見《周書》及今文《泰誓》。」亦其證也。存以志疑。（《文選·晉紀總論》注引「武王將渡河，不期同時一朝會武王郊祀下者八百諸侯」，《勸進表》注引「不謀同辭，會於武王郊下」，亦稱爲《周書》。慧琳《音義》九十四引「師乃搯兵拔刺擊之」，亦云《周書》。）

周車三百五十乘陳於牧野，帝辛從。

〔彙校〕車，《史略》作「革」。陳，《史略》、程本、鍾本、王本作「陣」。辛，鍾本作「幸」。〇劉師培云：案《史記·周本紀》云：「乃遵文王，遂率戎車三百乘，虎賁三千人，甲士四萬五千人以東伐紂。」語本《尚書·牧誓序》及《孟子·盡心篇》，此指周師言也。又云「諸侯兵會者車四千乘陳師牧野，帝紂聞武王來，亦發兵七十萬人距武王」，此指諸侯從周之兵數言也。考《周紀》自此以下均據本書，所謂諸侯兵會云云，即此文之「周車三百五十乘陳於牧野，帝辛從」也，惟此云周車三百五十乘，《序》篇則云「率六州之兵車三百五十乘」，與《周紀》所記武王車乘（戎車三百乘）數略相當，與諸侯兵車四千乘數迥不符，疑有訛誤。

〔集注〕孔晁云：十三年正月。牧野，商郊。紂出朝歌二十里而迎戰也。○盧文弨云：梁云《書序》、《孟子》及《國策》蘇秦説趙魏皆云「武王伐紂，車三百兩」，獨此言三百五十乘。而《墨子·明鬼下篇》又云「車百兩」。一多一少，似未可信。○潘振云：乘法，甲士三人，步卒七十二人，輜重二十五人，一乘共百人也。三百五十乘，三萬五千人也。整行伍曰陳。○陳逢衡云：武王十二年正月始出師，二月初四至商郊佈陳。《孟子》謂武王伐紂革車三百兩。《書·牧誓序》、《國策》、《史記·周本紀》、《蘇秦傳》、《韓子·初見秦篇》、《吕氏春秋·簡選》、《貴因篇》、《淮南·本經》、《主術》、《兵略訓》、《風俗通·正失篇》、《博物志》並同，蓋舉全數也。此云三百五十乘，則周史之實録（唐説同）。其五十乘或則爲一隊，蓋用以挑戰。是時，紂發兵七十萬人距武王，故《鬻子》云紂虎旅四萬。《大明》之詩曰：「殷商之旅，其會如林。」於此益信。蓋商辛恃衆，故從而與武王戰也。○丁宗洛云：（孔注）爲十二年（按：諸本皆作十三年），係辛卯年，盧本改作十三年，非是。正月，宜作二月。經云陳於牧野，已是五月之事，而非建子之月矣。○唐大沛云：《孟子》言革車三百兩，舉成數也，此蓋實數。周於正月始出師，二月初四日至商郊，孔注屬之正月，誤。《詩》曰：「殷商之旅，其會如林，辛商紂君。」○朱右曾云：《尚書序》曰：「惟十有一年，武王伐殷。」《唐志》稱《竹書紀年》云：「武王十一年庚寅，周始伐商。」則牧野之戰在周正爲十一年二月，商正爲十一年正月也。《吕覽·首時篇》言武王立十二年，而成甲子之事。《管子》及《家語》並同者，以文王薨年爲武王元年故也。若《漢志》以爲十三年，又連文王受命年數之，謬矣。帝辛，紂之號。從，逆戰也。周曆武王十一年元餘五百二，績月六千二百，有八閏，餘十八，積日十八萬三千三百二十七，小餘四百九十二，大餘二十七天，正辛卯十六日丙午，故《世俘》曰「維一月丙午旁生魄，越五日甲子，朝至接於商」。

武王使尚父與伯夫致師。

【彙校】《史略》「尚父」上有「師」字，無「與」字。○丁宗洛云：「『伯夫』疑『伯達』訛。下文有『百夫』，或即其人，《周本紀》即作『百夫』。此書乃記事之體，王安得稱謚？故此篇及《世俘篇》凡『武』字予槩疑爲衍。浮山云：『篇内下文已稱衛叔，衛叔之封在成王四年，此書必成王以後追述，武字非衍。』」

【集注】孔晁云：挑戰也。○潘振云：伯夫，百夫長也。○陳逢衡云：《詩·大雅·大明篇》云：「維師尚父，時爲鷹揚。」毛傳：「師，太師也。尚父，可尚、可父。」劉向《别録》曰：「師之、尚之、父之，故曰師尚父。」伯夫，南宫伯達也。是時尚父與伯夫爲一隊，前陷紂陳，武王以虎賁戎車爲一隊横衝之，一以正合，一以奇勝。致師，見《周禮·環人》注。致師者，致其必戰之志也。古者將先使勇力之士犯敵焉。《春秋傳》曰：「楚許伯御樂伯，攝叔爲右，以致晉師。」○朱右曾云：尚父，太公望。伯夫，四卒百人也。致師，挑戰也。

王既以虎賁戎車馳商師，商師大敗。

【彙校】《史略》作「王既戎車武賁馳商師，商師大崩」。盧校據《御覽》「既」下增「誓」字，「大敗」改「大崩」，潘、朱從。○

陳逢衡云：盧本據《御覽》於「王既」下添「誓」字，誓在未戰之前，若兵刃既接，何暇再誓？據《周本紀》「武王使尚父與伯夫致師，以大卒馳帝紂師」，亦無「誓」字，《御覽》不可從。○丁宗洛云：「既」字便包癸亥夜陳在内，如盧本於致師後方言誓，反失經句之簡貴矣。○孫詒讓云：案《史略》引「戎車」在「虎賁」上，亦無「誓」字，《史記·周本紀》作「以大卒馳帝紂師」。

〔**集注**〕孔晁云：戎車三百五十乘，則士卒三萬六千三百五十人，有虎賁三千五百人也。（孫詒讓引梁玉繩云：「古車戰之法，一車甲士三人，步卒七十二人，至臨敵制變，更以甲士配車而戰，一車實百人。每乘以虎賁一人爲右，故有虎賁三百人。《書序》可據。至士卒之數，一車百人，即依三百五十乘計之，亦止三萬五千人，安得三萬六千三百五十人哉？張守節《史記正義》臆減爲二萬六千二百五十人，亦非。」案此云周車三百五十乘，與《孟子》諸書不合，蓋所聞之異，注説士卒三萬六千三百五十人，疑當作三萬一千五百人，合之虎賁，正得三萬五千人，故云有虎賁三千五百人，明虎賁在士卒之外也。蓋孔據《司馬法》每車百人之文計之，一車士卒九十人，虎賁十人，故得此數，若如今本作三萬六千三百五十人，合之虎賁三千五百人，爲三萬九千八百五十人，以戎車三百五十乘除之，每車得一百十三人，尚餘三百人無所配，其誤明矣。至張守節所引蓋據每乘卒七十二人，加甲士三人計之，是一乘七十五人，三百五十乘適二萬六千二百五十人。張又云有虎賁三千人，則謂在三百五十乘之外。張説多本孔注，此條雖與今本異而説尚可通，字數亦約略相應，附存之以備考。又案：張云虎賁三千人，本《孟子》説也，《國策·蘇秦説韓魏》、《呂氏春秋·簡選篇》、《貴因篇》、《淮南子·泰族訓》並同。《韓非子》亦云：「武王伐紂，素甲三千人。」蓋虎賁即《司馬法》之甲士也。《書序》作三百，亦所傳之異，梁氏輒據以駁此書，非也。（《尉繚子·天官篇》云：「武王伐紂，以二萬二千五百人擊紂之億萬而滅商。」此似以戎車三百乘每乘七十五人計之。《周本紀》云：「遂率戎車三百乘、虎賁三千人、甲士四萬五千人以東伐。」紂則車乘與甲士各自爲數，不必相配也。）又案：《呂氏春秋・古樂篇》云：「武王以六師伐殷，六師未至，以鋭兵克之於牧野。」下云「以虎賁戎車馳商師」，當即鋭兵，蓋本不與六師之數，故止三千五百人也。〇劉師培云：《周紀》作「以大卒馳帝紂師」，（《集解》引徐廣云「帝」亦作「商」。《册府元龜》四十四亦引作「商」，則「帝」爲訛文。）《正義》云「大卒謂戎車三百五十乘，士卒二萬六千二百五十人，有虎賁三千人」，即本孔注，惟互有訛。據《史記正義》説，則戎車三百五十乘似即武王自率之師，爲岐周一國兵數。據《尚書・牧誓》言「司徒、司馬、司空」，《周紀》及《大傳》均言「乃告於司徒、司馬、司空」諸節，此即《武順解》三卿之制。今以《武順解》考之，周初兵數當得二萬四千三百人，以每乘七十五人計之，約占車三百三十乘，已超兵車三百乘之數，舉成數言則爲三百五十乘，固無可疑。若本序以爲六州兵車之總數，則與《史記》及他書均不合，或未可從。至注云「士卒三萬六千三百五十人」，當從《史記正義》作二萬六千二百五十人。《正義》「虎賁三千人」，當據注文增「五百」二字，蓋孔、張均以戎車一乘别有虎賁十人也。（《吴子・料敵篇》亦謂「一軍之中必有虎賁之士」。）《周紀》「甲士四萬五千人」，疑四亦二譌，二萬五千人即周初士卒二萬四千三百人之成數也。（《尉繚子・天官篇》謂「武王以二萬二千五百人擊紂之億萬兵」，數略與此近。存以俟考。）〇盧文弨云：古車戰之法，一車甲士三人，步卒七十二人，至臨敵制變，更以甲士配車而戰，一車實百人，每乘以虎賁一人爲右，故有虎賁三百人，《書序》可據。孫奕《示兒編》以《孟子》三千人爲引經之誤，是已。《周禮》虎賁氏其屬八百，安得三萬六千三百五十哉？張守節《史記正義》臆減爲二萬六千二百五十人，亦非。〇潘振云：誓者，集將士而戒之，即牧誓也。虎賁，侍衛之親兵也，不紀其數，蓋在三百五十乘之中者。《武順解》三卿一長曰辟，卿領八十一乘，三卿二百四十三乘。今周車三百五十乘，除《武順解》之數，餘百七乘。一乘甲士三人，虎賁應三百五十一人。《書序》虎賁三百人，舉大數爾，蓋君統領之兵，二百四十三乘，侍衛之兵百七乘與？○陳逢衡云：既者，遂事、終事之辭。馳，疾驅也，兵法所謂出其不意，《武成》所謂攻於後以北也。虎賁，勇力之士。據《周禮·虎賁氏》，虎士八百人是天子之制。武王爲商諸侯，不應虎賁有三千人之多。又《魯語》天子有虎賁，諸侯有旅賁。《尚書大傳》：「諸侯有功，三賜以虎賁百人，號曰命諸侯。武王繼文王而爲西伯，此其所以有虎賁。」衡案：是時周以有道征無道，豈尚遵諸侯旅賁之制？且此時周制非殷制，惟武既用虎賁伐紂，故天子以爲衛，蓋當殺伐之時必須多人，故虎賁之士有三千，及其既定天下而取以衛王宮，故《周禮》定制減其數爲八百，若在武王時，其不限八百可知。今據《克殷》但言虎賁戎車，則臨敵應變，多寡增減，均可酌用，故不言數目。○朱右曾云：軍旅曰誓，今《尚書·牧誓》是也。虎賁，禁旅也。《周禮·虎賁氏》掌先後王而趨以卒伍，與司右、戎右之職不同，梁玉繩謂即車右，非也。

商辛奔内，登于廩臺之上，屏遮而自燔于火。

〔彙校〕二「于」字，鍾本均作「於」。廩臺，舊本同，盧據《史記》及《御覽》改「鹿臺」，潘、丁、朱從。○孫詒讓云：《史記·殷本紀》集解引徐廣云：「『鹿』，一作廩。」是晉時《史記》别本作「廩」，與今本《周書》同，則不必改「鹿」也。○劉師培云：案盧校云「鹿舊作廩，今據《史記》及《御覽》定作鹿」。今考鹿、廩聲轉，《御覽》八十三引《帝王世紀》云：「紂登鹿臺，蒙寶衣玉席，自投於火。」（案玉席於他籍靡徵，疑當作「蒙寶玉衣屏遮自投於火」，與本書同，席乃遮誤，其上復脱屏字也。然本書屏遮之上似亦脱蒙玉一語。）字亦作鹿。○陳漢章云：案此「鹿臺」本作「廩臺」，盧校改。孫氏《斠補》謂不必改，是也。若鹿臺既焚，下何以命南宫忽振鹿臺之錢乎？宫内爲廩臺，如漢宫之漸臺，在沙邱則爲鹿臺，如趙九門之野臺，其地本異，但鹿、廩聲相掍耳。

〔集注〕孔晁云：屏遮，目(程本、吴本、鍾本、王本作「自」，盧校從)障。○潘振云：奔内，奔城内也。鹿臺，臺名，大三里，高一丈，在朝歌城中。燔，燒也。○陳逢衡云：廩臺即鹿臺，一名南單之臺，在朝歌城内。《紀年》：「武王親禽受於南單之臺。」是也。《周本紀》：「紂反走入登於鹿臺之上，蒙衣其珠玉自燔於火而死。」○丁宗洛云：《水經注·淇水》：「今朝歌城内有殷鹿臺，紂昔自投於火處也。」○朱右曾云：《新序》曰：「紂爲鹿臺，七年而成，大三里，高千尺。」《竹書》謂之南單之臺。

武王乃手太白以麾諸侯，諸侯畢拜，遂揖之。

〔集注〕孔晁云：太白，旗名。揖，招也，揖諸侯共追紂也。○潘振云：麾，指麾也。畢，皆也。介者不拜，爲其拜而蓌(音挫)拜，此拜即肅拜，但俯下手，今時撎是也，故武王以揖答之。○陳逢衡云：《周本紀》：「武王持太白旗以麾諸侯，諸侯畢拜武王，武王乃揖諸侯。」《正義》曰：「武王率諸侯伐天子，天子已死，諸侯畢賀，故武王揖諸侯，言先循拊其心也。」衡案：此從周伐紂之諸侯，武王以勝殷招之，故麾之並進也。○朱右曾云：手，持也。太白，通帛爲旜，夏大黑，殷大白，周大赤，皆以色別之。

商庶百姓，咸俟於郊。

〔集注〕孔晁云：待武王於廓(元刊本同，餘諸本作「郭」，盧從)外也。○潘振云：衆庶百官族姓，待武王於邑外。○朱右曾云：庶，庶民。百姓，百官。

羣賓僉進曰：「上天降休！」再拜稽首。

〔集注〕孔晁云：諸侯賀武王也。○潘振云：僉，同也。○陳逢衡云：此商諸侯新附者，故曰羣賓，謂之賓者，貴之也。○朱右曾云：羣賓，周之羣臣，於商爲賓。休，美也。弔商庶百姓而慰安之，商人則再拜稽首。○劉師培云：案《史記·周本紀》作「武王使羣臣告語商百姓曰上天降休，商人皆再拜稽首」。《御覽》八十四引《帝王世紀》亦言「百姓咸待於郊，王使告曰：上天降休，商人皆拜」。則上天降休爲武王使告商民之詞，羣賓屬周臣，拜屬商民。孔以再拜者爲諸侯，似又以羣賓亦指諸侯，非也。

武王答拜，先入，適王所，乃尅射之三發而後下車，而擊之以輕吕，斬之以黄鉞。

〔彙校〕盧文弨云：輕吕，《史》作「輕劍」。○丁宗洛云：「尅」訛，當爲「就」。○劉師培云：乃尅射之，《周紀》作「自射」，《藝文類聚》十二引《世紀》作「親射」，《金鏤子·興王篇》作「武王身射之」，「尅」疑「身」訛，或即「親」之壞字。

〔集注〕孔晁云：輕吕，劍名。○潘振云：先諸侯入朝歌城。往商受自焚之處，乃急射之，防姦也。擊，刺也。輕吕，劍名。鉞，斧也，以黄金爲飾。○陳逢衡云：武王答拜，《周本紀》：「諸侯畢從武王至商國，商國百姓咸待於郊，於是武王使羣臣告語商百姓曰：『上天降休。』商人皆再拜稽首，武王亦答拜。」《索隱》曰：「武王雖以臣伐君，頗有慚德，不應答商人之拜。太史公失辭耳。」尋上文諸侯畢拜賀武王，武王尚且報揖，無容遂下拜商人。《三墳補逸》曰：「諸侯畢拜之時，武王方在師旅，未暇答拜，至入商郊，羣賓僉進稽首，武王乃答拜。汲冢之文自明其答拜者，蓋前諸侯及商臣皆在其中，《史記》但言商人再拜，注遂謂武王不應止揖諸侯而答拜商人，蓋《史記》固訛，注者亦失考也。」衡案：《史記》蓋本《周書》爲言，《本紀》所謂商人即此解所謂羣賓也。武王於從征之諸侯揖之於商諸侯之來賀者拜之，當時初入商郊自應如此。《索隱》謂不應答商人之拜固非，胡應麟謂《史記》訛誤，亦未會斯旨。先入適王所乃尅射之三發，而後下車而擊之以輕吕，斬之以黄鉞。《古今注》：「武王以黄鉞斬紂，故王者以爲戒。」〇丁宗洛云：王所，即下文所云社太卒之左也。蓋是時商之臣民已知紂自焚而死，特設此所以迎武王。武王初入亦未識應往何所，祇得隨商衆而適於其所。〇朱右曾云：黄鉞以黄金飾之，此事世多疑之，然《墨子》「武王折紂而係之赤繯，載之白旗」，《荀子》云「紂縣於赤斾」，《尸子》云「武王親斫殷紂之頸」，《汲郡古文》云「王親禽紂於南單之臺」，正與此同。《孟子》所謂聞誅一夫紂，未聞弒君也。

折懸諸太白。

〔彙校〕盧文弨云：梁云：此篇乃六國時僞撰竄入《周書》者也，三代以上無弒君之事，詎聖如武王而躬行大逆乎？建之死，武之不幸也。《賈子·連語篇》言紂鬬死，紂之官衛與紂軀棄玉門之外，民之觀者皆進蹴之，武王使人帷而守之。夫倉卒之際尚使人帷守，寧忍親戮其身，戕及骨肉邪？射擊斬懸，必無之事。《論衡·恢國篇》亦辨之。

〔集注〕孔晁云：斬絶其首。（盧校「斬」改「折」，云：《墨子·明鬼下篇》云：「武王折紂而繫之赤環，載之白旗。」《太平御覽》引作「折紂而出繫之赤轘」。則「折」字是，今改正。）〇潘振云：懸，掛也。此武王必無之事，《論衡》曾辨之。〇陳逢衡云：《戰國策·趙策》：「昔者文王拘於羑里，武王羈於玉門，卒斬紂之頸而縣於太白者，是武王之功也。」《荀子·正論》：「武王伐有商，誅紂斷其首，縣之赤旗。」

適二女之所，乃既縊。

【彙校】盧校據《御覽》「乃」移「適」上。○孫詒讓云：《史記》亦云：「已而至紂之嬖妾二女，二女皆經自殺。」而《帝王世紀》云：「二嬖妾與妲己亦自殺。」據皇甫謐説，則妲己之外尚有二女，與此書及《史記》不合。又案正文「縊」字故書疑亦當同《史記》作「經」，故注釋之云「經，自縊也」。若正文本作「縊」，則其義易明，注説爲贅矣。(《作雒》亦云：「管叔經而卒。」)

【集注】孔晁云：二女，妲己及嬖妾。縊，自縊也。○陳逢衡云：《通志》：「紂之嬖寵如妲己者二人皆自殺。」衡案：二女當如孔注，故《世俘解》云妻二首赤旗。若《通志》所云，則三女矣。

王又射之三發，乃右擊之以輕吕，斬之以玄鉞，懸諸小白。

【彙校】王念孫云：持劍必以右手，無須言右擊之。上文擊之以輕吕，不言右。《史記·周本紀》亦無右字，蓋衍文也。或以右爲「又」之誤，亦非。上文已言「王又射之三發」，則無庸更言。又《太平御覽·刑法部十二》引此無右字。○丁宗洛云：「右」字似衍，上不言左，此忽言右，且文義亦欠着落。

【集注】孔晁云：玄鉞，黑斧。小白，旗名也。○潘振云：男左女右，故曰右擊。○陳逢衡云：右，通作「又」。《周本紀》：「遂入至紂死所，武王自射之，三發而後下車，以輕劍擊之，以黄鉞斬紂頭，懸太白之旗。已而至紂之嬖妾二女，二女皆經自殺，武王又射三發，擊以劍，斬以玄鉞，縣其頭小白之旗。」《古今注》：「太公以玄鉞斬妲己，故婦人以爲戒。」宋均曰：「玄鉞用鐵，不磨礪。」○唐大沛云：乃右，武王車右之士也。○朱右曾云：玄鉞，黑斧。小白，旗名也。《司馬法》云：「夏執玄鉞，殷執白鉞。」玄鉞用鐵，不磨礪。小白者，雜帛爲物。

乃出場於厥軍。

〔彙校〕王念孫云：此下當有「明日脩社及宫」之事，而今本脱之，孔注曰「治社以及宫」，是其證。《史記》曰：「其明日，除道脩社及商紂宫。」《太平御覽·皇王部九》引《帝王世紀》曰：「明日，王命除道脩社。」皆本於《周書》也。又案孔注治社以及宫下又云：「徹宜去者宜居者。居，遷也。」（注有脱文）則此處脱文尚多，然皆不可考矣。○陳逢衡云：《周本紀》：「武王已乃出復軍，其明日，除道脩社及商紂宫。」今案孔注「治社及宫」，正文顯有脱誤。○朱右曾從王説據《史記》補「翼日，除道修社及商紂宫」句。○孫詒讓云：玩孔注疑所脱不止十字。案《御覽》引《帝王世紀》亦云：「明旦天雨，王命除道修社。入商宫，朝成湯之廟，又乃出場於厥軍。」《史記》作「武王已乃出復軍」，則史遷所見本「場」字疑作「復」。

〔集注〕孔晁云：場，平。治社以及宫（「宫」字程本、王本作「官」，鍾本作「言」），徹宜去者，宜居者，居，遷也。○潘振云：出，出王所也。時武王尚在朝歌城中。除地爲場。軍，郭外軍舍也。○朱右曾云：除地爲場。

及期，百夫荷素質之旗於王前；

〔集注〕孔晁云：素質，白旗。前，爲王道也。一作「以前於王也」（諸本無「也」字，盧從）。○潘振云：期，告天之日期。荷，負也。○陳逢衡云：《周本紀》：「及期，百夫荷罕旗以先驅。」罕旗，即素白旗，蓋盡畫雲旗上。○陳漢章云：及期，期日丙午。

叔振奏拜假，

〔彙校〕盧文弨云：謝云《史記》「叔振」下有「鐸」字。

〔集注〕孔晁云：羣臣諸侯應拜假者，則曹叔振奏行也。○潘振云：叔振，曹叔振鐸也。奏，白也。假與格同。白王拜格神祇，下文遂言法駕。○陳逢衡云：叔振名鐸，武王同母弟第六人，見《史記·管蔡世家》，後封於曹。奏拜假者，贊相其禮也。○朱右曾云：奏，進；假，嘉也。進白於王前，將拜受天之嘉命也。

又陳常車。

〔集注〕孔晁云：常車，威儀車也。○潘振云：又陳，承兵車而言也。○陳逢衡云：《周本紀》：「武王弟叔振鐸奉陳常車。」○丁宗洛云：《周禮》春官司常。《釋名》云：「車戟曰常，長丈六尺，車上所持也。」八尺曰尋，倍尋曰常，故曰常。觀此可見威儀之注未確。○朱右曾云：常車，威儀車，建太常、畫日月。

周公把大鉞、召公把小鉞以夾王。

〔彙校〕盧文弨云：召公，《史記》作「畢公」。○劉師培云：召公，《玉海》一百五十一引作「原公」。

〔集注〕孔晁云：三公夾衛王也。○陳逢衡云：周公旦把大鉞，畢公把小鉞，以夾武王。○朱右曾云：大柯斧重八斤，小者半之。○孫詒讓云：案(孔)注「三公」當作「二公」。《帝王世紀》云：「周公爲司徒，召公爲司空。」

泰顛、閎天，皆執輕吕以奏王。王入，即位於社太卒之左。

〔彙校〕王念孫云：奏王，當依《史記》作「衛王」。上文「周公把大鉞，召公把小鉞以夾王」，孔注曰：「二公夾衛王也。」則此「泰顛閎夭」亦是執劒以衛王，不當言奏王也，奏字蓋涉上文「叔振奏拜假」而誤。○俞樾云： 此文本作「泰顛閎夭皆執輕吕以奏王，太卒王入即位於社之左」，故孔注如此，蓋其所據本未誤也。《書·堯典》「敷奏以言」，枚氏傳曰： 「奏，進也。」奏王太卒者，言進王之太卒以衛王也。 孔注加「當門」二字，正明奏字之義。 王入即位於社之左，言王位在社左也。 後人誤讀「皆執輕吕以奏王」爲句，謂與「周公把大鉞，召公把小鉞以夾王」相對成文，因移太卒字於社字之下，而不知夾王可通，奏王不可通，且下句「王入即位於社太卒之左」，社太卒連文更不成義矣。○孫詒讓云： 案太卒即軍士，不當云之左。《史記》作「王既入，立於社南太卒之左，右畢從」。 疑讀「立於社南」句，太卒之左右畢從，謂大卒與左右之臣皆從也。（《史記》上文云以大卒馳帝紂師，《正義》謂即士卒虎賁等。）義與此書異，似彼爲長。 又案《國語·楚語》云： 「故榭度於大卒之居」，韋注云： 「大卒，士卒也。」可證此大卒之義。○于鬯云： 即位於社大卒之左，此與《史記·周紀》文異，《紀》作「立於社南大卒之左右」，位與立字通，即位與立一也。 惟彼文社下有南字、左下有右字，則必有一衍脱。 竊謂此文脱南字，而彼文衍右字也。（梁玉繩《史記志疑》云： 「案《周書》此誤增右字，脱羣臣字。」）此文脱南字，則位置不見，彼文衍右字，則位置差誤。「即位於社南太卒之左」九字當一句讀，蓋太卒在社之南，而王即位在太卒之東，然則在社之東南也。 脱南字，則太卒之位置先未明，太卒之左又安在乎？ 且《史》文即本《周書》，《周書》無南字，《史》文從何有之？ 是知史公所見《周書》原有南字矣。 至左下又增一右字，則當讀南字句絶，是武王即位於社之南矣，而太卒轉在左右。 太卒之左右者，當謂左卒之右、右卒之左，然則何不曰太卒之間乎？ 且古之人君無當中而立者，孔廣森《禮學卮言》引《聘禮》： 「夕幣，君朝服出門左，南鄉。閏月則闔門左扉，立於其中。」是朝位恒在左。 明堂之制，户居中，左右夾窗，然亦設斧依於户牖閒，益信當依而立，非正中矣。 以是推之，武王即位，必無即位於社之南，在社之南，是當社之中矣。 衍去右字，則《史》文實與《周書》

同。而如朱右曾《集訓》云王立於社南，而屯卒於其西以衛。蓋亦以書史相參而致誤，由未知人君立無當中之法也。○劉師培云：皆執輕呂以奏王，孔注：「執王輕呂當門奏太卒屯兵以衛也。」案「奏」即「夾」訛，與上「以夾王」同。《史記》作「衛」，孔注以衛訓夾，其證也。王入即位於社南，太卒之左，羣臣畢從。案朱校云《史記》作「王既入，立於社南太卒之左，右畢從」，謂王立社南而屯卒於其西以衛也。《斠補》云：「據《史記》疑讀『立於社南』句。太卒之左右畢從，謂太卒與左右之臣皆從也。」義與此異，二說不同。以本篇之文悉符《史記》，「即」乃「既」訛，「入既」倒書，《齊世家》作「武王立於社」，其證也。太卒，即《周紀》上文大卒。以本篇上文證之，又即戎車虎賁之屬。左下當脱右字。左右者，即《武順解》「三伯一長曰佐，三佐一長曰右」也。蓋指太卒將校言，謂軍長及羣臣畢從也。（《史記》脱「羣臣」二字。）朱以孔注之衛指此句言，遂以致訛。（孔《釋》上節「以夾王」云「三公夾衛王也」，亦孔氏以衛訓夾之徵。）

〔集注〕孔晁云：執王輕呂當門奏，太卒屯兵以衛也。（孫詒讓云：「王」字當在「奏」下。○劉師培云：當作「執輕呂夾王，當門屯兵以衛也」。「大」係後注，下有脱文。）○王念孫云：孔注失之。○潘振云：泰氏，顛名；閎氏，夭名，皆在五臣十亂之中者。夭，則文王弟也。王入聽朝門就祭位，社之左，祖之右，謂正中也。王北面屯兵以衛，尊其名爲太卒。○陳逢衡云：閎夭、泰顛俱周臣。《周本紀》：「散宜生、泰顛、閎夭皆執劍以衛武王，立於社南太卒之左，右畢從。」大卒即指虎賁戎車。位，立通。○朱右曾云：奏，讀如「湊」，亦夾衛之意，王立於社南而屯卒於其西，以衛也。

羣臣畢從。毛叔鄭奉明水，衛叔傅禮。

〔彙校〕毛叔，程本、鍾本、吴本作「毛伯」。○盧文弨云：毛叔，宋本與《史記》正同，作「毛伯」者誤。傅禮，《史記》作

「布兹」。○陳逢衡云：傳禮，《周本紀》作「布兹」。徐廣曰：「兹者，籍第之名。」衡案：傳、布一聲之轉，傳禮即布兹，兹，席也。言布席以成禮，故傳禮亦謂之布兹。○劉師培云：衛叔傳禮，孔注「而康叔相禮」。案：《周紀》作「衛康叔封布兹」，《齊世家》作「布采席」，《周紀集解》引徐廣云「兹者，籍席之名」。則此指敷席言。「禮」疑「豊」訛，即《尚書·顧命》「豐席」。《顧命》言「豐席畫純」，正與《齊世家》「采席」合。惟孔注所據本已訛爲禮，猶《尚書·高宗肜日》「典祀無豐於昵」，《史記·殷本紀》作「禮」也。

〔集注〕孔晁云：羣臣盡從王而康叔相禮。○潘振云：毛叔鄭、衛叔封，皆文之昭也。以方清取水於月謂之明水。傳禮，相禮也。○陳逢衡云：《周禮·司烜氏》：「以鑒取明水於月。」注：「明水以爲元酒。」毛叔鄭，文王庶子。《左·定四年傳》：「五叔無官。」杜注：「五叔，管叔鮮、蔡叔度、成叔武、霍叔處、毛叔聃也。」案：毛叔名鄭不名聃，《周本紀》與《周書》可證，且不是武王同母弟。此毛叔鄭即《尚書·顧命》之毛公，孔傳謂司空第六，毛公領之。傳與《正義》俱不云毛公爲何人。余以《左傳》富辰所云魯衛毛聃證之，則毛公爲叔鄭無疑。《漢書·人表》不解毛公即毛叔鄭，故於第三格列毛叔鄭於前，又列毛公於後，誤矣。《史記志疑》曰：「毛叔鄭，四八目作『毛叔冉』，未知孰是。」余案：毛叔名冉，無他經傳可證。衛叔，武王同母弟，康叔封也。○朱右曾云：明水，元酒，取陰陽之潔氣也。傳禮，相儀，蓋攝宗伯。

召公奭贊采，師尚父牽牲。

〔集注〕孔晁云：贊，佐；采，事也。倅王也。（倅王，鍾本作「作土」，王本作「牲羊」。）○陳逢衡云：《周本紀》：「召公奭贊采，師尚父牽牲。」《正義》曰：「贊，佐也。采，幣也。」采訓幣義長。○朱右曾云：蓋攝冢宰。牽牲，攝司徒也。○孫詒讓云：《史記正義》似即本此(孔)注。「事」作「幣」義較長。

尹逸筴曰：「殷末孫受，德迷先成湯之明，侮滅神祇不祀，

〔彙校〕迷，鍾本作「述」。○盧文弨云：《史記》「逸」作「佚」，「滅」作「蔑」。○孫詒讓云：尹逸筴曰殷末孫受德，案《史記》作「尹佚筴祝曰：殷之末孫季紂」，《正義》云：「尹佚讀筴書祝文以祭社也。」又云：「《周書》作末孫受德，受德，紂字也。」張所見與今本同，史逸即尹佚，此下文及《世俘》並云「史佚」，則此不宜作「逸」，疑傳寫之譌。○劉師培云：殷末孫受德迷先成湯之明，孔注：「紂字受德也。」案《周本紀》作「殷之末孫季紂，殄廢先王明德」，《正義》引《周書》亦以受德爲紂字。梁玉繩《志疑》云：「受德，猶云受之凶德。」不從張説。今考《史書·西伯戡黎》疏引鄭注云：「紂，帝乙之少子，名辛，帝乙愛而欲立之，號曰受德，時人傳聲轉作紂也。史掌書，知其本，故曰受。」則本書作受德，自沿史册舊文，惟「明」下當增「德」字。《大戴禮記·少閒篇》曰：「紂不率先王之明德。」其證也。按：「德」連下「迷先成湯之明」爲句，《史記》「殄廢先王明德」，《大戴禮·少閒》曰「紂不率先王之明德」，是其證，孔注誤。

〔集注〕孔晁云：紂字受德也。神祇，天地也。舉天地則宗廟已下廢可知也。○盧文弨云：梁云：受德，猶云受之凶德，《書》曰「其在受德暋」，與此正同，非紂字受德也。自吕不韋誤著於《仲冬紀》，漢以後諸儒因之而誤。《史記》作季紂，是。○潘振云：尹，氏；逸，名，即下文史佚也。筴，簡也。成湯，天乙謚也。○陳逢衡云：《周本紀》：「尹佚筴祝曰：殷之末孫季紂，殄廢先王明德，侮蔑神祇不祀。」《正義》曰：「《周書》作『末孫受德』。受德，紂字也。」尹逸即下文史佚，逸、佚通。《漢·藝文志》墨家有《尹佚》二篇，即尹逸。《周書·洛誥》逸祝册，即此尹逸也。蓋即《論語》八士之叔夜，夜讀作液，與佚、逸通。又即尹氏八士之一，特逸未賜氏南宫，故仍曰尹逸；其官則史，故又

曰史佚。○朱右曾云：尹逸，史佚，疑即八士之叔夜，夜、逸聲相近。筴，祝文也。受德，紂之名。

昏暴商邑百姓，其彰顯聞於昊天上帝。」

〔彙校〕昏，鍾本作「昬」，盧校同；程本、趙本、吴本作「明」。彰，盧從《史記》改「章」。○劉師培云：其章顯聞於昊天上帝，孔注言上天五帝皆知其惡也。案陳注云《史記》作「天皇上帝」，今考《大戴禮記·盛德篇》云：「故今之稱惡者必比之夏桀與殷紂，何也？曰：法誠不德，其德誠薄。夫民惡之，必朝夕祝之，升聞於皇天，上帝不歆焉。」以彼相例，似「昊天」當作「皇天」，《周紀》「天皇」亦當校乙。

〔集注〕孔晁云：言上天五帝皆知紂惡也。○陳逢衡云：昊天上帝，《史記》作「天皇上帝」。孔(晁)以五帝釋上帝，非是。

周公再拜稽首，乃出。

〔彙校〕周公，盧校改「武王」，潘、陳、唐、朱從。「稽首」下唐、朱據《史記》補「武王再拜稽首，膺更大命革殷，受天明命」十六字。○盧文弨云：梁云此有脱文，《史記》作「武王再拜稽首，膺更大命，革殷受天明命，武王又再拜稽首，乃出」。李善注王元長《曲水詩序》引《周書》亦有此數語，唯「膺更」作「膺受」。觀孔晁注正是釋武王之語，則知《周書》本有之，轉寫者因兩「再拜稽首」遂遺卻上文耳。○丁宗洛云：盧本將「周公」改作「武王」，浮山云：「周公與羣公相禮，至是賀王即位，與上文『羣賓進僉再拜稽首』一例，言周公則羣公可知，不必改寫武王。」宗洛案：如盧本，則「乃出」衹屬武王，今照原本，則與上文「賓僉進」、「王先入」均相照應。

【集注】孔晁云：受天大命以改殷。天明命王天□也。

立王子武庚，命管叔相。

【彙校】劉師培云：據孔注，則正文當有「蔡叔」。《周紀》作「乃使其弟管叔鮮、蔡叔度相禄父治殷」，是其證。

【集注】孔晁云：爲三監，監殷人。〇潘振云：武庚，紂子禄父也。鮮封於管，故稱管叔。相，助也。〇陳逢衡云：武庚，紂子禄父，謂之王子，仍舊稱也。其曰立者，蓋立爲諸侯，以奉殷祀。管叔鮮，武王同母弟，據《孟子》是周公兄，故《史記·管蔡世家》叙管於周公之上。《淮南·氾論》、《齊俗》、《白虎通·姓名章》、《列女傳》并謂管叔是周公弟，俱誤。蓋惟管叔爲諸弟之長，故特命相武庚，蓋以齒及，非以德論也。據此，則管叔監殷乃武王之命。證以下篇管叔自作殷之監，蓋管叔請於武王，而武王因命也。《周本紀》亦云武王爲殷初定未集，乃使其弟管叔監殷，周公何嘗使管叔哉？〇丁宗洛云：相非即是監，（孔）注乃據後來情事言耳。觀《紀年》，命監殷在四月歸豐之後。

乃命召公釋箕子之囚，命畢公、衛叔出百姓之囚。

【彙校】按：此句下朱右曾據《史記》補「表商容之閭」五字。孫詒讓曰：《御覽》引《帝王世紀》云：「置旌於商容之閭，命召公釋箕子之囚，賜貝千朋，命原公釋百姓之囚。」《史記》「命召公釋箕子之囚，命畢公釋百姓之囚」，《集解》於上句引徐廣曰：「釋，一作原。」案「原箕子之囚」無義，疑徐説當在次句下，而云畢一作原，皇甫謐正用《史記》别本也。）

【集注】孔晁云：紂所拘囚者也。〇潘振云：百官族姓，爲紂所囚者。〇陳逢衡云：箕子，紂諸父，以佯狂受囚。

《周本紀》：「已而，命召公釋箕子之囚，命畢公釋百姓之囚。」〇朱右曾云：箕子名胥餘，紂諸父。釋，徑出之。

乃命南宫忽振鹿臺之財，巨橋之粟。

〔彙校〕南宫，諸本作「南宮」，盧從。振，趙本作「賑」。「巨橋之粟」上陳逢衡據《御覽》補「發」字，朱右曾補「散」字。〇盧文弨云：《史記》「忽」作「括」。〇王念孫云：此本作「振鹿臺之錢，散巨橋之粟」，故孔注曰「振散之以施惠也」。今本「錢」作「財」，乃後人以晚出《古文尚書》改之，又脱去「散」字，而今本《史記》亦改「錢」爲「財」矣。〇劉師培云：《類聚》十二引《世紀》「忽」作「适」，與《史記》作「括」同，蓋古文「忽」省作「勿」，「括」或作「𠯑」（見薛尚功《鐘鼎疑識》卷十《召公尊銘》），與「勿」形近，故訛爲「忽」。

〔集注〕孔晁云：忽即振散之以施惠也。（鍾本「即振」倒，餘諸本「振」作「括」，盧校「振」上補「括」字。）〇潘振云：南宫，指所居之地言。巨橋，倉名，鉅鹿水之大橋，有漕粟也。〇陳逢衡云：（孔注）「括」當從《周書》作「忽」，孔云忽即括，誤。忽與括是二人，括即《論語》伯括，忽即仲忽也。鹿臺亦名廩臺。巨橋亦作鉅橋，巨、鉅通。高誘注《淮南・主術訓》：「鉅橋，紂倉名也，一説鉅鹿漕運之橋。鹿臺，紂錢藏府所積也。」《水經注》：「衡章又北，逕巨橋柢閣西，舊有大梁衡水，故有巨橋之稱。昔武王伐紂，發巨橋之粟以賑殷之饑民。」服虔曰：「巨橋，倉名。」許慎曰：「鉅鹿水之大橋也，今臨側水湄左右方一二里，中狀若邱墟，蓋遺囤故窖處也。」戴清曰：「按樂史鹿臺在汲縣西，鉅橋在曲周縣，汲縣今仍之爲衛輝府治，曲周今仍之屬廣平府。」〇陳漢章云：散巨橋之粟，《管子・地數篇》注：「鉅橋倉在今廣平郡曲周縣。」

乃命南宫百達、史佚遷九鼎三巫。

【彙校】南宫，諸本作「南宮」，盧從。〇盧文弨云：《史記》「三巫」作「保玉」，保與寶同。謝云：「觀此文南宮忽、南宫百達，則《論語》八士皆南宮氏也。百當與伯同。」梁處素云：「《晉語》『諏於八虞』，注：賈唐云周八士皆在虞官。」〇洪頤煊云：三巫若是地名，「九鼎」下當有「於」字。《史記·周本紀》作「命南宫括史佚展九鼎保玉」，保通作宝，巫與玉字形相近，「三巫」疑即「宝玉」之譌。〇于鬯云：「巫」疑「革」字之誤。革古文作𠦶，或省作[illegible]，壞去下直，即與巫相似，故三革誤爲三巫，孔解遂以爲地名，然無考。陳逢衡《逸周書補注》謂巫與筮通，三筮爲商人卜筮之重器，尤屬臆説。洪頤煊《叢録》以爲寶玉二字之譌，雖有據而字又不相肖，並恐難信。《荀子·儒效篇》言武王之誅紂，反而定三革，偃五兵。此三巫爲三革之明據。遷，猶定也，猶之遷鼎即定鼎。此言遷三巫，即彼言定三革矣。惟三革之義舊説不一，《儒效篇》楊注云：「三革，犀也、兕也、牛也。」引《考工記》「函人爲甲，犀甲七屬，兕甲六屬，合甲五屬」。《國語·齊語》及《管子·小匡篇》亦並有三革之文，《齊語》韋昭注云：「三革，甲胄盾也。」又引説云：「三革，甲胄鼓。」而斥爲非。而董增齡《正義》又據《左·定六年傳》「楊楯六十」，謂楯以木爲之，非革，斥韋解。《小匡篇》房玄齡注則云：「車馬人皆有革甲，曰三革。」其説又異。要之，不離乎兵器，與偃五兵蓋同一義也。〇劉師培云：《周紀》作「展九鼎保玉」，疑此文本作「遷九鼎寶玉於夾」。（《玉海》八十八引與今本同，則宋本已訛。）三即玉譌，上脱寶字，巫亦夾譌，（《管子·五行篇》誤神筴爲神筮，是巫夾互訛之例。）上脱於字，《漢書·地理志》「河南郡河南」自注云：「故郟鄏地，周武王遷九鼎。」此即遷鼎於夾之徵。夾即郟省，蓋史用此文省「於郟」二字。展與遷同。又案孔注當作「鼎，王者所傳。寶玉（下有脱文）。夾，地名」。

【集注】孔晁云：鼎，王者所傳寶。〇潘振云：百達，即《論語》伯達也。九鼎，夏禹鑄，王者所傳寶。三巫，地名。

〇陳逢衡云：《周本紀》：「命南宫适、史佚展九鼎保玉。」今據此解，是伯達非南宫适。案伯達亦是尹氏八士之一，與适忽俱賜氏南宫，故曰南宫伯達。《左·成公十一年傳》：「蘇忿生以温爲司寇，與檀伯達封於河。」杜注：「蘇忿生，周武王司寇蘇公也，與檀伯達俱封於河内。」案檀伯達既與司寇蘇公同時，則即此南宫伯達矣。蓋檀是其封邑，故又曰檀伯達。《史記》保玉或謂即保巫之誤。巫者，殷家世守之器，故曰保，保一作寶。殷之寶巫，猶周之寶龜也。孔謂三巫是地名，誤。據《左傳》臧哀伯云，武王克商，遷九鼎於雒。《紀年》亦云遷九鼎於洛，不聞遷於三巫也。鄭環曰：「巫疑作澨。」然三澨在滄浪大别間，武亦無由遷鼎至此。或謂即《度邑解》「南望過於三塗」者，塗、巫音近而訛。然本文九鼎、三巫平列，中間不得添一「於」字，謂遷九鼎於三巫也。案《周禮》九簭八曰巫參，參即三，巫參、三巫互文耳。殷人尚鬼，故重巫。觀於巫咸、巫賢父子，並以大臣疊贊太戊之世，故全謝山云：「周以前巫官非細職也，其謂之三巫者，筮立三法，法立一人，俱吉則從，俱凶則避，在《洪範》曰：『凡卜，立筮，三人占則從二人之言。』此殷法也，故箕子言之。周因立九筮，有筮參。」據此，則「三巫」即「巫參」無疑。是爲殷家神明之重器，故並遷之，而特命史佚同往者此也。史佚即上文尹逸，以其職司祝卜，故有遷巫之命。

乃命閎夭封比干之墓。

〔集注〕孔晁云：益其緣也。（緣，鍾本作「塚」，盧校從。）〇陳逢衡云：《史記正義》：「封，謂益其土及畫疆界。」《淮南子·主術訓》注：「崇封墓，以旌仁也。」《越絶書》：「武王未下車，封比干之墓。」《一統志》：「比干墓在河南衛輝府汲縣北。」〇朱右曾云：比干，亦紂諸父，諫紂而死。封而樹之，禁樵采者。《括地志》云：「墓在衛州汲縣北十里二百五十步。」

乃命宗祀崇賓，饗禱之於軍。

〔**彙校**〕祀，盧校改「祝」，注同。○盧文弨云：《史記》作「命宗祝享祠於軍」，其下似亦當從《史記》爲是。○孫詒讓云：孔云「宗祝，主祀。賓，敬也，饗祭前所禱之神」。盧云宗祝舊誤作宗祀。案《史記》作「命宗祝享祠於軍」，今正文與注祀字俱改正，其下似亦當從《史記》爲是。朱云：「宗祝，主祭祀之官。崇賓，人姓名。」案宗祝即《周禮·春官》之大祝也，崇賓即大祝之姓名。《古文苑·秦詛楚文》云「宗祝邵鼛」，是其例也。《國語·周語》云：「宗祝執祀」，韋注云：「宗，宗伯。祝，大祝也。」彼以宗祝爲二官，非此義。禱，當依《史記》作「祠」。凡祈禱曰禱，報塞曰祠（詳前《糴匡篇》），故孔以饗祭前所禱之神爲釋，今本乃涉注而譌。《世紀》作「乃命宗祝饗祀於軍」，祀與祠字通（亦詳前），亦不作禱也。○劉師培云：禱之於軍，「之」字衍。

〔**集注**〕孔晁云：宗祝，主祀。賓，敬也。饗，祭前所禱之神。○潘振云：宗，宗伯。祝，太祝。崇，尊也。賓，敬也。○陳逢衡云：崇賓饗是一事，蓋以饗禮禮商諸侯及來會諸侯。禱於軍又一事，告勝也。俱以宗祝主之。○朱右曾云：宗祝，主祭祀之官。崇賓，人姓名。

乃班。

〔**集注**〕孔晁云：還鄗京也。（鍾本作「還於京」。）○潘振云：振旅而歸謂之班。還豐也。克殷之後乃都鄗。○陳逢衡云：《史記》所謂「罷兵西歸」也。

逸周書彙校集注卷四

大匡解第三十七

〔彙校〕大匡，《史略》作「文匡」。盧文弨云：謝云：「前已有《大匡》，此不應又名《大匡》，蓋因篇内有『大匡』字也，不能定其訛錯之故。」○朱右曾本此篇爲第三十八。○孫詒讓云：《史略》作「文匡」，似較今本爲長。

〔集注〕潘振云：匡，正也。文王大匡，救民之災；武王大匡，正民之行。殷民染紂之惡已久，克殷之後，宜選舉封建，以大正之。作此解以命管叔，故次之以《大匡》。○陳逢衡云：前《大匡》文王時作，義取救荒，此篇武王時作，義取定亂。

惟十有三祀，王在管，管叔自作殷之監。

〔彙校〕管叔自作殷之監，《史略》作「管叔蔡叔泉商之監」。十有三，趙本作「十有二」。○孫詒讓云：案管叔作監武王所命，此云自作，於義難通。《史略》作「管叔、蔡叔泉商之監」，文較完備，「泉」當爲「臮」，形近而誤。臮、暨古今字。（《說文·乑部》云：「臮，衆詞與也。」引《虞書》曰「臮咎繇」，今《舜典》「臮」作「暨」。）殷監，即武庚也。《序》云：「武王既克商，建三監以救其民。」則此篇自當備舉三監。儻如今本無蔡叔，則止二監，於文爲不備矣。後《文政篇》云

「惟十有三祀，王在管，管、蔡開宗循」，亦有蔡叔之證。監上「之」字以叙證之，疑當爲「三」，言管、蔡暨武庚合爲三監。武庚封於鄁，霍叔相之，詳後《作雒》，故書直云「管叔、蔡叔臮殷三監」，不數霍叔也。此篇及《作雒》説三監皆致詳塙可據，以定古説之是非，而今本此文脱「蔡叔」，又分「臮」爲「自作」二字，譌「三」爲「之」，遂不可通。《史略》「殷」作「商」，則宋人避諱改也。

〔集注〕潘振云：初有天下未改商正，故不稱年而稱祀。管，地名。《括地志》：「鄭州管城縣外城，古管國城。」今鄭州屬河南開封府。自，率也。○陳逢衡云：十有三祀，武王即天子位之元年。管，管叔封邑，今開封府鄭州縣東二十里舊管城是也。《竹書紀年》「命監殷遂狩於管」，即此時。蓋王方議監殷之命，而管叔恃親而請挾武王以不得不允之勢，故曰自作。觀於在文考時諫密須之伐，武王蓋以微覘其不可託矣，特以親親之誼不可拒，故下文潩戒諭之。○丁宗洛云：《太誓》云十有三年，《書序》作十一年，《紀年》又言十二年，頗難辨證。○朱右曾云：克殷後二年，王巡守方國。管，管叔邑，今河南開封府鄭州地。○劉師培云：「惟十有三祀，王在管」，此並文王受命之年計之，即武王克殷之年也。

東隅之侯咸受賜於王，王乃旅之，以上東隅。

〔彙校〕下「王」字鍾本作「立」。以上東隅，丁宗洛從陸麟書説據孔注改「以上陳誥」，朱右曾從。

〔集注〕孔晁云：東隅，自殷以東。旅，謁。名使陳其政事也。（名，諸本作「各」，盧從，云：注「各」字，宋本作「名」，似非是。）○潘振云：「上」與「尚」通。言管叔率作殷監，自殷以東，諸侯皆朝，受賜於王，王乃旅見而嘉尚之。○陳逢衡云：東隅之侯，東方諸侯也，咸受賜於王，蓋因舊封而命之。王乃旅之以上東隅，旅，祭也，祭東隅之山而爲壇，以告諸侯與管叔也。上，猶升也。張惠言曰：「旅，尊禮也。上，長也，禮管叔命爲東方牧伯。」〇朱右曾云：東諸侯被紂化久，故訓以正之，咸與維新也。

用大匡，順九則、八宅、六位。

〔集注〕孔晁云：言大匡有此法。（言，趙本、吴本作「古」，盧校從。）〇潘振云：以下皆命管叔之辭。則，法也。宅指所居之地。位指見在之職。〇陳逢衡云：匡，正也。九則兼告諸侯，八宅、六位專戒管叔。

寬儉恭敬，夙夜有嚴。

〔集注〕孔晁云：言當嚴敬思所順也。〇潘振云：寬，宏裕也。儉，節制也。嚴與儼同，言量不可不宏，度不可不謹，貌不可不恭。〇陳逢衡云：此總冒之辭，寬以臨民，儉以守己，恭以待人，敬以事上，四者侯服之大端，夙夜有嚴則無敢戲豫矣。〇唐大沛云：此二句上無「王曰」字，是勉辭是贊辭義皆無所屬。據（孔）注是承上順字說，陳（逢衡）謂是總冒之辭，似皆屬勉强。

昭質非撲，撲有不明。

〔彙校〕〔二〕「撲」字諸本並作「樸」，盧校從。

〔集注〕潘振云：昭，曉也。質，性也。樸，素也。〇朱右曾云：質，性也。樸，僿也。

明執於私，私回不中。中忠於欲，思慧醜詐。

〔**彙校**〕孫詒讓云：昭質非樸，樸有不明，明執於私，私回不中，中忠於欲，思慧醜詐。朱云：「執讀爲縶。心本明，爲私所縶，則回曲而不中。」案此九則闕其一，以下八者校之，每則皆四句，不宜唯此羨二句。蓋此章「執於」下脱八字，當云「明執於□」。（「執」疑當爲「質」，音近而誤，朱訓爲拘，未塙。）思□醜□昭□（或當作昭忠，與第三句相應，説詳後），非「私」下乃接「私回不中」句，此本二則，而中脱二句，遂誤並爲一章也。朱氏不憭，合爲一章釋之，殊謬。

〔**集注**〕孔晁云：中於欲，謂忠於絶私，私欲也。（盧校「中」改「忠」，删一「私」字。）潘振云：執，持守也。思，願也。慧，智也。醜，惡也。○陳逢衡云：回，邪也。忠，周也。○朱右曾云：執，讀爲「縶」，心本明，爲私所縶，則曲而不中，故當盡心以絶物欲。慧者，智之發，參之以私則詐而非質。執，拘也。《月令》「則執騰駒」，蔡邕本作「縶」。

昭信非展，展盡不伊。伊言於允，思復醜譖。

〔**彙校**〕丁宗洛云：浮山云：「經、注伊字皆佞字訛。經『佞言於允』，即佞言似信之意。（孔）注『伊，推也』，宜作『佞，捷也』。」○孫詒讓云：案《寶典篇》「十姦」六「展允干信」即此義。《國語·楚語》云：「展而不信。」韋注云：「展，誠也。」誠謂復言，而非信之道。「伊言」疑當作「伊信」，下文昭讓則云「德讓於敬」，昭潔則云「涓潔於利」，文例皆第三句與首句相應，可證。

〔**集注**〕孔晁云：展似信而非伊，伊，誰也。（誰，趙本作「惟」；程本、王本、吴本作「推」，盧校從。朱右曾據《儀禮·士冠禮》注改「惟」。○孫詒讓云：當作「伊，詐也」，《爾雅·釋詁》文。詐與信文義正相對。朱校改作「惟」，則於義無取。盧校别本作「誰」，與「詐」形尚相近，今本作「推」，去之益遠矣。注「伊」字不當重，今本亦涉正文而衍。朱讀

「展似信而非伊」句，非。）○潘振云：展，適也。伊，是也。譖與僭通，失踐言之信者也。○陳逢衡云：「伊」當作「尹」。尹，正也。譖與僭通，不信也。○朱右曾云：展者，復言不謀身。伊，維；允，誠也。思之於義，言乃可復，譖不信也。「伊，維也」，《爾雅・釋詁》文。譖音僭。

詔讓非背，背黨雍德。德讓於敬，思賢醜争。

〔彙校〕孫詒讓云：案《寶典》十姦「比譽干讓」即此義。「背」當依彼作「比」，二字古通。比黨雍德，言比周朋黨相爲標榜以雍塞有德者也。孔注失之。

〔集注〕孔晁云：讓以得之，非背棄也。（得，鍾本、王本作「德」。背棄，諸本作「棄背」，盧從。）○陳逢衡云：雍與壅同。○朱右曾云：讓德爲讓，非欲其背公植黨。雍，蔽塞也。思賢，思奮於賢。

昭位非忿，忿非□直。直立於衆，思直醜比。

〔彙校〕闕處丁宗洛疑爲「樹」。○孫詒讓云：「位」當作「立」，與第二句「直立」相應，「直」上疑闕「不」字。

〔集注〕孔晁云：位所以行道，非以息忿。忿，怒也。○陳逢衡云：比，阿比也。○朱右曾云：位者，謂其所立。忿，恚也。卓立不可奪，非有所恚於人。比，阿黨也。

昭政非閑，閑非遠節。節政於進，思止醜殘。

〔集注〕孔晁云：政以道民，以禁閑之也，故貴得節也。（以，盧校改「非」。）○潘振云：政者，正也。節者，制度之名。進,自勉强也。心之所安爲止。殘,殺也。○朱右曾云:殘,虐也。

昭静非窮,窮居非意。意動於行,思静醜躁。

〔彙校〕劉師培云:以上下各節例之,「静」字似當作「動」。

〔集注〕孔晁云:仁者好静,窮非所樂。○潘振云:静,安也。事盡理屈爲窮。居,亦安也。○陳逢衡云:躁者,此心妄動之謂。○朱右曾云:静者游象外以觀物,窮則爲物所困而計無所出也。意以慮行,静則能慮,躁則寡謀。

昭潔非爲,爲窮非涓。涓潔於行,思義醜貪。

〔彙校〕行,盧校據孔注改「利」。

〔集注〕孔晁云:涓潔於利,不以自污。○潘振云:窮,困屈也。涓亦潔也。○朱右曾云:爲,讀爲「僞」。好名之人能讓千乘之國,苟非其人簞食豆羹見於色,是有時而窮也。涓,亦潔也。爲、僞古通。《左傳》:「爲將改立君者」,又曰:「子爲不知」,義皆作「僞」。

昭因非疾,疾非不貞。貞固於事,思任醜誕。

〔彙校〕陳逢衡云:「昭因」當爲「昭固」。疾非不貞,「非」字疑誤。○孫詒讓云:「因」亦當作「固」,與第三句「貞固」相應。此九則文例大略相同,唯首二條有闕文。昭政條第三句亦有「政」字,昭静條第三句獨無「静」字,疑傳寫移易,非其元文也。

【集注】孔晁云：疾，□。○潘振云：因者，仍襲之謂。固，固守也。誕，妄也。○陳逢衡云：貞，正也。○朱右曾云：疾，急也。誕，虛也。

昭明九則，九醜自齊。齊則曰知，悖則死勇。

【彙校】盧文弨云：上所陳九則九醜尚少其一，疑「昭質非樸」一段有脱文。○丁宗洛云：「齊」當作「濟」，浮山據下篇「濟九醜」改。

【集注】孔晁云：明此九法則所醜義成，九法威則苟死於勇，不知節。（威，元刊本作「成」；餘諸本作「咸」，盧校從。）○潘振云：齊，辨也。○陳逢衡云：齊，一也。○朱右曾云：齊，正也。明則去醜謂之知，遂醜悖則必不得其死。死於勇，非知也。

勇知害上，則不登於明堂。

【彙校】知，盧校改「如」，云：「如」與「而」同，舊作「知」，誤。《左氏・文二年傳》引云：「勇則害上，不登於明堂。」

【集注】潘振云：明堂，太廟，所以策功序德之地也，大抵周初名太廟爲明堂。

明堂，所以明道。明道惟法。

【集注】孔晁云：惟以法化人。（「法」下諸本有「度」字，盧校從。）○陳逢衡云：李兆洛云：「此正解昭勇，而冠以九則，蓋有脱有倒。」

法人惟重老,重老惟寶。

〔集注〕孔晁云: 言周尊重者老人,及政之寶也。(諸本「周」作「所」,「及」作「乃」,盧校從。)○陳逢衡云: 法人,謂以賢人爲法則也。老者,九則之典型,故三老亦謂之三寶。重老惟寶,王者是以登之明堂。此上兼戒管叔與東隅諸侯之辭。

嗚呼! 在昔文考戰戰,惟時祇祇,汝其。

〔彙校〕盧文弨云: 正文「汝其」下疑脱一「庸」字。謝云: 「『戰戰惟時祇祇』當句,『汝其』當連下『夙夜濟濟』。」

〔集注〕孔晁云: 文王唯敬是道,汝其用之。汝,諸侯也。○潘振云: 祇祇,敬也。○陳逢衡云: 「嗚呼」以下專戒管叔,故稱文考以勗之。在昔文考戰戰,即《大開武》所謂文考恪勤戰戰也。惟時祇祇,即《康誥》所謂丕顯考文王庸庸祇祇也。戰戰者,戰而又戰,驚懼之甚也。祇祇者,敬所當敬,禮之至也。時,是也,指重老言。○朱右曾云: 戰戰,懼也。

夙夜濟濟,無競惟人,惟允惟讓。

〔集注〕陳逢衡云: 濟濟,人材衆多之貌。夙夜,夙興夜寐也。《詩》曰: 「濟濟多士。」無競惟人,謂賢人言能得人,則無敵也。允,信也。讓,謙遜也。法人重老則當崇信而尊禮之。

不遠羣正,不邇讒邪。

【集注】孔晁云：言當近正士，遠讒人。

汝不時行，汝害於士。

【彙校】朱右曾云：士，當爲「事」。

【集注】孔晁云：不行是文王之道，其如此也。○陳逢衡云：汝謂管叔。時，是也，指「不遠不邇」説。汝不是行，則必害於羣正矣。○唐大沛云：士，事也。謂害於政事。

士惟都人，孝悌子孫。

【集注】陳逢衡云：士惟都人，孝悌子孫，皆汝所當寶。都人，謂殷氏。

不官則不長，官戒有敬。官□朝道，舍賓祭器，曰八宅。

【彙校】陳逢衡云：空方疑是「師」字。○唐大沛云：空方疑是「府」字。○劉師培云：「朝」字以下蓋舉八宅之目，今多脱訛，竊以「舍」當作「會」，「器」當作「喪」，「道」亦誤字。疑當作「官□朝□會同賓祭喪葬曰八宅」。

【集注】孔晁云：官以長官，所戒惟敬，則八宅順矣。○陳逢衡云：宅，即宅乃事、宅乃牧、宅乃準之宅。宅，居也。謂八者各有宅，任不可假也。○丁宗洛云：官戒，猶官箴也。

綏比新、故、外、内、貴、賤，曰六位。

〔集注〕孔晁云：安之、比之，各以其道，則位順也。○陳逢衡云：新、故、内、外、貴、賤，所謂六位也。新不易政，外不閒内，賤不陵貴，則位定矣。綏之則能安其職，比之則能合其功。

大官備武，小官成長。

〔彙校〕成，盧依注改「承」。

〔集注〕孔晁云：承，奉。○陳逢衡云：大官備武，武則能使衆也。小官承長，大事則從長也。○劉師培云：案「武」讀「繩其祖武」之武。備武者，冢上八宅六位言，猶云循其陳迹也。（《爾雅·釋訓》：「武，迹也。」《離騷》「及前王之踵武」，王注云：「武，迹也。」）下文「承長」即承長官所備之武，與戎兵彌涉。

大匡封攝，外用和大。

〔彙校〕封，程本、吴本作「抺」，趙本作「竦」，鍾本作「用」。○丁宗洛改此句作「大匡用和，外攝强大」。○盧文弨云：正文「封」字舊本作「抺」，不成字，今從宋元本。○俞樾云：此二句文義難明。據下文曰「中匡用均勞故禮新，小匡用惠施捨静衆」，疑此文本作「大匡用和，大封攝外」，乃與下二句一律。大匡用和，猶中匡用均、小匡用惠也。大封攝外者，《儀禮·士冠禮》鄭注曰：「攝，猶整也。」言大封諸侯以整攝畿外之地也。傳寫者奪「用和大」三字而誤補之「封攝外」之下，其義遂不可通矣。孔注亦曲爲之説，於義不了也。

〔集注〕孔晁云：和平大國。（大，鍾本作「人」。）○潘振云：攝，管束也。○陳逢衡云：此睦鄰之事。○朱右曾云：封，四境。攝，正也。正其四封而外和大國，所謂守在四鄰也。

中匡用均，勞故禮新。

【集注】孔晁云：士大夫及賓客。○潘振云：均，謂遇待均平。○陳逢衡云：此敬體羣僚之事。○朱右曾云：均，均勞逸也。新、故，謂士大夫及賓客。○劉師培云：案《意林》引《金匱》云「武王平殷還，問太公曰：『今民吏未安，賢者未定，如何？』太公曰：『無故無新，如天如地，得殷之財，與殷之民共之。』」（《御覽》三百二十七引《六韜》略同。）又《後漢書・申屠剛傳》李注引《尚書大傳》云：「周公曰：各安其宅，各田其田，無故無新，惟仁之親。」（《淮南子・主術訓》略同。《韓詩外傳》三作「無獲舊新」，《說苑・貴德篇》「獲」作「變」。）則新謂殷民，故謂周民。孔說非。

小匡用惠，施舍靜衆。

【集注】孔晁云：靜，安也。○陳逢衡云：此惠民之事。○朱右曾云：施，施恩。舍，赦罪；靜，安也。

禁請無怨，順生分殺，不忘不憚。

【集注】孔晁云：不計分部，不失其理。○朱右曾云：言所以抑其請而無怨者，由上之仁育義，正有以順明天地之生殺也。分，明也。勿狃故常，勿憚更始，言移風易俗有其漸。

俾若九則，生欲在國，國咸敬。順維敬，敬維讓，讓維禮。

【彙校】生欲在國國咸敬，盧校從沈改「生敬在國國咸順」。

【集注】孔晁云：言周大匡使順九則，生其所敬於國，國人皆順之以敬讓之禮也。（周，丁宗洛改「用」，孫詒讓亦云當爲「用」。九則，丁宗洛改「九節」。)〇陳逢衡云：此復言九則，以申警管叔。

辟不及，寬有永假。

〔集注〕孔晁云：不及，言同假於王道。〇陳逢衡云：辟，法也。辟不及寬，火烈民斯畏也。假與嘉通。民知畏法則不及罪，故能長享其福也。〇朱右曾云：辟，行；假，至也。言同至於王道。

逸周書彙校集注卷四

文政解第三十八

〔集注〕陳逢衡云：《周書》篇題以「文」名者凡五，曰《文酌》、《文開》、《文儆》、《文傳》、《文政》。《文酌》義晦不可曉，《文開》亡，《文儆》、《文傳》皆文王時作。此篇作於武王時，篇首「開宗循王」，玩注意，「王」當作「政」，謂遵循文王之化也，故篇題曰《文政》。篇中九慝、九行、九醜、九德、九過、九勝、九戒、九守、九典，或謂是《九開》錯簡，亦通。○朱右曾本此篇爲第三十九。

惟十有三祀，王在管，管、蔡開宗循王。

〔彙校〕《史略》「在」上無「王」字。按：盧校於「循」字絶句，「王」屬下，云：「謝云『王』字當屬上文。」○劉師培云：據(孔)注，「循王」當作「循正」，故孔以鎬京之政訓之。

〔集注〕孔晁云：管，管叔之邑。二叔開其宗族循縞宗(元刊本、程本、吴本、趙本作「鎬宗」；鍾本、王本作「鎬京」，盧校從)之政，言從化也。○潘振云：管叔鮮、蔡叔度開導殷之宗族率從王化也。○陳逢衡云：開，啓也。宗，衆也。開宗，謂曉諭殷民。孔注「開其宗族」費解。○朱右曾云：蔡叔食邑，疑即今大名府長垣縣之蔡城，其後成王改封蔡仲於蔡，今汝寧府上蔡縣地。

禁九慝，昭九行，濟九醜，尊九德，止九過，務九勝，傾九戒，固九守，順九典。

〔彙校〕九守，程本、趙本、鍾本、吴本、王本作「七守」。○陳逢衡云：濟九醜，「濟」字當作「齊」，即上篇所云「九醜自齊」也，然齊亦有濟義。○俞樾云：傾九戒，《文政》注曰：「順此戒也。」按「傾」字之義難明，當依注文作「順」，順與傾形似而誤耳。注文亦有奪字，當云「順，順此戒也」，猶上文濟九醜句注曰「濟，謂濟其醜以好也」，皆先舉經字而釋之，注奪一「順」字而其義遂晦，遂並經文而莫能是正矣。

〔集注〕孔晁云：九人(丁《管箋》改「九者」)所茂政也。濟，謂濟其醜以好也。順此戒也。○潘振云：以下文政，所以令管、蔡也。禁，制也。慝，惡也。有成曰濟。尊，貴也，重也。德，惠也。止，已也。傾，空也。順，循也。○朱右曾云：傾，危也，以爲可危也。

九慝：一、不類，二、不服，三、不則，四、□務有不功，五、外有内通，六、幼不觀國，七、閭不通徑，八、家不開刑，九、大禁不令路徑。

〔彙校〕開刑，鍾本作「開列」。有，丁改「與」，朱作「从」。閭，程本作「問」，趙本、吴本作「間」。○王念孫云：「大禁不令」下不當有「路徑」二字，「路徑」當爲「徑路」，乃注文，非正文也。孔注「徑路」是釋「徑」字；「刑，法也」是釋刑字；「不令，不宣令也」，是釋不令二字。○孫詒讓云：案此文下「六幼不觀國，七閭不通徑，八家不開刑」爲九慝之一，則三「不」字並當作「有」，言有此三者則慝生也。上文「四務有不功，五外有内通」，與此文例正通，可證。

〔集注〕孔晁云：刑，法也。令（盧校訂「不令」），不宜令也。○潘振云：不類，不肖似也。不服，不服從也。不則，不法也。不功，不功緻也。外內，男女也。通，私通也。大禁，關市之禁。○陳逢衡云：類，善也。服，行也，職也。則，法也。務有不功，專用力於無益之事，有猶爲也。外有內通，姦人潛結左右也，有亦爲也。幼不觀國，學不立也。閭不不通徑，俗蔽於鄉也。家不開刑，教蔽於塾也。大禁不令路徑，法不彰於國也。○朱右曾云：不服，不從教也。外與內通，謂外臣交結近侍。觀，如「時觀弗語」之觀。不觀國，謂以童子從政也。○于鬯云：觀國，蓋謂出觀於國也。幼者不閉於家，而出觀於國。《詩·國風》孔穎達《正義》所謂國是風化之界也。此當是殷之舊法，而周初猶行之。觀《書·無逸篇》云：「其在高宗，時舊勞於外」，彼爲太子且然，而況其下乎？故以不觀國爲九慝之一。下文言九勝，云「八，幼子移成」，亦即此義。

九行：一、仁，二、行，三、讓，四、言，五、固，六、始，七、義，八、意，九、勇。

〔彙校〕按：盧校「言」改「信」，「始」改「治」。○唐大沛云：疑「行」字誤。九者皆行也，不當行又居其一。竊疑「行」字是「知」字之訛，「意」字是「志」字之訛。○朱右曾云：「意」當爲「慧」，智也。下同。

〔集注〕孔晁云：意，於道也。○陳逢衡云：仁者，心之德；行者，功之表；讓者，禮之實也。言不爽曰信，修不懈曰固，有條理曰治，有裁制曰義，心能慮曰義，氣能配道義曰勇。

九醜：思勇醜忘，

〔彙校〕忘，朱右曾改「忌」。

〔**集注**〕陳逢衡云：果於行爲勇。○朱右曾云：忌，怨也，報私怨也。

思意醜變，

〔**彙校**〕按：此句下盧校增「思義醜□」，闕處陳逢衡據《大匡篇》補「貪」，丁宗洛補「利」。○俞樾云：按《大匡篇》曰「思義醜貪」，疑此文所闕亦「貪」字也。

〔**集注**〕陳逢衡云：心志專爲意，變則無主而意不誠。○朱右曾云：變，猶詐也。

思治醜亂，

〔**集注**〕陳逢衡云：治，理也。

思固醜轉，

〔**集注**〕陳逢衡云：固謂有以自守，轉則惑於歧途矣。○朱右曾云：轉者執持不力。

思信醜姦，

〔**集注**〕陳逢衡云：信，實也。姦則僞。

思讓醜殘，

〔**集注**〕孔晁云：殘，謂殘禮義也。○陳逢衡云：讓者多以慈祥爲念，殘則貧而忍行敏德也。

思行醜頑，

〔**集注**〕陳逢衡云：頑者，無知無識之貌。○朱右曾云：頑者頑頓無廉。

思仁醜舋。

〔**集注**〕陳逢衡云：仁謂心德純全。舋（音欣，去聲）則破敗決裂，間隙日生矣。○丁宗洛云：舋與釁同，龜瓦裂皆曰舋，隙罅也。又《魯靈光殿賦》「倚仡奮舋而軒髻」，注引杜預曰：「舋，動也。」本句二説皆難通，疑「舋」字訛錯。○朱右曾云：隅釁自矜，奮以誇人也。

九德：一、忠，二、慈，三、禄，四、賞，

〔**集注**〕陳逢衡云：不欺曰忠，能愛曰慈。以福及人曰禄，多賜予曰賞。○朱右曾云：禄，常禄。賞，非常也。

五、民之利，

〔**彙校**〕按：「民」上丁《管箋》增「興」字。○俞樾云：「民之利」三字於義未足，疑「民」上闕一字。「五□民之利」與下文「七祗民之死」、「九足民之財」一律。

〔**集注**〕陳逢衡云：民之利，謀生思也。

六、商工受資，

〔集注〕陳逢衡云：工商多資，集百貨也。○孫詒讓云：資與齎字通。《周禮·典婦功》云：「以授嬪及内人女功之事齎。」注云：「故書齎爲資，杜子春讀爲資。」《周禮·稾人》「掌受財於職金以齎其工」，鄭注云：「齎其工者，給市財用之直。」

七、祗民之死，

〔集注〕孔晁云：敬死勸葬也。○陳逢衡云：敬民之死，減刑息兵也。祗民死别見《大開武解》。

八、無奪農，

〔彙校〕孫詒讓云：案「農」下當有「時」字，與上下文利、資、死、財爲韻。

〔集注〕陳逢衡云：無奪農，使得盡力田畝也。

九、是民之則。

〔彙校〕是，諸本作「足」，盧校從。則，鍾本、王本作「財」，盧校從。

〔集注〕孔晁云：是民之則也。（程本、鍾本、王本作「足民之財」，盧校從。盧文弨云：注末句疑有脱文。）○陳逢衡云：足民之財，家有餘積也。九德别見《寶典解》。○朱右曾云：九者皆施德佈惠之事。

九過：一、視民傲，

〔集注〕陳逢衡云：視與示同（朱説同）。視民傲則不敬。

二、聽民暴，

〔集注〕陳逢衡云：聽，治也。聽民暴則不仁。○朱右曾云：不戒視成謂之暴。

三、遠慎而近貇，

〔彙校〕貇，趙本作「貌」。

〔集注〕盧文弨云：貇與藐同。○王念孫云：《爾雅》：「慎，誠也。」《小雅·白駒》篇：「慎爾優游。」《巧言》篇：「予慎無罪。」《毛傳》並與《爾雅》同。《禮器》説禮之以少爲貴者曰：「是故君子慎其獨也。」鄭注曰：「少其牲物致誠慤。」是古謂誠爲慎也。貇即貌字也。《史記·商君傳》曰：「貌言華也，至言實也。」孔注《周祝篇》曰：「貌謂無實。」是貌與慎意正相反。遠慎而近貇者，遠誠慤之士而近虛誕之人也。盧謂貇與藐同，失之。○陳逢衡云：遠慎近貇，謂棄老成而狎便辟也。○朱右曾云：慎，誠也。貇，無實也。

四、法令□亂，

〔彙校〕闕處丁宗洛補「舛」。

五、仁善是誅,六、不察而好殺,

〔集注〕陳逢衡云:仁善是誅則賢者退,不察而好殺則死者寃。

七、不念□害行,

〔彙校〕陳逢衡云:空方疑是「而」字。○丁宗洛云:空方當爲「而」。

八、不思前後,

〔彙校〕不思,元刊本同,餘諸本「不」字作「□」,盧校從。○陳逢衡云:空方疑是「不」字,○丁宗洛云:空方當爲「不」字。

九、偷其身不路而助無漁。

〔彙校〕丁宗洛云:不路,疑「不務」訛,不務政也。○朱右曾云:無,衍文。

〔集注〕丁宗洛云:無侵漁於民者,君子也。○朱右曾云:路,道也。漁,侵漁也。

九勝:一、□□□□,二、□□□□,

〔彙校〕二,鍾本作□。

三、同惡潛謀，

〔**彙校**〕三，吳本作「二」。

〔**集注**〕孔晁云：潛謀，潛密之謀也。○陳逢衡云：同惡潛謀，防伏戒也。

四、同好和因，

〔**彙校**〕同，趙本作「固」。因，程本、吳本作「困」。

〔**集注**〕陳逢衡云：同好和因，樂多助也。

五、師□征惡，

〔**彙校**〕丁宗洛云：空方疑是「旅」字。

〔**集注**〕陳逢衡云：師□征惡，除暴亂也。

六、迎旋便路，

〔**集注**〕陳逢衡云：迎旋便路，通商旅也。○朱右曾云：迎旋，猶云迎送。委積授節，故便也。

七、明賂施舍，

〔集注〕陳逢衡云：明賂施舍，惠窮困也。

八、幼子移成，

〔集注〕孔晁云：移成，謂易子而教也。○陳逢衡云：幼子移成，養人材也。○朱右曾云：移如移郊、移遂。血氣未定，端其所習則易成也。

九、迪名書新。

〔集注〕孔晁云：蹈名之子書而新用。○陳逢衡云：迪名書新，進賢良也。○朱右曾云：迪，道也。有道之人以時書而用之。

九戒：一、内有柔成，

〔集注〕孔晁云：柔成，善柔謟人也。○陳逢衡云：柔成，小人女子之類。

二、示有危傾，

〔彙校〕示有危傾，丁宗洛改「外有内傾」。○陳逢衡云：「示」當作「宗」。有危傾，謂族不和睦，有顛覆之懼也。○俞樾云：按「示」當爲「亓」，古其字也。古其字或作亓，《玉篇》「其」下更出「亓」字，曰：「古文。」是也。又或作「亓」。《集韻》：「其古作亓。」是也。此文「亓」字當讀爲「基」。《詩·昊天有成命》篇「夙夜基命宥密」，《禮記·孔子閒居》

篇引作「夙夜其命宥密」，是其與基古通用。此蓋假其爲基，而又從古文作亓也。亓有危傾，言其基有危傾之勢，不可不戒，故爲九戒之一也。學者少見「亓」字，因改爲「示」耳。

〔**集注**〕朱右曾云：地神曰示。言杜稷有傾危之勢。

三、旋有罷寘，

〔**彙校**〕旋，諸本作「旅」，盧校從。○孫詒讓云：「寘」當爲「冥」，形近而誤。注義譌互難通，似即以暗釋冥，蓋孔所見本尚未譌也。《左·定四年傳》「直轅冥阸」，《釋文》：「冥，本或作寘。」罷冥，即《周禮·大司寇》之「罷民」也。《賈子·大政下篇》云：「民之爲言暝也。」朱讀爲疲置，非是。

〔**集注**〕孔晁云：罷寘，言□困（鍾本作「因」，盧改「困」，丁未從）倉暗（程本、趙本、汪本作「瞔」）。盧文弨云：注「暗」一本作「晤」，字書無考，「暗」亦疑訛。○丁宗洛云：「暗」亦疑訛，當是「窮困倉室」）也。○陳逢衡云：旅有罷寘，則往來不通。○朱右曾云：罷，疲也。寘當爲置，驛也。

四、亂有立信，

〔**集注**〕陳逢衡云：亂有立信，信不準乎義也。○朱右曾云：以亂立信，信不義也。

五、教用康經，

〔**彙校**〕于鬯云：「經」字無義，疑當作「淫」，水旁與糸旁草書本多相溷，巠古文作坙，與㸒體又似，故誤淫爲經。孔解云:「康,逸也。」然則康淫猶言淫逸耳。孔不爲經字作解,疑其本未誤,故訓康爲逸,不然,亦何以知此康字爲逸義乎?《書·臯陶謨》云:「無教逸欲有邦。」傳云:「不爲逸豫貪欲之教。」是逸欲亦稱教之證。教用康淫,猶教用逸欲耳,故爲九戒之一,則亦使無教康淫而已矣。《書·康誥》云:「無康好逸豫」,亦同此意也。

【集注】孔晁云:康,逸也。○陳逢衡云:教用康經,習於情也。

六、合詳毁成,

【彙校】劉師培云:合詳毁成,「詳」疑「佯」叚,即僞言也。(孔)注文「而信」疑當作「不信」。

【集注】孔晁云:合詳,無德而信也。○陳逢衡云:合詳毁成,衆口如一能鑠金也。○洪頤煊云:詳,審也,事審則當斷之於心。合衆審以爲審,則反致疑以敗成,即《詩傳》所謂「如彼築室於道,謀是用不潰於成」,孔注非。○朱右曾云:其謀詳審而適以毁成,三思反惑也。

七、邑守維人,

【彙校】邑,趙本、吴本作「色」。孔注同。

【集注】孔晁云:守邑無備,恃(程本、吴本、王本作「侍」)其人衆。○陳逢衡云:邑守維人,無禦侮之策而僅恃人也。

八、飢有兆積,

〔彙校〕飢，程本作「饑」。

〔集注〕陳逢衡云：飢有兆積，不能發倉廩賑濟也。○朱右曾云：兆積，謂積聚財穀不賑窮乏。

九、勞休無期。

〔集注〕○陳逢衡云：勞休無期，及瓜而不代，則民有怨咨也。

九守：一、仁守以均，

〔集注〕陳逢衡云：仁守以均，不偏私也。

二、智守以等，

〔集注〕陳逢衡云：智守以等，有分次也。

三、固守以興，

〔彙校〕興，程本、趙本、鍾本、吴本、王本作「典」，盧校從。

〔集注〕陳逢衡云：固守以典，遵成式也。

四、信守維假，

〔彙校〕維,鍾本作繼。○盧文弨云: 信守維假二句似有訛。○丁宗洛改此句爲「四信守以假」。

〔集注〕孔晁云: 言(鍾本作「維」,盧校從; 丁改「信」)假,言立信當(程本、趙本、吴本作「常」,盧校從)至於義也。○陳逢衡云: 信守維假,格於衆也。○朱右曾云: 維假,言至於義也。假音格。

五、城溝守立,

〔彙校〕按: 丁宗洛改此句爲「城守以立」。

〔集注〕陳逢衡云: 城溝守立,不越畔也。

六、廉守以名,

〔集注〕陳逢衡云: 廉守以名,不虚冒也。

七、戒守以信,

〔集注〕陳逢衡云: 戒守以信,毋再失也。

八、競守以備,

〔集注〕陳逢衡云: 競守以備,能自固也。

九、國守以謀。

〔集注〕陳逢衡云：國守以謀，廟算勝也。

九典：一、祇道以明之，

〔集注〕陳逢衡云：祇道以明之，能問學則能，能通則達也。

二、稱賢以賞之，

〔集注〕陳逢衡云：稱賢以賞之，以功定食也。〇朱右曾云：稱，舉。

三、典師以教之，

〔集注〕孔晁云：典師謀（陳逢衡云：「謀」當爲「謂」）各隨所能而教之也。〇陳逢衡云：典師以教之，以賢得民也。〇朱右曾云：典，主。

四、四戚以勞之，

〔彙校〕盧文弨云：「四」字疑本是空圍。〇丁宗洛「四戚」改「因戚」。

〔集注〕陳逢衡云：四戚以勞之，親親也。四戚謂内姓、外婚、朋友、同里，見《大武解》，又别見《大開武解》。〇朱右曾云：戚，憂。

五、位長以遵之，

〔彙校〕王念孫云：「位長」本作「伍長」，下文「什長以行之」，什長與伍長文正相對。《大聚篇》曰：「五户爲伍，以首爲長；十夫爲什，以年爲長」，此之謂也。今本伍長作位長，則文義不明，蓋以伍、位字形相似而誤，《玉海》六十七引此正作伍長。

〔集注〕孔晁云：遵行之，以戒之事也。○陳逢衡云：位長以尊之，重以事權則其屬有統也。○朱右曾云：位，立；遵，表也。

六、羣長以老之，

〔集注〕陳逢衡云：羣長以老之，大農、大工、大商是謂三老也。○朱右曾云：老之，率之也。

七、羣醜以移之，

〔集注〕陳逢衡云：羣醜以移之，如《王制》「不變移之郊，不變移之遂」，欲其改而之善也。醜，耿也。○朱右曾云：移，習也。

八、什長以行之，

〔集注〕陳逢衡云：什長以行之，十人爲什，什必有長也。行，謂行保甲之法。

九、戒卒以將之。

〔集注〕孔晁云：將之，軍旅行陣也。○陳逢衡云：戒卒以將之，謂討軍實而申儆之也。

嗚呼！充虛爲害。無由不通，無虛不敗。

〔彙校〕陳逢衡云：「通」疑「僊」字之誤，「由」當作「充」。

〔集注〕孔晁云：陰陽姦謂之充，國無人謂之虛也。○陳逢衡云：充，即《列子》「貌充心虛」之充。充，全也。又「充虛」見《荀子·儒效篇》，楊倞注：「充，實也。」又「充虛蔽形」見《鹽鐵論·錯弊篇》。據此，則充當訓爲滿，謂人滿也，與虛字緊對，蓋《文傳》土多民少、土少人多之義，疑是彼處錯簡。或曰充虛爲害，即下篇「有所積，有所虛」也，當是《大聚解》脱文。○丁宗洛云：充當是盈滿，太過不能流通，故與虛並害。（孔）注曰陰陽姦，殊不可解。○俞樾云：孔解充字非也，《荀子·儒效篇》「若夫充虛之相施易也」，楊倞注曰：「充，實也。」是充與虛正相對。《大聚篇》曰：「殷政總總，若風草，有所積有所虛，和此如何？」孔注曰：「有積有虛，言不平也。」可證此篇充虛爲害之義。

逸周書彙校集注卷四

大聚解第三十九

〔彙校〕按：朱右曾本此篇爲第四十。

〔集注〕潘振云：大聚，所集者大也。管、蔡監殷，既告之文政，而民猶未和也。當有以大集之，故次之以《大聚》。○陳逢衡云：大致與《文傳解》仿佛。

維武王勝殷，撫國綏民，乃觀於殷政，告周公曰：

〔彙校〕撫國，《史略》作「撫圖」。○孫詒讓云：《史略》「國」作「圖」，疑誤。

〔集注〕潘振云：撫，安也。國，諸侯之國。民，殷民也。

「嗚呼！殷政總總，若風草，有所積，有所虛，和此如何？」

〔彙校〕此，趙本作「比」。

〔集注〕孔晁云：總總，亂也。有積有虛，言不革也。（革，元刊本、程本、趙本、吳本、王本作「平」，盧校從。）○潘振云：總總，聚也，謂政多也。○陳逢衡云：總總，若風草亂靡有定之象。有所積有所虛，即前篇所云「充虛爲害」也。武王將以反其政而均調之，故曰和此如何。○朱右曾云：地邑、民居參相得曰和。

周公曰：「聞之文考，來遠賓，廉近者。

〔集注〕孔晁云：禮遠賓，廉近者，道總土宜以受民也。（廉，諸本作「廣」。受，盧「從元本」改「愛」。孫詒讓云：「受」當作「授」，元本作「愛」，非是。又當作「道在物土宜以授民也」，俗書「總」作「惣」，上半與「物」相似，故「物」「總」二字多互譌。）○盧文弨云：趙云：「欲來遠賓，在廉察近者之安危利病，使之各得其所，如下文所云者是也。」○潘振云：來，招之也。廉，察也。

道別其陰陽之利，相土地之宜、水土之便，

〔彙校〕盧文弨云：趙云：「相土地之宜，『土』字疑衍，以下句言水土之便故也。」○王念孫云：趙說非也。古人之文不嫌於複，土地之宜與水土之便對文，删去一字則句法參差矣。且注文有「土宜」二字，則正文本作「土地之宜」甚明。○劉師培云：案《玉海》六十引作「來遠賓廣近有道，別其陰陽之宜」，則「道」字似屬上讀，廣近有道即親賢也。盧校謂廉字本多作廣，實則作廣弗訛。（孔注亦當作「禮遠賓，廣近有道，物土宜以愛民也」。）

〔集注〕陳逢衡云：凌曙曰：「道別其陰陽之利，如《詩》所云『相其陰陽』是也。」衡案：土有剛柔燥濕之不同，故宜別其利。相，視也。土地之宜，山林宜毛物早物，川澤宜鱗物膏物，邱陵宜羽物覈物，墳衍宜介物莢物，原隰宜羸物叢物，見《周禮・大司徒》。又《職方氏》揚州、荆州、青州宜稻，豫州、并州宜五種，兗州宜四種，雍州、冀州宜黍稷，幽州宜三種是也。水土之便,如《淮南》所云汾水宜麻、濟水宜麥、河水宜菽、雒水宜禾、渭水宜黍、漢水宜竹、江水宜稻之類。○朱右曾云:山南水北爲陽,山北水南爲陰。農事陽燠則早,陰寒則晚。土地之宜,如《大司徒》土會之法是也。水土之便,因之以制。

營邑制,命之曰大聚。

〔集注〕潘振云:邑,都邑。聚,邑落也。萬二千五百家爲鄉聚。大聚,則家多矣。○陳逢衡云:邑,國邑也。《説文》:「邑落曰聚。」生聚之道務欲其廣,故曰大聚。○朱右曾云:聚,亦邑也。

先誘之以四郊,王親在之;

〔集注〕孔晁云:四郊,自近始也。在,存也。(存,趙本、吴本、王本作「察」,盧從。句末諸本有一「□」。)○陳逢衡云:誘,勸也。邑外謂之郊。王親在之,恐有司不以上達也。凌曙曰:「營邑制即《周禮》制其畿。」○朱右曾云:在,察也。

賓大夫免列以選;

〔彙校〕丁宗洛本「列」改「刑」,云:《前漢書·蕭望之傳》:「甫刑之屬,小過赦,薄罪贖,有金選之品。」注:「金選,銖兩名。」其語與此二句恰符。

〔集注〕潘振云:外來爲賓。賓大夫,猶云外大夫。○陳逢衡云:大夫曰賓,尊之也。免、勉通。列,位序也。《管子・君臣》曰：「其選賢遂材也，舉德以就列。」《墨子・尚賢》曰：「以德就列。」此言免列以選者，謂士大夫勉於有位則進之。選即選造之義。○朱右曾云：免列，謂擢之衆人之中。選，擇也。

赦刑以寬，復亡解辱；

〔彙校〕解，鍾本作「鮮」。

〔集注〕孔晁云：亡者復之，辱者解之。○潘振云：亡，亡在此邑者。辱，受欺侮於此邑者。○陳逢衡云：赦刑以寬，即《周禮》議賢之辟，謂法有可原則當曲赦之也。亡者復之，立其後也；辱者解之，與以自新也。○朱右曾云：亡者復之，辱者解之。○孫詒讓云：解辱即解仇讎之法。《墨子・號令篇》云：「必謹問父老吏大夫諸有怨仇讎不相解者，召其人明白爲之解之。」

削赦□重皆有數，此謂行風。

〔彙校〕□，王本作「輕」，朱《校釋》同。此，程本、趙本、吴本作「甚」。

〔集注〕孔晁云：行風，化也。○陳逢衡云：奪其職曰削，宥其罪曰赦。言惟輕、惟重皆有科條，故曰有數，此謂行風無阻也。○朱右曾云：削，削其職。赦，赦其罪。數，等差也。風，風聲。

乃令縣鄙商旅曰：能來三室者，與之一室之禄。

〔集注〕孔晁云：以一大夫之耕禄者。（大，盧校改「丈」，云：「丈」字或衍文。又「者」疑當作「之」。丁宗洛從盧校删改爲「以一夫之耕禄之」。）○潘振云：令，告戒也。○陳逢衡云：惠氏《禮説》曰：「言能招來外商之人則與之一夫之田也。」《白虎通》云：「一夫一婦成一室。」衡案：此即《周禮・載師》之賈田。一室之禄，則半農人也。

闢開修道，五里有郊，十里有井，二十里有舍。

【彙校】修，程本、趙本、吴本、何本字作「脩」，盧從。○盧文弨云：案《地官・遺人》三十里有廬，此作二十里，疑訛。○王念孫云：案「闢開脩道」文不成義，「開」本作「闕」。闢闕脩道皆所以來遠人，故下文言「遠旅來至，關人易資」也。俗書闕字作「閞」，開字作「開」，二形相似而誤。《玉海》二十四、六十引此並作「闢闕」。○朱右曾從王説據《玉海》訂「闢闕」。

【集注】孔晁云：待行旅也。○陳逢衡云：闢開脩道，即夏令除道成梁之事。五里有郊，備憩息也。此周初之制，《周禮》則較此爲備。《遺人》：「凡國野之道，十里有廬，廬有飲食；三十里有宿，宿有路室，路室有委；五十里有市，市有候館，候館有積。」盧云「三十里」，誤。案：此節與《周語》單襄公語相近，闢開脩道，即所謂列樹以表道也。五里有郊，即所謂國有郊牧也。十里有井，即所謂立鄙食以守路也。二十里有舍，即所謂畺有寓望也。又《秋官・野廬氏》：「掌達國道，路至於四畿，比國郊及野之道路，宿息井樹。」注：「宿息，廬之屬，賓客所宿及晝止者。井共飲食，樹爲蕃蔽。」案：宿息井樹，義尤合此。○朱右曾云：天子近郊五十里，此下邑之制，故得十之一。井以解渴。舍，庌舍，可止宿，便行旅也。○孫詒讓云：案此郊制與王國不合，疑都邑之制，蓋即冢「上乃令縣鄙」爲文也。都邑亦有郊。《詩・鄘風・干旄》云：「在浚之郊。」是也。《詩・魯頌・駉》孔疏引孫炎《爾雅注》謂「百里之國，十里之郊」，又引《書傳》云：「百里之國，二十里之郊；七十里之國，九里之郊；五十里之國，三里之郊。」此五里之郊少於九里而多於三里，以孫説推之，或當爲五十里之邑，以五里爲郊與？

遠旅來至，關人易資，舍有委。

〔彙校〕易，鍾本作「有」。有，程本、鍾本、王本作「其」。

〔集注〕孔晁云：貿易供其資也。（貿，程本、吴本作「貨」。）○陳逢衡云：《周禮・遺人》：「郊里之委積以待賓客，野鄙之委積以待羈旅。」注：「委積者，廩人、倉人計九穀之數足國用，以其餘共之，所謂餘法用也。少曰委，多曰積。」○朱右曾云：資，貨也。《春秋傳》曰：「民易資者不求豐焉。」謂交易其所有其貨也。孔晁曰「貿易供其資」，非也。○孫詒讓云：孔云「貿易供其資也」，惠校云：「『其』嘉靖本作『有』」。案：前《文酌篇》云「商賈易資」，與此義同。《周禮・遺人》云「三十里有宿，宿有路室，路室有委」，則此舍即《周禮》之路室也。

市有五均，早暮如一，

〔集注〕孔晁云：均，平也。言早暮一價。○盧文弨云：惠云：河間獻王所傳《樂元語》其道五均事云：「天子取諸侯之土，以立五均，則事無二價，四民常均，强者不得困弱，富者不得要貧，則公家有餘思及小民矣。」○陳逢衡云：《樂緯叶圖徵》亦有「聖王法承天以立五均，强者不侵弱者，智者不詐愚」等語。案：五均者，輕重、長短、大小、多寡、精粗也。早暮如一，謂一日之間市有三時，不得更價，在《周禮》有羣吏平肆，展成奠價之事。

送行逆來，振乏救窮。

〔彙校〕振，鍾本作「賑」。

〔集注〕陳逢衡云：送行逆來，招外旅也，在《周禮》有門關達節之事。振乏救窮，憫無告也，在《周禮·大司徒》有振窮恤貧之事。

老弱疾病，孤子寡獨，惟政所先。

〔彙校〕先，元刊本、程本、趙本作「克」。○劉師培云：孤子，疑當作「孤孑」。

〔集注〕孔晁云：當先恤也。（恤，元刊本、趙本、吴本作「卹」，盧校作「卹」。）○陳逢衡云：《孟子》王政必先斯四者，義與此合。六十以外曰老，二十以內曰弱。疾病，如籧篨戚施之類。幼而無父曰孤，老而無夫曰寡，無子曰獨。

民有欲畜，發令。

〔彙校〕朱右曾以「發令」屬下句。○孫詒讓云：「欲」疑即「牧」之譌。此朱讀「民有欲畜」句，「發令」屬下「以國爲邑」云云爲句，是也。孫讀失之，上文「乃命縣鄙」爲命公邑，此則命國中鄉遂也。

〔集注〕孔晁云：命之畜牧。○陳逢衡云：蓋以助不足而貸之。

以國爲邑，以邑爲鄉，以鄉爲閭，禍災相卹，資喪比服。

〔彙校〕卹，鍾本、王本作「恤」，盧校作「卹」。

〔集注〕孔晁云：邑閭比相救卹。比服，祖喪服也。（祖，王本作「徂」，鍾本作「但」，盧校作「供」。）○盧文弨云：疑即《周禮》所謂比其吉、凶二服也。〇陳逢衡云：二十五家爲閭，五百家爲鄉，邑有百室、千室之分，國有五十、七十、百里之別。此言四方民大和會不以遠近爲隔限也。禍災相卹，即《大司徒》相救相賙之義。資喪比服，盧文弨曰：「疑即《周禮》所謂比其吉、凶二服也。」衡案：比其吉、凶二服者，閭其祭器，族其喪器，黨其射器，州其賓器，鄉其吉凶禮樂之器，見《鄉師職》。〇朱右曾云：《鶡冠子》云：「五家爲伍，十伍爲里，四里爲扁，十扁爲鄉。」《管子》亦以二千家爲鄉。此時周禮未定，疑亦當然。閭，二十五家也。資，助；比，合；服，事也。比服，猶云通力合作。〇孫詒讓云：孔注「俱」當爲「供」之誤。資喪，即《周禮·大司徒》「四閭爲族，使之相葬」。比服，亦即《大司徒》本俗「六曰同衣服」。盧引《鄉師》「比其吉凶二服」以證，注義未塙。

五户爲伍，以首爲長；十夫爲什，以年爲長。

【彙校】什，程本、趙本、吴本作「付」。

【集注】孔晁云：首爲伍家寂服。（寂，盧校改「最」。）〇陳逢衡云：五户爲伍，以家起算，以首爲長，尚能也。十夫爲什，以人爲算，以年爲長，尚齒也。《左·襄十三年傳》「使其什吏」，《正義》曰：「什吏，謂十人長也。」惠氏《左傳補注》：「《周書·大聚》『十夫爲什』即什吏。」

合閭立教，以威爲長。合旅同親，以敬爲長。

【集注】孔晁云：教由威行，旅由敬親。〇陳逢衡云：合閭立教，由五户爲伍合之，至於二十五家也。立教則齒讓之化行，故以威爲長。合旅同親，由十夫爲十合之，至於五百人也，同親則孝悌之誼明，故以敬爲長。惠氏《禮説》曰：「古文君讀爲威，閭胥里宰亦稱君威，猶君也。」衡案：威與敬對，仍當作嚴憚之義爲長，且與上「立教」二字貫，此即左右埶爲威者，夏楚二物收其威也。《虞書》朴作教刑，是其切證。〇朱右曾云：立教以威，故閭胥有觵撻之罰。旅當爲「族」，百家也。

飲食相約，與彈相庸。

〔彙校〕與，程本、鍾本、吴本、王本作「興」，盧校從。

〔集注〕盧文弨云：趙云：「功作則互相勸，是興。游墮則互相糾，是彈。」惠云：「漢時尚有街彈之室，蓋取則於古。」〇陳逢衡云：飲食相約，男女以歲時聚會，如醵錢飲烝之類。興彈相庸，惠氏《禮説》曰：「此里宰合耦之法也。民功曰庸，佐助曰相興，起而檢彈之以佐助其功也。」衡案：相庸，義如相約、相連，相不得與庸對舉。功作相勸曰興，游墮相糾曰彈，興如《周禮》興甿之興，彈如漢時街彈之彈(見《周禮·里宰》「合耦」注疏，又見《水經注》)。相庸者，相爲功也。

耦耕□耘，男女有婚，墳墓相連，民乃有親。

〔彙校〕闕處丁宗洛補「俱」。

〔集注〕孔晁云：言相通也。〇陳逢衡云：耦耕□耘，通力合作也，在《周禮》有大司徒族墳墓，墓大夫令國民族葬之事。

六畜有羣，室屋既完，民乃歸之。

〔集注〕孔晁云：六畜，牛馬豬羊犬鷄。（元刊本、程本、趙本、吴本、王本無「六」字。）〇陳逢衡云：六畜有羣，在《周禮》則閭師、縣師、遂師掌之。室屋既完，于茅索綯也。度地居民，則司空之事。

卿立巫醫，具百藥以備疾災，畜五味以備百草。

〔彙校〕卿，程本、鍾本、王本作「鄉」，盧校從。下同。〇王念孫云：畜五味以備百草，當作「畜百草以備五味」。（百草與百藥對文。）今本百草與五味互易，則義不可通。〇朱右曾從王念孫説改「畜百草以備五味」。

〔集注〕孔晁云：草味同，言五味，非一也。（盧文弨云：「『同』疑是『不同』」。丁宗洛從增「不」字。）〇潘振云：巫醫，醫官。〇陳逢衡云：巫即祝由之類，醫有疾醫瘍醫。《管子·入國篇》云：「凡國都皆有掌養疾，聾盲、喑啞、跛躄、偏枯、握遞，不耐自生者，上收而養之疾。」又云：「凡國都皆有掌病士人，掌病行於國中，以問病爲事。」此鄉立巫醫之義。藥三百六十五種，見《神農本草經》，言百藥者，舉成數也。《禮·月令》：「孟夏之月聚畜百藥。」皆爲民疾疫而具，故曰以備疾災。五味，酸、苦、甘、辛、鹹也。《周禮·瘍醫》：「凡藥，酸養骨，苦養氣，甘養肉，辛養筋，鹹養脈。」《春秋潛潭巴》云：「五味生五藏者，鹹生肝，酸生心，苦生脾，甘生肺，辛生腎。」《黄帝養生經》云：「酸入肝，辛入肺，苦入心，甘入脾，鹹入腎。」又《甲乙經》云：「穀則米甘，麻酸，大豆鹹，麥苦，黍辛。菓則棗甘，李酸，栗鹹，杏苦，桃辛。菜則葵甘，韭酸，藿鹹，薤苦，蔥辛。畜則牛甘，犬酸，彘鹹，羊苦，鷄辛。」《本草》云：「石則玉甘，金辛，雄黄苦，曾青酸，赤石脂鹹。草則茯苓甘，桂心辛，天門冬苦，五味子酸，元參鹹。蟲則蜚零甘，蚿蛔辛、蛇蚺苦，伊威酸，蜥蜴鹹。」百草，即百藥。

立勤人以職孤，立正長以順幼，立職喪以卹死，立大弉以正同。

〔彙校〕卹，鍾本、王本作「恤」，程本作「卹」；　弉，程本、鍾本、王本作「葬」，盧校並從。○俞樾云：　立勤人以職孤，立正長以順幼，此當作「立正長以勤人，立職孤以順幼」。　蓋立正長所以勤民事，而立職孤所以使幼者得遂其生也。正長、職孤，皆其名也。　勤人、順幼，皆其事也。　立職孤以順幼，與下句「立職喪以卹死」文法正同。　管子治齊，凡國都有掌孤，孤幼不能自生者屬之，此即立職孤以順幼之事。　掌孤，猶職孤也，蓋成周之遺制矣。　今作「立勤人以職孤，立正長以順幼」，則義不可通。　猶上句「畜百草以備五味」誤作「畜五味以備百草」，並傳寫者倒其文也。　王氏念孫已訂正「百草」句，惜未及此。○孫詒讓云：　案《周禮·春官》有職喪，即此。　立正長以順幼，「順」當讀爲「訓」，二字聲類同，古多通用。

〔集注〕孔晁云：　職立同。（立，鍾本、王本在正文「君」字上，盧校從歸正文，又云：　「『同』疑『司』之誤，職訓主，司亦主也。」丁宗洛「同」改「司」。）○潘振云：　勤人，恤孤之官。　正長，慈幼之官。　大葬，掌墓地之官。○陳逢衡云：　勤人、正長、職喪、大葬，俱官名。　勤人、正長如《管子·入國篇》掌孤、掌幼是也。　職喪、大葬，如《周禮》墓大夫、冢人之屬。　古者令民族葬，不使他姓亂之，故曰正同，同謂同族。○朱右曾云：　勤人，能勤恤者。　正長，若《書傳》所言「卿大夫致仕而歸，居門側之塾以教子弟」是也。　職喪，掌殯斂之令。　大葬，族墳墓也。

君子以脩禮樂，立小人以教用兵，

〔彙校〕「君子」上鍾本、王本有「立」字，盧校從。

〔集注〕孔晁云：　禮樂干戚兵之也。（干戚，鍾本作「千成」。　之，鍾本、王本作「刃」，盧校從。　盧云：　注有訛脫。○

丁宗洛本訂作「禮樂、俎豆干戚。兵，刃也」。云：《樂記》：「簠簋、俎豆、制度、文章，禮之器也。管磬、鍾鼓、羽籥、干戚，樂之器也。」注蓋本此。）〇潘振云：君子，鄉老也。《禮·鄉飲酒禮》樂二歌，間歌、合樂，賓出奏陔也。小人，鄉男也。〇陳逢衡云：君子，文德之士，故立以脩禮樂。小人，技勇之士，故立以教用兵。

立鄉射以習容。春和獵耕耘，以習遷行。

〔彙校〕射，鍾本、王本作「社」。容，程本、鍾本、王本作「容」，盧校從。陳逢衡《補注》删「春」字。

〔集注〕孔晁云：羣行出入，坐起隨行。（丁宗洛云：「羣行」應是「羣從」。）〇陳逢衡云：《地官·鄉大夫》：「以鄉射之禮，五物詢衆庶：一曰和，二曰容，三曰主皮，四曰和容，五曰興舞。」案：夏有容臺，習容之所。春秋時官有和容，晉羊舌大夫爲之。此云容，即和容也。獵耕耘以習遷行，謂於耕耘之隙以講武事。〇朱右曾云：容，謂容貌也。四時皆田，舉春以該之。習遷行者，習出入、坐起、隨行、鴈行之節。

教茅與樹藝比長，立職與田疇皆通。

〔彙校〕茅，元刊本、程本、趙本、鍾本、王本作「芧」，盧校從，云：芧，本或作「茅」，今從宋元本。〇俞樾云：教茅與樹藝，此當作「教與樹藝」。與，猶以也。説見王氏引之《經傳釋詞》。教與樹藝，即教以樹藝也。古與、予通用，疑古本假予爲與，作「教予樹藝」，後人據別本作與者訂正，遂並存予、與二字，因又誤予爲芧耳。《管子·地員篇》「其草宜芧茅」，今本作「其草宜黍秫與茅」，蓋誤芧爲「與」，而因加黍、秫二字，不知黍秫已見上文，且非草也，辨見《諸子平議》。彼誤「芧」作「與」，此誤「與」作「芧」，正可互證。

〔集注〕孔晁云：根衍田茅，比長之職。通，連比也。（衍，程本、趙本、王本作「行」。田，盧校作「曰」。茅，吴本作「芧」。通，元刊本同，餘諸本作「也」，盧校删。）○盧文弨云：謝云：「『根衍曰芧』不知所出，《説文》、《玉篇》釋『芧』字皆謂草之可以爲繩者，字亦通『苧』。」○陳逢衡云：芧與苧通。芧布，一名越。《尚書》「島夷卉服」孔傳：「南海諸島夷草服葛越。」張守節《夏本紀正義》：「東南草服葛越，蕉竹之屬。」是也。衡云：古者衣食並重，故教芧與樹藝比長。教芧者，織布以爲衣。樹藝者，種穀以爲食。比長，謂漸其生植也。立職，職，田畯，農大夫也。田疇，疆以之屬疇類也。通，謂歲時合耦，遂師、遂大夫移用其民以救時事也。戴清曰：「《月令》孔疏：『麻田曰疇。』似此處疇字。」○朱右曾云：茅，草名，可爲布。言芧則桑麻可知。比長，伍長也。麻田曰疇。教芧與樹藝比長之職，使一比之民田疇連比也。

立祭祀，與歲穀登下厚薄。此謂德教。

〔彙校〕孫詒讓云：此謂德教，案下文云「五德既明」，則此爲五德之一，當云「教德」，乃與下文和德、仁德、正德、歸德一律，今本誤倒，當乙正。

〔集注〕孔晁云：登下，隨穀豐儉也。○陳逢衡云：歲豐曰登，歲歉曰下。禮豐曰厚，禮殺曰薄。

若其凶土陋民，賤食貴貨，是不知政。

〔集注〕孔晁云：不順政，故曰凶。○陳逢衡云：土荒而不治則地脊，是謂凶土。民佚而不教則俗偷，是謂陋民。賤食商貴，謂棄五穀而重珠玉也。

山林藪澤，以因其□，工匠役工，以攻其材，商賈趣市，以合其用。

〔彙校〕攻，趙本、鍾本、吴本、王本作「政」。闕處丁宗洛補「利」。

〔集注〕孔晁云：言政行也。○陳逢衡云：工匠，大匠也。役工，羣役也。攻其材，如攻金、攻木之類。商賈趣市，以合其用，以有易無也。○朱右曾云：澤無水曰藪，水鍾曰澤。役工，居肆也。合，聚也。○孫詒讓云：案居肆不當云役工，此「工」當爲「公」之借字。公，官也，謂工匠受役於官。《國語·齊語》云「處工就官府」，是其義也。

外商資貴而來，貴物益賤。資賤物，出貴物，以通其器。

〔集注〕孔晁云：通其有無，使相□也。（闕處陳逢衡補「資」，丁宗洛補「濟」。）○陳逢衡云：外商資貴而來，以價昂也。貴物益賤，謂市既立平價之官，外商又復雲集，則貴物無以居奇，故益賤。資賤物、出貴物者，謂以本産壅滯之物出賣於外，則賤者可轉爲貴，故得以通其器也。

夫然，則關夷市平，財無鬱廢，商不乏資，百工不失其時，無愚不教，□無窮乏之則。此謂和德。

〔彙校〕□無窮乏之則，盧校從趙改「則無窮乏」。

〔集注〕孔晁云：言政治，和之所致也。○陳逢衡云：關夷市平則百貨集，財無鬱廢則農末通，商不乏資則轉徙便，百工不失其時則器用足。無愚不教，愚如愚夫、愚婦之愚，不教則無棄民矣。和德者，正德利用，厚生惟和也。

若有不言，乃政其凶。

〔**彙校**〕丁宗洛云：「若有不言，乃政其凶」，當與上段「凶土陋民」三語一例，「不言」字有誤，「乃政其凶」疑是「其政乃凶」。○劉師培云：若有不言，「言」疑是「旹」訛。《管子·侈靡篇》言「應言待感」，張文虎謂「言」疑「旹」訛，是其例。「旹」即古「時」字，故下舉四時之令。

〔**集注**〕陳逢衡云：若有不言，乃政其凶，謂居脊土者不條陳其土宜之事則終爲凶土矣，故從而征之，以警其惰。

陂溝道路、藂苴丘墳，不可樹穀者樹之材木。

〔**彙校**〕樹之，諸本作「樹以」，盧從。藂，朱右曾改「叢」。

〔**集注**〕孔晁云：除藂種木。○潘振云：藂即叢。苴，苴槎。木灌曰藂，草枯曰苴。○陳逢衡云：陂溝卑濕，道路走集，藂苴鬱塞，邱墳高聳，四者皆不宜樹五穀，故樹材木以備樵采之用。○朱右曾云：陂，阪也。山旁曰陂，水注谷曰溝。容二軌曰道，容三軌曰路。柴棘萑葦爲叢，草之翳薈爲苴。土高曰邱，水崖曰墳。

春發枯槁，夏發葉榮，秋發實蔬，冬發薪烝，以匡窮困。

〔**彙校**〕盧文弨云：夏發葉榮，疑當作「華榮」。

〔**集注**〕孔晁云：以此匡之也。○陳逢衡云：《淮南子·主術訓》：「春伐枯槁，夏取果蓏，秋畜蔬食，冬伐薪蒸，以爲民資，是故生無乏用，死無轉尸。」語俱本此。惠氏《禮説》謂此即臣妾聚斂疏材之職。衡案：《大聚》所云與《周禮》不同，《周禮》言聚，此言發。《周禮》是任臣妾，此是匡窮困，蓋以輔五穀之闕。春發枯槁，出陳以補不足也。隔年存畜之物曰枯槁。夏發葉榮，秋發實蔬，以助民食。葉榮，嘉菜芹韮之屬。實果，實蔬、園蔬。冬發薪烝，舉火之物，助民燠也。烝通蒸。薪蒸，柴也。大者曰薪，小者曰烝。發如發倉廩之發，故曰以匡窮困。○朱右曾云：榮，華也。實蔬，草木之實可食者。麤曰薪，細曰蒸。

揖其民力，相更爲師。因其土宜，以爲民資。

〔集注〕孔晁云：更相爲師，匡資次用也。（劉師培云：孔以「匡」釋更相爲師，下有脱字，以「用」釋資，「次」字衍。）○盧文弨云：（孔）注有訛。惠云：揖與「輯」同。○陳逢衡云：揖其民力，相更爲師，如《呂覽》所載《任地》、《辨土》、《審時》諸篇是也。《淮南·齊俗訓》：「水處者漁，山處者木，谷處者牧，陸處者農。地宜其事，事宜其械，械宜其用，用宜其人。」是爲因其土宜，以爲民資也。《漢書·貨殖傳》：「因其土宜，各任智力。」

則生無乏用，使無傳尸。此謂仁德。

〔彙校〕使，鍾本、王本作「死」，盧校從。○盧文弨云：惠云：傳尸，猶轉尸也。《淮南子》：「鬱而無轉」，高誘曰：「轉讀作傳。」○劉師培云：死無傳尸，案惠棟校云：「傳尸猶轉尸」，其説是也。《國語》「轉於溝壑」，《原本玉篇·車部》引賈注云「轉尸也」。又《淮南子·主術訓》、《鹽鐵論·通有篇》並云「死無轉尸」，《齊民要術》一引《淮南》作「轉屍」，《文子·上仁篇》「無」作「无」。

〔集注〕孔晁云：傳於溝壑。○陳逢衡云：《鹽鐵論·通有篇》「生無乏資，死無轉尸」，本此。生無乏用則鰥寡孤獨得以盡年，死無傳尸則孝子仁人可以無憾，故曰仁德。

曰聞禹之禁：春三月山林不登斧，以成草木之長；夏三月川澤不入網罟，以成魚鼈之長。且以并農力執，成男女之功。

〔**彙校**〕孫詒讓云：春三月山林不登斧，以成草木之長，夏三月川澤不入網罟，以成魚鼈之長。張文虎云：「依網罟句，則上句少一字。《路史・夏后氏紀》引斧下有斤字，是也。」（《舒藝室隨筆》）案《文傳篇》亦云：「山林非時不升斤斧，以成草木之長。」〇劉師培云：且以并農力執成男女之功，案《玉海》六十引作「力勢」。執、勢義均難曉，竊以書無桑字，注言女桑，疑「執」即「力桑」二字之訛。桑俗作「桒」，與卒俗作「幸」相似，力、丸兩形亦復互肖，故誤力桑爲執。今本有力字，校者據他本增之也。《玉海》作「勢」，蓋宋有複衍力字之本，校者又合執、力爲一也。實則桑農對文，（「并」即《禮記・檀弓下》「并植」之并。）故下言男女之功。孔所據本固不誤也。

〔**集注**〕孔晁云：男耕女桑，成此功也。〇陳逢衡云：此與《文傳解》「山林非時不升斧斤」同義。春夏二時尤於農桑爲急，故設漁樵之禁，以成大務。

夫然，則有生而不失其宜，萬物不失其性，人不失其事，天不失其時，以成萬財。萬財既成，放此爲人。此謂正德。

〔**彙校**〕盧文弨云：《藝文類聚》引此「有生」作「有土」，無「而」字，「財」作「材」，云：「萬材已成，牧以爲人，天下利之而勿德，是謂大仁。」（朱右曾據《類聚》改）〇王念孫云：有生而不失其宜，本作「土不失其宜」。上文曰「因其土宜以爲民資」，《文傳篇》曰「土不失宜」，皆其證。今本「土」誤作「生」，又衍「有而」二字，則文義不明，且與下三句不類矣。天不失其時，本作「天下不失其時」，王者因時佈令，故天下不失其時。若云天不失其時，則非其旨矣。觀天之神道而四時不忒，則天之不失時，非因王政而致然也。《藝文類聚·帝王部二》、《太平御覽·皇王部九》引此並作「土不失其宜，天下不失其時」。○孫詒讓云：萬財既成，放此爲人，此謂正德，盧云《藝文類聚》引此云「萬材已成，放以爲人，天下利之而勿德，是謂大仁」（朱據校改）。案此爲五德之一，則當如今本作「此謂正德」，歐陽詢所引與前《文傳》相屬，疑有譌互，不足據。（詳前《文傳篇》盧校）○劉師培云：案盧校謂《類聚》引有生作「有土」（朱本據改），今考《路史後紀四·夏后紀》云：「故生不失宜而物不失性，人不失事，天得時而萬財成焉」，即約此文，宋本亦作「有生」。

〔集注〕孔晁云：放散供人用也。

泉深而魚鼈歸之，草木茂而鳥獸歸之，稱賢使能官有材而歸之，關市平商賈歸之，分地薄斂農民歸之。水性歸下，農民歸利。

〔彙校〕「官有材而」下盧校增「士」。○朱右曾「泉」改「淵」，「農民歸利」從王念孫説改「民性歸利」。○王念孫云：水性歸下，農民歸利，此本作「水性歸下，民性歸利」。（《漢書·食貨志》：「民趨利，如水走下。」）民性與水性對文，民字總承上文士農商賈而言，非專指農民而言，今本作「農民」者即涉上「農民歸之」而誤。《玉海》六十引此正作「民性歸利」。○孫詒讓云：泉（朱本校改淵）深而魚鼈歸之，草木茂而鳥獸歸之，稱賢使能官有材而□歸之，惠校本闕處補士字，盧、朱本同。張文虎云：「《日抄》引泉下有水字，與草木對，闕處乃賢字。」案「而」下闕字惠校作「士」，或據宋本，竊疑「賢士」二字當並有，句法方稱。○劉師培云：泉深而魚鼈歸之，草木茂而鳥獸歸之，案《文選·三國名臣序贊》李注引《周書》云：「美爲士者飛鳥歸之蔽於天，魚鼈歸之沸於淵」，與此誼同詞異。稱賢使能，案《書抄》二十七引「稱」作「任」。而□歸之，案盧從惠校補士字，朱本同。張文虎《舒藝室隨筆》云《黃氏日抄》闕處乃賢字，今考《玉海》六十亦引作「賢」。又《羣書治要》引《虎韜》云：「神農之禁，春夏之所生，不傷不害，謹修地利以成萬物，無奪民之所利，而民順其時矣。任賢使能而官有財，則賢者歸之矣。」意與本篇略同，彼作「賢者」，亦本書作「賢」之徵。

〔集注〕孔晁云：歷言自然之至也。

王若欲求天下民，先設其利而民自至。譬之若冬日之陽、夏日之陰，不召而民自來。此謂歸德。

〔彙校〕求，朱右曾從王念孫説改「來」。○王念孫云：王若欲求天下民，先設其利而民自至。案「求」當爲「來」字之誤也。（隸書來、求相似，故書傳中「來」字多誤作「求」。）來，如「脩文德以來之」之來。下句「先設其利而民自至」，至與來正相應。又下文「不召而民自來」，尤其明證也。今本「來」作「求」，則非其旨矣。《玉海》二十六引此正作「來」。又《周祝篇》「觀彼萬物且何爲求」，求亦來之誤，盧已辯之。

〔集注〕孔晁云：政善，德之至也。○陳逢衡云：「冬日之陽」三句見《文子・精誠篇》引《老子》語。《羣書治要》引《六韜》太公曰：「夫民之所利，譬之如冬日之陽，夏日之陰。冬日之從陽，夏日之從陰，不召自來。故生民之道，先定其所利而民自至。」《淮南・主術訓》：「冬日之陽，夏日之陰，萬物歸之而莫若之然。」《鄧析子》亦云：「爲君者若冬日之陽，夏日之陰，萬物自歸，莫之使也。」皆本《周書》。

五德既明，民乃知常。」武王再拜曰：「嗚呼！允哉！天民側側，余知其極有宜。」

〔彙校〕孫詒讓云：天民側側，余知其極有宜，孔云：「長有國也」。朱駿聲云：「按側、極韻，有宜下當有闕文。」案

「有宜」當作「有悳」，上半形近而譌，「有」上當闕二字，悳與側、極亦韻。有德，即冢上五德爲文。孔注亦似謂「有德則長有國也」。

〔集注〕孔晁云：側側，喻多。長有國也。○陳逢衡云：允，信也。側側，與「惻惻」通，痌瘝一體也。極，謂建極。

乃召昆吾治而銘之金版，藏府而朔之。

〔彙校〕冶，諸本作「治」，盧從。

〔集注〕孔晁云：昆吾，古之利冶。朔，月旦朔省之也。○盧文弨云：謝云：昆吾乃掌冶世官，注「利冶」誤。○陳逢衡云：昆吾不見《周官》，蓋是時猶用古官號也。《山海經》：「昆吾之山，其上多赤銅。」蓋其地産金，故冶人之事即以昆吾氏掌之，在《周官》則謂之「職金」，《周禮·秋官》「職金供金版」是也。國有大訓則書於版，重其事也。鉼金謂之版。或謂《周禮》所闕《冬官》，昆吾即其一也。○朱右曾云：昆吾山出善金，見《山海經》注，故因以名掌冶者。《爾雅》云：「鉼金謂之鈑。」

逸周書彙校集注卷四

世俘解第四十

〔彙校〕按：朱右曾《校釋》移此篇爲第三十七，使與《克殷》相次。

〔集注〕潘振云：世，生也。軍所獲爲俘。既觀殷政以和民，於是還豐而獻俘，故次之以《世俘》。○陳逢衡云：此言伐紂所獲，以及黨惡之國所得人數。俘者，係人之謂。《商書序》：「遂伐三朡，俘厥寶玉。」故俘亦兼寶在內。《漢律曆志》引《周書·武成篇》：「惟一月壬辰旁死霸，若翌日癸巳，武王乃朝步自周，于征伐紂。」又引《武成篇》：「粵若來二月既死霸，粵五日甲子，咸劉商王紂。」（師古曰：「《今文尚書》之辭。」）又引《武成篇》：「惟四月既生霸，越六日庚戌，武王燎於周廟。翌日辛亥，祀於天位。粵五日乙卯，乃以庶國祀馘於周廟。」（師古曰：「亦《今文尚書》也。」衡案：小顔以此二條爲《今文尚書》，誤。）共八十二字，皆見今《世俘解》。然則《世俘》舊亦有《武成》之目矣，惟今本《世俘》「壬辰」訛作「丙辰」，「癸巳」訛作「丁巳」，茲特據以改正，則非第與三統合，而於書《武成》時日亦無不水乳矣。馮山公《解春集·答閻百詩疑〈武成〉日月書》云：「今觀《世俘》篇『越若來二月既死魄，越五日甲子朝至接於商』云云，次丁卯，次戊辰，次壬申，次辛巳，次甲申，次辛亥，次壬子、癸丑、甲寅、乙卯，自二月庚申朔數至乙卯，已五十六日，不冠以閏二月，而下即云『時四月既旁生魄，越六日庚戌，武王朝至燎於周』，且中間復説尅紂命伐時日如庚子、乙巳，不標以月，夾雜非體，史家紀事烏有此舛駁耶。嗚呼，此則古册紊亂，而孔氏校注是書，又未嘗細心釐定之過也。今斷以『庚子』、『乙巳』二條移在『甲申』後，則上下文義一貫，時日俱不誤，非錯簡而何？至謂自二月庚申朔數至乙卯已五十六日不冠以閏二月，此則古史體本如是也。三代以前俱不紀閏月，則此閏二月即蒙前二月數下，故得有五十六日之多。」○朱右曾云：世、大古通用。世俘者，大俘也。孔廣森《經學卮言》曰：「《書序》：『武王伐殷，往伐歸獸，識其政事，作《武成》。』蓋《孟子》所謂『驅虎豹犀象而遠之』者，出於此篇。《漢律曆志》引《武成》曰：『惟一月壬辰旁死霸』云云，今《世俘篇》具有此語，又載『虎二十二』云云，頗與『歸獸』事相類。意《武成》、《世俘》文多大同，但《孟子》所讀《武成》有『血之流杵』，《世俘》無之，則又未可當《武成》耳。」○劉師培云：此篇即《尚書·武成》所推月日，當以世經爲準。孔廣森《經學卮言》所推均訛，兹不取。○顧頡剛云：古籍中「大(太)子」亦稱「世子」，「大(太)室」亦稱「世室」，可作此名比例。本篇所載，有俘人、俘車(禽禦)、俘鼎、俘玉、俘獸之事，且所俘均有鉅大數量，故以《世俘》爲名。《書序》：「夏師敗績，湯遂從之，遂伐三朡，俘厥寶玉，誼伯、仲伯作《寶典》。」《爾雅·釋詁》：「俘，取也。」故凡軍中一切掠奪之物，均可以「俘」稱之。

維四月乙未日，武王成辟，四方通殷命有國。

〔彙校〕乙未日，《史略》作「有乙未」。莊述祖校此節作「維四月乙未，武王成辟，通殷集新命，告厥四方曰」，云：武王成辟，言武王伐紂成天下君。此劉歆所加，欲以充百篇之《武成》也。《顧命》曰：「克達殷集大命。」《大雅》曰：「其命維新。」○陳逢衡云：此十七字疑是《逸周書序》脱簡，與「武王將行大事乎商郊」、「武王率六州之兵車」、「武王既尅商建三監以救其民」一例，故云武王成辟四方。若篇中之文，不應爲此總冒之辭，且不應從四月乙未日起。○孫詒讓云：朱云：「武王既歸，成天下君，乃頒克殷之命於列邦。」莊云：「《顧命》曰：『用克達殷集大命。』案乙未日，古經史無此文法，《史略》作『有乙未』。依高，疑當作『六日乙未』。」莊本删「日」字。「通殷」猶云「達殷」，莊説得之。〇劉師培云：案是年即《三統曆》所云「伐紂之年」也，爲文王受命十三年，即武王即位之四年，距入甲申統五百二十一年，積月六千四百四十三，閏餘十八，積日一十九萬二百六十七，小餘二十九，大餘七，得辛卯爲天正朔，閏在二月，後四月朔日爲己丑，七日乙未。〇顧頡剛云：依本篇所敘，周武王出兵伐紂爲一月事，克商爲二月事，此「成辟」爲四月事，似本篇爲成辟後所追記。惟後文四月中有「庚戌」、「辛亥」、「乙卯」諸日紀事，其日俱在「乙未」之後，則又不當説爲追記。此節固不必指實爲劉歆所加，但文義確似《書序》，應出後人之手，以作一篇之總冒者，但未細排甲子，故有此矛盾耳。「乙未日」不合古代文例，益知其爲低手人筆墨。又按：依劉歆《世經》，此年周正四月（即卯月）爲乙丑朔，乙未應爲七日；《孔巵言》定四月爲庚寅朔，故云「六日」，孫説從之。

〔集注〕孔晁云：言成者，執殷俘，通之以爲國也。此克紂還師而作也。〇潘振云：首節用夏正，四月，正陽之月也。《綱監》是年爲己卯十三年，《竹書》爲辛卯十二年。乙未，四月七日也，在周則爲六月。言是月武王即天子位，以成天下君，四方通道以來朝，下車而投殷之後於宋，命有國也。〇陳逢衡云：四月，武王即位十三年之四月。乙未，初七日。以下文「四月既生魄，六月庚戌」推之，庚戌爲四月二十二日，則逆數至四月初七日爲乙未也。辟，君也。成辟四方，謂君天下也。殷，衆也。通殷命有國，謂大封國邑，遂通道於九夷八蠻也。〇朱右曾云：四月，建卯之月。乙未月七日也。武王既歸，成天下君，乃頒克殷之命於列邦。

惟一月丙辰旁生魄，若翼日丁巳，王乃步自于周，征伐商王紂。

〔**彙校**〕丙辰，丁巳，盧校改「丙午」、「丁未」，潘、朱從。章校「魄」改「霸」，「紂」改「受」，倒「於周」。顧校「翼」改「翌」。○盧文弨云：舊「丙午」作「丙辰」，「丁未」作「丁巳」，今從丙午十六日數至二月五日，甲子方合。○陳逢衡據《漢書·律曆志》「旁生魄」改「旁死魄」，「丁巳」改「癸巳」，「丙辰」改「壬辰」，云：盧本改「丙辰」爲「丙午」、「丁巳」爲「丁未」，以就旁生魄之日，非惟無據，且與師行三十里，三十一日渡孟津不合。閻若璩曰：「以辛卯朔推之，則一月旁生魄當爲丁未，若翌日當爲戊申，豈丙辰、丁巳乎？」衡案：由一日辛卯數至丁未，是爲十七日，翌日戊申是爲十八日，蓋以就旁生魄之説，而不知生魄實死魄之誤也。今惟改從《漢志》，則前後日月並與今《武成》、《國語》無不脗合。據（孔）注「月大時」三字，則爲死魄生明時無疑，蓋謂月漸大時。若本文是生魄，月由是漸小，當云月小時。據此，則孔注此書時是旁死魄。《書·武成》傳云：「此本説始發紂時。」○莊述祖云：丙辰，當從劉歆《三統世經》作「壬辰傍死霸」，丁巳，當從《世經》作「癸巳」。○朱右曾云：此追敘伐紂逮師之日也。據古文《武成》，周師以武王十年建亥月二十八日戊子始發，王以十一年建子月三日癸巳乃行，十六日丙午逮師，此言丁未，差一日耳。○孫詒讓云：案莊説是也，舊本丙、丁二字誤，而辰、巳二字則不誤，盧校乃以不誤爲誤，傎矣。○劉師培云：案莊葆琛《尚書記》云「當從《三統世經》作『壬辰旁死魄，若翼日癸巳』」（陳本同），其説是也。壬辰，正月二日。癸巳，三日。又案盧本、朱本改「辰」爲「午」，改「巳」爲「未」，朱云「據古文《武成》，周師以武王十年建亥月二十八日戊子始發，王以十一年建子月三日癸巳乃行，十六日丙午逮師，此言丁未差一日耳」，其説誤甚。此云「王乃步自于周」，即武王由周啓程言也，丙午爲逮師之日。《世經》所述至明，奚有由周啓程之日轉後於逮師一日者乎？朱以此爲武王十一年事，不足辨。

〔**集注**〕孔晁云：旁，廣大，月大時也。此本紀始伐紂，師度孟津也。○潘振云：以下用周正，皆四月以前事，追叙之。一月,周建子之正月,夏正十一月也。丙午,十六日也。在邊曰旁,望後月邊生魄也。翼曰,明日也。丁未,十七日也。○陳逢衡云: 一月,周之正月。旁,近也。月二日近死魄。翼,明。步,行也。武王以正月三日行自周往征伐商,二十八日渡孟津。《正義》曰:「一月壬辰旁死魄,謂伐紂之年正月辛卯朔,其二日壬辰是也。」翼日,癸巳。王朝步自周於征伐商,謂正月三日也。此月辛卯朔,朔是死魄,故曰二日。近死魄,魄者,形也,謂月輪郭無光之處名魄也。朔後明生而魄死,望後明死而魄生。《律曆志》云:「死魄,朔也。生魄,望也。」《顧命》云:「惟四月哉生魄」,傳云:「始生魄,月十六日也。」月十六日爲始生魄,是一日爲始死魄,二日近死魄也。○朱右曾云: 旁,近也。生魄,望也。○顧頡剛云: 此爲純大陰曆之日名,與《尚書·康誥》「惟三月,哉生魄,周公初基,作新大邑於東國洛」,《召誥》「惟二月,既望,越六日乙未,王朝步自周,則至於豐。……越若來三月,惟丙午朏,越三日戊申,太保朝至於洛,卜宅」,其用月相定日及其記事方式均同,而此種方式已不存於春秋時代,故可想見此篇之著作必在西周。依劉歆所引《武成》作「惟一月,壬辰,旁死霸」,定其日爲子月二日; 《孔厄言》則認爲其時尚用殷正,定爲丑月二日; 陳以綱《漢志武成日月表》又定爲亥月二日; 王國維《生霸死霸考》則定爲子月二十五日。按本文既明言「一月」,以周正言則是月建子,以殷正言則是月建丑,必無以亥月而名爲「一月」之理。陳氏欲去劉歆之閏二月,更爲推前一月,殊非。依各家所集證據,自當推王國維考爲勝,但於本篇仍有窒礙難通之處。

越若來二月既死魄,越五日甲子朝,至,接于商。

〔彙校〕二月,章校據《律曆志》改「三月」。

〔集注〕孔晁云: 越,於也。朔後爲死魄。○盧文弨云: 惠云「接」讀爲「捷」。○潘振云: 越若來,古語辭,言迤邐而來也。甲子，周二月五日也。死魄，晦也。朝至，晨至牧野也。接，兵刃接也。〇陳逢衡云：越若，語辭。來，至也。言越若至二月也。既死魄，二月朔也。是日爲庚申，前日二十九日己未晦，冬至，明日庚申爲二月朔。月朔則蘇，故魄死而明生。越五日甲子，由庚申、辛酉、壬戌、癸亥至甲子也。惠讀接爲捷，説本《内則》注。當解作「一月三捷」之捷，謂克勝也，然不如仍讀爲本字，解作兵刃既接之接。接，交也，接於商者，謂接仗於商郊牧野之地，即《漢志》所云「甲子昧爽而合」是也。〇朱右曾云：咸讀爲「㦰」，絶也。〇劉師培云：前月小餘七十二，得二月庚申朔，五日甲子，此與《牧誓》宛合，《詩·大雅·大明》鄭箋亦引《牧誓》爲證。〇顧頡剛云：《漢志》引《武成》作「粤若來二月既死霸，粤五日甲子」，粤、越，古今字。甲子，劉歆定爲丑月五日，《孔卮言》定爲寅月五日，陳以綱《漢志武成日月表》定爲子月五日，王國維《生霸死霸考》定爲丑月二十七日。按《召誥》：「越若來三月惟丙午朏，越三日戊辰，太保朝至於洛，卜宅。厥既得卜，則經營。」又云：「若翼日乙卯，周公朝至於洛，則達觀於新邑營。」云「越若來」，云「朝至」，並與本節語法同，可見此篇寫作時代之早。越若來，古語辭，其義當爲「至於」。

則咸劉商王紂，執天惡臣百人。

〔彙校〕天，趙本、鍾本、王本作「夫」；盧校據後文「矢惡臣」定爲「矢」，潘、朱從；顧校從劉師培説改「共」。劉師培云：孔注夫惡臣，崇侯之黨。案盧本改「夫」爲「矢」，朱本從之，説固可通，竊以「夫」乃「共」訛。《度邑解》「志我共惡俾從殷王受」，《周紀》作「悉求夫惡貶從商王受」。此文訛「共」爲「夫」，與彼同例。共惡，猶云同惡。孔云崇侯黨，其確證也。下文「武王乃廢於紂矢惡臣百人」，「矢」亦「共」訛。（《史記·周紀》索隱云：「言今悉取夫惡人不知天命不順周家者，咸貶責之。」作「夫」雖誤，亦此文不作「矢」字之證也。）

〔**集注**〕孔晁云：劉，尅（程本、鍾本、王本作「克」）也。天（程本、吴本、王本作「夫」，盧改「矢」）惡臣，崇侯之崇（諸本作「黨」，盧從）。○潘振云：咸劉，皆殺也。執，捕也。○莊述祖云：《君奭》曰：「咸劉厥敵。」○陳逢衡云：咸劉，滅絶之名。執彼惡臣，絶紂黨也。○朱右曾云：矢如殺生相矢之矢，乖也。矢惡臣，蜚廉、惡來之輩。

大公望命禦方來；丁卯，望至，告以馘、俘。

〔**彙校**〕大公，諸本作「太公」，盧從。○按：丁宗洛移後文「武王乃廢於紂矢惡臣百人，伐厥右甲小子鼎大師，伐厥四十夫家鼎君師，司徒司馬初厥於郊號」數句於此句前。

〔**集注**〕孔晁云：太公受命追禦紂黨方來。○潘振云：馘，死而截耳者。俘，生擒者。○陳逢衡云：方來，疑是「惡來」，方是國名，《東夷傳》有「方夷」，來，其名也。以其助桀爲虐，故又謂之「惡來」。惡來以力事紂，是爲紂黨之魁，故特命太公禦之。丁卯，二月八日。截耳曰馘。○于鬯云：「方來」疑即是「惡來」，故孔解云紂黨。《史記·殷紀》云：「紂又用惡來，惡來善毁讒。」是也。惡來者，非氏惡也，因其惡而即謂之惡來。猶《左·僖三十三年傳》及《國語·晉語》並云：「舜之罪也殛鯀，語罪作刑。其舉也興禹。」因殛而即謂之殛鯀，因興而即謂之興禹，非氏殛氏興也。惡來之氏無聞，據此則惡來實方氏，可補史文之闕。周公驅飛廉，而太公禦惡來，亦典故之成匹者矣。○陳漢章云：太公望命禦方來，案「方來」即飛廉子惡來。《史記·秦本紀》：「父子俱以材力事殷紂，蜚廉善走，惡來有力，武王伐紂並殺惡來。」惡古字通作「亞」。《列子·湯問》亞作「必」，此文作「方」，皆形似。○顧頡剛云：郭沫若《中國古代社會研究》：「此禦方當即《不娸簋》之『馭方』，蓋夏后氏之後玁狁，與殷爲世仇，故周人伐殷時即請其援助。」按：殷、周牧野決戰之日，「維師尚父，時維鷹揚」，見於《詩·大明》，師尚父即太公望，不可能先期往請馭方之師，而於克殷後三日乃由馭方至。丁卯，劉歆説爲丑月八日，《孔卮言》爲寅月八日，陳以綱爲子月八日，王國維爲寅月朔。《詩・大雅・皇矣》：「攸馘安安」，毛傳：「馘，獲也。不服者殺而獻其左耳。」《禮記・王制》：「以訊馘告」，鄭注：「訊馘，所生獲斷耳者。」是馘爲斷耳，而有生獲與死獻二類。《左傳・僖二十二年》：「楚子使師縉示之俘、馘」，杜注：「俘，所得囚。馘，所截耳。」孔疏：「俘者，生執囚之；馘者，殺其人，截取其左耳，欲以計功也。」蓋戰時所斬頭顱過多，爲便於計功，故截其耳以表其所殺之數。

戊辰，王遂禦，循自祀文王。

〔**彙校**〕自，程本、吳本、趙本作「目」，盧改「追」，顧從。禦，顧校從于鬯説改「祡」。〇朱駿聲云：禦循，疑是「絜捐」之誤，即《詩》之「吉蠲」也。〇于鬯云：王遂禦，循追祀文王，案「禦」蓋「祡」字之誤。祡、禦二字形相近，又涉上文「命禦方來」而誤也。《説文・示部》云：「祡，燒柴燎祭天也。」「王遂祡」當三字句，言王遂祭天，既祭天因追祀文王，故曰「循追祀文王」也。孔解以「禦循」二字連讀，失矣。朱右曾《集訓》據《説文》訓「禦」爲「祀」，亦未是。祀雖爲禦字本義，然禦之爲祀，乃禁禦不祥之祀，故引申即爲禁禦之義。《説文》有連篆讀之例，示部「禦祀也」三字恐正當連讀，蓋非凡祀皆可稱禦也，祀天尤不可云禦天。《小戴・大傳記》云：「牧之野，武王之大事也。既事而退柴於上帝，祈於社，設奠於牧室。」鄭注云：「柴祈，奠告天地及先祖也。」蓋即此事，則「禦」爲「祡」之誤，可證彼之「柴」即此之「祡」，柴、祡多通用。〇章太炎云：「自」字恐有誤。

〔**集注**〕〇孔晁云：禦，追。循，亦祀。以尅紂告祖考，壇墠（元刊本作「堆」，程本、吳本、趙本作「惟」）而祭。（盧校首五字爲「禦循追祀」，「墠」改「帷」。）〇潘振云：戊辰，周二月九日也。禦循，追禦而撫安商衆也。〇陳逢衡云：戊辰，二月九日也。據《史記》，武王載木主而征，故帷祭文王告以尅紂之事。張惠言曰：「禦，祀也。下有『禽禦』之文則禦是車，疑此禦是祀主車之名。循，追也。祀，自文王追祀，自文王而上也，皆於文王主車祀之。」〇朱右曾云：《說文》云：「禦，祀也。」蓋祀天即位也。循，因也。追祀，以王禮祀之。《禮·大傳》云：「牧之野，武王之大事也，已事而退柴於上帝，遂設奠於牧室。」即說此事也。〇顧頡剛云：據劉歆說，戊辰爲丑月九日，《孔卮言》爲寅月九日，《陳表》爲子月九日，《王考》爲寅月二日。

時日，王立政。

【集注】孔晁云：是日立王政佈天下。

呂他命伐越戲方；

【彙校】莊校刪「越」字。〇丁宗洛校此句前有「武王在祀，大師負商王紂縣自白旂，妻二自赤旂。乃以先馘入燎於周廟，祀商王紂於商郊」數句。〇于鬯云：案呂他命伐越戲方，即《南宮中鼎》所云「惟王命南宮伐反虎方」者，故盧文弨校引惠棟謂：「呂他，南宮氏也。」而彼文止言南宮，此出「他」字，則知南宮名他矣。據《克殷篇》云「乃命南宮忽振鹿臺之財，巨橋之粟」，說者以忽爲即《論語·微子篇》八士之仲忽。又云「乃命南宮百達、史佚遷九鼎三巫」，（陳祚昌云：「三巫」二字當是「五玉」之譌，即下文所云天智玉五也。案此於前校之外又當備一說。）百達即《微子篇》之伯達。然則南宮他者，其即《微子篇》之季隨與！《微子篇》季隨、季騧並與「他」爲疊韻，在假借之例。顧細論古音，讀「隨」正近「他」音，讀「騧」與「他」音較存一間，以隨、他同舌音，騧則喉音故耳，故決爲隨而非騧也。孔解云：

「吕他，將也。」則季隨爲武王之將，故受命以伐越戲方，八士中又得一人考據矣。或謂《和寤》、《武寤》兩篇皆言尹氏八士，則八士爲尹氏，又爲南宮氏，而亦爲吕氏與？鬯竊以爲南宮氏即尹氏，固當存其説。（孔廣森《經學卮言》云：「尹氏之子別居南宮者，猶南宮敬叔本孟氏子。」）而此吕字並疑其即「宮」字之誤也。《書·君奭篇》「南宮括」陸釋云：「馬本作南君。」「宮」可誤爲「君」，則何不可誤爲「吕」哉？而上又脱一「南」字耳。若其不然，則「南宮」二字皆脱，作二方匡記之，此書之恒例，二方匡遂變成吕字，亦未可知。要《周書》原言「南宮他命伐越戲方」，與鼎文稱南宮不必異也。又考鼎文云：「王命南宮伐反虎方之年，王命中先省南國。」（省字舊釋爲召。阮元《積古齋款識》釋爲相，此依劉心源古文審。）是省南國之中與伐虎方之南宮本二人，中者仲也，仲又豈即仲忽，抑仲突與？

【集注】孔晁云：吕他，將也。越、戲、方，紂三邑也。〇盧文弨云：惠云：「吕他，南宮氏也。『越戲方』一作『反虎方』，見《南宮中鼎銘》。」〇陳逢衡云：《鍾鼎欵識》載《南宮中鼎》有三，薛尚功曰：「右三器皆南宮中所作。南宮其氏，中其名也。南宮爲氏，在周有之，如《書》所謂『南宮括』、『南宮毛』是也。第二、第三鼎曰『伐虎方』者，虎方猶鬼方也。虎，西方之獸，是必因西征而昭其功以銘之耳。」案薛氏所言，則南宮中者，乃南宮括、南宮毛之屬，非所謂吕他也，而且虎方猶鬼方，非所謂越戲方也。惠氏不考全文而截取以附合之，誤矣。或曰：此吕他蓋吕伋之誤。若南宮氏，則當姓尹，不當姓吕矣。〇朱右曾云：吕他，將也。〇顧頡剛云：羅泌《路史·國名紀》云：「戲，武王克商，命吕佗伐戲方，云紂畿内。按襄九年：戲，鄭地。」是以戲方爲一國。《朱釋》依孔注云：「越，未詳。戲，戲陽，在彰德府内黄縣北。方，防陵，在彰德府安陽縣西南。」盧校引惠棟説：「吕他，南宮氏也。越戲方一作反虎方，見《南宮中鼎銘》。」按：南宮與吕如何爲一氏，越戲方與反虎方如何爲一國，惠氏均未説明，其説殊爲牽强，但其説越戲方爲一國則殊勝孔注。殷人稱國曰方，甲骨文有「虎方」、「羊方」、「三丰方」等名，本篇又有「宣方」，均可證。

壬申,荒新至,告以馘俘。

〔彙校〕顧校從孔廣森、孫詒讓説删「荒新」二字。○孫詒讓云：吕他命伐越戲方,壬申荒新至告以馘俘,朱云：「或荒新與他偕命,錯舉互文也。」案孔廣森删「荒新」二字,《經學卮言》則告「馘俘」即吕他也,其説近是。莊本亦删此二字。「荒新」似涉下「新荒命伐蜀」而衍又到其文耳。丁、朱説並非。

〔集注〕潘振云：壬申,周二月十三日也。○陳逢衡云：壬申,二月十三日。○朱右曾云：荒新,將也。○顧頡剛云：據劉歆説,壬申爲丑月十三日,《孔卮言》爲寅月十三日,《陳表》爲子月十三日,《王考》爲寅月六日。

侯來命伐靡集於陳;

〔彙校〕莊校删「集於陳」三字。

〔集注〕孔晁云：侯來,亦將也。靡、陳,紂二邑也。○朱右曾云：靡集,紂黨。《寰宇記》曰：「衛州汲縣,古陳城也。」

辛巳,至,告以馘俘。

〔集注〕潘振云：辛巳,周二月二十五日也。○顧頡剛云：據劉歆説,辛巳爲丑月二十二日,《孔卮言》爲寅月二十二日,《陳表》爲子月二十二日,《王考》爲寅月十五日。

甲申,百弇以虎賁誓,命伐衛,告以馘俘。

〔彙校〕莊校删「以虎賁誓」四字。劉師培云：「丁卯」至「甲申」，案丁卯爲二月八日，戊辰爲九日，壬申爲十三日，辛巳爲廿二日，甲申爲廿五日。又案《路史·國名紀三》有靡國，引《世俘》云「武王伐靡及陳」，所據殊今本。孔注「靡、陳，紂二邑」，似《路史》所引爲是。

〔集注〕孔晁云：百弇，亦將。○潘振云：甲申，周二月二十五日也。能左右之曰以。誓，宣號令也。衛，邑名，在朝歌之東。○陳逢衡云：以虎賁者，衛强於諸邑也。

辛亥，薦俘殷王鼎。

〔彙校〕盧文弨云：《通鑑前編》作「薦殷俘，正殷鼎」。○丁宗洛本移下文「庚子，陳本命伐磨，百韋命伐宣方，新荒命伐蜀。乙巳，陳本、新荒禽蜀磨王，並禽霍侯、艾侯，俘佚侯小臣四十有六，禽禦八百有三十兩，告以馘俘。百韋至，告以禽宣方，禽禦三十兩，告以馘俘。百韋命伐厲，告以馘俘」一段於此句前。

〔集注〕孔晁云：殷國之鼎。○潘振云：辛亥，周三月二十二日也。周三月，夏正月也。○陳逢衡云：辛亥，閏二月二十二日。○朱右曾云：辛亥，即下文辛亥，四月二十三日。此篇非一人所記，故錯出於此。○劉師培云：案是年閏在二月後。《世經》云：「是歲也，閏數餘十八，正大寒中正，周二月己丑晦，明日閏月庚辰朔。」（案二月小餘一百一十五，故己丑爲晦日。）由是遞推，則辛亥爲閏月廿二日，下文壬子爲廿三日，癸丑爲廿四日，甲寅爲廿五日，乙卯爲廿六日。朱校指爲四月事，謬甚。下言甲寅謁戎殷於牧野，則斯時仍在殷疆，所云格於廟及追王列祖者，以《禮記·大傳》證之，廟即牧室所設之奠。《大傳》鄭注云：「柴祈，告奠天地及先祖也。」牧室，牧野之室也。古者郊關皆有館焉，先祖者，行主也。《大傳》又言「率諸侯執豆籩逡奔走」，即此格廟事也。（鄭注亦引「駿奔走在廟」爲釋。）

非周京宗廟。○顧頡剛云：據劉歆説，辛亥爲閏月二十二日，《孔厄言》爲卯月二十二日，《陳表》爲丑月二十二日，《王考》爲卯月十五日。

武王乃翼矢珪、矢憲，告天宗上帝。

〔彙校〕莊述祖校此句作「武王乃翼矢珪祀於天位燎」，云：《周官·典瑞》曰：「四圭有邸，以祀天旅上帝。」《大宗伯職》曰：「以禋祀祀昊天上帝，以實柴祀日月星辰，以槱燎祀司中司命飌師雨師。」鄭注曰：「禋之言煙。周人尚臭，燻氣之臭，聞者槱積也。《詩》曰：『芃芃棫樸，薪薪槱之。』三祀皆積柴實牲體焉，或有玉帛，燔燎而升煙，所以報陽也。」言天位，則日月星辰皆祀可知。○陳漢章云：案《晉書·禮志·劉劭六宗議》云「《虞書》謂之六宗，《周書》謂之天宗」，即據此經。《劉氏端臨遺書》阮恩海跋述劉氏《經説》有云：「《書》禋於六宗，乃古篆『天宗』之誤。」引《孝經》「郊祀后稷以配天宗」爲證，然《孝經》宗祀未可異讀，何如引此經以證天宗歟？

〔集注〕孔晁云：矢，陳也。稷木牢引於天地。（木，諸本作「太」；引，諸本作「别」，盧並從。盧文弨云：「稷太宰」不見正文，疑有脱。下云用牛于天于稷，此不應預見。案《書正義》：「天神尊，祭天明用犢。稷是人神，祭用太牢，貶於天神。」）○潘振云：翼，敬也。珪，禮天之玉。憲，興盛貌。天宗，日、月、星也。上帝，天帝也。○朱右曾云：珪，鎮珪，長尺二寸。憲，憲令。○顧頡剛云：《禮記·月令》：「孟冬之月，……天子乃祈來年於天宗。」鄭注：「天宗，謂日、月、星辰也。」《淮南子·時則》文同。高誘注：「凡屬天上之神，日、月、星辰，皆爲天宗。」是則天宗、上帝爲二名；上帝爲主宰；天宗爲泛稱，凡天神皆可蒙此名。此爲武王克紂而告天之祭。《晉書·禮志》引劉劭《六宗議》云：「《虞書》謂之『六宗』，《周書》謂之『天宗』。」即據此。

王不格服，格于廟，秉語治庶國，籥人九終。

〔彙校〕格，諸本作「革」，盧校從，章校改「佫」。籥，章校改「龠」，下同。「秉」下朱右曾「依下文例」增「黄鉞」，顧校從。

〔集注〕孔晁云：不改祭天之服，以告祖考，急於語治也，廟無別人也。（盧文弨云：末五字誤。孫詒讓云：注當云「稷不告別於天也」。孔以下文云告于天于稷，此惟告天宗上帝故釋之。又「廟無別人也」疑當云「廟有舞，別於天也」，今本僞傳不可通。）〇潘振云：語，策辭也。籥如笛，三孔而小。〇陳逢衡云：此格於廟，即《禮·大傳》之牧室，蓋行館也，以其奉行主，故亦曰廟。秉，持也。鄭重而出之曰秉語。庶國，衆國也。籥人，無佾也。終，成也。〇朱右曾云：籥，如笛，長三尺，三孔，或曰六孔，吹以節舞。九終，九成也。〇孫詒讓云：「辛亥，薦俘殷王鼎。武王乃翼矢珪、矢憲，告天宗上帝。王不革服，格於廟。」孔云：「矢，陳也。稷太牢別於天也。不改祭天之服以告祖考，急於語治也。廟無別人也。」朱云：「珪，鎮珪，長尺二寸。」案此「矢珪」珪當爲琬圭。告天宗上帝，當服大裘而冕。《周禮·司服》云：「祀昊天上帝則服大裘而冕，祀五帝亦如之。」其上衣即龍衮也。辛亥，周之四月廿二日，孔注依劉歆説以爲閏二月廿二日，時尚可服裘。若夏不服裘，則亦唯襲衮矣。下文云「壬子，王服衮衣矢琰格廟」，與此文正相對。《周禮·典瑞》云：「琬圭以治德，以結好。琰圭以易行，以除慝。」明此二玉異用，故王各陳之於廟矣。鎮圭，王所執之玉，不當矢陳之也。朱説非是。〇顧頡剛云：《周禮·春官》有籥師、籥章諸職，可見籥在古代樂器中之地位。九終猶言九節，是時舞凡九節，爲最隆重之儀式。〇李學勤云：「辛亥，薦俘殷王鼎」一段屢記「格廟」，所格的應爲周廟，而不可能是商廟。武王在告天宗上帝之後，「格於廟」，「王烈祖自太王、太伯、王季、虞公、文王、邑考以列升」，這祭祀周先世之處，衹能是周廟，其上文二月甲子克商以後，戊辰曾「追祀文王」，是由於「武王載木主，號爲文王，東伐紂」（《史記·伯夷列傳》）。軍中有文王之主，而要遍祀太王以至伯邑考，就必須在周廟中進行。篇中明記武王在四月庚戌纔「朝至燎於周」，所以此處的辛亥一定是在四月那個庚戌的次日。

王烈祖自太王、太伯、王季、虞公、文王、邑考以列升，維告殷罪。

〔彙校〕陳逢衡本「虞公」在「王季」上。

〔集注〕孔晁云：虞公、虞仲、邑考，文王子也。皆升王於帝。○陳逢衡云：王列祖即《禮・大傳》追王太王亶父、王季歷、文王昌也。太伯，古公長子。次仲雍，即虞公。次季歷，是爲王季。伯邑考，文王長子，武王同母兄。太伯、虞公、邑考俱當在附祭之列。孔（晁）謂皆升王於帝，誤。張惠言曰：「追王太王、王季、文王，以太伯、虞公、邑考配也。」○丁宗洛云：孔注蓋言升其主於祭帝之所，而以王禮祀之耳。軍中廟制不備，故然。○朱右曾云：上文追祀文王，未及烈祖，此乃備焉。以列升，謂以王禮祀三王，以侯禮祀太伯、虞仲、邑考也。○顧頡剛云：太伯、虞公（即仲雍）、王季皆太王子，爲武王之祖輩。文王爲武王之父，邑考爲武王之兄。此祭不分嫡庶與直系、旁系，與保定所出《商三句兵》銘文其一曰「大祖曰己，祖曰丁，祖曰乙，祖曰庚，祖曰丁，祖曰己，祖曰己」；其二曰「祖曰乙，大父曰癸，大父曰癸，中父曰癸，父曰癸，父曰辛，父曰己」；其三曰「大兄曰乙，兄曰戊，兄曰壬，兄曰癸，兄曰癸，兄曰丙」：以三世兄弟之名先後駢列，無上下貴賤之別者同，可見其時尚無宗法之制，亦爲本篇早出之一徵。王國維《殷卜辭中所見先公先王考》：「周時以嫡庶、長幼爲貴賤之制，商無有也，故兄弟之中有未立而死者，其祀之也與已立者同。……卜辭有一節曰：『癸酉，卜貞王賓父丁[illegible]三牛，眔（暨）兄己一牛，兄庚□□，亡□』（《後編》卷上十九葉），又曰：『癸亥，卜貞兄庚□眔兄己□』（同上，第八葉），又曰：『貞兄庚□眔兄己其牛』（同上）。考商時諸帝中，凡丁之子無己、庚二人相繼在位者，惟武丁之子有孝己（《戰國・秦、燕二策》、《莊子・外物篇》、《荀子・性惡、大略》二篇、《漢書・古今人表》均有孝己。《家語・弟子解》云：『高宗以後妻殺孝己』，則孝己，武丁子也），有祖庚，有神甲，則此條乃祖甲時所卜，父丁即武丁，兄己、兄庚即孝己及祖庚也。孝己未立，故不見於《世本》及《史記》，而其祀典乃與祖庚同。……周初之制猶與之同，《逸周書》……曰：『王烈祖太王、太伯、王季、虞公、文王、邑考以列升』，蓋周公未制禮以前，殷禮固如斯矣。」陳逢衡云：「大伯、虞公、邑考，俱當在附祭之列。」此以後世宗法制度下之倫理觀念解釋古史，不可從。

籥人造，王秉黄鉞正國伯。

〔**彙校**〕「鉞」字章校改「戉」。劉師培云：《玉海》一百五十一引「黄鉞」作「黄戚」。

〔**集注**〕孔晁云：於蕭人進，則王進王伯之位也。（蕭，鍾本作「籥」，盧校從趙亦改「籥」。王伯，盧校作「正伯」。）○潘振云：造，進也。籥人進舞九終而既，進文王。○陳逢衡云：造，作也。正，治也。國伯謂九州之牧。○朱右曾云：國伯，八州之伯。○顧頡剛云：《詩・韓奕》：「奄受北國，因以其伯。」《左傳・僖二十八年》：「王命尹氏及王子虎、內史叔興父策命晉侯（文公）爲侯伯。」可見伯爲諸侯之長，故先正其位。

壬子，王服衮衣，矢琰，格廟。籥人造，王秉黄鉞正邦君。

〔**集注**〕孔晁云：正諸侯之位也。○潘振云：壬子，周三月二十三日。衮衣，裳九章者也。○陳逢衡云：壬子，閏二月二十三日。衮衣，十二章天子服。邦君，小大庶邦也。張惠言曰：「矢琰圭，取其和難。」○朱右曾云：《周禮》曰：「琰圭以易行，以除慝。」注云：「圭有鋒，尺二寸，征伐誅討之象。」邦君，庶邦之君。○顧頡剛云：壬子，據劉歆説爲閏二月二十三日,《孔卮言》爲卯月二十三日,《陳表》爲丑月二十三日,《王考》爲卯月十六日。《周官・司服》:「享先王則衮冕。」按衮備十二章(其象爲日、月、星辰、山、龍、華蟲、藻、火、粉米、黼、黻,見《尚書・臯陶謨》),爲天子之服。《周官・典瑞》:「琰圭以易行,以除慝。」鄭注引鄭衆説:「琰圭有鋒芒,傷害、征伐、誅討之象,故以易行、除慝。易惡行,令爲善者,以此圭責讓喻告之也。」國伯爲高級諸侯,邦君爲次級諸侯。

癸酉,薦殷俘王士百人。

〔彙校〕癸酉,諸本作「癸丑」,各家同。

〔集注〕孔晁云:王士,紂之士所(程本、吴本、鍾本、王本作「而」)囚俘者。○潘振云:癸丑,周三月二十四日也。○陳逢衡云:癸丑,閏月二十四日。王士百人,皆殷之良,故謂之士,以别夫惡臣也。《詩》曰:「殷士膚敏。」○朱右曾云:庚戌用俘,主燎懸首之旂,此乃獻俘也。○顧頡剛云:據劉歆説,癸丑爲閏二月二十四日,《孔卮言》爲卯月二十四日,《陳表》爲丑月二十四日,《王考》爲卯月十七日。《左傳・僖十九年》:「宋(襄)公使邾文公用鄫子於次睢之社,欲以屬東夷」,杜注:「睢水……水次有妖神,東夷皆社祀之,蓋殺人而用祭。」又昭十一年:「楚子(靈王)伏甲而饗蔡侯於申,醉而執之,……殺之,刑其士七十人。……楚子滅蔡,用隱太子於岡山。申無宇曰:『不祥,五牲不相爲用,況用諸侯乎!』」杜注:「隱太子,蔡靈公之太子。……五牲,牛、羊、犬、豕、鷄。」又注是年《春秋》:「用之,殺以祭山。」此可見以人爲牲及滅國時大量殺亡國之臣,春秋時且然,何況殷周之際?

籥人造,王矢琰,秉黄鉞,執戈。

〔**集注**〕陳逢衡云：此薦殷士於廟也。矢琰、秉鉞、執戈，設儀衛也。○朱右曾云：戟偏距爲戈，虎賁之士執之以衛王者。

王奏庸大享一終，王拜手稽首。

〔**彙校**〕「王」下顧校從莊增「入」字。

〔**集注**〕孔晁云：大享，獻爵。奏庸，擊鐘（諸本作「鍾」）。○潘振云：庸，大鐘也。大享，大祫也。○陳逢衡云：拜手，頭至手，《大祝》九挎所謂空首是也。稽首，頭至地，亦見《周禮·大祝》注。張惠言曰：「庸，功也，録功以告也。大享一終，用大享之樂也。」○朱右曾云：奏庸大享之終，周公制樂，王出入奏，王復安定也。庸，鏞本字，經典皆作「鏞」。○顧頡剛云：庸即鏞。大鐘，大享所用樂也。一終，奏樂一節。周公與成王對語時相互「拜手稽首」，足徵此爲最隆重之敬禮。

王定，奏其大享三終。

〔**集注**〕潘振云：定，熟肉。王定者，王薦熟也。三終，三成也。○顧頡剛云：《説文》：「定，安也。」即休息之意。《國語·魯語下》：「夫先樂金奏《肆夏》：《樊》、《遏》、《渠》，天子所以饗元侯也。」此爲大享之樂，以金奏之，凡三節，故曰「奏庸，大享三終」。

甲寅，謁我殷于牧野。王佩赤白旂。

〔**彙校**〕我，盧校改「戎」，莊校改「伐」。牧，章校改「坶」。○顧頡剛云：「我殷」，字誤，盧校作「戎殷」，是。《尚書·康誥》：「天乃大命文王殪戎殷，誕受厥命」，可證。

〔**集注**〕孔晁云：謁，告也。○潘振云：甲寅，周三月二十五日也。○陳逢衡云：甲寅，閏二月二十五日。謁戎殷於牧野，謂設奠於牧野之館室，以告行主也。王佩赤白旗，以號令也。○孫詒讓云：甲寅謁戎殷于牧野王佩赤白旂，朱云：「赤白旂翼王如佩。」案赤白旂疑即徽識之屬。《周禮·大司馬》：「中夏，教茇舍，辨號名之用。」鄭注云：「號名，徽識，所以相别也。在國以表朝位，在軍又象其制，而爲之被之以備死事。」是也。此王蓋用軍禮，故亦被徽識。赤白旂者，蓋以赤帛爲縿而白旆。周尚赤，殷尚白，此或兼用殷周法與？○顧頡剛云：甲寅，劉歆説爲閏月二十五日，《孔厄言》爲卯月二十五日，《陳表》爲丑月二十五日，《王考》爲卯月十八日。

籥人奏《武》。王入，進《萬》，獻《明明》三終。

〔**集注**〕孔晁云：《明明》，詩篇名。《武》以干羽，爲《萬》舞也。○盧文弨云：惠云：「《明明》即《大明》。」○潘振云：《武》，指象舞。○陳逢衡云：《武》，大武樂，此時所奏祇大武一成之歌。《明明》，盧文弨曰：「惠云即《大明》。」衡案：《大明》作于成王時，故末章有「涼彼武王」語，惠説不足據。○朱右曾云：《萬》舞，干舞也。《夏小正》曰：「萬用入學。」○顧頡剛云：《孔厄言》三：「《詩·邶·簡兮》『方將《萬》舞』，《箋》：『《萬》舞，干舞也』，……鄭君注《易》亦云：『王者功成作樂，以文得之者作籥舞，以武得之者作《萬》舞。』《夏小正傳》曰：『《萬》也者，干戚舞也。』……」此文斷説《萬》爲武舞，甚是。

乙卯，籥人奏《崇禹生開》三鍾終，王定。

〔彙校〕盧校刪「鍾」字。按：莊述祖校移下文「庚子」至「司徒司馬」于此段上。○朱右曾云：自「辛亥薦俘殷王鼎」以下至此，若移後「至于沖子」之下，則順矣。○章太炎云：開，當作「啓」，此漢人所改。三鍾終，當云「鍾三終」。按：《崇禹生開》，自孔晁以下或讀《崇禹》、《生開》。

〔集注〕孔晁云：《崇禹》、《生開》，皆篇名。告非一，故連日有事也。○潘振云：乙卯，周三月二十六日也。《崇禹》、《生開》皆樂篇名。○陳逢衡云：乙卯，閏二月二十六日也。《崇禹》，崇羽也。《周語》伶州鳩曰：「王以二月癸亥夜陳，未畢而雨。以夷則之上宮畢，當辰。辰在戌上，故長夷則之上宮，名之曰羽。」韋注：「當初陳之時，周二月昏斗建丑，而斗柄在戌，上下臨其時，名其樂爲羽，羽翼其衆也。」案：雨、羽古通用。崇，長也，長謂先用之也。《生開》疑即「厥初生民」之詩。或曰《明明》、《崇禹》、《生開》即伶州鳩所謂羽厲宣贏亂也，蓋有二名，如《繁》、《遏》、《渠》之類。○朱右曾云：《國語》衛彪傒曰：「武王克殷，作飫歌曰：『天之所支，不可壞也。其所壞，亦不可支也。』」豈即禹乎？孔注「連日有事」者，庚戌以郊天告廟，辛亥以追王告廟，壬子正邦君，癸丑薦俘，甲寅告牧野之事，惟乙卯以庶邦君助祭爲正祭焉。○劉師培云：籥人奏崇禹生開三終，孔注《崇禹》、《生開》皆篇名。案「崇禹」即夏禹，猶鯀稱崇伯也。開即夏啓。《崇禹生開》當亦夏代樂舞，故實即禹娶塗山女生啓事也，孔云皆篇名似非。○顧頡剛云：「有崇伯鯀」一名見《周語下》。「啓」爲漢景帝諱，故漢人改書「開」。《崇禹生開》爲一篇，劉説甚是。乙卯，劉歆説爲閏二月二十六日，《孔厄言》爲卯月二十六日，《陳表》爲丑月二十六日，《王考》爲卯月十九日。

庚子，陳本命伐磨，

〔彙校〕盧文弨云：梁處素云：「磨，必『磿』之訛。下云馘磿即磿國之俘。《路史·國名記六》云：『酈，商時侯國，凡地從邑，本作磿也。』」黄歆説秦云：「劃濮磿之北。」磿近濮，在商畿内可知，見《秦策》。《新序》作「濮歷」。

〔集注〕孔晁云：此復説尅紂所命伐也。庚子，閏二月二十六日(盧校改二十一日)。○潘振云：以下三節，閏二月事。庚子，閏二月二十一日也。在周正，則閏四月矣。陳本，將氏名也。○朱右曾云：今山東東昌府濮州南有麻山，泰安府泰安縣西蜀亭，河南懷慶府修武縣北有濁鹿城，然距朝歌俱遠，非五日能返也。○顧頡剛云：庚子，劉歆説爲閏二月十一日，《孔卮言》爲卯月十一日，《陳表》爲卯月十二日，《王考》爲卯月四日。

百韋命伐宣方，

〔彙校〕方，程本、鍾本、王本作「力」，下同。宣方，莊校改作「厲」。○孫詒讓云：百韋人名無考，疑當作「百弇」，即《克殷篇》之「南宫百達」也。弇即達之省，與韋形近而譌，下同。○劉師培云：百韋疑即上文「百弇」，韋、弇形近。

〔集注〕潘振云：宣方，國名。百，氏；韋，名，亦將也。

新荒命伐蜀。

〔彙校〕盧文弨云：梁處素云：「新荒，前云荒新，疑是二人，故並舉異文。」○顧頡剛云：分爲二人似未安。依孔廣森、孫詒讓説，則前「荒新」係涉本節「新荒」而衍，又倒其文，新荒字不誤。

〔集注〕潘振云：新，氏；荒，名，亦將也。蜀，國名。

乙巳，陳本命新荒蜀磿至，

〔彙校〕盧文弨云：此復説尅紂所命伐，故日不與上次。或以庚子爲庚申，乙巳爲乙丑，非也。○章太炎云：此「命」字誤賸。○顧頡剛云：陳本伐磿，新荒伐蜀，俱於乙巳日勝利歸來，故云「陳本、新荒蜀、磿至」。陳本與新荒率二師，出二道，新荒不可能爲陳本所命，知此「命」字必係衍文。

〔集注〕潘振云：乙巳，閏月二十六日也。○顧頡剛云：乙巳，劉歆説爲閏月二十六日，《孔厄言》爲卯月十六日，《陳表》爲卯月十七日，《王考》爲卯月九日。

告禽霍侯、俘艾佚侯小臣四十有六。

〔彙校〕此句舊本同，盧校改「告禽霍侯、艾侯，俘佚侯小臣四十有六」。莊校作「告禽霍荒侯，俘小臣四十六」。○顧校依《路史》「艾」下增「侯」字。○劉師培云：案《路史·國名紀三》引作「俘艾侯小臣四百六」，似「艾侯」二字當在「俘」字下，明本或同《路史》。○章太炎云：「佚」與「侯」形近誤賸。

〔集注〕潘振云：霍侯、磿國君也。《左傳》注：「永安縣東北有霍太山。」在今霍州。艾侯，蜀國君也。《春秋》注：「泰山牟縣東南有艾山，在今沂水縣。」○朱右曾云：霍侯都磿，艾侯都蜀，佚侯蓋附近小國來助霍、艾者。

禽禦八百有三百兩，告以馘俘。

〔彙校〕三百，莊校、朱《校釋》並改「三十」。○于鬯云：「三百」當作「三十」，前人已訂正。○章太炎云：「八百」當作「八千」。

〔集注〕孔晁云：禦，大臣也。(章云：孔云「禦，大臣」，恐非，禦或本作「御」。)○潘振云：一車兩輪，故謂之兩。○陳逢衡云：禦，所獲輜重也。張惠言云：「禦，蓋爲車。」○于鬯云：玩「兩」字之義，則「禽禦」者當是車名，車稱兩也。車名而曰禽禦，蓋禁錮之車耳。孔解云：「禦，大臣也。」當因上文言小臣，故以此禦爲大臣。然不特於兩字之義不解，禦從無大臣之訓也。蓋禦之言「籞」也。《漢書·宣帝紀》顔注引蘇林曰：「折竹以繩綿禁禦，使人不得往來，律名爲籞。」又服虔曰：「籞，在池中作室，可用棲鳥，鳥入中，則捕之。」又臣瓚曰：「籞者，所以養鳥也，設爲藩落，周覆其上，令鳥不得出。」觀此則禽禦之制可想矣。謂非禁錮之車而何也？(《爾雅·釋器》云：「輿竹前謂之禦。」意甚相近，惟彼專爲車蔽前之名。)禽禦者蓋不特禁錮敵人，亦禁錮敵物，故上文惟言禽霍侯、艾侯、俘佚侯。(今本誤作「禽霍侯、俘文佚侯」，此據盧文弨本。)小臣四十有六，而禽禦乃至八百三十兩之多，明不但置人，兼置物矣，故下文云：「告以馘俘」，馘俘亦兼人物也。

百韋至，告以禽宣方，禽禦三十兩，告以馘、俘。

〔集注〕孔晁云：言兩隅之言也。○孫詒讓云：案孔注説不可通，「隅」當爲「偶」，謂以兩計者取數於偶也。《藝文類聚》七十一引《風俗通》云「車一兩謂兩，兩相與爲體也。」原其所以言兩者，箱轅及輪兩兩而耦，故稱兩耳。偶、耦字通。

百韋命伐厲，告以馘、俘。

〔彙校〕此句莊、丁、顧校均移上文「甲申」句下。陳本闕此句。

〔**集注**〕潘振云：《漢志》：「厲鄉，故厲國也。」戰國時爲隨國地，今隨州也，屬湖廣德安府。

武王狩，禽虎二十有二、猫二、糜五千二百三十五、犀十有二、

〔**彙校**〕上「有二」鍾本作「有三」。朱《校釋》「猫」改「貓」，「糜」改「麋」。顧校亦改「貓」，「糜」改「麋」。○盧文弨云：《容齋隨筆》「猫」作「貓」，「糜」作「麋」。案：下文別有「麋」，必有一誤。「犀十有二」作「犀十有三」。梁處素云：「『麋』必有一字作『麋』者，古麋、麋多通寫。」○莊述祖云：糜、麋古通。

〔**集注**〕顧頡剛云：《詩·韓奕》：「有熊有羆，有貓有虎」，毛傳：「貓，似虎淺毛者也。」《禮記·郊特牲》：「天子大蜡八。……蜡之祭也，……迎貓，爲其食田鼠也；迎虎，爲其食田豕也，迎而祭之也。」知貓、虎同爲猛獸，然虎食田豕而貓食田鼠，則貓體必小於虎，蓋即今山貓之類。《説文》：「麋，麞類，从鹿，囷省聲。麕，籀文，不省。」《詩》：「野有死麕。」陸德明《經典釋文》作「麏」，云：「本亦作『麕』，又作『麋』。」知麕、麋、麏三字爲一字之異寫。《釋獸》：「犀，似豕。」郭注：「形如水牛，豬頭，大腹，庳脚。脚有三蹄，黑色。三角，一在頂上，一在額上，一在鼻上；鼻上者，即食角也，小而不橢。好食棘。亦有一角者。」

氂七百二十有一、熊百五十有一、羆百一十有八、豕三百五十有二、貉十有八、麈十有六、

〔**彙校**〕盧文弨云：麈，《容齋》作「麃」。○章太炎云：「氂」當作「犛」。

〔**集注**〕朱右曾云：氂狀如牛，尾有朱有白，可爲旄。熊似豕，山居，冬蟄，勇鬭。羆如熊，黄白文，猛憨多力。豕，野猪。貉，似孤善睡。麈，鹿之大者，羣鹿隨之，視其尾。○顧頡剛云：氂，本字應作「犛」。《説文》：「犛，西南夷長

犛牛也，從牛，𠩺聲。……氂，犛牛尾也，從犛省，從毛。」知犛爲獸名，氂爲其尾。以其尾可作旄也，故又作「旄牛」。《説文》：「麈，鹿屬也，大而一角。」

麝五十、麇三十、鹿三千五百有八。

【彙校】麇，朱《校釋》改「麋」。○莊述祖云：以上與《武成序》「歸獸」相應。《周本紀》云：「乃罷兵西歸行狩，記政事，作《武成》。」此作「武王狩」，亦劉歆輩所加。按，「歸獸」是「歸禪」之誤，即謂祀于天位也。○劉師培云：鹿三千五百有八，洪邁《容齋隨筆》十三引「八」作「二」，《通考》一百九十五引《續筆》同。章云：「麇」當爲「麋」之誤。

【集注】孔晁云：武王克紂，遂櫳（盧校改「揔」）其國（諸本作「圃」，盧從）所獲禽獸。○陳逢衡云：此俱三月事也。《孟子》曰：「園囿、汙池、沛澤多而禽獸至。」武王蓋因其有而狩之。○朱右曾云：此《孟子》所謂「驅虎豹犀象而遠之」者也。麝似獐而小，臍有香。麇，獐也。○陳漢章云：案朱釋謂此《孟子》所謂「驅虎豹犀象而遠之」者也，此朱氏猶未考。翟灝説云：狩禽文但未及象，而《呂氏春秋·仲夏紀》言象爲虐於東夷，周公以師逐之，至於江南乃爲三象，樂適補《周書》之缺。又孔氏廣森《經學卮言》云：《書序》「武王伐殷，往伐歸獸，識其政事，作《武成》」，歸獸之事，蓋《孟子》所謂「驅虎豹犀象而遠之」者出於此篇。

武王遂征四方，

【彙校】莊校移此句于「戊辰」下，詳上。莊云：以上與《武成序》「往伐」相應，按「往伐」即謂「于征伐商王紂」，此云「武王遂征四方」。

凡憝國九十有九國，

〔集注〕孔晁云：憝，惡也。○陳漢章云：案《孟子·滕文公下篇》「滅國者五十」，林氏春溥作《武王克殷日記》欲考實其數，乃兼黎及邶、庸、衛、唐言之，非其實也。翟氏灝云：「憝國，謂不順服之國。本九十有九，而滅止五十，蓋又宥其半矣。」○顧頡剛云：憝字應作動辭講，憝國謂討伐所惡之國。武王滅國之數，《世俘》自言九十有九，《孟子》自言五十，不必爲之調和。

馘魔億有十萬七千七百七十有九，俘人三億萬有二百三十。

〔彙校〕魔，盧校改「磿」，莊校删。○盧文弨云：磿，舊作「魔」，訛。「億」下不當更言「十萬」，「十」字非衍即誤。○陳逢衡云：「馘磿」當作「馘庶」，殷衆也。○章太炎云：十萬，「十」字當賸。

〔集注〕孔晁云：武王以不殺爲仁，無緣馘億也。俘馘之多，此六言史也。（六言史，諸本作「大言之」，盧校從。）○潘振云：億數不定，小數以十爲等，十萬爲億，大數以萬爲等，萬萬爲億。○陳逢衡云：俘人，謂在官者。上文七言告以馘俘，此特稽其總數，蓋合殷商七十萬衆如林之旅，又加以九十九國逆命之邦，故俘馘之多至如此也。○孫詒讓云：案磿、歷同聲叚借字，謂所執俘馘之名籍也。《周禮·遂師》：「抱磿」，鄭注云：「磿者適歷，執綍者名也。」《禮記·月令》：「季冬命宰歷卿大夫至於庶民土田之數」，注云：「歷猶次也。」又，《郊特牲》云：「簡其車賦而歷其卒伍」，注云：「簡歷謂算具陳列之也。」蓋凡校計名數之簿書通謂之歷矣。（上文陳本命伐磿爲國名，與此不同。）○顧頡剛云：此以「馘磿」與「俘人」對舉，人與磿當有分別。「磿」通「鬲」，指奴隸，則「人」當爲自由民及在官者。奴隸人數與其名必有簿籍登記，以防逃亡、備稽查，故亦謂之歷。《左傳·襄二十三年》「斐豹，隸也，著於丹書」，可證。

凡服國六百五十有二。

【彙校】自「凡憝國」至此句莊校移上文「禽禦三十兩告以馘俘」下、「武王狩」上。

【集注】孔晁云：此屬紂也，□□。○潘振云：凡服國，國之服紂者，故當征之。○陳逢衡云：總計周家臣屬之數，凡千七百七十三國，此六百五十二國，蓋三分有二之外未被文王之化者，故武王征而服之。

時四月既旁生魄，越六日庚戌，武王朝至燎于周。維予沖子綏文。

【彙校】時，章校從《律曆志》改「惟」，顧校同。莊校删「燎」字。○盧文弨云：謝云：「凡『沖子』似皆有錯簡，《書》中惟成王有沖子之稱。」○陳逢衡云：末六字又見後，此處宜衍。○莊述祖云：《世經》曰：「惟四月既旁生霸粤六日庚戌，武王燎于周廟。」○俞樾云：按「文」下當有闕文，據下文「用小牲羊、犬、豕于百神水土、于誓社，曰『惟予沖子綏文考』」，然則此文亦當作「綏文考」明矣。朱氏右曾《集訓》曰：「文，文德也。勝殷遏劉庶，自此可綏天下以文德也。」此曲爲之説，與下文不合。○孫詒讓云：孔云「此於甲乙十六日也」，盧云「注十六日訛，當作四月二十二日」，俞云「文」下當有闕文云云。案：俞説是也。下文云「越五日乙卯，武王乃以庶國祀馘于周廟翼，予沖子」，又云「庶國乃竟告于周廟曰：古朕聞文考脩商人典」，此「燎于周」下亦當有「廟」字。此文前後三云「沖子」，似皆祝辭之殘文。又案注當云「此於乙巳，六日也」，謂冢上文計之爲越六日也。下「越五日乙卯」，注云「於辛亥五日」，文例正同。依孔説此爲閏二月廿一日，盧校誤。○章太炎云：此庚戌又在辛亥、壬子前，亦倒序也。○顧頡剛云：《漢志》所引，「時」作「惟」，「魄」作「霸」，「越」作「粤」，「朝至燎于周」作「燎于周廟」。孫校云「燎于周」下當有「廟」字，其説是。後六字從陳説當删。

〔集注〕孔晁云：此於甲乙十六日也。先廟後天者，言功業已成故也。○盧文弨云：孔注十六日訛，當作四月二十二日。○潘振云：此四月，用夏正也，時武王已成辟矣。庚戌，四月二十二日也。燎，燒也。○陳逢衡云：（孔注）十六日是注「時四月既旁生魄」之文。沖子，武王自稱。沖子猶言沖人。字通作「忡」，憂也。《書》盤庚「肆予沖人」，蓋憂當時水患，與武王憂紂之亂同，故一自謂沖人，一自謂沖子也。武王伐紂，恒稱太子發，志不忍忘先君也。此稱沖子，亦此意。綏，安也。文，文考也。○朱右曾云：既旁生魄，十六日也。庚戌，二十二日。乙未成辟，至此始獻俘者，蓋將帥分征憝國，始告至也。先廟後天者，將因其祖以達之。文，文德也。勝殷遏劉庶，自可綏天下以文德也。○劉師培云：時四月既旁生魄越六日庚戌，孔注此於甲乙十六日也（此爲釋旁生魄之詞）。案：庚戌二十二日（盧校同），下文辛亥爲廿三日，乙卯爲廿七日。此爲四月乙卯，上爲閏二月乙卯，彼爲籥人奏《崇禹生開》之日，此爲獻馘於廟之日，弗可牽合爲壹。○顧頡剛云：庚戌，劉歆説爲卯月二十二日，《孔卮言》爲卯月二十一日，《陳表》爲卯月二十二日，《王考》爲卯月十四日。《呂氏春秋·古樂》言「武王歸，乃薦俘、馘于京太室」，可見武王歸國而薦俘、馘于周廟實爲周初一大事，故戰國末人尚有稱道之者。

武王降自車，乃俾史佚繇書于天號。

〔集注〕孔晁云：使史佚用書，重薦俘于天也。○潘振云：繇，册辭也。書，録之也。天號，若云昊天上帝是也。○陳逢衡云：史佚，尹佚也。繇，致也。《尚書帝命驗》：「天有五號。」又曰：「帝者，天號也。」《周禮·大祝》六號，一曰神號，即天號。鄭注：「神號，若云皇天上帝。」○顧頡剛云：王國維《史籀篇疏證》：「《説文》云：『擂，讀也。』又云『讀，籀書也。』古籀、讀二字同音同義。又古者讀書皆史事。……《逸周書·世俘解》：『乃俾史佚繇書于天號』，《嘗麥解》：『作筴許諾，乃北向繇書于兩楹之間』，繇即籀字。……《逸周書》之繇書亦當即籀書矣。籀書爲史之專職。」按《周禮·大祝》：「辨六號，一曰神號」，鄭注：「神號，若云皇天上帝。」《尚書帝命驗》：「帝者，天號也。」是此句之意，爲武王至周廟，命史佚向上帝朗誦書文。

武王乃廢于紂矢惡臣人百人，伐右厥甲小子鼎大師。

〔彙校〕鍾本「于」作「於」，「小子」倒。矢，顧校改「共」。○盧文弨云：上「人」字疑衍。○朱右曾云：「臣」下衍「人」字，依盧説訂。○顧頡剛云：「矢」爲「共」之誤文，「臣」下「人」字衍。

〔集注〕孔晁云：廢其惡人，伐其小子，乃鼎之衆也。○陳逢衡云：廢于紂，謂紂不可君天下之義告於天。惡臣百人，即咸劉商王紂時所執也。伐，發也。甲，兵革之類。鼎，則所俘殷王鼎也。小子，小臣也，虎賁之類。太師，太公望也。○朱右曾云：廢，禁錮也。伐，殺也。○顧頡剛云：此句多脱誤，難解。孔注語仍不易曉。按《殷虚書契前編》：「丁酉，卜貞王賓文武丁，伐三十人，卯六牢，鬯六卣，亡尤。」（一·一八）又：「丁丑，卜貞王賓文武丁，伐十人，卯三牢，鬯……」（同上）。前人以《樂記注》「一擊一刺爲一伐」解之，謂爲舞之人數，而不知此象以戈臨於人頸，即是殺也；牢云卯者，卯即劉，亦殺也。殺人以祭，本商、周間通常事。此小子、大師當同爲此一盛大祭禮中所殺之人，惟不在「紂共惡臣百人」之列而已。

伐厥四十夫家君鼎師，司徒、司馬初厥于郊號。

〔彙校〕師，元刊本、程本、趙本、鍾本、吴本、王本作「帥」，盧校從，屬下讀。

〔集注〕孔晁云： 言初尅紂于商郊，號令所伐也。○陳逢衡云： 此薦殷臣室之彝器也，如《鐘鼎款識》所載瞿父鼎、乙毛鼎、秉仲鼎、伯申鼎、召夫鼎以及甚父尊、單父彝、冀父卣、欲姬壺、言父爵之類，不言諸器者，統於鼎也。夫家，大家也。司徒，司馬，三卿也，不言司空者，司空無事，故不與也。初厥於郊號，郊，南郊也，祭天於南郊，答陽也。蓋初以天子禮祭天以南郊，故曰初號，即天號。以其行於郊，故亦謂之郊號。孔注「尅紂於南郊」，誤。○顧頡剛云： 此句亦不能解。惟上句爲「伐……鼎大師」，此句爲「伐……鼎師」，表示其有一定關係。四十夫家君，當即四十個小氏族的領袖。按此似總結上文，謂紂共惡臣百人，小子、大師、四十夫家君等，皆爲豫定行獻俘禮時殺戮之對象，令司徒、司馬執行之。

武王乃夾于南門用俘，皆施佩衣衣，先馘入。

〔彙校〕馘，程本、趙本、鍾本、吴本、王本作「或」。顧校從沈延國删一「衣」字，從朱説删「武王」。○朱右曾云：「武王」二字疑衍。劉師培云： 案《尚書·顧命》「逆子釗於南門外」，《史記·周本紀》作「二公率諸侯以太子釗見於先王廟」，則南門亦廟門，孔説蓋與彼合。

〔集注〕孔晁云： 言陳列俘馘于宗廟南門夾道，以示衆也，取乃表之（表，盧本改「衣」。之，元刊本、程本、趙本、吴本作「乏」）施之，以耻也。○潘振云： 佩，小旍也。○陳逢衡云： 夾，兩行排列也。南門，國南門也。蓋由南郊禮畢令軍士排列獻俘而入。施佩衣衣，指周軍士脱劒，故施佩，佩，帶也。衣衣，去甲也。先馘，紂都之馘。入，入南門也。

○朱右曾云：獻俘者佩櫜鞬衣戎衣先俘入廟。○顧頡剛云：《沈釋》：「《周禮》注施皆讀爲『馳』。施衣者，馳俘之衣也。……又施可叚『褫』，《易·訟·上九》：『或錫之鞶帶，終朝三褫之』，是也。先馘入者，入周廟時，俘先馘後也。」其説是。

武王在祀，太師負商王紂懸首白旂、妻二首赤旆，乃以先馘入，燎于周廟。

【彙校】旆，程本、鍾本、趙本、吴本、王本作「旂」，盧校從，顧校據《周本紀》改「旆」。懸，盧校改「縣」。○盧文弨云：謝云：「白旂、赤旂與前大白、小白亦辭異而意同。負紂縣首，太師爲之，不類，且從上文讀下，則亦當在甲子下。」○陳逢衡云：謝意亦從孔注解太師爲樂師，故云不類，至云此條當在甲子下則更不然。案甲子尅紂在殷郊牧野之地，其地上有行館，焉得有周廟？衡案斷以爲當在此，且與上「朝至燎於周」、下「馘於國，周廟」等文聯接一氣。

【集注】孔晁云：王在祀主，使樂師以紂首及妻首所馘入廟燎也。○潘振云：在祀，在廟爲祭主也。白旂，著尚白之朝亡也。赤旂，明豔妻之煽處也。○陳逢衡云：武王在祀，踐祀位也。太師，太公也。尅殷一役師尚父居首，故特令以先馘入燎于廟也。孔以太師爲樂師，誤。《呂氏春秋·古樂》曰：「武王歸，乃薦俘馘於京太室」，即此。○朱右曾云：太師，樂師。負紂及二女首所縣之旂入燎于廟，燎旂非燎首也，使瞽者負之者，以示紂不明以至此也。○顧頡剛云：大師，應以孔説爲是。《周禮·大祝》：「大師（王親征之師）宜于社，造于祖，設軍社，類上帝；……及軍歸，獻于社，則前祝。」樂師與祝爲儔侶，在大典禮中自有其重要之職務。武王此舉，慶祝功成，命樂師獻商王首于周廟，固其所也，不必牽合師尚父爲説。

若翼日辛亥，祀于位，用籥于天位。

〔彙校〕「辛亥」下莊校移接上文「武王乃翼矢珪」，下句作「祀于天位僚」，删「祀于位用籥于天位」，又移接上文「王不尊服，格于廟，自大王大伯王季虞公文王邑號以列升」（有删改）。○顧頡剛云：「翼」當作「翌」。

〔集注〕孔晁云：此詳説庚戌明日郊天祭俘所用籥衣事也。（陳逢衡云：「衣」誤，當作「人」。）○潘振云：辛亥，四月二十三日也。位，郊兆也。兆於南郊，就陽位也。籥，舞羽所執者。○莊述祖云：《世統》曰：「翼日辛亥，祀于天位。」翼，敬也。言天位，則日月星辰習祀可知。○陳逢衡云：孔注「郊天」誤，郊天在前。上文燎於周，繇書於天號，初厥於郊號，即大告武成郊天之事。此祀於位用籥於天位者，宗祀文王於明堂，以配上帝，故曰天位也。○朱右曾云：天位，南郊圜丘。○顧頡剛云：辛亥，劉歆説爲卯月二十三日，《陳表》同，《孔戹言》爲卯月二十二日，《王考》爲卯月十五日。按《孝經》：「郊祀后稷以配天，宗祀文王于明堂以配上帝」，明分郊祀與宗祀爲兩事，特《世俘》中此兩事皆行于周廟，而非祀天於郊，斯爲異耳。

越五日乙卯，武王乃以庶祀馘于國周廟，翼予沖子，斷牛六，斷羊二。

〔彙校〕于，鍾本作「乎」。莊校據《律曆志》移「國」於「祀」上，顧校移「國」於「馘」上。

〔集注〕孔晁云：於辛亥五日以諸侯祭其有斷然（諸本作「煞」，盧校從）者。（孫詒讓云：「者」當作「也」。）○潘振云：乙卯，四月二十七日也。庶祀，衆祀也。○朱右曾云：翼，佐助也。武王戒諸侯于乙卯，助祭也。○劉師培云：《蔡邕集·明堂論》云：「《樂記》曰：『武王伐殷，薦俘馘於京太室。』所云京太室即周廟也。」○章太炎云：辛亥、乙卯前此已見，此復見，蓋此篇集庶官所録，未及編次也。○顧頡剛云：乙卯，劉歆説爲卯月二十七日，《陳表》同，《孔戹言》爲卯月二十六日，《王考》爲卯月十九日。庶國馘，即伐戲方、宣方、磨、蜀諸國所得之馘，非殷馘。

庶國乃竟。告于周廟曰：古朕聞文考脩商人典，以斬紂身，告于天、于稷。

【彙校】盧文弨云：正文疑當作「告朕文考循商人典」。○潘振云：「古」當作「告」，「聞」字衍。

【集注】孔晁云：言諸侯竟殺牲告周廟天稷也。○陳逢衡云：古，昔也。言昔朕聞文考之訓，故脩商家伐夏救民之典以斬紂身，以上告於天於稷也。○朱右曾云：竟，讀爲「儆」，戒備也。○顧頡剛云：《尚書·多士》周公告商王云：「惟爾知惟殷先人有册有典，殷革夏命。」此即周人循商人之典。周人推后稷爲始祖，且后稷教民稼穡，爲周人衣食之源，崇德報功，最不能忘，故其地位僅次於天。《詩·周頌·思文》：「思文后稷，克配彼天。立我烝民，莫匪爾極。」《孝經》言「郊祀后稷以配天」，皆足見周人極度尊敬后稷之情，故本節兩言「于天、于稷」，且惟天與稷殺牛以祭。

用小牲羊、犬、豕於百神水土，于誓社。

【彙校】於，顧校改「于」。于誓社，顧校據孫詒讓説及孔注倒「誓于社」。○孫詒讓云：「于誓」二字當倒。

【集注】孔晁云：百神，天宗。水土，山川。誓，告也。○陳逢衡云：張惠言曰：「社所以誓衆，故曰誓社。」

曰：惟予沖子綏文考，至于沖子。用牛于天、于稷五百有四。

【集注】孔晁云：乃（盧校作「及」）宗廟山川也。○潘振云：言予小子伐罪救民，以安文考心，此武王告文廟之辭。

〇陳逢衡云：言予之脩典告天，凡以安文考之心也。用牛，特牲也。

用小牲羊、豕于百神水土社，二千七百有一。

〔彙校〕社，程本、趙本作「社」。「羊」下顧校從孫詒讓説增「犬」字。〇孫詒讓云：依上文，「羊豕」當作「羊犬豕」。

〔集注〕孔晁云：所用甚多，以皆盐（諸本作「似皆益」，盧校從）之。〇陳逢衡云：小牲，少牢也。上言五百有四，此言二千七百有一，乃總計一月壬辰至四月乙卯所用之牲。中有閏月，凡五閲月，蓋禱祀之餘兼以犒軍也。

商王紂于商郊。

〔彙校〕盧文弨云：謝云：「自『商王紂于商郊』始，其文皆當在前『甲子朝至接于商』下，句『則咸劉商王紂于商郊』；此處『商王紂』三字衍文也。『俘商舊玉億有百萬』下乃接『武王在祀』至『燎于周廟』而止，則時日亦符而文義無舛矣。」〇陳逢衡云：「商王紂于商郊」六字定有脱文，蓋以上言俘人，自此以下則另紀俘玉也，當分别看，謝説似未明晰。〇顧頡剛云：以俘人與俘玉較，則俘人之重要性遠過於俘玉，故俘玉之時間雖前，而其事則記於獻俘之後。陳説是。又按《史記·周本紀》：「命南宫括、史佚展九鼎、保玉」，《集解》引徐廣曰：「保，一作寶。」寶玉即本節所記。

〔集注〕孔晁云：更説始伐紂時。

時甲子夕，商王紂取天智玉琰，琫身厚以自焚。

【彙校】盧校據《史記正義》「琰」下增「五」,「⿰王逢」改爲「環」。○顧校從劉師培説删「厚」字。○盧文弨云: 惠半農云:「《御覽》引此曰:『紂取天智玉琰五,班環身以自焚』,注曰:『天智,玉之上美者,班環身以自厚也。』又《御覽》七百十八引此云:『取天知玉珥及庶玉衣身以自焚,庶玉則銷,天知玉珥在火中不銷。』」○陳逢衡云:《御覽》前一條「班」疑「⿰王逢」字之誤,後一條「庶玉衣身」則抄變其辭而非原文也。《殷本紀》:「甲子日,紂兵敗,紂走入登鹿臺,衣其寶玉衣赴火而死。」《周本紀》:「紂走,反入登鹿臺之上,蒙衣其珠玉自燔於火而死。」史公兩紀俱本此。○劉師培云: 案《書抄》一百三十五引作「取天知玉瑱及鹿玉衣身以自焚」。竊以「玉琰」即「玉瑱」,「五」亦「玉」訛,上挩「及庶」二字。《書抄》「鹿」當作「庶」。又盧校據《史記正義》所引改「⿰王逢」爲「環」,然《書抄》作「衣」,亦與《殷紀》「衣其寶玉衣」語合。《文選·石闕銘》李注引《六韜》亦作「蒙寶玉衣投火而死」,或係《周書》別本。惟諸書引正文均無「厚」字,疑涉注衍。○顧頡剛云:《北堂書鈔》一百三十五「天瑱」下引《周書》作「帝辛登廩臺,取天知玉瑱及鹿玉衣身以自焚。」《史記·周本紀·正義》引作「紂取天智玉琰五,環身以自焚」,又引注:「天智,玉之善者。縫環其身,自厚也。」《御覽》七百一十八「瑠珥」下引《周書》大體與《書鈔》同,惟「瑱」作「珥」,「鹿玉」自爲「庶玉」之誤。即此可見唐宋諸本「琰」或爲「瑱」,或爲「珥」;「縫」或爲「衣」,或爲「環」; 而皆無「厚」字。今依下文及唐宋諸本,增「及庶玉」字,又改「⿰王逢」爲「環」; 依劉説删「厚」字,「琰」字暫不改。

【集注】孔晁云: 天智,玉之上天(盧校删「天」字)美者也。縫環以自厚也。(「環」下盧校增「其身」二字)

凡厥有庶告焚玉四千。

【彙校】俞樾云:「告焚」二字當在「四千」之下,其文曰:「時甲子夕,商王紂取天智玉琰五環身厚以自焚,凡厥有庶玉四千告焚。五日，武王乃俾千人求之，四千庶玉則銷，天智玉五在火中不銷。」蓋「庶玉」二字連文。此云「凡厥有庶玉四千」，故下云「四千庶玉則銷」，兩文相應，「告焚」二字自爲句。既告焚之五日，武王乃使人求之。所謂告焚者，以商王紂自焚告，非以焚玉告也。若如孔注，則豈有不告紂之自焚，而專告玉焚者乎？即以玉論，天智玉爲重，而庶玉則輕矣，又豈有不以天智玉五告，而顧以庶玉四千告者乎？揆之事理，皆不可通，蓋由傳寫者誤移「告焚」二字於「玉四千」之上，孔氏不能訂正，故失其解耳。○顧頡剛云：俞説是，今依改。

【集注】孔晁云：衆人告武王焚玉四千也。

五日，武王乃禆於千人求之，

【彙校】禆，諸本作「俾」，盧校從。於，盧校作「于」。盧云：正文「于」字疑衍。

【集注】陳逢衡云：五日，乙丑、丙寅、丁卯、戊辰，己巳也。是爲二月六日、七日、八日、九日、十日。

四千庶則銷，天智玉五在火中不銷。

【彙校】盧校「庶」下補「玉」。○劉師培云：案《書抄》引作「天知玉耳」，「耳」蓋「珥」省。《御覽》七百八十正引作「玉珥」，是其證，本文「五」字，乃從玉之文僅存左形復訛爲「五」者也。珥、琰、瑱孰爲正字今不可考，珥或脱瑱。

【集注】孔晁云：紂身不盡，玉亦不銷。○陳逢衡云：玉在火中不銷，蓋寶玉也。高誘《吕氏春秋·重己篇》注：「崑山之玉，燔以爐炭，三日三夜，色澤不變。」即類此。○朱右曾云：孔廣森云：「《顧命》『越玉五重』，蓋即此『天智玉五』。」以在火中不銷，故寶之。

凡天智玉，武王則寶與同。

〔彙校〕于鬯云：「與」疑「典」字之誤。寶典者，即前篇周公所作之《寶典》也。《武儆篇》：「王告夢，出金枝郊寶，詔周公旦立後。」亦及寶典，則寶典之「寶」甚矣。今寶天智玉同之，故曰「凡天智玉武王則寶典同」。「典」誤爲「與」，不成義矣。《書·顧命篇》言陳寶，赤刀、大訓、宏璧、琬琰、大玉、夷玉、天球、河圖並陳。天智玉之寶同於寶典，猶赤刀、宏璧、琬琰之寶同於大訓，大玉、夷玉、天球之寶同於河圖也。

〔集注〕孔晁云：言王者所寶不銷也。○陳逢衡云：則寶與同者，言同於庶玉，不爲珍奇也。

凡武王俘商舊玉億有百萬。

〔彙校〕「俘商」以下，朱《校釋》從王念孫説增改爲「得舊寶玉萬四千，佩玉億有八萬」，顧校從。○王念孫云：此文本作「凡武王俘商，得舊寶玉萬四千，佩玉億有八萬」。億有八萬乃佩玉之數，非舊寶玉之數。今本舊上脱「得」字，舊下脱「寶玉萬四千佩」六字，「八萬」又誤作「百萬」。鈔本《北堂書鈔·衣冠部二》引此正作「武王俘商，得舊寶玉萬四千，佩玉億有八萬」。陳禹謨本删去。《藝文類聚·寶部上》、《太平御覽·珍寶部三》並同。（今本《類聚》「佩」下脱「玉億」二字。）《初學記·器物部》「佩」下亦引「武王俘商，得佩玉億有八萬」。

逸周書彙校集注卷四

箕子第四十一　闕

盧文弨云：惠云：「《廣韻》引《書》曰『武王悦箕子之對，賜十朋』，别無所見，當在此篇。」〇陳逢衡云：箕子亦紂諸父，告箕子即所以告殷宗也。下篇《耆德解》告殷舊臣並世家大族，《商誓解》告商史氏及百官里居獻民，今惟《商誓》存而《箕子》、《耆德》俱亡，或謂武王既克殷，訪問箕子，乃封於朝鮮而不臣，此其封之之文也。

逸周書彙校集注卷四

耆德第四十二闕

〔彙校〕耆，序及《史略》作「考」，朱據序訂作「考」。孫詒讓云：案《史略》正作「考德」，與叙合，則宋本尚不誤。《漢書·律曆志》引《考德》逸文（見朱本逸文），即此。○劉師培云：朱校謂《漢書·律曆志》引《考德》即此篇佚文，今考本篇序云：「武王秉天下，論德施□，而□位以官。」繹審其義，所言蓋官人之法，而《世經》所引，則爲少昊名青陽事，當與《大戴·五帝德》相類似，與此篇靡涉。

〔集注〕陳逢衡云：商祚六百祀，求賢之典最著，故《君奭篇》曰：「我聞在昔，成湯既受命，時則有若伊尹，格於皇天；在太甲，時則有若保衡；在太戊，時則有若伊陟臣扈，格於上帝，巫咸乂王家；在祖乙，時則有若巫賢；在武丁，時則有若甘盤，率惟茲有陳，保乂有殷，故殷禮陟配天，多歷年所。」然則孟子所謂「故家」，即此解所謂耆德也。受乃播棄犂老，而大命卒以傾焉，故武王繼箕子告之，非惟引年尚德，抑亦見殷之所以亡也。

逸周書彙校集注卷五

商誓解第四十三

〔集注〕潘振云：誓，戒也。殷人初服，非耆德不足以固其心，爰往商邑，呼耆舊而戒之，故次之以《商誓》。○莊述祖云：商誓者，武王勝殷，誅紂立武庚，戒殷之庶邦庶士庶民也。《周頌》曰：「勝殷遏劉，耆定爾功。」大武之詩也。武王以止殺爲功，盟津之會，牧野之師，誅一夫而已，商之百姓無罪焉。紂既死，不追罪也。而立之後，復其舊，官人、庶民各安攸處，侯、甸、男、衛無改舊封，故《多士》曰：「我不爾動，自乃邑。」使能治其禮教政刑，改紂之惡，比介于有周，而須暇之以歲月。維狂克念安在，不可承天休長子孫，紂于是不有後乎？○陳逢衡云：此滅殷後告商史氏及百官里居獻民也。題曰《商誓》，蓋以著紂之惡，並以見我周世有命德，實商先誓王用顯西土，則我今日之告亦脩商典，反商政耳。諸臣百姓，其安受之。○朱右曾云：誓，讀若哲，篇中有「商先誓王」故以「商誓」名篇。

王若曰：告爾伊舊何父。

〔彙校〕《史略》作「王若曰：若殷之舊官」。○劉師培云：「何」疑「問」譌，紂有内史問摯。

〔集注〕潘振云：伊，語辭。舊，耆舊。何，氏。父，字。○莊述祖云：伊，維也。何，讀曰阿，倚也。父即父師，謂箕子也。○陳逢衡云：伊，姓。舊，謂殷室之舊。何父，殷遺老，疑是伊尹之後，故曰「伊舊何父」，其號也。○劉師培云：伊即尹後。「舊」、「咎」古通，如周平王宜咎或作宜臼，其旁證也。蓋咎單之裔。父，或傅説之傅也。《穀梁·隱元年傳》云：「父猶傅也。」蓋父、傅古通，猶之父、甫通用。

□□□□幾、耿、肅、執，

〔彙校〕缺處丁補「伯舅伯父」，朱駿聲補「殷侯尹氏」。

〔集注〕莊述祖云：耿，明；幾，微；肅，敬；執，守也。明夷正志，内難不違，下車釋囚，遂之朝鮮。時告商庶位，舉其國之聖人風厲之。○丁宗洛云：幾、耿、肅、執，似是四氏。○朱右曾云：《左傳》殷民七族有饑氏，六族有蕭氏，幾即饑，肅即蕭也。《路史·國名紀》相州有幾城。《書序》祖乙圮于耿，即邢也。執、摯通。《詩》曰：「摯仲氏任。」又《易》「震用伐鬼方」，或以震爲摯。

乃殷之舊官人序文

〔彙校〕序文，莊校改「庶位」。○唐大沛删此句，云：「乃殷之舊官人序文」八字，疑是注，非正文。○孫詒讓云：「序文」，莊校改「庶位」。案「乃」疑當作「及」。《史略》引作「若序文」，似當從莊校改「庶位」。下文庶刑、庶義，即庶位。○劉師培云：「序文」乃「庶義」之訛。下文「越爾庶義、庶刑」，是其證，所缺當有「庶」、「刑」二字。「乃」當從《斠補》改作「及」。

〔集注〕莊述祖云：舊官人庶位，謂自卿士以下官。○陳逢衡云：官人序文，如《周禮》序官之目。

□□□□，及太史比、小史昔，及百官里居獻民，

〔彙校〕獻，元刊本作「献」。太史比小史昔，莊校改「太史友小史友」。缺文朱駿聲補「庶士御事」。○孫詒讓云：朱云「比」、「昔」皆人名。莊校改「大史比小史昔」爲「大史友小史友」。案莊校與《書·酒誥》合，是也。《說文·又部》「友」，古文作「」，又作「」，與比昔二字並相似，故傳寫致譌。朱說失之。

〔集注〕潘振云：大史名比，小史名昔，皆商舊臣也。○莊述祖云：里，邑也。民之仕者曰獻民，臣之尊者曰獻臣。○陳逢衡云：比，太史名；昔，小史名。百官里居，即百姓里居，見《酒誥》，孔傳：「族姓及卿大夫致仕居用里者。」獻民，賢民也。○朱右曾云：比、昔，皆人名。里居，賢民致仕及未仕者。○劉師培云：獻民者，世禄秉禮之家也。即《尚書·大誥》「民獻」之獻，《大傳》作「儀」，古籍「儀」均作「義」，故《尚書·酒誥》作「獻臣」。《立政》、《多方》二篇並作「義民」，實則一也。下文「百姓里居君子」，百姓即百官，君子即獻民。又《作雒解》「俘殷獻民」，亦與此同。

（孔）注：「士大夫也。」說近是。

□□□來尹師之敬諸戒，疾聽朕言，用胥生蠲尹。

〔彙校〕按莊校改此句爲「及邦君師尹敬諸，疾聽朕言，用胥生蠲烝」。戒，丁從浮山改「咸」。闕處朱駿聲補「今予其」。○唐大沛云：戒，疑「哉」字之訛。

〔集注〕潘振云：尹，誠也，信也。戒，諭也。疾，惡也。用，使也。胥，皆也。蠲，潔也。尹，進也。○莊述祖云：師，衆；尹，正也，謂三卿至于亞旅。疾，亟；胥，相；蠲，絜；烝，進也。謂殷之卿士以下習惡已久，當亟聽誓言，求相生養之道，而潔己以進，言不咎其往也。○陳逢衡云：尹師，如《立政》所謂尹伯，謂有司之長。胥生，胥匡

以生也。蠲，除也，革去故也。尹，正也，鼎從新也。○唐大沛云：諸，之也，見《士昏》《禮記》注。敬諸哉，猶言敬之哉。篇末也有「敬之哉」句。疾，速也。胥，相也。用是胥匡，以生蠲潔也。尹，正也。○朱右曾云：疾，速；蠲，明；尹，正也。

王曰：嗟，爾衆！予言非敢顧天命，予來致上帝之威命明罰。

〔彙校〕非，趙本、鍾本、吴本、王本作「若」，盧校及各家從。莊校改「予言非」爲「予小國」。丁改「予言非敢」爲「予昔惟敬」。○孫詒讓云：「予言」上當有「聽」字，上下並云「聽朕言」可證。

〔集注〕潘振云：爾衆，指何父諸人也。顧，眷也。天命，神器也。○莊述祖云：顧，念也。《多方》曰：「開厥顧天。」○陳逢衡云：若敢，謙言之義。顧，視也。○唐大沛云：若，猶其也，見王伯申《釋詞》。顧，視也，即覬覦之意。言我所言者，其敢覬覦天命。○朱右曾云：若，順也。

今惟新誥命爾，敬諸！朕話言自一言至于十話言，其惟明命爾。

〔彙校〕朱駿聲云：「十」故書作「千」，當從之。

〔集注〕潘振云：話言，善言也。一者，數之始；十者，數之終。

王曰：在昔后稷，惟上帝之言，克播百穀，登禹之績。

〔彙校〕莊校「在」上增「我」字，「言」改「歆」。○孫詒讓云：惟上帝之言克播百穀，朱云「言」猶命也。案「言」疑「盲」

之誤，朱説非是。莊校改「言」爲「歆」，亦未塙。

〔集注〕莊述祖云：歆，神食氣也。《大雅》曰：「上帝居歆。」登，成也。○陳逢衡云：登，升也。○丁宗洛云：教稼穡之功與平水土之功相等，故曰登。○唐大沛云：登，升也。績，功也。○朱右曾云：言，猶命也。登，成也。

凡在天下之庶民，罔不維后稷之元穀用蒸享。

〔彙校〕莊校「用蒸享」作「用胥飲食」。

〔集注〕潘振云：元，善也。冬祭曰蒸。享，追享朝享，禘祫也。○莊述祖云：元，善也，猶言嘉穀。○陳逢衡云：元穀，善穀也。用蒸享者，民乃得以立食，養其親，祭其先也。○唐大沛云：罔，無也。元，善也。○朱右曾云：元穀，嘉穀。蒸，祭；享，食也。

在商先哲王，明祀上帝，□□□□亦維我后稷之元穀用告和、用胥飲食。

〔彙校〕哲，諸本作「誓」，盧從。王，元刊本同，餘諸本作「正」。莊校删四「□」，「用胥飲食」改「用蒸享」。闕處朱駿聲補「克集于亯」。○盧文弨云：俗本「王」作「正」，今從宋本、元本。下並同。○朱右曾云：闕處當是「社稷宗廟」四字。

〔集注〕盧文弨云：惠云：「誓」讀曰「哲」。○潘振云：飲食，如九獻旅酬燕毛之類。○莊述祖云：告和者，奉盛以告民和也。○陳逢衡云：告和，四時調也。用胥飲食，萬民養也。○唐大沛云：和，謂時和也。○朱右曾云：明祀，禮祀也。告和，告民和也。

肆商先哲王維厥故，斯用顯我西土。

〔彙校〕哲，諸本作「誓」，盧從。

〔集注〕潘振云：肆，故也。斯，指元穀。○莊述祖云：顯我西土者，謂帝乙命王季爲西伯。

今在商紂，昏憂天下，弗顯上帝，昏虐百姓，奉天之命。上帝弗顯，乃命朕文考曰：殪商之多罪紂。

〔彙校〕弗顯，鍾本作「勿顯」。莊校刪「弗顯上帝」、「奉天之命」。丁改「奉」爲「棄」。○俞樾云：「昏」「憂」連文義不可通，「憂」當作「擾」，擾字隸變作擾，闕其左旁則爲憂矣。《昭十四年・左傳》注曰：「昏，亂也。」《襄四年・傳》注曰：「擾，亂也。」是昏、擾同義。昏擾天下，言亂天下也。○劉師培云：「奉」當作「韋」。《説文》「韋，相背也。」韋、奉形近致訛。下文「予亦無敢違天命」，其證也。

〔集注〕潘振云：殪，殄絶也。○莊述祖云：多罪，所以爲獨夫。弗顯，猶丕顯。○陳逢衡云：昏，亂也。憂，病也。弗顯上帝，受自絶于天也。上帝弗顯，天不佑于紂也。殪，殺也。○朱右曾云：昏亂使天下憂。殪，殺。○孫詒讓云：昏憂天下，莊校「憂」改「擾」，案疑當讀爲「泯擾天下」。泯擾，猶《書・康誥》云「天惟與我民彝大泯亂」。昏、泯古字通。《書・牧誓》云：「昏棄厥肆祀勿答，昏棄厥王父母弟不迪。」《左・昭二十九年傳》云：「若泯棄之。」是昏、泯二字通用之證。

肆予小子發，不敢忘天命。朕考胥翕稷政，肆上帝曰必伐之。

〔彙校〕不敢，諸本作「弗敢」，盧校從。

〔集注〕陳逢衡云：胥，相也。翕，合也。稷，后稷也。○丁宗洛云：翕，猶遵也。○唐大沛云：發，武王名。命，猶謂也。

予惟甲子，尅致天之大罰。

〔集注〕潘振云：尅，即尅期之尅，謂約定也。○陳逢衡云：甲子，尅紂之日。

□帝之來，革紂之□，予亦無敢違天命。

〔彙校〕趙本重「之」字。「帝」上闕文莊校補「敬」，唐疑爲「上」，朱駿聲補「恭」。「之」下闕文莊、唐、朱駿聲並補「命」，陳疑「同」。又莊校「來」改「賚」。○孫詒讓云：案《墨子·非攻下篇》説武王伐紂云：「王既已克殷，成帝之來。」與此正同。此「帝」上闕文即「成」字，當據補。莊臆補一「敬」字，非是。「來」即「賚」之省，言受帝之賜賚。「革紂」之下疑闕「政」字，莊補「命」字亦通。○天命，元刊同，餘諸本作「大命」，盧校從。

〔集注〕莊述祖云：賚，賜也。○唐大沛云：《易》曰：「湯武革命。」

敬諸，昔在我西土，我其齊言，胥告商之百無罪，其維一夫。

〔彙校〕齊言，元刊本同，餘諸本作「有言」，盧校從。○盧文弨云：趙疑「百」下當有「姓」字。（丁從增）○莊述祖云：「肆予小子發」至此句，當訂作「昔在我西土，我其齊信。維朕文考若日月，作照光于四方。于我西土，不爲大國侮小國，不爲衆庶侮鰥寡，不爲暴埶奪穡人黍稷狗彘。天屑臨朕文王，兹肆予小子發弗敢忘天命。朕考胥翕稷政，奉天之命，胥告商之百姓無罪」。○孫詒讓云：「百」下當有「姓」字，下文亦云「商百姓無罪」。

〔集注〕丁宗洛云：此「一夫」乃一人謂。○唐大沛云：一夫，紂也，《孟子》所謂獨夫也。

予既殛紂承天命，予亦來休命。

〔集注〕唐大沛云：殛，誅也。休，蓋罷兵息民之意。○朱右曾云：休，美。○劉師培云：來當訓賜，與「賚」同，猶言賜以嘉命也。

爾百姓里居君子，其周即命。

〔集注〕唐大沛云：百姓，蓋謂百官，見《堯典》孔傳。里居君子，則卿大夫致仕者也。○朱右曾云：即，就也，言當受命于周。

□□□□□□□□□□□□□□□□□□□□□□□□□□□□□□爾冢邦君，無敢其有不告見于我有周。

〔彙校〕鍾本多五「□」。按：莊、朱此並連下「其比」爲句。冢邦君，孫倒作「邦冢君」。不告見，莊校改「不見事」。闕文朱駿聲補「亦維紂敷虐于爾庶邦，淫酗無度，罔顧于商先哲王，王大降威，卑我有周」。○孫詒讓云：「告」當讀爲「造」，古文之省，謂就見於周也。「邦冢君」朱本作「冢邦君」，臆改，非是。下文「其斯爾邦冢君」，朱本亦作「冢邦君」，亦非。

〔集注〕潘振云：冢，大也。告者，達其事。見者，致其朝。○唐大沛云：無，發聲助也，見《漢書》注。無敢，敢也。《詩》：「無念爾祖。」傳曰：「無念，念也。」「無競維人」，傳曰：「無競，競也。」是「無」爲發聲也。○朱右曾云：冢，大也。

其比冢邦君我無攸愛，上帝曰必伐之。

〔彙校〕盧文弨云：趙云：「上帝曰必伐之」已見上文，此處語勢似不當有，疑衍。○孫詒讓云：「其比冢邦君」，案「比」亦當爲「友」之誤，當云「友邦冢君」，與上下同。朱、莊並以「其比」屬上爲句，失之。○陳漢章云：孫説是也。而改「其比邦冢君」爲「友邦冢君」則非。此經上云「爾邦冢君無敢其有不告（句）見于我有周」，告通穀，其義爲善。此善承天命者，故見于我有周，如《詩》之「載見辟王」。下言「其比冢邦君」，則即《世俘篇》所伐諸憝國，比於商之多罪紂而同惡不告，故下言「我無攸愛，上帝曰必伐之」。若如朱釋從莊氏葆琛《尚書記》讀「見于我有周其比」，則上下文義皆不貫。

〔集注〕潘振云：攸，所也。○莊述祖云：愛，歆羡也。必、畢通。畢，盡也。○唐大沛云：比，合也。無，亦語詞，見上。

今予惟明告爾，予其往追□紂，達⿺辶秦集之于上帝。

〔彙校〕上「予」程本、趙本、吴本作「之」。達，鍾本作「遂」，盧校從。闕處唐疑「若」，朱駿聲補「商」。○盧文弨云：

「逩」與「臻」同。

〔集注〕潘振云：逩，至也。之，指命而言。○唐大沛云：逩同臻，《玉篇》：「臻，聚也，衆也。」蓋聚集之義。

天王其有命。

〔彙校〕其，程本、趙本、吴本作「子」。○盧文弨云：「王」疑衍。（唐從删）○莊述祖云：此句作「自其弗顯上帝，在天命，任彼反側，興亂百姓，昏擾天下，一其有何在上」。

爾百姓獻民，其有綴艿。

〔彙校〕陳逢衡云：艿，當作「芿」。

〔集注〕盧文弨云：綴艿，謂若絲之絶而更續革之，刈而更生也。○潘振云：艿，音仍。絲相連續爲綴，草相因仍爲艿。○莊述祖云：綴，聯也。艿，草也，綴艿獨言枏，言民生幾絶。○丁宗洛云：陳星垣云：「艿，音仍。舊草不除，新草又生曰艿。《唐書·裴延齡傳》延齡妄言：『長安咸陽門得陂艿數百頃。』」

夫自敬其有斯天命，不令爾百姓無告。

〔彙校〕自，程本、趙本、吴本作「目」。

〔集注〕潘振云：自，由也。○朱右曾云：宜各自敬以享天命，我周不令爾困苦無告。

西土疾勤，其斯有何重？

〔彙校〕陳逢衡云：此句有脱誤。

〔集注〕唐大沛云：疾，憂也。重，再也。言亦可休西土之人，不令其疾勤也。如此，何用再征發也？

天維用重勤，興起我，罪勤我，無克乃一心。

〔彙校〕丁宗洛云：二「勤」字似衍。

〔集注〕唐大沛云：無，發聲助詞也。無克，克也。

爾多子其人自敬，助天永休于我西土。

〔彙校〕丁宗洛本「多子」作「多士」。

〔集注〕潘振云：子者，有德之稱，獻民非一，故曰多子，言在官之人。〇陳逢衡云：多子即多士，謂之子者，男子之美稱。《洛誥》：「予旦以多子越御事」，《正義》曰：「大夫稱子。多子，衆大夫也。」〇唐大沛云：多子，猶言多士也，蓋謂殷之多士。以其輔助邦君，故論之。

爾百姓其亦有安處在彼。

〔彙校〕丁宗洛云：「有」字衍。

〔集注〕潘振云：在彼者，在商也。

宜在天命，□及惻興亂。

〔彙校〕按：丁於闕處補「弗」；「及惻」從浮山改「反惻」，朱從。○唐大沛云：空圍闕字擬補「乃」字，「及」當作「反」。

〔集注〕丁宗洛云：宜在，宜察也。○唐大沛云：在，察也。反側，不可貌。

予保奭其介有斯。

〔集注〕陳逢衡云：「保奭」二字見《君奭》，奭，召公名；保，官名。○丁宗洛云：保奭，猶保釐也。介，大也。○唐大沛云：介，助也。保，太保也。奭，召公名。○朱右曾云：保，安；奭，盛；介，大也。

勿用天命，若朕言在周，曰商百姓無罪，朕命在周。

〔彙校〕勿，程本、趙本、吴本作「易」。周，莊校改「害」。若朕言在周曰，丁改「若朕在周言曰」。

其乃先作，我肆罪疾。

〔集注〕唐大沛云：疾，惡也。

予惟以先王之道御復正爾百姓，越則非朕，負亂惟爾。

〔彙校〕按：莊校删「百姓」以下。丁宗洛云：「負亂」尚似訛。

〔集注〕陳逢衡云：御，統御也。復，如復逆之復。正，治也。○唐大沛云：越則，越乎法則。負，《説文》：「恃也。」○朱右曾云：復，反也。負亂，猶怙亂也。

在我王曰：百姓，我聞古商先哲王成湯克辟上帝，保生商民，克用三德，疑商民弗懷，用辟厥辟。

〔彙校〕哲，王本同，餘諸本作「誓」，盧從。辟，莊校改「儏」。○陳逢衡云：《文選·王融曲水詩序》注引此句無「誓」字。「疑」字衍。○丁宗洛云：「疑商民弗懷」中「商民」當作「夏民」。

〔集注〕潘振云：疑，慮也。○陳逢衡云：克辟，即克配。○唐大沛云：三德，剛、柔、正直也。辟，君也。君厥，君晝，君道也。○朱右曾云：疑，定也。○孫詒讓云：克辟上帝，案「辟」當爲「儏」之省，儏猶相助也。《爾雅·釋詁》云：「艾，相也。」艾即儏之借字。儏上帝，與《孟子》「惟曰其助上帝」義同。莊改「辟」爲「享」，失之。用辟厥辟，莊校改「用辟」爲「用儏」，云：「儏，治也。用治所以爲君之道。」案辟亦當訓爲助，莊讀爲儏，不誤，而訓爲治則未得其義。《皇門篇》云「以助厥辟勤王國王家」，與此義同。

今紂棄成湯之典，肆上帝命我小國曰：革商國。

〔彙校〕棄，元刊本字作「弃」。

肆予明命汝百姓，其斯弗用朕命，其斯爾冢邦君商庶百姓，予則□劉滅之。

〔彙校〕按：闕處莊補「乃」，陳逢衡疑「咸」，丁、唐從「咸」，朱疑「虔」。○孫詒讓云：下云「予肆劉殷之命」，此處闕文疑亦當作「肆」。

王曰：靁！予天命維既，咸汝克承天休于我有周，斯小國于有命不易。

〔彙校〕王，程本、趙本、吴本作「上」。丁「汝」移「維」下。按：各家「靁」字不斷句。○盧文弨云：《説文》：「靁，飛聲也。雨而雙飛者，其聲靁然，呼郭切。」徐鍇曰：「其聲霍，勿疾也。」然則此亦當乃命不予常之意。

〔集注〕陳逢衡云：靁予天命，當是一旦奄有天下之意。咸，滅也。汝，指商紂小國。不易，謂不改易也。○唐大沛云：咸，當與諴通，諴也。汝，指商紂。○朱右曾云：咸，皆也。

昔我盟津，帝休辨商，其有何國？

〔集注〕莊校此句在「王曰」句前。○陳逢衡云：昔我盟津，指誓師之日。○丁宗洛云：言帝休美乎周，而懲創乎商，商何以有國。○唐大沛云：盟津即孟津，言昔大會盟之日。○朱右曾云：盟津在河南府洛陽縣東北。○朱駿聲云：帝休辨，辨讀爲徧。

命予小子，肆我殷戎。

〔彙校〕莊校此句上有「肆上帝曰必伐之」，「肆我殷戎」改「肆戎殷」。○丁宗洛云：「我」訛，當爲「伐」。○孫詒讓云：疑當作「肆伐戎殷」，猶《詩·大雅·大明》云「肆伐大商」也。○劉師培云：莊氏所改是也，「我」即「戎」訛，下

「戎」字則爲衍文。《禮記·中庸》「壹戎衣」，鄭注云：「壹用兵伐殷。」則此言「肆戎殷」，猶云遂加兵於商也，與《國語·周語》「致戎商牧」同。《古文苑七·揚雄兗州箴》亦曰：「武果戎殷。」

亦辨百度，□□美左右予，予肆劉殷之命。

〔彙校〕按：闕文丁宗洛補「集衆」，唐大沛補「之休」，朱駿聲補「厥材」。○朱右曾云：此處脱字疑不止二字。○孫詒讓云：「亦辨百度□□美左右予」，案此疑當作「亦辨百姓庶刑庶義左右予」。《説文·辡部》云：「辯，治也。」庶刑庶義，謂衆掌刑掌事之官，言使治衆百官以佐助予也。（百姓亦即衆官。《書·堯典》僞孔傳云：「百姓，百官也。」）下文云「上帝之明命予爾拜拜□（朱本作「爾」，似肊補）百姓越爾庶義庶刑」，兩「拜」字亦並「辨」之誤。（朱本兩「拜」字並從丁校改作「屏」，失之。）言上帝命予爾治，治百姓及衆官也。（朱云「庶義庶刑」言義所當刑，失之。）上文云「帝休辨商」，亦謂帝嘉命我治商之罪也。

〔集注〕潘振云：美，善也，指十亂而言。左右，助也。

今予維篤祐爾，予史太史違我。

〔彙校〕予史，吴本作「予吏」，丁據篇首「比小史」改「小史」。○盧文弨云：「予史」本或作「予吏」，今從元本、章本、何本。然「予」字亦似訛。○朱右曾云：「予史」當爲「予使」。古史、使通假。

〔集注〕潘振云：親其人曰予史，稱其官曰太史。○陳逢衡云：篤，厚也。祐，福也。

史視爾靖疑,胥敬請。

〔彙校〕史,鍾本作「寔」,盧從,丁改「更」。請,丁改「誥」,朱從;莊校改「諸」。孫曰:「莊校與上文合,是也。」

〔集注〕朱右曾云:寔,是也。

其斯一話,敢逸僭,予則上帝之明命。予爾拜拜□百姓,越爾庶義、庶刑。

〔彙校〕拜拜,丁改「屏屏」,朱從;唐改「邦君」。闕文丁補「爾」,朱從;唐補「及」。○陳逢衡云:空方疑是「乃」字。

〔集注〕潘振云:朝廷授官曰拜。○丁宗洛云:屏即屏諸遠方之屏。○朱右曾云:逸,遇也。僭,不信也。屏,放流之也。庶義、庶刑,言義所常刑。

子維及西土,我乃其來即刑。

〔彙校〕子,元刊同,餘諸本作「予」,盧從。

〔集注〕唐大沛云:「維」字常讀作「雖」字,言予今日雖在西土。○朱右曾云:即,就也。

乃敬之哉!庶聽朕言,罔胥告。

逸周書彙校集注卷五

度邑解第四十四

〔集注〕潘振云：武王誓商而歸，欲營雒邑於天下之中，定朝聘之度，道路均也，故次之以《度邑》。○莊述祖云：度邑者，武王圖定天室，規伊洛，詔周公代其事也。○陳逢衡云：此牧野既事之後，武王相視商邑，慮四方未定，欲效殷人傳及之法，叔旦涕泣弗敢受，武王於是圖度有夏之居，爲營洛邑而去。○丁宗洛云：通篇皆武王自言其所以建洛邑之意，而不言其興築，觀末段詳言形勝，則應有城邑矣，故《史記》曰營周居於洛邑而後去。

維王尅殷國，君諸侯，乃厥獻民徵主九牧之師見王於殷郊。

〔彙校〕《史略》作「維王克商邑，君諸侯及厥民」。王，趙本作「上」。莊校「國」改「邦」，「乃」改「及」。「乃厥」等十字，朱據《史記》及《玉海》訂作「乃徵厥獻民九牧之師」。○孫詒讓云：朱本作「乃徵厥獻民九牧之師」，云依《史記》及《玉海》訂。莊校「乃」改「及」，云《史記》作「徵九牧之君」，誤。案《史略》「尅殷國」作「克商邑」（「商」避宋諱改），「乃」字正作「及」，此後文云「維天建殷，厥徵天民，名三百六十夫」，則此「徵主」二字不誤。

〔集注〕盧文弨云：九牧，九州之牧也，鄭康成注《尚書》云：「州立十二人爲諸侯師以佐牧。」○潘振云：徵，召也。

主,守也。師,衆也。〇莊述祖云: 邦本作國,避漢諱。邦君諸侯,武庚及侯、甸、男、衛。獻民,已仕者。徵主,未仕者,下云「厥徵天民名三百六十夫」是也。九牧之師,從伐商之諸侯。〇陳逢衡云: 獻民,賢民也。主,即《周禮》所謂主以利得民者,主謂大夫。蓋爾時徵聘殷士之在位,故曰徵主,猶後文言厥徵天民也。張惠言曰: 「徵,進也。大夫曰主。徵主,采地之君師長也。九牧之長入天子之國曰牧。」

王乃升汾之阜,以望商邑。

〔集注〕盧文弨云: 司馬彪《續漢郡國志》: 「襄城有汾丘。」案: 《左氏·襄十八年傳》「楚子庚治兵於汾」,即此地也。去朝歌不遠,故可望商邑。本有作「豳」字者,誤。〇潘振云: 汾,水名,襄城有汾丘,城在今河南南陽府裕府州南。土山曰阜。望朝歌也。〇莊述祖云: 《史記》「汾」作「豳」。汾,地名。〇陳逢衡云: 施彦士曰: 「襄城之汾在朝歌西南五百里,安得爲近? 汾阜當在今山西蒲州府東北二十里榮河縣。商祖乙所都之耿,在今絳州西百里河津縣。僅隔一水,故升阜以望之。」衡案: 《玄鳥》之詩曰: 「殷土芒芒」,又曰: 「邦畿千里。」則此商邑不必定指朝歌。其曰汾之阜者,乃汾水上之阜,如汾陰脽之類耳。《水經》: 「汾水又西,至汾陰縣北,西注於河。」注: 「水南有長阜,背汾帶河,阜長四五里,廣二里餘,高十丈,汾水歷其陰,西入河。《漢書》謂之汾陰脽。應劭曰: 『脽,邱類也。』」〇朱右曾云: 汾,阜名,在殷郊。汾,一作「邠」。

永嘆曰: 嗚呼! 不淑兑天對,遂命一日,維顯畏弗忘。

〔彙校〕按: 莊校「于」下增「之」字,「遂」改「隊」。陳、朱二家「兑」均改「充」。丁訂「不淑哀對天帝」,云: 「哀對天命」舊作「兑天對」，而「命」在「遂」下，今據《詩》「敷天之下，裒時之對」改。○盧文弨云：李善注王元長《曲水詩序》引此作「充天之對」。

〔集注〕潘振云：天對，天所以答人者，命也。言商紂暴虐，不善知天命。○莊述祖云：淑，善。不淑，謂紂。對，配也。《詩》云：「殷之未喪師，克配上帝。」顯，明也。《大誥》曰：「天明畏。」○陳逢衡云：充，當也。遂，盡也。顯，明也。畏，威也。○丁宗洛云：不淑，猶不穀也。○唐大沛云：不淑，蓋自謂。「兑天對」義未詳。○朱右曾云：淑，善；充，當；對，答也。遂，讀曰墜，言紂不善承天意，墜天命于一日。明顯，可畏之至也。

王至于周，自□至于丘中，具明不寢。

〔彙校〕按：闕處盧校據《文選》李注補「鹿」，各家從。盧云：李善又云：「丘，或爲『苑天』。」

〔集注〕潘振云：周，鎬京也。鹿，丘中，自汾至周所經歷之地名也。元城縣有五鹿，開州名帝丘，俱屬直隸大名府。具明，質明也。○莊述祖云：「丘」或爲「苑」。鹿、丘中，地名。「具明不寢」，《史記》作「自夜不寢」。○陳逢衡云：施彦士曰：「從茅津濟河，自宜陽鹿蹄山至檜之邱中，以度東周形勢。鹿蹄山，在今河南府西南七十里。宜陽東南五十里，有甘鹿地。《昭公十七年·傳》：『陸渾衆奔甘鹿。』邱中在今開封府西二百里新鄭縣，成周之東界也。」衡案：《晉書·陸機傳》：「列軍自朝歌至於河橋，鼓聲聞數百里。長沙王乂奉天子與機戰於鹿苑。」考晉朝歌屬汲郡，即今河南衛輝府之淇縣。《文選》引《周書》「邱中」或作「苑中」，疑即所謂鹿苑也。是時殷紂好女好鹿，故養鹿之所俱得以鹿名。則其地自當在朝歌左右矣。○朱右曾云：鹿、丘中，皆地名。具明，達旦也。

王小子御告叔旦，叔旦亟奔即王。

〔彙校〕御，趙本作「復」。○莊述祖云：《史記》作「即王所」。

〔集注〕潘振云：小子，内豎。御，直日也。○陳逢衡云：凌曙曰：「王小子，即成王。」○唐大沛云：御，侍也。旦，周公名。亟奔，速走也。即，就也。○朱右曾云：小子御，内豎也。即，就。

曰：久憂勞。問周不寢。

〔彙校〕周，盧校改「害」，各家從。丁移「問」於「曰」上。○盧文弨云：「害」與「曷」同，何也。舊作「周」，以形近致訛。

〔集注〕朱右曾云：害，何。

曰：安，予告汝。王曰：嗚呼！旦，惟天不享於殷，發之未生，至于今六十年，

〔彙校〕汝，程本、趙本、吴本作「于」。未，丁從浮山改「末」。

〔集注〕莊述祖云：安，坐也。○陳逢衡云：《史記正義》謂六十年從帝乙十年至伐紂年，此蓋從《周本紀》推算。據《紀年》，帝乙九年。帝辛五十二年周師伐殷，則六十年當自帝乙初年起算。○唐大沛云：安，猶居也。發，武王名。○朱右曾云：《明堂篇》言武王克商後六年崩，《路史·發揮》引《竹書》「武王崩年五十四」，則克商時年四十有八也。此溯天命去殷至今六十年，故云未生。

夷羊在牧，飛鴻過野。

〔**彙校**〕過野，盧校改「滿野」，各家從。○盧文弨云：舊作「過野」，或「遍野」之訛，今依《史記》、《博物志》改作「滿野」。梁云：「飛鴻，《淮南·本經訓》作『飛蛩』，《史記索隱》引《隨巢子》作『飛拾』。」○莊述祖云：《史記》作「麋鹿在牧」，「鴻」或爲「蛩」，又爲「蛤」。○陳逢衡云：《金樓子》誤以末二日語爲夏后既衰之事，又誤以「蜚鴻」爲「蜚虹」。《藝文類聚·獸部》引《周書》曰：「夏桀德衰，夷羊在牧，飛蛤滿野。」《御覽》九百二引同，俱誤。○劉師培云：案《國語·周語一》載内史過語亦謂「商之亡也，夷羊在牧」。《開元占經》一百九十引賈注云：「夷羊，神獸也。」（韋注同《占經》，又引《淮南子》許注云：「大羊也，時在商牧野。」）惟無「飛鴻滿野」語。又《類聚》九十四引《周書》云：「子夏曰：『桀德衰，夷羊在牧，蜚蛤滿野。』」「飛鴻」作「蜚蛤」，與《周紀索隱》引《隨巢子》作「拾」略同，蛤、拾蓋均「蝗」誤。（《淮南》「飛蛩滿野」高注云：「一曰蝗也」，是其證。）其以子夏語係《周書》，不知何據。又案《博物志八》云：「太姒夢見商之庭產棘，乃（當作召）太子發取周庭梓樹樹之于闕，聞梓化爲松柏棫柞，驚覺以告文王曰：『愼勿言！冬日之陽，夏日之陰，不召而萬物自來。天道尚左，日月西移，地道尚右，水潦東流。天不亯於殷，自發之未生於今十年，禹羊在牧，水潦東流天下（此六字衍）飛鴻滿野。日之出地，無移照乎。』」文多脱誤，然與《御覽》《類聚》所引《程寤解》詞亦多符，疑「夷羊在牧」二語《程寤》亦有斯文。李石《續博物志十》云：「武王既勝殷，登邠之阜以望商邑曰：『自發未生六十年，麋鹿在牧，蜚鴻滿野。』」徐廣乃引内史邊（當作過）之言曰：「夷羊在牧。」（案《周紀索隱》戴徐説未引《國語》，李蓋誤記。）張華以爲文王之詞，曰「水潦東流飛鴻滿野」，又曰「自發未生之十年」，是李氏疑張誤引也，蓋斯時《程寤》已亡，張所見文李未克睹。

〔**集注**〕潘振云：飛鴻，蟣蠓也。郊外謂之牧，牧外謂之野。○陳逢衡云：夷羊，怪物，商羊、羵羊之類。《周書》注謂是神獸，《淮南·本經訓》注謂是土神，俱誤。○朱右曾云：夷羊，高誘曰土神，韋昭曰神獸，未知孰是。

天自幽，不享於殷，乃今有成。

〔**彙校**〕按：盧校據《史記》删「自幽」二字，潘振從。幽，莊、陳並改「豳」。乃，莊校改「及」。陳逢衡云：「自幽」當作「自豳」，形近而誤，言我周自公劉遷豳之日。

〔**集注**〕莊述祖云：自豳，言周之興由太王。〇丁宗洛云：自幽，猶言冥冥中也。不删義自可通。此句指周説。〇朱右曾云：接上句，意爲：冥冥中已不享殷，至今乃有成命也。

維天建殷，厥徵天民名三百六十夫。

〔**彙校**〕陳逢衡删「名」字，又云：依《史記索隱》引《隋巢子》「天鬼不顧亦不賓」，則「夫」當作「天」。〇丁宗洛云：「名」疑有訛。〇劉師培云：案《史記·周本紀》作「其登名民」，《集解》諸家未引《周書》勘異，疑本書舊與史符，「天」涉上衍，「民名」倒文。《史記索隱》云：「言天初建殷國，亦進名賢之人三百六十。」則作「名民」甚明。

〔**集注**〕莊述祖云：言殷多賢，紂不能用，故亡。天民，知道而仕者。〇丁宗洛云：天民，指伊、傅、甘、巫之流。三百六十，言衆也。此指商初説。〇唐大沛云：徵，登進也。天民名，天民中名賢也。三百六十，蓋亦殷官制。或三百是二百之誤，與《禮記》「殷二百，周三百」合。夫，男丁通稱。〇朱右曾云：天民，賢民也。三百六十，言衆也。

弗顧，亦不賓成，用戾於今。

〔**彙校**〕賓成，盧校依惠改「賓滅」。弗顧，唐據《史記》改「弗顯」。〇盧云：《史記》作「賓滅」，《隨巢子》亦作「滅」，今依惠定作「威」。〇孫詒讓云：惠云：《隨巢子》曰「天鬼不顧亦不賓滅」（見《索隱》）。案：《史記》作「不顯亦不賓滅」，徐廣云：「一云『不顧亦不賓成』，一又云『不顧亦不恤也』。」舊本與徐所見一本同，則相承已久，似不宜改。○劉師培云：案盧校「成」改「滅」，今考《史記》作「滅」，《集解》云：「徐廣曰：『云不顧失亦不賓滅。』」「亦」上有「失」字，蓋即語首「夫」字之訛。

〔**集注**〕莊述祖云：戚，滅也。戾，至也。○丁宗洛云：賓同擯。○唐大沛云：此數句疑有誤。戾，至也。用能延至於今也。○朱右曾云：戾，至也。

嗚呼！于憂茲難，近飽于卹，辰是不室。

〔**彙校**〕近，莊校改「迈」。丁宗洛「于」改「天」，「辰」改「依」。

〔**集注**〕潘振云：近，已也。辰，時也。不室，不居也。○莊述祖云：迈，已也。飽，猒也。或讀爲飭。飭，勞也。卹，憂也。難，天室之定也。辰，時也。不及是時定天室。○朱右曾云：飽于卹，言憂甚多也。辰，時也。不室，言未定都邑。○孫詒讓云：朱云：「辰，時也。不室，言未定都邑。」案朱說非也。辰是不室，蓋謂時則不安其室家。下文王告叔旦云「矧其有乃室」，又云「予近懷于朕室」，又曰「乃懷厥妻子」，並與此文意相近。

我來所定天保，何寢能欲？

〔**彙校**〕我來所定天保，盧校依《史記》刪「所」字，「來」改「未」。莊校「未」作「末」，丁訂「我所未定天保」。

〔**集注**〕莊述祖云：末，無也，不作大邑則不能毖殷，不能毖殷則不能保所受之成命。○丁宗洛云：欲，安也。

王曰：旦，予克致天之明命，

〔**彙校**〕予，趙本、吴本作「子」。

〔**集注**〕潘振云：致，深審也。明命，即天之所以與我，而我之所以爲德者也。○莊述祖云：謂伐殷。《商誓》曰：「予來致上帝之威命明罰。」

定天保，依天室。志我共惡，俾從殷王紂。

〔**彙校**〕志我，莊校改「悉求」。共惡，朱駿聲校「其惡」。俾，盧校、莊校均改「甹」，丁改「佐」。○盧云：「志我共惡」，《史記》作「悉求夫惡」。沈云：「此書是。『俾從殷王紂』，『甹』本作『俾』，《史記》作『貶』。」惠云：「『俾』當作『甹』，古『貶』字。」○莊述祖云：「悉求」本作「志殺」，「殺」又作「我」，古文「殺」字。共惡，《史記》作「夫惡」。《世俘篇》有「紂矢惡臣」，亦作「夫惡」。貶，皆從「甹」，本作「俾」，從《史記》。○丁宗洛云：「佐」舊作「俾」，惠氏改爲「甹」，近鑿。○孫詒讓云：案莊引《世俘》證此甚塙，此「共惡」當作「矢惡」，言盡求諸矢惡臣，貶之使與紂同罰也。《索隱》云：「言今悉求取夫惡人不知天命、不順周家者，咸貶夷之與紂同罪，故曰貶從殷王受。」

〔**集注**〕莊述祖云：悉，盡。甹，傾覆也。言克殷之日即黜殷命，依天室以定天保，盡求紂之同惡誅絶之。○丁宗洛云：共惡，言紂爲天下所怨也。武王以天下爲心，周公即以武王爲心，故曰志我同惡。「從」與伐同義，蓋以公相以伐紂也。○朱右曾云：甹，讀爲孔貶之貶，墜也。言我既致天命，亟宜登用天民以定天保，卜宅以依天室，汝其志我所惡，墜命如紂。《説文》：「甹，傾覆也。」

四方赤宜未定我于西土。

〔彙校〕按： 此句盧依《史記》改「日夜勞來定我于西土」，潘、朱從。莊校删「四方」，「赤」改「亦」。赤宜未，陳改「亦肯來」，丁改「亦直來」。○盧文弨云：《史記》本或無「定」字，案《索隱》本作「日夜勞來定我于西土」，云九字連作一句讀。○洪頤煊云：《史記・周本紀》作「日夜勞來我西土」，《集解》徐廣曰：「一云肎來。」頤煊案：「日夜」、「四方」字形近，「赤」是「亦」字之譌。「勞來」當依《集解》作「肎來」。「宜未」即「肎來」之譌。○陳逢衡云： 李兆洛曰：「《史記》『勞來』，徐廣曰：『一云肯來。』此『赤宜未』當是『亦肯來』之訛。義爲天下悉肯從周也。」○丁宗洛云：「亦直來」三字舊是「赤宜未」。海山改盧本，從《史記》將「四方赤宜未」五字改爲「日夜勞來」。

〔集注〕莊述祖云： 此句義爲天下亦未遽定。○朱右曾云： 夙夜勤劬，勞來斯民，以定我于西土。

我維顯服及德之方明。

〔彙校〕及，丁改「女」，云： 女，舊訛「及」，從浮山改，音汝。「顯服」句《史記》與此同，但《正義》注頗牽强，今改「及」爲「女」，雖異舊解，而經文上下皆明顯。

〔集注〕潘振云： 方明，染惡而初明也。○莊述祖云： 維，思； 顯，代； 服，事也。○唐大沛云： 服，事； 顯，明也。○朱右曾云： 我其明我事，使德教顯于四方。

叔旦泣涕于常，悲不能對。

〔彙校〕于，鍾本作「十」，程本作「干」。莊校「于常」改「在裳」。○盧文弨云： 古「常」與「裳」通。或云： 于常，異于常也。又鍾伯敬本作「十常」,豈亦倍常之義同與?○莊述祖云:「在裳」本作「十常」,古文如此。○朱右曾云:常,古「裳」字。二句錯簡,當在「不得高位于上帝」下。

〔集注〕莊述祖云:武王言命之不長,故悲。○丁宗洛云:浮山云:「武王美周公,周公不敢當也。」

王□□傳于後。

〔彙校〕按:闕處莊校補「命叔」,陳疑「其敬」,唐補「命旦」(孫説同),朱右曾云當是「欲旦」,朱駿聲補「乃命」。又丁從浮山刪移「王□□傳于後」至「涕泣其常」一百八十四字于《武儆解》。

〔集注〕潘振云:傳于後者,傳于武王之後,兄終而弟及也。

王曰:旦,汝維朕達弟,予有使汝。汝播食不遑暇食,矧其有乃室?

〔彙校〕予,諸本作「子」,盧校從章本作「予」。

〔集注〕莊述祖云:「有」讀曰「又」。播食,言食民也,猶云康功田功。○朱右曾云:達,明達也。使,猶命也。播,猶陳也。室,家室。○孫詒讓云:朱云播猶陳也。案《儀禮·士虞禮》云:「尸飯播餘于篚」,注云:「古者飯用手,吉時播餘于會。」此播亦與彼義同,謂飯未畢而中輟,播之於敦會也。朱説失之。

今惟天使予。

〔彙校〕予,諸本作「子」,盧校從。朱《校釋》從作「予」。

〔集注〕莊述祖云：言天命使周公成之。言之者，使相後，故不從常稱也。

惟二神授朕靈期，于未致予休，□近懷予朕室。

〔彙校〕于，鍾本作「予」，盧校從。闕處程本、趙本、吳本、王本作「于」；鍾本作「予」，盧校從。「懷」下「予」字諸本作「子」，盧校從。莊校「二」改「帝」，删「期」字，後「予」改「于」。陳《補注》後十一字訂「予未致于休，予近懷于朕室」。○莊述祖云：「帝」本作「二」，《秦蓋和鐘》「帝」作「二」，是「二」當是「帝」之譌。

〔集注〕莊述祖云：神，重也。于，曰也。致，行之至也。休，美也。懷，歸也。○陳逢衡云：二神，王季、文王也。二后在天之靈，故曰神授。靈期，亡日也。予未致于休者，致，至也。言天下尚未致太平，故近懷于朕室，室謂天室。○朱右曾云：靈，落也。夢神示以組落之期，恐不能致于休嘉，近懷我家，惟周公可付託也。

汝惟幼子，大有知。

〔彙校〕惟，元刊本、趙本作「維」。

〔集注〕莊述祖云：幼子，猶言孺子、沖子，非常稱。○陳逢衡云：幼子，指叔旦。大有知，言多材多藝也。○唐大沛云：維通雖。武王同弟八人，管、蔡皆周公兄，故曰幼子。大有知，言多材多藝也。

昔皇祖底于今，勗厥遺得顯義，告期付于朕身。

〔彙校〕莊述祖云：「得」爲「德」。

〔集注〕潘振云：皇祖，太祖。遺，遺體。○莊述祖云：勗，勉；付，與也。祖考傳之，子孫代之，惟德惟義，奕世共勉，故天告靈期與武王也。皇祖，后稷也。○陳逢衡云：勗與冒通，懋也。得與德通也。勗厥遺得，言自后稷以至文王皆由懋勉以遺厥德。顯，明也。義，謂弔伐之義。告期，即所謂授朕靈期也。付于朕身，則任大責重。○朱右曾云：遺，遺訓。期，付期望也。付，託也。○孫詒讓云：朱云遺，遺訓。案：「遺」「貴」同聲，假借字。「得」莊校改爲「德」，是也。朱說非。

肆若農服田，飢以望穫。

〔彙校〕飢，程本、鍾本、王本作「饑」，盧校從。

〔集注〕盧文弨云：惠云：「饑與幾同，幾讀曰冀。」○陳逢衡云：饑，當如飢饉之飢。○唐大沛云：喻望成功之切也。○朱右曾云：饑以望穫，喻急也。

予有不顯，朕卑皇祖不得高位于上帝。

〔彙校〕予，莊校改「子」。○盧文弨云：「卑」亦疑「俾」。

〔集注〕莊述祖讀「子有不顯朕」句，云：言周公不代武王，則寶命終隊，是使后稷不得配天也。卑，讀曰俾。○朱右曾云：卑讀爲俾。蓋后稷以來積累以基天命，今大統雖集，未致太平，未作禮樂，無以光顯祖業于天下，是使皇祖不得享配天之祭也。

汝幼子庚厥心，庶乃來班朕大環，兹于有虞意。

〔彙校〕按：莊校「環」改「黖」。

〔集注〕潘振云：班，列也。大環，宫衛之官。○莊述祖云：庚，續；班，分；黖，敗；虞，樂也。告周公所以代厥事者，在續厥心。庶，幸辭也。乃，難辭也。來，繼辭也。重言之。言分者及德之方明，國雖有疵，無俾大敗，斯有樂意也。既破我斧，又缺我斨，武王其憂之矣。周公告成王曰班朕不暇，武王告周公曰班朕不黖，聖人之時異也，武盡美矣，未盡善也，惟聖人能知之。○陳逢衡云：班，布也，位也。環，宫衛之官。《左傳》有環列之尹，《周禮·夏官》有環人。此大環，猶《書》所謂大麓，蓋寵異之名，隱以攝政，托周公矣。虞，憂也。○朱右曾云：庚，更也，更其謙讓之心。來，勤也。班，布也。布德于天下，若環之循而無窮，且有虞度之心。○朱駿聲云：庚，續也，讀如「西有長庚」之庚。

乃懷厥妻子，德不可追于上，民亦不可答于朕。下不賓在高祖，維天不嘉，于降來省。汝其可瘳于兹？

〔彙校〕「朕下」二字唐、朱二家倒乙。○孫詒讓云：朱云：「天恐後之不嘉，故遣二神降省。」案「下朕」二字倒，當從朱校乙正。言上則德不可追，下又不可對民。朕不得賓于高祖，言不得配祀也。「省」當爲「眚」，古音近，字通。《謚法篇》「治而無眚曰平」，今本「眚」亦作「省」。「可」疑「何」之省。言天神不嘉，則降眚疾，其能有瘳乎？蓋深戒之也。朱説誤。

〔集注〕潘振云：追，上及之意。答，感應也。○莊述祖云：居天位者不懷妻子，聖人公天下之心，故能昭明德以格上下。追讀曰陟。不賓在高祖者，即所謂不得高位于上帝也。嘉，美；省，善也。來省，猶言遐福。瘳，瘉也。○陳逢衡云：朕下，謂自朕以下。言上無對先祖，下無以答羣臣百姓也。高祖，太王以上也。古謂前王大行爲上賓於天，言在帝左右也，不賓則弗克追配矣。○唐大沛云：陳解「朕下」意曲，張云「我則不能賓享高祖」，以「朕」屬下，是。○朱右曾云：賓，列也。若懷安其妻子，上隳祖德，下乖民望，則朕死不從乎高祖之列。天恐後之不嘉，故遣二神降省。瘳，愈也。

乃今我兄弟相後，

〔集注〕莊述祖云：文家立子，質家立弟，武王憂難，故欲建庶也。○唐大沛云：兄先弟後，殷人傳及之法也。後，即上《文傳》「于後」之「後」。○陳漢章云：案《檀弓》：「昔者文王舍伯邑考而立武王。」注：「文王之立武王，權也。」「權也」二字爲《孔叢子·雜訓篇》所襲。此經，武王亦欲權用殷禮，兄弟相後，叔旦不敢當而攝政焉。管、蔡流言，違武王之命矣。

我筮龜其何所即？今用建庶建。

〔彙校〕用建，趙本作「用逮」。按莊校「今」改「命」，連上讀，下「建」改「及」。唐《句釋》「庶」改「叔」。○盧文弨云：「庶建」，或作「素達」。○莊述祖云：「命」本作「今」，「及」本作「建」，以古文而誤。《大誥》曰：「寧王遺我大寶龜，紹天命即命。」王者欲有所爲，必奉天之明命，即龜筮以稽之，今周公繼文武之業，天意已明，不必更即命於筮龜也。○陳逢衡云：庶建，當作「庶達」，即所謂達弟也。今用建庶達者，言傳位不必泥於嫡長，當選支子之達者而建之。

○孫詒讓云：下建字惠校改違，不知何據。以文義推之，「用建」疑當作「用逮」。」

〔集注〕盧文弨云：惠半農：「王欲兄弟相後，傳位於旦，故旦恐。」○莊述祖云：建，立也。言用者，非周禮。○唐大沛云：即，就也。言何用就問于龜筮。○朱右曾云：何所，言無用也。不傳于子而傳弟，故曰建庶。

叔旦恐，泣涕共手。

〔彙校〕手，趙本作「于」。○劉師培云：案《原本玉篇・水部》「汽」字注云：「《周書》『叔里（旦字之訛）汽涕拱手』。」《說文》或曰：「汽，泣也。」是舊本「泣」作「汽」，「共」作「拱」，今本作「泣」乃後人所改。

〔集注〕莊述祖云：周公恐懼，泣涕不敢從王命，然知武王德之不延，故植璧秉圭，請以身代新命。三王永終是圖，此武王所不敢知而周公自以爲功者也，故曰讀《金縢》、《度邑》，聖人之心見矣。孔子不録之于經，殆以建庶非周禮與。○朱右曾云：惠曰：「王欲傳位于旦，故恐。」「共」讀爲「拱」。

王曰：嗚呼，旦！我圖夷茲殷，

〔集注〕莊述祖云：武王知周公不肯兄弟相後，故申言定天保作天室也。圖，謀；夷，易也。既憂茲難，復圖茲易。《易》曰：「終日乾乾，反復道也。」其武王之謂乎！○陳逢衡云：圖，謀也。夷，平也。○朱右曾云：圖，度。夷，平。

其惟依天。其有憲今，求茲無遠。

〔彙校〕依,鍾本作「夷」。今,諸本作「命」,盧從。朱依陸麟書説「天」下增「室」字。○唐大沛云:其惟依天,「天」字下疑脱「室」字。

〔集注〕莊述祖云:殷謂商邑,近殷者河涉黎水是也。先圖近商邑地者,近殷民,使易化。憲,讀曰「割」。割命,割殷之命也。武王知紂之遺民習惡日久,殷命終黜,必將遷居之,于時依天室亦不可遠求。○陳逢衡云:依,倚也。憲命,天所出也。○朱右曾云:憲,法也。武王時殷之世家大族已有蠢動之心,觀《商誓篇》可見。武王以爲不遷終有後患,故言我欲平殷,惟使之依近天室以習憲命,其地即于此,求之勿遠。

慮天有求繹,相我不難。

〔彙校〕諸本無「慮」字,盧從。

〔集注〕莊述祖云:求,終;繹,陳;相,助也。不難,難也。言天終陳其道,助我大難也。○朱右曾云:天意待人尋繹,其輔相我者,不難也,故後周公卒遷殷士。

自洛汭延于伊汭,

〔集注〕潘振云:洛水,出今陝西西安府雒南縣冢嶺山,一名讙舉山,至河南府鞏縣東北入河。水北曰汭。延,及也。伊水出熊耳山,山在河南陝州之東,一在盧氏縣西南,兩峯相並如熊耳,至河南府偃師縣南入洛。○莊述祖云:水相入曰汭。○陳逢衡云:洛、伊,二水名。水北曰汭。延,及也。○朱右曾云:雒汭,雒水入河之處,在河南府鞏縣北。伊汭,伊水入雒處,在河南府偃師縣西南五里。

居陽無固，其有夏之居。

〔彙校〕陽，莊、朱並從《史記》改「易」。○洪頤煊云：自洛汭延于伊汭，居陽無固。《史記·周本紀》作「居易無固」。頤煊案：《集解》徐廣曰：「夏居河南，初居陽城，後居陽翟。」字本作「陽」。《索隱》言「自洛汭及伊汭，其地平易無險固」，字譌作「易」。《尚書·禹貢》「涇屬渭汭」傳：「水北曰汭。」《穀梁·僖二十八年傳》：「水北爲陽。」居陽，即指二汭而言。「陽」古文作「昜」，與易相近因譌。

〔集注〕潘振云：地南爲陽。有夏，指太康也，曾獵於洛水之南。○莊述祖云：易，平也。無固，無四塞之固。夏，大之。之，辭也。在天下中諸侯納貢職道里，是謂土中。天地所合，四時所交，風雨所會，陰陽所和，以建天室，有德易興，無德易亡，惟有德者居之，不私一姓，是謂有夏之居。既曰無遠，又曰無固，聖人之依天室如此。○陳逢衡云：水北爲陽，蓋謂此地居洛水伊水之陽也。《索隱》「易」即「陽」，後人訛爲「易」也。夏，大也。有夏之居，即「有那其居」之義。○朱右曾云：易，平也。欲夷茲殷，故欲居易無固也。《竹書紀年》云：「太康居斟尋，桀亦居之。」今在鞏縣西南，後周公不營此者，蓋卜之不吉。

我南望過于三塗，我北望過于有嶽，丕願瞻過于河，宛瞻于伊洛，無遠天室。

〔彙校〕願，趙本作「顧」。○按《史記·周本紀》「丕」作「鄙」，屬上讀；「願」作「顧」，無「有」字，「宛」作「粵」。「瞻」作「詹」，無「過」字。盧校從《史記》改「鄙顧」。莊校從《史記》。朱校「瞻」依舊，餘從《史記》，又「宛瞻」下據《玉海》增「延」字。○盧文弨云：《史記集解》徐廣曰：「武王問太公曰：『吾將固有夏之居，南望過于三塗，北詹望于有河』」，語亦相似。○王念孫云：盧本依《史記·周本紀》改「丕」爲「鄙」，改「願」爲「顧」。念孫案：《史記》作「北望嶽鄙顧詹有河」，則此亦當作「我北望過于嶽鄙，顧瞻過于有河」。徐廣《史記音義》引此亦云「北詹望于有河」，今本「有」字誤入上句「嶽」字上，則與《史記》及徐廣所引皆不合。○劉師培云：《水經・洛水注》引《周書》武王問太公曰：「吾將因有夏之居，南望過於三塗，北瞻望於有河」（《漢書・地理志》顔注載臣瓚引《周書・度邑》同），與《周紀集解》所引徐廣説同。《潁水注》云：「潁水自堨東逕陽翟縣故城北，夏禹始封於此，爲夏國，故武王至周曰：『吾其有夏之居乎？』遂營洛邑。」《周紀集解》又引徐説云：「夏居河南，初在陽城，後居陽翟。」疑徐、酈均以居陽爲陽翟。（《漢志》顔注載臣瓚説云：「有夏之居，即河南是也。」）所據《周書》「固」均作「因」，句讀亦殊。今本以爲武王問太公語，則誤記耳。又案，盧校據《周紀》改「丕」爲「鄙」，實則丕、鄙古通，丕亦較古。（《玉海》六十亦引作丕。）「宛瞻於伊洛」，案朱本據《玉海》於「瞻」下補「延」字，今考《玉海》作「延」，似涉上文延伊汭而訛。以上三語律之，亦當補「過」字。

〔**集注**〕盧文弨云：三塗，杜預曰在河南陸渾縣南。案《左氏・昭十七年傳》：「晉將伐陸渾，以有事於雒與三塗，請於周。」杜説蓋本此。服虔以太行轘轅崤黽當之，於南望亦不合，非也。○潘振云：三塗山，在今河南府嵩縣西南，即漢渾陸縣也。嶽，華山也。在陝西同州府華陰縣。鄙，邑名。《左傳》：「太叔命西鄙、北鄙貳于己。」顧，地名。《左傳》：「公及齊侯邾子盟于顧。」此顧或齊地與？宛，本申伯國，春秋時屬晉，今南陽縣也，屬河南南陽府。○莊述祖云：晉侯使蒯如周，請有事于洛與三塗，則三塗去洛不遠矣。五嶽，河南華、河西嶽、河東岱、河北恒、江南衡。《周官》職方所掌豫州之山鎮曰華，有嶽其殆是與？鄭氏謂王城在《禹貢》豫州太華、外方之間，北得河陽，漸冀州之南，其大略也。丕，大；詹，至；宛，曲也。《禹貢》道河東過洛汭，伊入洛，洛入河，度南北過兩山，又大還視至于河，凡九州之川達河者屈行以至伊洛，其道里均重。○陳逢衡云：嶽即太岳，在今山西霍州東南。丕，大也。瞻，視鄗，都也。河，大河。宛，在今衛輝府濬縣西。《水經注》：「宛水自石堰東注宛城西，屈逕其城西。」《魏書・地形志》：「朝歌有宛城。」《寰宇記》：「在衛縣北四十里。」○朱右曾云：嶽，司馬貞以爲太行山，在懷慶府河内縣北。鄗，都鄙，近嶽之邑也。顧瞻，回顧也。宛，坐見貌，此規畫畿甸也。

其曰茲曰度邑。

〔彙校〕其曰，朱據《玉海》訂「其名」。○王念孫云：案上「曰」字義不可通，《玉海》十五引作「其名茲曰度邑」，是也。度邑，即本篇之篇名，故曰名茲曰度邑。○孫詒讓云：惠云：「上『曰』《玉海》作『名』。」王、朱依校改。案王、朱校是也。「名」與「命」通。前《大聚篇》云「命之曰大聚」，文例與此同。

逸周書彙校集注卷五

武儆解第四十五

〔彙校〕武儆，《史略》作「我儆」。○孫詒讓云：《史略》作「我儆」，誤。

〔集注〕潘振云：武，寧王之謚也。傳位旦不從，於是立誦爲太子，武有以戒之，故次之以《武儆》。○陳逢衡云：此武王詔周公立小子誦之文，蓋託公以後事也。文不止此，疑有闕落。○唐大沛云：此篇次于《度邑》之下，亦真古書也，惜殘闕不全，字多訛脱，不盡可解釋，故列之下編。

惟十有二祀四月，王告夢。

〔彙校〕二，《史略》作「一」；丁據《紀年》改「七」，云：《大匡》、《文政》兩篇已云十三祀，不應至此反云十二祀也。○朱右曾云：二，當作「六」。○劉師培云：此爲武王末年，並文王受命之年計之，當爲二十祀。就武王即位之年計之，當爲十一祀。高氏《史略》引「二」作「一」，是也。以《三統曆》推之，是年距入甲申統五百二十八年，積月六千五百三十，閏餘十，積日一十九萬二千八百三十六，小餘五十三，大餘五十六，得庚辰爲正月朔。由是遞推，得己酉爲四月朔，八日丙辰。

〔集注〕潘振云：立太子當在十有二祀之後。《竹書》：「十七年，命王世子誦于東宫。」○陳逢衡云：夢，不祥也。○唐大沛云：蓋即《度邑篇》所云「二神授朕靈期」之夢。○朱右曾云：告夢，疑即「二神授朕靈期」之夢。

丙辰，出金枝郊寶、開和細書，命詔周公旦立後嗣。

〔彙校〕按：丁移下文「文及寶典」於「郊寶」下，「立後嗣」下移補《度邑》「王□□傳于後」，云：金枝郊寶，當即《顧命》所陳刀、球、璧、玉之類。按寶典，疑即此書第二十九篇。開和，疑指此書名開名和各篇。細書，或「總書」之訛，此蓋《顧命》所陳大訓、河圖之類。○朱駿聲云：「細」當作「紬」，讀爲「紬史記」之紬。○孫詒讓云：案朱説是也。金枝，當作「金版」，版俗作「板」，與「枝」形近而誤。金版，見前《大聚篇》。《莊子·徐無鬼篇》云：「横説之則以《詩》《書》《禮》《樂》，縱説之則以《金版》《六弢》。」《釋文》引司馬彪、崔譔云：「《金版》、《六弢》，皆《周書》篇名。」即指此也。《開和》亦書名，見前《大開武篇》。郊寶，疑當作「郊室」。《通典·吉禮》引《五經異義》、《春秋左氏》説「終禘及郊宗石室」，蓋古秘書與廟主皆藏於石室也。○陳漢章云：案「金枝」當從孫氏説爲「金版」。郊寶，即《酆保》篇。酆與郊字形誤，保、寶古字聲類同。《開和》，亦古書，見《大開武》篇。細書，當從朱氏駿聲説，讀細爲「紬史記」之紬，則即《世俘》篇、《嘗麥》篇之繇書。

〔集注〕潘振云：金枝，以金爲枝者，如兑之戈是也。郊寶，郊天之寶。開氏，和名，掌天府之藏者。細書，細録之。命，策名也。○陳逢衡云：金枝、郊寶、開和，俱周家典册。金枝，譜牒也。枝，宗枝，以其書於金版，故謂之金枝。郊寶，郊祀上帝之書，蓋紀太微王帝感生帝之類，以其爲子孫世守之重器，故謂之郊寶。開和，見《大開解》。出者，取諸太史而設之也。細書者，敬録之辭。○丁宗洛云：鄭環謂：「郊寶，郊天之寶瓶。開和，開其頭也。瓶中有金枝,藏細書及寶典。開和,取出以詔周公。」其説謬戾不可從。另曰:《大開武解》云:「王其明用開和之言」,注:「可否相濟曰和。」又曰:「開臣以和。」其義各别。○唐大沛云:蓋周家典册也。○朱右曾云:開和,書名。

屬小子誦文及寶典。

〔彙校〕劉師培云:寶典,爲《周書》篇名。「文」下疑闕一字,即《文開》、《文儆》、《文傳》之屬也。

〔集注〕潘振云:誦,成王名也。文,詔太子之策書也。寶典,先王所寶之典,《顧命》所謂大訓也。○陳逢衡云:誦,成王名,生于帝辛四十七年。至武王十七年,成王年十二,以周公不肯傳及,故有東宫之命。《紀年》書其事,《武儆》則其命立之文也。屬者,以天位付屬之。文,則命立之文,如後世大行傳位詔書是也。寶典,書名,見第二十九。及者,並此書亦陳也。○唐大沛云:文,立嗣之詔文也。《寶典篇》,武王三祀作。及者,並此書亦授之。○朱右曾云:誦,成王名;寶典,即此書第二十九篇。

王曰:嗚呼,敬之哉!汝勤之無蓋。

〔彙校〕蓋,元刊、趙本作「盖」。○唐大沛云:「蓋」字訛誤。

〔集注〕丁宗洛云:蓋,怠也。與《文儆篇》「無有時蓋」語同。

□周未知所周,

〔彙校〕按:闕處丁從浮山補「我」,唐疑是「哉」,屬上讀,朱駿聲補「惟」。所周,丁從浮山改「所因」。○唐大沛云:

次「周」字疑誤。或曰：周，至也。言我周初定天下，未知將來所至如何也。

不周商□無也。

〔彙校〕按：此句丁宗洛從浮山補改「不知商孽無他」，朱駿聲於闕處補「道」。○唐大沛云：「也」字疑是「他」字之訛。「它」與「佗」、「他」同，言不知商之後嗣志果無他否也。

朕不敢望，敬守勿失，

〔集注〕丁宗洛云：言我將不敢忘自致太平。○唐大沛云：若不安然無事，固聯所願，然不敢想望而必之也。蓋已預料將來武庚有不靖之事，但未顯言之耳。○孫詒讓云：「望」當讀爲「忘」，二字聲類同，古通用。

以詔賓小子曰：

〔彙校〕賓，諸本作「寘」；盧校作「宥」，潘從。○劉師培云：案陳注云「寘與示同」，其説是也。《易·坎卦》「寘於叢棘」，《釋文》引劉表本作「示」，是寘、示文別義通。詔者，使之聞；示者，使之覩也。冡上文□寶典言。盧校從元本改「宥」，轉非。

〔集注〕潘振云：宥，勸也。周公以王之告文勸小子。○陳逢衡云：寘，置也，與「示」通。《詩》曰：「示我周行。」示猶置也。○丁宗洛云：寘，置也。蓋以詔命之而命其慎藏之。○朱駿聲云：宥，讀爲「右」，助也。

允哉！汝夙夜勤，心之無窮也。

〔彙校〕盧文弨云：此篇殘闕不可讀，「也」字當是妄增入。○唐大沛云：「曰」上似有闕文，「勤」下當有「之」字。「心之無窮」，「之」字當屬上句「勤」字下也。○孫詒讓云：案「心」疑當爲「念」之壞字。

〔集注〕陳逢衡云：末句武王嘆美周公之辭。○朱右曾云：此篇殘闕，不可讀。

逸周書彙校集注卷五

五權解第四十六

〔集注〕潘振云：周公輔小子，武又告之，其所以權輕重而合中道者有五，故次之以《五權》。○陳逢衡云：此篇實周公官禮所本，後半反言以足其義，三機轉軸在心，退藏於密，非可以外泄也，故專以「五權」名篇。○丁宗洛云：武王壽數《竹書》言九十四，《禮》言九十三，此書《商誓》有至今六十年語，均難通。

維王不豫，于五日，召周公旦曰：

〔集注〕潘振云：不豫，不悦，王有疾也。○陳逢衡云：不豫，不安也。武王和疾不起，而以輔孤託公，故召而勖之。○丁宗洛云：浮山云「五日」是「五月」訛，即十七年五月，與上篇四月爲次。○朱右曾云：天子有疾稱不豫，言不悦也。

嗚呼，敬之哉！昔天初降命于周，維在文考，克致天之命。汝維敬哉，先後小子！

〔集注〕潘振云：初降命者，肇基王迹也。先後者，在前在後而教喻之也。○陳逢衡云：降命，降大命。先後小子，抉掖其身也。○唐大沛云：先後，猶輔佐也。小子，太子誦也。○朱右曾云：在，察也。先後，相尊也。

勤在維政之失，政有三機五權，汝敬格之哉！

〔彙校〕丁宗洛云：「格」字似衍。

〔集注〕潘振云：勤，察也。機，關機也，動於近，成於遠。格，窮究也。○陳逢衡云：勤在維政之失，《書》所謂「繩愆糾謬，格其非心」，《詩》所謂「衮職有闕，仲山甫補之」也，蓋命公以師保之任。三機用以防亂，五權用以經國。○丁宗洛云：維，思維也。○唐大沛云：在，察也，勤察行政之失。格，辨也。○朱右曾云：格，量度也。

克中無苗，以保小子于位。

〔彙校〕丁宗洛云：「克」疑「允」字之訛。「苗」疑「蒠」訛。玩下文「一曰敬在三機」，又曰「汝慎和稱五權維中」，前後對照，則改作「允中無蒠」自有理致。

〔集注〕潘振云：草初生曰苗。無苗者，去始萌之惡也。保者，慎其身以輔翼之，而歸諸道者也。○陳逢衡云：克，能也。中，即下文「維中是以」之中。苗，通作緢。克中無緢，言無毫釐之不當也。○唐大沛云：苗，一音繆，或本是繆字，以音同致誤，或通作「緢」。《説文》引《周書》曰「惟緢有稽」，今《書·吕刑》作「惟貌」。薛季宣《書古文訓》作「緢」，大抵是旄絲糾紛之意。○朱右曾云：苗，末也，言無務乎末務。苗本作「緢」，纖微之義，《廣雅》云：「末也。」○朱駿聲云：苗讀爲「貌」，與《芮良夫》「王貌受之」同。《吕刑》「惟貌有稽」，《説文》引作「緢」，亦「苗」、「皃」通假。

三機：一疑家，二疑德，三質士。

〔彙校〕質士，程本闕，吴本、趙本作「箕上」。

〔集注〕潘振云：此言三機之目而並詳其事也。可疑之家，不軌之臣也；可疑之德，謂此德也。質，質樸。〇陳逢衡云：機，謂事之形於未然者。〇唐大沛云：機者，動之微，當先辨之。疑家，謂至親有可疑者。質士，意未詳。〇朱右曾云：疑家，威權震主者。疑德，僞行也。質士，不學之士。

疑家無授衆，疑德無舉士，質士無遠齊。

〔彙校〕疑德無舉士，元刊本、趙本闕「無」字。〇盧文弨云：宋、元本「疑德無舉士」句「無」字作方圍，後來本乃有「無」字。〇劉師培云：「授」當作「援」，謂宗族相猜，失其援助也。

〔集注〕潘振云：言家可疑，無授以兵衆而致亂；德可疑，無舉其所薦而成黨；士質樸，無與之遠辨而貽誤。〇陳逢衡云：疑家，即指管叔。無授衆，謂不可予以大權。疑德，指殷遺。無舉士，「士」與「事」通，謂相時而動也。周公零雨三年坐鎮其地，而後次第翦除，實師其意。質，謂斷。質無遠齊，言當求之近也。〇丁宗洛云：似言可疑之家免其兵役。「士」疑「上」訛，似言德可疑者不可舉諸上位。質，當即僑塞之意，似言質樸之士不足任以遠大。〇唐大沛云：德有可疑，毋舉而任之。〇朱右曾云：舉士，舉而任之事也。齊，音劑，如《荀子》「以國齊義」之齊，言任以遠大而不可濟也。

吁，敬之哉！天命無常，敬在三機。五權：一曰地，地以權民；

〔集注〕潘振云：言地有高下，宜山宜澤，以稱民之居。○陳逢衡云：度地居民也。○丁宗洛云：地指郊野。地以權民，蓋即計夫授田之意。○朱右曾云：計夫授地，無曠土無游民。

二曰物，物以權官；

〔集注〕潘振云：事有大小，職要職煩，以稱官之職。○陳逢衡云：物，事物也。物以權官，量能授職也。○朱右曾云：物，猶事物也。事繁官多，事簡官省。

三曰鄙，鄙以權庶；

〔集注〕陳逢衡云：鄙，野也。庶，農也。鄙以權庶，計口授田也。○丁宗洛云：鄙，指都鄙。鄙以權庶，即所謂「五酇爲鄙，五鄙爲縣」者，二語所以不同也。○朱右曾云：鄙，都鄙。量遠近，度多寡，以建城市。

四曰刑，刑以權常；

〔彙校〕按：丁宗洛「常」改「賞」，云：舊訛「常」，據下文「極賞則漏」句改。

〔集注〕潘振云：刑者，五常之鞭策。刑以權常，飭紀陳綱也。○丁宗洛云：罪疑惟輕，功疑惟重，雖是二德，然賞溢於刑則人多玩法，故曰刑以權賞。○朱右曾云：常，常德也。出禮入列，刑以正德。

五曰食，食以權爵。

〔集注〕陳逢衡云：食，采地也。食以權爵，班禄定制也。〇丁宗洛云：此兼馭富馭貴而言。按：地以權民、鄙以權庶，地官司徒之事也。物以權官、食以權爵，天官冢宰之職也。刑以權賞，秋官司寇之職也。一部《周禮》，蓋原於此矣。〇朱右曾云：食，禄也，班禄視爵。

不遵奉括，食不宣，不宣授臣。

〔彙校〕奉，諸本作「承」，盧從。授，鍾本作「捜」。〇丁宗洛云：「爵」有重文，「括」疑即下文「授」之訛，此處應云「爵不遵承，食不宣授」，方合。食不宣，應作「食不宣授」，如晉制食邑幾千户、幾百户，皆屬虛封是也。不宣授臣，海山云：「此四字不類經語。」洛案：此與上七字乃申言食以權爵之義，尚有脱誤。〇唐大沛云：此正文十一字有訛脱，義未詳。〇朱右曾删「不宣授臣」，云：「食不宣」下舊有「不宣授臣」四字，蓋孔注之脱爛僅存，誤入正文者。

〔集注〕潘振云：括，法也。矢末曰括，必合于度，然後釋。〇丁宗洛云：「爵不遵承」者，如項羽封諸侯，印角已刻而猶未封是也。〇朱右曾云：括，法也。官不奉法，以奪其禄。

極賞則淈，淈得不食。

〔彙校〕唐大沛云：「得不」二字疑倒。〇朱右曾云：「得不」二字倒。

〔集注〕盧文弨云：「淈」與「屈」同。《荀子・宥坐篇》言：「水洸洸乎不淈盡，似道。」楊倞云：「淈讀爲『屈』，竭也。」〇陳逢衡云：極賞則淈，猶《史記》所謂「屈而無以賞也」。極賞則物産必盡，是猶掘地而取，故生之者少而民不得食，此食不權爵之過也。〇丁宗洛云：濫賞則有時匱竭，亦如水之淈也。〇唐大沛云：屈竭，故不得食。〇朱右曾云：涺，讀爲「屈」，竭也。○孫詒讓云：《史記篇》「惠而好賞，屈無以賞」，即極賞則屈之義。「得」當讀爲「食舊德」之德，言竭德則人不食其惠也。朱校非。

極刑則仇，仇至乃别。

〔集注〕潘振云：至，亦極也。别，離也。濫刑則民讎之，其極也則民離，此言刑不權常之失。○陳逢衡云：虐民則民讎也。别者，别有所屬，謂心向外不親附，此刑不權常之過也。○丁宗洛云：别，言人各一心也。○唐大沛云：虐民則民讎之，故别圖他適。

鄙庶則奴，奴乃不滅。

〔彙校〕丁宗洛云：奴，疑「呶」訛，亂也，下句當作「奴無不滅」。「鄙以權庶」之「庶」，衆庶也。下文「官庶」、「物庶」、「地庶」、「人庶」各「庶」字則異義矣。大凡着眼之字别項不許重複，故吾疑「官庶」以下各「庶」字必有誤。

〔集注〕潘振云：奴，罪人。滅，没也。言鄙多人，則田里不足授。小人窮斯濫，必爲奴。男子入於罪隸，女子入於舂稾，不能没其罪也，此言鄙不權庶之失。○陳逢衡云：庶，侈也。治野無法則民習於侈而陷於罪，故奴。滅，絶也。奴乃不滅，犯法者衆也。犯法者衆則耕者無人，此鄙不權庶之過也。○丁宗洛云：鄙、庶須分舉方合。○唐大沛云：二句義未詳。陳(逢衡)説似合。或曰：鄙民太衆無田可授，則必爲人奴役，奴役有不能成家室者，乃至絶嗣。如此説，則正文「不」字爲衍文，此似可通，亦恐未合。○朱右曾云：鄙統于都。如奴事主，衛者衆，故無滅亡之患。○孫詒讓云：案《水經・滱水》注云：「水不流曰奴。」此「奴」疑亦民聚止不移之義。朱望文生訓，不足據。

國大則驕，驕乃不給。

〔**彙校**〕國大，程本、吴本、趙本作「大國」。

〔**集注**〕陳逢衡云： 國大則主驕，驕則使令常若不給而官庶。○丁宗洛云： 此二句屬庶，則知上二句鄙庶並舉有誤。○唐大沛云： 國大則君驕，常若臣下不足給使令，而官因以衆。○朱右曾云： 君驕則奢侈，故材不給用也。

官無庶則荷，荷至乃辛。

〔**彙校**〕按盧校從趙删「無」字，各家從。○盧文弨云： 謝云： 「荷」與「苛」同，見《漢書・酈食其傳》。文弨案：「辛」疑「丵」字之訛，《説文》： 「叢生艸也，讀若浞。」於苛細煩碎之意爲近，且業字从丵，則聲當亦相近，與上所用韻亦協。○陳逢衡云： 荷當讀如「何天之寵」之何。辛乃「辟」字之誤。官庶則荷寵者多，而陷於刑辟者必衆。○丁宗洛云： 辛或即「幸」字之訛，蓋宦途太雜，則倖進者必多也。○俞樾云： 荷字當讀爲「苛」，古字通也。辛字無解，且於韻亦不協，疑㚔字之誤。《説文・㚔部》： 「㚔，所以驚人也。」一曰： 俗語以盜不止爲㚔。煩苛之至，民必驚擾，此與前説合。《老子》曰： 「法令滋章，盜賊多有。」則與後説亦合，且與上文韻亦相協。㚔字隸變作「幸」，凡執字、報字左旁今皆爲「幸」，是其證也。幸與辛相似，因而致誤耳。○孫詒讓云： 謝讀荷爲苛，是也。辛疑當作幸，言苛免刑罰也。

〔**集注**〕潘振云： 荷與苛同，細也。辛當作丵，草木叢生，喻叢雜煩瀆也。

物庶則爵，橆不和。

【彙校】趙本重「爵」字。橆，元刊本同，餘諸本作「乃」，盧從。陳從梁處素説訂「物庶則橆，橆乃不和」，朱訂「物庶則橆，橆乃不和」。○盧文弨云：惠於「乃」字旁校云：宋作「撫」。趙疑「物庶則」下尚脱一字。梁處素云：「撫」疑「橆」字之訛。《説文》引《商書》「庶艸繁橆」，是也。「橆」字當重文。文弨案：「和」字亦必誤。○陳逢衡云：盧云「和」字亦必誤，衡案「和」字當作「秩」。○丁宗洛云：如(梁)説，則「撫」必非校「乃」字，當是閲者誤耳。盧云「和」字亦必誤，竊謂後世執大小相維之説，設官太多，恒有侵官之弊，便是爵不和也，究疑「爵」是「鬱」訛，「鬱」宜重文。

【集注】潘振云：此言物不權官之失。○陳逢衡云：物庶則政事龐雜，而官皆無序，此物不權官之過也。○朱右曾云：橆，雜也。

地庶則荒，荒則聶。

【彙校】聶，趙本作「攝」。○陳逢衡云：「聶」當作「懾」，謂地荒不治則寇盜生，故居者多恐懼而心動。○朱右曾云：聶，當爲「懾」，懼也。土廣無守可襲伐，故懼。○劉師培云：上云「仇至乃别」，又云「荷至乃辛」，以彼例此，當作「荒至則聶」。

【集注】盧文弨云：聶，當如《爾雅》「守宫槐葉晝聶宵炕」之聶，合也。脈其滿眚，閉塞而不能疏通，是之謂聶。○潘振云：荒，蕪穢不治也。聶，動貌。言地多則耕種無人，爲敵所窺，則摇動矣。○陳逢衡云：地庶則荒，所謂土多人少，非其土也。○丁宗洛云：此即土滿之患。○陳漢章云：聶爲攝之假字，如「攝乎大國之間」，注：「迫也。」《文傳篇》引《開望》曰：「土廣無守可襲伐，土狹無食可圍竭。」《潛夫論・實邊篇》引《周書》曰：「土多人少，莫出其材，是謂虚土，可襲伐也。土少人衆，民非其民，可遺竭也。」與此篇義亦相發。

人庶則匱，匱乃匿。

〔彙校〕丁宗洛云：匿與暱通，似宜作「人庶則匿，匿乃匱」，此即人滿之患。○俞樾云：匿當讀爲慝，言人衆則必匱乏，匱乏則必競爲姦慝矣。古匿與慝同聲而通用，《尚書大傳》「朔而月見東方謂之側匿」，《漢書·五行志》作「仄慝」，是其證也。《説文》無「慝」字，古字止作「匿」耳。○劉師培云：當作「匱至乃匿」。

〔集注〕潘振云：人多則財用不足，爲勢所迫則逃隱矣，此言地不權民之失。○陳逢衡云：人庶則匿，所謂人多土少，非其人也。匱，竭也。民貧則竭，勢必遠徙樂土，有似逃遁，故曰匿，此地不權民之過也。○朱右曾云：財用竭則民逃亡。匿，亡也。○陳漢章云：匿則慝之假字也。

嗚呼，敬之哉！汝慎和稱五權，維中是以，以長小子于位，實維永寧。

〔集注〕陳逢衡云：調而能一曰和，輕重不失曰稱。○丁宗洛云：宋儒言權自勝于漢儒，然玩「汝慎和稱」二句，覺宋儒言權妙義已見于此。○唐大沛云：維中，維用中道。○朱右曾云：稱，度也，和以度之，權其中而用之，則之機亦無失也。

逸周書彙校集注卷五

成開解第四十七

〔集注〕郝懿行云：以下成王書。○陳逢衡云：成，成王也。開，即取「大開告用」之義。篇中言父、顯父、正父、機父，猶襲殷人官號，其作於元年無疑。○丁宗洛云：成王以紂四十七年乙酉生，至丁酉即位，應是年十三歲。

成王九年，大開告用。

〔彙校〕按：《史略》「告用」下有「周公也」三字。九年，盧校從趙改「元年」。盧云：篇中云「今商孽競時逋播」，則在未東征之前，舊作「九年」，非也。○孫詒讓云：案《史略》作「九年」，則本已如是。「告用」義難通，疑當作「大開告周公」，「用」即涉「周」字而衍。

〔集注〕孔晁云：周公大開告道，成王用之也。○潘振云：元年，首年也。天子踰年改元。○陳逢衡云：《周書序》是元年，趙改本此。大開有闢門明目達聰之義，告用則嘉謨嘉猷無不采納矣。○朱右曾云：此武王崩之明年。《三統曆》謂之周公攝政元年，非也。周公大開告成王所當用者也。○劉師培云：此即周公攝政二年。

周公曰：嗚呼！余夙夜之勤，今商孽競時逋播以輔，余何循何循何慎？

〔彙校〕陳逢衡云：「何循」重文爲衍文，應删。○唐大沛云：何循，不當重文，疑衍文，否則首二字或許「何脩」，古「脩」、「循」字相似。言我何所脩治何所遵循何所慎備乎。○劉師培云：「何循何慎」四字疑係注文，「慎」與「順」同，故以「順」釋「循」，本書「順」恒作「慎」，故注亦然。

〔集注〕孔晁云：言商餘紂子禄父，競求是逋播逃越之以自輔。（唐大沛云：逋播逃越，當作「逍逃播越」。）

王其敬文命，無易天不虞。

〔彙校〕文命，盧校改「天命」，潘、陳、唐、朱從。丁校「文」改「之」，絶句，云：「文」與「之」形猶近，義亦勝。

〔集注〕孔晁云：當敬天命，備不虞（諸本作「度」，盧從）者也。

在昔文考，躬修五典，勉兹九功，敬人畏天，教以六則、四守、五示、三極，祗應八方，立忠協義，乃作。

〔彙校〕修，趙本字作「脩」。

〔集注〕孔晁云：祗，敬。協，和。○唐大沛云：忠，當讀作「中」，古「忠」「中」字通用。言當立中道而協于義，乃可起而行之也。作，起也。

三極：一、天有九列，别時陰陽；

【集注】盧文弨云：惠云：「九列，即九星。」○潘振云：九列，四方經星及五緯也。○陳逢衡云：三極已見前《小開武解》。《小開武》言九星，此謂日月所行之九道，故曰九列。別時陰陽，謂寒暑也。○朱右曾云：蒼龍、朱鳥、歲星、熒惑、填星，陽也。咸池、元武、太白、辰星，陰也。

二、地有九州，別處五行；

【彙校】處，元刊同，程本、鍾本、吴本、王本作「起」，盧校從元刊、章本。

【集注】潘振云：九州，揚、荆、豫、青、兗、雍、幽、冀、并也。○陳逢衡云：五行，謂土在中央，木在東，金在西，火在南，水在北，故曰別處。○朱右曾云：冀、并，水也；幽、兗、青，木也；荆、揚，火也；豫，土也；雍，金也。

三、人有四佐，佐官維明；

【集注】孔晁云：四佐，謂天子前疑、後丞、右輔、左弼也。（按丁宗洛云：「右」「左」似宜互换）○陳逢衡云：人有四佐，謂四枝。佐官維明，官，五官，耳、目、口、鼻、心也。○丁宗洛云：按四佐注與《小開武》不同，蓋武王彼時尚爲諸侯，故以文王四佐言之，而成王則已成爲天子，故特言天子之四佐也。

五示顯允，明所望。

【彙校】丁宗洛云：浮山謂應作「顯允所望，當明五示」，蓋從三極遞過五示，經每有此法。洛按：當作「五示顯明，允協所望」，若移在「利用示産」下，作總束語，與後文「五典有常」二句一例，亦屬可通。○唐大沛云：此句當在「衆和乃同」下，誤倒在此，孔注亦當在下，或經後人移易。○劉師培云：「明」當作「萌」，萌即民也。《詩·小雅·都人士》「萬民所望」，與此正同。孔注「謂」係衍文，以「明」釋「顯」，下言示於民，似亦以「明」爲萌也。

〔集注〕孔晁云：當明謂五示示於民（吴本、趙本作「氏」。）

五示：一、明位示士，二、明惠示衆，三、明主示寧，四、安宅示孥，五、利用示産。

〔集注〕孔晁云：王明三明。安宅，妻子寧。國利用，則産業衆。（按盧校訂作「主明則民安之，安宅則妻子寧，利用則産業衆」。）○潘振云：孥，即帑。○陳逢衡云：明位則爵有尊卑上下辨，明惠則君有賜予而恩誼通，明主則序有統屬而分次定，安宅則國有定居而家室宜，利用則民有生業而生養遂。

産足窮，家懷思終。主爲之宗，德以撫衆，衆和乃同。

〔彙校〕按：趙本、鍾本、吴本、王本「衆」字不重。盧校從趙「窮」上增「下」。○丁宗洛從「衆」字不重本，「和」上增「士」，云：此五句倒捲上文，本句正屬「明位示士」，故增「士」字。○唐大沛云：此下正文當有「士示顯允當明所望」八字，以申明位示士之義，今本誤八字在前，當移在「衆和乃同」句下。孔注「當明」云云亦當移在「同，謂和同也」下。

〔集注〕孔晁云：言五示之義。同，謂和同也。○潘振云：懷，安也。宗，尊也。撫，猶有也。○陳逢衡云：施彦士曰：「此承上五示而歷言其效也。産足不窮，利用之效。家懷思終，安宅之效。主爲之宗，明主之效。德以撫衆，明惠之效。衆和乃同，明位之效。」○朱右曾云：懷，安也。

四守：一、政盡人材，材盡致死；二、士守其城溝；三、障水以禦寇；四、大有沙炭之政。

〔彙校〕死，程本、吴本、趙本作「斃」。○唐大沛云：大有沙炭之政，「大」字疑是「火」字之訛，「沙」字亦疑誤。○劉師培云：案《墨子·備梯篇》云：「城上繫下矢石沙炭以雨之。」《雜守篇》云：「繫下矢石沙炭以雨之。」以彼相例，似此文當作「矢石沙炭之攻」。孔注「政」字盧本改「攻」，「沙」上有脱文，「大」字亦當作「矢」。王念孫《墨子雜志》謂「炭」當作「灰」，然孔注所據本書字固作「炭」。又《通典·兵四》守拒法述蓄積之物亦灰沙炭鐵並文，則炭字固不誤也。

〔集注〕孔晁云：任（按程本、鍾本、吴本、作「在」）人盡其材，則死（鍾本作「火」）力效致。大沙熾炭，可以政（按盧校改「攻」）適人也。○盧文弨云：適人，即敵人也。○潘振云：大有，言無敢不供也。○陳逢衡云：政盡人材，材盡致死，則用命者衆，守在人也。士，兵卒也。守其城毋予隳，守其溝毋予填，守在國也。障水，壅水也。寇至則決以灌之，守在邊也。沙炭，疑即塗炭。政，征也。行政四方，救民塗炭，守在四鄰也。○丁宗洛云：沙炭之政，似《周禮》「園廛漆林十而二」之類。注言「可以政適人」頗費解。

六則：一、和衆，二、發鬱，三、明怨，四、轉怒，五、懼疑，六、因欲。

〔集注〕孔晁云：鬱，謂谷（按諸本作「穀」）帛滯積省（按鍾本、王本作「者」，盧校同）也。怨（按趙本、吴本作「名」）則轉之，懼則疑之，欲則因之，此文王所以尅紂也。（按丁宗洛曰：「懼則疑之」應云「疑則懼之」。）○潘振云：和衆，和兵衆也。發鬱，發滯積之穀帛也。明怨，明表其怨也。轉怒，轉士卒之怒也。懼疑，懼敵人之有疑兵也。因欲，因勝國之欲。

九功：一、賓好在笥，

〔彙校〕劉師培云：據（孔）注「賓」疑作「實」。

〔集注〕孔晁云：在笥，謂實（程本、趙本、吴本作「貴」）幣於司（按諸本作「笥」），無節限也。○盧文弨云：古「功」、「攻」同，此「九功」當謂「九攻」，孔注似曲。○潘振云：笥，竹器之方者。○陳逢衡云：盧説是，賓好在笥，吝而不予也。○丁宗洛《外篇》云：古「功」與「攻」通者，謂攻緻之攻，非攻戰之攻，盧氏言九功即九攻，但《大武》之四攻意義無與此同者，盧説似未確。

二、淫巧破制，

〔彙校〕劉師培云：《書抄》三十引「巧」作「度」。

〔集注〕陳逢衡云：淫巧破制，作聰明以亂舊章也。○丁宗洛云：《武稱解》有「淫巧破時」語，與此各別。○唐大沛云：百工作爲淫巧以壞舊制。

三、好危破事，

〔集注〕陳逢衡云：好危破事，行險以徼幸也。○朱右曾云：好危，謂徼幸求成。

四、任利敗功，

〔集注〕陳逢衡云：貪而僨事也。○唐大沛云：貪財利以敗事功。○朱右曾云：任利，貪利也。

五、神巫動衆，

〔彙校〕陳逢衡云：不務民義而近鬼也。○唐大沛云：信禱巫以動衆之惑。

六、盡哀民匱，

〔集注〕孔晁云：盡（按盧校「盡」下增「哀」），謂送終過制（諸本「制」下有「也」字）。○陳逢衡云：盡哀民匱，厚葬破産也。

七、荒樂無别，

〔集注〕孔晁云：無别，亂同也。○陳逢衡云：相習於奢則上下亡等也。

八、無制破教，

〔集注〕陳逢衡云：國無法度則民不從也。○唐大沛云：無法制則教不立。

九、任謀生詐。

〔集注〕孔晁云：任謀，謂權變。不犯此（指以上九則），則成功也。○陳逢衡云：不以忠信，而以虛罔也。

和集集以禁實有離莫逐通其

〔彙校〕逐，元刊本同；餘諸本作「遂」，盧校從。盧云：此十二字難曉，卜本遽刪之，亦非也。（按：潘、陳、朱三家均從刪。）

〔集注〕陳逢衡云：此十二字上下絶無連屬，亦全無文義，卜本刪去未爲無見。

五典：一、言父典祭，祭祀昭天，百姓若敬；二、顯父登德，德降爲則，則信民寧；

〔彙校〕德降爲則，則信民寧，盧文弨云：惠半農改此句作「德降爲信，信則民寧」。文弨案：與注不合，前《和寤解》亦有「德降爲則」語，蓋法制皆本於德，法制信於民，民是以寧，惠所改非也。○丁宗洛云：典祭，他本多作「祭典」，予初疑「祭」爲「登」字訛，與下文「登德」、「登過」、「登失」一類，周本特作「典祭」，義較勝，從之。

〔集注〕孔晁云：言祭祀見享受福，臣（諸本作「民」）乃化，則法信民心也。○盧文弨云：言父、顯父，如《書·酒誥》之稱折父、農父、宏父也。父者，尊之之辭。此言父，蓋宗伯之屬；顯父，司徒之官；正父，司馬之官；機父，師氏、保氏之職。所闕一父，當司空之職也。顯父三句又見《本典解》。○潘振云：父，尊稱。宗伯詔大號，詔相王之大禮，故稱言父。司徒周知地數，辨其名物，故稱顯父。○陳逢衡云：上文「在昔文考，躬脩五典」，則五官皆殷制也。《典禮》：「天子建天官先六太，曰太宰、太宗、太史、太祝、太士、太卜，典司六典。」又曰：「天子之五官曰司徒、司馬、司空、司士、司寇，典司五衆。」此五典蓋即典司六典、典司五衆之謂。言父指太宰，是爲天官六太之一。案虞廷龍爲納言。《説命》：「夢帝賚予良弼，其代予言。」猶之北斗在天，爲喉舌之司也，故太宰爲言父。《鐘鼎欵識·商器類》載有言父癸彝、言父爵，典祭則贊玉几玉爵之謂。昭，明也。若，順也。言祭神則神享，治民則民應也。顯父，見《詩·大雅·韓奕》傳：「顯父，有顯德者也。」《箋》：「周之公卿也。」《正義》曰：「父者，丈夫之稱，以有顯德故稱父。」衡案：此即《曲禮》五官所謂司徒也。《酒誥》謂之農父。以其掌邦教，故又謂之顯父登德也。德降爲則，五教敷也。則信民寧，百姓安也。○朱右曾云：宗伯相禮有辭命之節，故曰言父。若，順也。司徒掌教，賓興其賢者、能者，故曰顯父登德。○孫詒讓云：《詩·大雅·韓奕》：「顯父餞之」，毛傳：「顯父，有顯德者也。」此義與彼相近。○劉師培云：案盧校以言父爲宗伯之屬，是也。古代祝史卜宗均主陳信鬼神。《説文》：「祝，祭贊詞者。」《輔行記》卷七之四引作「祭主申讚詞者也」。從示從人口會意。佚名《類聚抄·一》引阮孝緒《文字集略》云：「祝，祭主讀詞也。」此典祭之官名言父之徵。

三、正父登過，過慎於武，設備無盈；

【**彙校**】劉師培云：孔注：「使正舉事過於前，無自滿」，「使刺譏之，上舉政之失，其官無不敬矣。」案孔注訛脱難曉，以機爲譏，望文生訓。竊以機、正二字傳寫互訛。《詩·小雅·祈父》毛傳云：「司馬也，職掌封圻之兵甲。」鄭箋云：「此司馬也，時人以其職號之，故曰祈父。《書》曰『若疇圻父』，謂司馬也。」（孔疏引《書》鄭注云：「圻父謂司馬，主封畿之事。」）又云：「祈、圻、畿同。」據鄭説，則本書機父蓋亦「畿」叚，即司馬也，故下云「過慎於武，設備無盈」。又《禮記·王制篇》「史以獄成告於正」，鄭注云：「正，於周鄉師之屬。」孔疏云：「鄉謂鄉士，師謂士師。」是司刑之官謂之正。此之正父當即司寇，故下云「登失」，惟孔氏所據文已互訛。

〔集注〕孔晁云：使正舉事過於前，無自滿。○盧文弨云：正父，司馬之官。○潘振云：司馬以九伐之法正邦國，故稱正父。○陳逢衡云：正父，見《酒誥》《正義》：「正父，謂武王。」蔡氏曰「猶稱先正」，吴英《經句說》以正父爲冢宰，俱誤。《洛誥》之正父當與此解正父同，即《曲禮》五官所謂司寇也。據《嘗麥解》有「大正正刑書」之命，則正父斷爲司寇無疑。其曰正父登過者，蓋欲使民無訟，必先使民無過也。過慎於武，謂用刑之慎亦如用兵，皆民命所關。設備，謂布憲令於邦國，以警之。無盈者，惡不可長也。蔡氏《書傳》以先正訓正父，吴英引「昔吾有先正」闢之，余又得數證：一、《說命》「昔先正保衡」，先正謂伊尹；一、《君牙》「乃惟由先正舊典時式」，先正謂君牙祖父；一、《文侯之命》「亦惟先正克左右昭事厥辟」，先正謂唐叔。○唐大沛云：蓋謂使正父舉所行之過以告武威也。言當慎于作威，但設備而無過制也。○朱右曾云：司馬掌邦政，政，正也。○陳漢章云：劉《補正》以正父爲司寇。

四、機父登失，脩□□官，官無不敬；五、□□□□，制哀節用，政治民懷。

〔彙校〕脩，程本、鍾本、趙本作「修」。按闕處丁據孔注補「政戒」。機，朱據孔注改「譏」。「五」下朱駿聲補「宗父典禮」。○孫詒讓云：案機父當是司寇，故曰登失。朱校近是。○陳漢章云：譏父即祈父，爲司馬，則以《周誥》次之，其五闕文當是「宏父」矣。《酒誥》：「若疇圻父，薄違農父，若保宏父。」此經闕。文下云：「制哀節用，政治民懷。」正所謂若保也。周官六典，此惟言五官，時周公爲冢宰也。

〔集注〕孔晁云：使刺譏（鍾本、王本作「機」）之士（鍾本作「出」）舉政之失，其官官無不敬矣。（陳逢衡云：「舉政之失其官」當云「舉其官之失政」。）○盧文弨云：機父，師氏、保氏之職。○潘振云：司寇詰姦願，知發動之由，故稱機父。○陳逢衡云：機父，即《酒誥》之「圻父」，「圻」與「畿」通；亦即《小雅》之「祈父」，「祈」通作「圻」。《左傳》：「叔孫穆叔賦圻父」，圻即畿。《周禮·大司馬職》以九畿之籍施邦國之政，故司馬亦謂之圻父。此機父蓋即《典禮》五官之司馬也。《酒誥》「圻父薄違」，違，邪也。「薄違」與《左傳·桓二年》「塞違」同。此云登失，亦此義也。《周禮》大司馬以九法正邦國，故官無不敬。制哀、節用二句蓋司空之職，則所闕一父誠如盧説。○丁宗洛云：玩注則「機」與「譏」通。

五典有常，政乃重開之守，内則順意，外則順敬，内外不爽，是曰明王。

〔彙校〕盧文弨云：「之守」二字衍。（按陳從盧校删。朱亦删，謂爲下節錯文。丁改「守之」。）○孫詒讓云：「内則順意，外則順敬」，案「順」並當讀爲「訓」。「意」當爲「悳」，形近而譌。此承上文而言，内則訓悳，即上云顯父登德；外則訓敬，即上云官無不敬也。此書順、訓二字多互通，亦詳《大聚篇》。

〔集注〕陳逢衡云：官修厥職則政無壅匿，故曰重開。内則順意，誠正之功。外則順敬，修齊之事。○丁宗洛云：外重開，對武王而言，（孔）注誤。○唐大沛云：内則順意，「順」疑當讀作「慎」，古字通，下同。内則慎于意念之微，外則審慎而敬其事。○朱右曾云：重開，言四達不悖。爽，差也。

王拜曰：允哉！維予聞曰：何鄉非懷，懷人惟思；思若不及，禍格無日。

〔集注〕孔晁云：格，至。○潘振云：鄉，向也，願望之意，言何所願望。○陳逢衡云：何鄉非懷，言於文考敬人畏天之事，無一不永念也。懷人惟思，人即指言父、顯父、正父、機父。思，如恭默思道之思。思若不及則左右無納誨之人矣，故禍至無日。○唐大沛云：允，信也。懷，永念也。○朱右曾云：言民何往而不求安，安民在思立政，思之不審則有禍也。

式皇敬哉！余小生思繼厥常，以昭文祖，定武考之列。嗚呼！余夙夜不寧。

〔彙校〕余小生，元刊本同，餘諸本作「余小子」，盧校從。列，丁改「烈」。

〔集注〕孔晁云：式，用。皇，太。○陳逢衡云：思繼厥常，繼序思不忘也。昭文祖，覲耿光也。定武考，揚大烈也。「列」與「烈」同。○孫詒讓云：皇，當讀爲「況」，詳後《祭公篇》。

逸周書彙校集注卷五

作雒解第四十八

〔彙校〕雒，丁宗洛《管箋》改「洛」，云：按《周禮注》云：「漢以火德王，忌水，改寫『雒』。」則是書不應便寫雒，今從《隋書·牛宏傳》所引改。

〔集注〕陳逢衡云：此叙武庚作亂本末及營洛邑之事。○丁宗洛云：篇名曰作洛，而文内卻是作成周，蓋言作城於洛水之上，非謂作洛邑也。《度邑》叙武王所以築洛邑之意，不言其規制，此篇規制特詳，蓋亦彼此互見之法。○唐大沛云：（此篇）文筆簡古而周密，非周初良史不能爲，疑亦出於史逸之手。

武王克殷，乃立王子禄父，俾守商祀。

〔彙校〕商祀，《史略》作「商紀」。

〔集注〕孔晁云：封以鄚，祭成湯。（鄚，元刊本同，餘諸本作「鄭」，盧從。陳逢衡云：「鄭」疑是「鄁」之誤。丁宗洛云：封鄭之注難解，或有誤。陳星垣云：「鄭當是『邶』之誤。」○孫詒讓云：「鄭」當爲「鄁」之譌。）○陳逢衡云：《史記·殷本紀》：「封紂子武庚禄父，以續殷祀。」《衛世家》：「武王已克殷紂，復以殷餘民封紂子武庚禄父，比諸侯，以奉其先祀勿絶。」〇 唐大沛云： 禄父，紂子武庚也。 立者，立以諸侯，以奉其先祀。

建管叔于東，建蔡叔、霍叔于殷，俾監殷臣。

〔**彙校**〕王念孫云：「建管叔于東，建蔡叔、霍叔于殷」，又下文云「三叔及殷東徐奄及熊盈以略」（汪氏容甫《述學》曰「『略』疑當作『畔』」），又云「降辟三叔」，又云「乃囚蔡叔于郭淩」，引之曰：「『蔡叔』二字乃後人依東晉《古文尚書》加之。下文『三叔』本作『二叔』，『囚蔡叔』本作『囚霍叔』。」説見《經義述聞》「三監」下。〇 丁宗洛云： 海山謂「霍」疑是「兩」訛。〇 孫詒讓云： 王云「蔡叔」二字乃後人依東晉《古文尚書》加之，下文「囚蔡叔」本作「囚霍叔」。（《雜志》）王引之云：「《書序》曰『武王崩，三監及淮夷叛』，《正義》曰：《漢書·地理志》云：『周既滅殷，分其畿内爲三國，邶以封紂子武庚，鄘管叔尹之，衛蔡叔尹之，以監殷民，謂之三監』。先儒多同此説，惟鄭玄以三監爲管、蔡、霍，獨爲異耳。案監殷之人其説有二，或以爲管叔、蔡叔而無霍叔，《定四年·左傳》、《楚語》、《小雅·常棣序》、《豳風·鴟鴞》傳、《破斧》傳、《吕氏春秋·察微篇》、《開春論》、《淮南子·氾論篇、泰族篇、要略篇》、《史記·周本紀、魯世家、管蔡世家、衛世家》是也。或以爲管叔、霍叔而無蔡叔，《逸周書·作雒》、《商子·刑賞篇》是也。武庚及二叔皆有監殷臣民之責，故謂之三監。或以武庚、管、蔡爲三監，或以武庚、管、霍爲三監，則傳之不同也。然蔡與霍不得並，言蔡不言霍，言霍則不言蔡矣。置武庚不數，而以管、蔡、霍爲三監，則自康成始爲此説。」（《經義述聞》）案王説非也。此書三監之義本與《左傳》、《史記》等書不異，推校此文，蓋監雖有三，約舉其所治之地，則惟二殷與東是也。舉其人，則有四，武庚、管叔、蔡叔爲正，霍叔相武庚爲副，同爲監，故總云俾監殷臣，明四人皆得偁監也。此云立王子禄父俾守商祀爲一監，商即殷也； 建管叔于東爲一監，東在殷之東也； 建蔡叔霍叔于殷爲一監，蔡叔所監者殷之別邑(若王城成周),而霍叔與武庚同治,不專監一地,則非正監,故注云霍叔相禄父,明與管蔡二叔專監一地異也。至蔡叔專監殷别邑,自在正監之列,故後文兩見三叔,則不得遺蔡叔明矣。前《大匡篇》云:「惟十有三祀,王在管,管叔、蔡叔臬殷三監。」(依《史略》引校,今本譌脱不可通。)明以管、蔡與殷武庚共爲三監,而霍叔相武庚則可不數。儻如王校以霍叔易蔡叔,則霍叔與管叔同在正監之列,《大匡》何以獨不數之? 孔此注何以獨以霍叔爲相禄父乎? 彼此互勘,則《周書》舊本不如王校,殆無疑義。

〔集注〕孔晁云:東謂衛□鄘。霍叔,相禄父也。(闕處程本、鍾本、王本作「曰」。盧校補「殷鄁」。孫詒讓云:「殷鄁」二字舊本止一空圍,惠云□當作殷,惠校是也,此不當有鄁字。孔意蓋以武庚所封者爲鄁,管叔所治者爲衛,蔡叔所治者爲鄘,故云東謂衛(句),殷鄘(句)。不及鄁者,上注已以封鄁釋俾守商祀句,故不復舉也。又别釋之云霍叔相禄父者,明正文雖以霍叔與蔡叔同建於殷,而治鄘者實止蔡叔一人,霍叔自與武庚同居鄁,鄁亦得爲殷也。此孔分别詁釋之意。盧校作「殷鄁鄘」,義雖無迕,而非孔本之舊,與所闕字數亦不合也。○劉師培云:案《斠補》謂孔注當作「封以鄁,祭成湯。東謂衛(句),殷鄘(句),霍叔相禄父」。又謂霍叔係武庚之相,與武庚同治鄁。今考孔注多脱,「霍叔」以上蓋脱蔡叔之文,「封以鄭」三字亦當作「封以鄁鄘」,孔意蓋以東爲衛,以殷爲邶鄘大名,又以武庚所封爲邶鄘,蔡霍所治以爲邶鄘,故以蔡霍建殷爲相禄父。觀下節「殷東」注云:「殷,禄父。」既以邶鄘即殷,又以殷即禄父所封,則此注當作「封以鄁鄘」明矣。惟厥説實非,説詳下。(《困學紀聞》二引注與今本同。王云:「注以殷爲邶鄘,非是。殷地在周之東,故曰東征。邶、鄘、衛,皆東也。」亦誤。)○陳逢衡云:據此則可知使管叔監殷乃武王,非周公也。《漢·地理志》:「周既滅殷,分其畿内爲三國,《詩·國風》鄁、鄘、衛是也。鄁以封紂子武庚,鄘管叔尹之,衛蔡叔尹之,以監殷民,謂之三監。」鄭《譜》則謂武王以紂之京師封武庚,三分其地,置三監,自紂城而北謂之邶，南謂之鄘，東謂之衛，使管叔、蔡叔、霍叔尹而教之。《世紀》亦云：「自殷都以東爲衛，管叔監之；殷都以南爲鄘，蔡叔監之；殷都以北爲邶，霍叔監之，是爲三監。」今據此解「建管叔于東，建蔡叔、霍叔于殷」，後又云「俾康叔宇于殷，俾中旄父宇于東」，又云「三叔及殷東」，兩兩殷、東對舉，則東之爲地，顯然另成一國，不得闌入殷内也。孔注「東爲衛」，本鄭《譜》意。當時武王以紂之京師封武庚，京師即朝歌。邶在其北，鄘在其南，國小而逼，故統謂之殷，而其地已見。東則地大而遠，其形勝足以控制殷都，蓋即衛也。其不曰衛而曰東者，是時方命百弇以虎賁誓命伐衛，告以馘俘，勢尚不能合全衛而有之，但得衛之東偏，即以管叔據其地而監殷，此東之所由名也。《康誥》曰：「肆汝小子封在兹東土。」《定四年・傳》「取於相土之東都，以供王之東蒐」，非其明證歟？故監曰三監，管、蔡、霍也；國曰四國，殷、鄁、鄘、衛也。衛即東，東即周公居東之東。或謂東既爲管叔所據，周公焉得出居于此？不知管叔既助武庚，勢當入殷都合謀，所謂管叔以殷畔也，故周公得以乘虚而坐鎮其地。吴慶恩曰：「按東者魯、衛之間地名，在大河之東，秦漢之東郡也。《詩》云『我徂東山』，《書》云『周公居東』，《周書・作雒》云『建管叔于東』，又曰『三叔及殷東徐奄及熊盈以略』，又云『俾中旄父宇于東，俾康叔宇于殷』，《竹書紀年》『武庚以殷叛周，文公出居于東』：殷、東對舉，則非朝歌可知。是時雒邑未建，則非東都可知。史稱衛遷於帝邱，在東郡濮陽縣。秦始皇拔衛東地置東郡，衛元君乃徙野王，則東爲東郡無疑矣，其地在今東昌、大名、曹州三府界内。」○丁宗洛云：諸儒皆言霍叔監邶，邶即武庚之都，故(孔)注不及蔡叔。○唐大沛云：鄘、邶即殷都南北邑，故統謂之殷。蓋當日以殷都朝歌京師之地封武庚，而東南北三方建立三叔以監之，所以防武庚之變也。○朱右曾云：管叔監殷東之諸侯，蔡叔、霍叔相武庚。《王制》曰：「天子使其大夫爲三監，監于方伯之國。」蓋本殷制，武王因之。

武王既歸，成歲十二月崩鎬，肂予岐周。

【彙校】成，鍾本、王本作「乃」，盧校從。予，程本、趙本、王本作「于」，盧校從。○丁宗洛云：崩鎬，當爲「崩于鎬」。○孫詒讓云：「崩」下以文例校之，當脱「于」字。

【集注】孔晁云：乃，謂乃後之歲也。肂，櫝塗。（櫝，程本、吴本、趙本作「權」。）○盧文弨云：惠云：「《士喪禮》：『掘肂見社。自天子至士，殯皆曰肂。』」○郝懿行云：《明堂解》：「克紂六年而武王崩。」○潘振云：肂，埋棺坎下，謂櫝塗也。岐周，在今鳳翔府岐山縣。○陳逢衡云：歸，歸鎬京也。乃歲，克殷之後之五歲也。肂，與「殔」通，《小爾雅》：「埋柩謂之肂。」《釋名·喪制》曰：「於西壁下塗之曰殯，殯，賓也。假葬于道側曰肂，肂，翳也。」○丁宗洛云：乃歲，（孔）注言乃後之歲，承上句「既歸」而下，似次年便崩，故《史記》言克殷二年武王崩，然與《明堂解》克紂六年崩兩悖矣。按：乃歲即指方崩之歲，猶《舜典》歲二月東巡狩之歲，蓋古人書法如此。○朱右曾云：岐周在鎬西北三百餘里，畢在鎬東數十里，不應殯遠而葬近，蓋謂鎬京之周廟耳。

周公立，相天子，三叔及殷東徐奄及熊盈以略。

【彙校】王念孫云：（見前校）。○唐大沛云：略，疑當作「畔」。○朱右曾云：略，本亦作「畔」。○孫詒讓云：朱校本、汪中（《述學》），於義較長，當從之。此及下「降辟三叔」並云三叔，即有蔡叔之塙證。王校謂當作二叔，非。

【集注】孔晁云：立，謂爲宰攝政也。殷，祿父。徐，戎。奄，謂殷之諸侯。○潘振云：徐、奄二國皆嬴姓。《括地志》：「兖州曲阜縣奄里，即奄國之地。」徐，徐戎也，今徐州府，隸江南。熊盈，殷之諸侯。○陳逢衡云：案《史記》魯、燕兩《世家》均有「周公踐阼」之文，《禮·明堂》、《文王世子》及《荀子·儒效》、《韓子·難二》、《淮南·齊俗、氾論》、

《韓詩外傳》卷三、卷七、卷八，諸書並有「踐阼」「履石」等語，漢唐諸儒據以釋經，並誤。今據此解云「周公立，相天子」，立者，立爲冢宰也。孰立之？ 成王立之也。天子，成王也。此與《紀年》「成王元年命冢宰，周文公總百官」一語，均足破千古不解之惑。殷，武庚所封； 東，管叔所建也。三叔舉其人，殷、東舉其地。其不曰殷東徐奄及三叔，而曰三叔及殷東徐奄者，罪三叔也。三叔爲王室懿親，三叔不畔，則殷東徐奄不敢狡焉思啓，故以三叔爲禍首也。徐，徐州之戎； 奄，紂之黨，皆東方國近魯者，故《費誓》云「徂兹淮夷徐戎並興」，《紀年》亦云「奄人、徐人及淮夷入於邶以叛」也。徐、奄舉其國，熊、盈舉其姓，徐奄之爲國二，熊盈之爲國十有七。蓋殷東之叛，則三叔煽之； 熊盈之叛，則徐、奄因之，一首事一從亂也。略謂强取邊界以自防守，而兼有殺略刧略之事。汪中謂「略疑當作畔」，非也。金履祥曰：「武庚挾殷畿之頑民而三監又各挾其國之衆，東至於奄，南及于淮夷、徐戎，自秦漢之世言之所謂山東，大抵皆反者也。」〇丁宗洛云：略，略地也，蓋有搆難之意。〇朱右曾云：《金縢》云：「武王既喪，管叔及其羣弟乃流言于國曰：『周公將不利于孺子。』」《書》傳云：「管蔡流言奄君，謂禄父曰：武王死，成王幼，周公疑，此百世之時。」謂舉事。然後三監及殷畔，是其事也。徐，盈姓國，在安徽泗州東南。奄，熊姓國，今山東曲阜縣。熊盈謂徐奄之同姓國。不以道取曰略，謂相煽搆亂。〇劉師培云：案朱釋云「徐，盈姓國，奄熊姓國，熊盈謂徐奄之同姓國」，其説近是，惟考釋則訛。盈、嬴古通，如《左傳》楚蔿賈字伯嬴，《吕氏春秋》作盈是。偃、嬴亦古通，如《漢書・人表》「女瑩」，《大戴・帝系篇》作匽，《左傳・僖元年》敗邾師於偃，《公羊》作纓，其旁證也。嬴爲益姓，偃爲皋陶姓，而《潛夫論・志氏姓篇》則以伯翳爲皋陶子，伯翳即益。又《意林》引仲長統《昌言》云益即皋陶子。《列女傳・辨通篇・齊管妾婧傳》云「睪子生五歲而贊禹」，其説並同。是嬴姓即偃姓也。古代江淮之間均皋陶後裔所封，如舒及舒蓼、舒鳩、英氏、六蓼桐是。紂黨又多嬴姓，如飛廉、惡來是。徐、奄亦然。《左傳・昭元年》「周有徐奄」，杜注云「二國皆嬴姓」，孔疏以爲《世本》文。是其碻徵。徐奄爲廉來同族，故助殷拒周。熊者嬴之轉，觀《左傳·宣八年》「夫人嬴氏」，《公》、《穀》作「熊」，則熊、盈、嬴三文通用。朱以徐爲盈姓，奄爲熊姓，不足據也。此文熊、盈蓋兼皐、益後裔言，即下文所云熊、盈族十有七國也。

周公、召公内弭父兄，外撫諸侯。九年夏六月，葬武王於畢。

〔彙校〕九年，盧校從趙改「元年」，云：元年，舊作「九年」，訛。趙改元年，與《繹史》同。○郝懿行云：九年疑誤，葬已緩。○孫詒讓云：惠云《前編》「元年」，盧未采。案：依《前編》，則宋本尚不誤。

〔集注〕孔晁云：弭，安。畢也。（「也」，盧改「地名」。）○潘振云：畢，終南山道名，其邊若堂室之牆，《爾雅》所謂畢堂牆也，山在今陜西西安府長安縣南，即舊説京兆長安東社中也。○陳逢衡云：據此則知召公無疑周公之心。内弭父兄，厚同姓也。外撫諸侯，懷異姓也。天子七月而葬，故在成王元年六月。《一統志》「武王陵在咸陽縣北十五里。文王陵在南，武王陵在北。」案《皇覽》云：「文王、武王、周公冢皆在京兆長安鎬聚東杜中。」《括地志》云：「文王、武王墓在萬年縣西南二十八里畢原上。」顔師古《劉向傳注》則曰：「畢原在長安西北四十里。」《寰宇記》、《長安志》皆云二陵在咸陽縣北十五里。以《史記·周本紀·贊》證之，當從《皇覽》、《括地志》，在今咸寧縣西北爲是。今咸寧西南遺蹟無可考，而文、武、成、康四陵及歷代碑碣皆在咸陽。衡案：《紀年》「葬武王於畢」，在武庚、徐奄未叛前。《作雒》先言三叔及殷東徐奄熊盈以略，後言葬畢者，蓋諸國初萌叛迹于前，直至武王葬後，始連衡以起，故《紀年》書「叛」而《逸書》言「略」。○唐大沛云：《禮》：「天子七月而葬。」畢，地名，即畢原，在長安西北。○劉師培云：案《家語·冠頌篇》云：「武王崩，成王年十有三而嗣立，周公居總宰，攝政以治天下。明年夏六月，既葬，冠成王而朝於祖。」王肅注云：「《周書》亦曰幾十有二月（宋本脱月字，據明本補）武王崩，元年六月葬。」與此若合符節。蓋肅引此文所以證周公攝政即在武王崩年也，與《世經》合。又案上文言武王十二月崩，是年閏在六月前，天子七月而葬，此周初葬期不數閏月之徵。

二年，又作師旅，臨衛政殷，殷大震潰。

〔彙校〕盧文弨云：政，《繹史》作「攻」。惠云：「政與正古字通。」案：當謂爲「征」。○郝懿行云：二年，成王二年也。《明堂解》：「周公攝政六年，天下大治，七年致政成王。」此處九年、二年並有脱誤。

〔集注〕孔晁云：下叛其上曰潰。○陳逢衡云：前此牧野之戰一用師旅，今復用以定武庚之亂，故曰又作。衛，即東地，爲管叔所據，故臨衛政殷一時並舉，使彼首尾不能相顧，故殷大震潰。○朱右曾云：衛在殷南。政，讀爲「征」。震，懼。

降辟三叔，王子禄父北奔，管叔經而卒，乃囚蔡叔于郭淩。

〔彙校〕淩，吴本作「凌」。○王念孫云：（見前校）。○陳逢衡云：《通鑑外紀》成王二年注引《周書・作洛解》：「管叔、霍叔縊而卒，囚蔡叔于郭鄰。」衡案：「霍叔」二字添設，金履祥《前編》同，並誤。○唐大沛云：王伯申曰：「蔡叔二字乃後人依東晉《古文尚書》加之，三叔本作二伯，因蔡叔本作囚霍叔。」説見《經義述聞・三監》下。

〔集注〕孔晁云：郭淩，地名。囚，拘也。○潘振云：降辟，猶言施法。郭，虢也，東虢國，今滎陽縣，屬河南開封府。淩，水名，泗水郡淩縣有淩水，今泗水爲縣，屬山東兖州府。滎陽有汳水，東入於泗，豈淩水亦經流於郭與？故名其地爲郭淩。不言霍叔者，降爲庶人，其罪輕也。○陳逢衡云：降辟，致法也。北奔，敗北也。經，自縊也。郭淩，《書·蔡仲之命》作「郭鄰」。惠氏《禮説》曰：「《周書》囚蔡叔於郭鄰，幽之也。叔卒而立其子仲於蔡，則郭鄰乃空壖之地名，明在蔡之境内矣。」衡案：《周禮·六遂》：「五家爲鄰。」《左傳·定四年》：「蔡蔡叔，以車七乘、徒七十人。」是蓋予以五家五百畝之入以養此七十人，故謂之鄰；以其附近城郭仍在蔡境内，故謂之郭鄰。惠氏謂亦不離其國内，是也。○丁宗洛云：《書》言致辟管叔，謂誅戮也。此言降辟三叔，猶言俯繩三叔以法也。○朱右曾云：辟，法也。公族有罪，則罄于甸人，謂縊殺之也。

凡所征熊盈族十有七國，俘維九邑。

〔集注〕孔晁云：俘囚爲奴。十七國之九邑。罪重，故囚之。○陳逢衡云：凡所征，統謂徐、奄、淮夷、蒲姑、商奄等國也。俘維九邑，則盡執拘以歸於周矣。《路史·國名紀》：「高陽氏後有濮、羅、夔諸國，俱熊姓。」又：「少昊，嬴姓國。有盈，嬴之枝。一作郾，姓也。或云即嬴者，非。」

俘殷獻民，遷于九里。

〔彙校〕九里，程本、鍾本、王本作「九畢」，盧校從。○王念孫云：《書傳》皆言畢，無言九畢者。《玉海》十五引此作「九里」，據孔注「以爲成周之地，近王化」，則作九里者是也。蓋里、畢字相似，又涉上文葬武王於畢而誤。○朱右曾云：九畢，《玉海》作「九里」，誤也。○孫詒讓云：案王校是也。《韓非子·説林篇》「魏惠王爲臼里之盟將復立天子」，《戰國策·韓策》「臼里」作「九重」，一本作「九里」，蓋即此。《秦策》云「梁君驅十二諸侯以朝天子於孟津」，則九里必東周畿内之地，朱反庰《玉海》爲誤，傎矣。〇 于鬯云：案「九畢」當作「九里」，王念孫《雜志》已據《玉海》引訂正。而朱右曾《集訓》轉以《玉海》所引爲誤，殆因王《志》語焉未詳，於九里之地偶未省與？鬯謂九里之地未易確指，而九里爲地名，固無可疑。《戰國・韓策》云：「魏王爲九里之盟。」《韓非子・説林篇》作「魏惠王爲臼里之盟」，臼、九聲近，是九里即臼里矣。考彼下文云「且復天子」，則似即《秦策》所云魏伐邯鄲，因退爲逢澤之遇，乘夏車，稱夏王朝爲天子之事。（吴師道校注云：「爲字疑衍。」王《雜志》云：「爲與于同。」）《漢書・地理志》「河南郡開封縣有逢池，在東北」，引或説即逢澤。則其地今在河南開封府祥符縣之東北。九里與逢澤不必一地，而必當不遠。（白居易《六帖・東京帖》云：「河南爲王者之里。」）故王氏謂據孔注以爲成周之地近王化，則作九里者是，其説不謬也。《韓策》「九里」姚宏本不誤，鮑彪本誤作「九重」，此誤「里」爲「畢」，猶彼誤「里」爲「重」矣。朱氏曲援《爾雅》以畢爲如堂之牆之説，且云雒北有邙，故謂之「畢」，殊可嗤笑。又案：殷之獄稱里，故文王所囚曰牖里。九里與牖里，論音亦近，固不必附會，而九里者儻亦本是獄名，因爲地名者與？《公羊・昭二十一年傳》云：「宋南里者何？若曰因諸者然」，何休《解詁》云：「因諸者，齊故刑人之地。」公羊齊人，故以齊喻。徐彦解引《博物志》云：「周曰囹圄，齊曰因諸，然則南里亦獄名矣。宋殷後，猶名獄爲里。」此又殷獄名里之一證也。俘殷獻民遷于九里，其殆《書・多士・序》所稱遷殷頑民者。頑民而謂之獻民，即《洛誥》云其「大惇典殷獻民」，亦安見其非即頑民邪？蓋《周書》本無頑民之稱，序書者言之，著其實而已。（《大誥》云「民獻有十夫」，伏生《大傳》獻作儀，儀之言義也。然則獻民即義民矣。在周爲頑，即在殷爲義。）要非頑民，何以俘之遷之？既俘之遷之而禁錮之，此固事勢之必然者矣。然則《國策》言九里者，固爲地名之稱，《周書》言九里者本其獄名之稱，又同中之異，聊書於此以俟識者。（今案《小戴・月令記》「命理瞻傷、察創、視折」，鄭注云：「理，治獄官也。有虞氏曰士，夏曰大理，周曰大司寇。理之言里也。」獄官名理,故獄即名里。然則殷又因於夏矣。」○ 劉師培云: 案《玉海》引作「九里」,《雜志》從之,《斠補》又引《韓非子》「臼里」、《國策》一本作「九里」爲證其說,是也。《史記·劉敬傳》正義引《括地志》云:「故王城一名河南城,本郟鄏周公所築,在洛州河南縣北九里苑中東北隅。」所云九里,苑即沿周代九里之名,故孔云「成周之地」。(《韓策》鮑本作「九重」,注云:「九重謂王城。」呂祖謙《大事記》引《國策》亦作「九里」。)

〔集注〕孔晁云: 獻民,士大夫也。九里,成周之地,近王化也。(獻,鍾本作「賢」。里,程本、鍾本、王本作「畢」,盧從。)○ 陳逢衡云: 畢即畢原,在今陝西西安府長安、咸寧二縣西南。《九經注》引《三秦記》曰:「長安城北有平原,廣數百里。」即此九畢也。今考在萬年縣西南者,即文、武、周公所葬,在長安咸陽西北者,乃畢公高所封。據此,則地之廣闊可知,故謂之九畢。孔謂是成周之地,誤矣。○ 丁宗洛云: 九畢未詳所在。(孔)注中「九畢成周之地」未合,須作宗周方近王化。雖豐鎬亦間稱成周,然易致混淆。○ 朱右曾云:《爾雅》:「畢,堂牆。」言如堂之牆也。雒北有邙,故謂之畢耳。

俾康叔宇于殷,俾中旄父宇于東。

〔集注〕孔晁云: 康叔代霍叔,中旄代管叔。○ 潘振云: 武王時,康叔已封於衛,在朝歌之東,使之居殷,代霍叔也。中旄父代管叔居東,皆所以監殷也。蔡不代,後封仲於此也。成王封微子啓於宋,以代禄父。○ 陳逢衡云: 案康叔于武王時已封,特不與監殷之命,故不在三監内。至是殷亂已定,故以全衛之地封之,而有宇殷之命,蓋竝鄁鄘而亦尹之也。《定四年·傳》:「自武父以南及圃田之北境,取於有閻之土,以共王職,取於相土之東都,以會王之東蒐。聃季授土,陶叔授民,命以《康誥》,而封於殷虛。」即此時也。中旄父,疑是毛叔鄭,故與康叔並封,一同母弟,一異母弟，蓋當家亂之後，故擇賢而代也。東，即管叔所建之地。《困學紀聞》云：「殷地在周之東，故曰東征。邶、鄘、衛皆東也。《康誥》曰：『在茲東土。』中旄父其邶鄘之一歟？」衛案：此説甚混，《周書·作雒》兩兩殷、東對舉，則東與邶、鄘自各不相涉。汪中曰：「《逸周書》凡三言東，不知爲何地，證以《車攻》傳，乃知即是東都。」衛案：此蓋以《車攻》「駕言徂東」傳爲證，然《詩》傳以洛邑訓東，自是「駕言徂東」，切解以宣王實由西周鎬京至東都也。至《逸周書》三言東，當與周公居東參看，地與邶鄘不遠，其在魯衛之間乎？故《康誥》有「在茲東土」之文，而《魯頌》亦有「俾侯於東」之語。○朱右曾云：此成王四年事也。宇，宅也。中旄父系國未聞。《書大傳》曰：「周公攝政，一年救亂，二年代殷，三年踐奄，四年封侯衛，五年營成周，六年制禮作樂。」○孫詒讓云：案中旄父，它書皆未見，今詳攷之，蓋即康叔之子康伯也。《史記·衛世家》云：「康叔卒，子康伯代立。」《索隱》云：「《系本》康伯名髡。宋忠云：『即王孫牟也。』按：《左傳》所稱『王孫牟父』是也。王孫牟，見《左昭十二年·傳》。牟、髡聲相近，故不同耳。」梁玉繩據杜氏《春秋釋例·世族譜·衛世系》云康伯髦，謂《索隱》引《世本》髡當作髦。其説甚塙。蓋髦音近牟，故小司馬云聲相近，若作髡則於聲殊遠，其説不可通矣。髦與旄聲類亦同，故此又作中旄父也。上文云「建管叔于東，建蔡叔、霍叔于殷，俾監殷臣」，孔注云「東謂衛、殷、鄁、鄘」。若然，武王以殷畿內封武庚，而以二叔分治其地。迨三監既畔以後，周公平之，又以三監全境封康叔，而別以其子弟分治其地，分則爲邶、鄘、衛，合則通爲衛，此其義證顯較可據者也。（當時疑尚有一人別治它邑，與康叔、康伯而三，即三監舊治。而此書未及詳，遂無可攷爾）。康伯別治爲周公經略舊殷之大政，而《詩·風》三衛之分亦繫於此。乃史遷於《周本紀》、《衛世家》不載其事，漢以後説《詩》、《書》者咸莫能稽覈。蓋二千年以來無有知中旄之即爲康伯者，故詳論之。《邶鄘衛攷》：《詩》三衛之分國，沿於三監。其原流分合，略具於《周書》。史遷既失紀其事，而漢晉《詩》、《書》大師亦未能究其詳實。衆説舛互，推校古籍，咸無證驗，此不可不攷也。《周書·作雒》云：「武王克殷，乃立王子禄父，俾守商祀。建管叔於東，建蔡叔、霍叔於殷，俾監殷臣。」孔晁注云：「禄父封以鄁」，又云「東謂衛、殷、鄘，霍叔相禄父。」依孔説，管叔所治者爲衛，即在殷都之東，武庚封殷，霍叔相之，二人同治鄁，蔡叔又別治鄘，此三人所治皆殷之故都也。若然，三監實分統三衛之地。《周書》就方域約略區之爲二：曰殷、曰東，而詳舉其爲監之人則又有四：曰武庚、曰管叔、曰蔡叔爲正監，霍叔相武庚別爲副監。故《作雒》於殷監兼舉蔡叔、霍叔，而《大匡》則云管叔、蔡叔臬殷之監，明三監有管叔、蔡叔，而殷則武庚與霍叔共治之，故不質指其人也。漢人説三監者亦有二説，《漢書·地理志》則以武庚、管叔、蔡叔爲三監，蓋以霍叔爲武庚相，不別治，故不數。而鄭君《詩箋》復以管叔、蔡叔、霍叔爲三監，皇甫謐《帝王世紀》説同。則因武庚爲殷後，而霍叔爲相，實以監殷，故去武庚而數霍叔。此皆因《周書》作監者實四人，數有羡溢，故諸儒遂各以意爲去取，其説雖不同，要與《周書》文固無牾矣。武庚之亂，三衛皆畔，周公平亂，并以封康叔。《作雒》云「俾康叔宇于殷，俾中旄父宇于東」，孔云康叔代霍叔，中旄代管叔，是康叔所治者武庚、霍叔之故也。《書》所謂殷，孔所謂鄁。中旄所治者，管叔之故地，《書》所謂東，孔所謂衛也。中旄，古書別無所見，孔亦無釋，今以聲類求之，乃知其即康叔之子康伯也。《史記·衛世家》云：「康叔卒，子康伯代立。」不箸其名。杜氏《春秋釋例·世族譜》及《史記索隱》引《世本》並云名髦，宋忠謂即《左·昭十二年傳》之「王孫牟」，司馬貞亦謂牟、髦聲相近。今案旄與髦爲同聲叚借字，中旄父亦即王孫牟也。蓋周公以武庚故地封康叔，實盡得三衛全境，以其地閎廣難治，故依其舊壤仍區殷東爲二，以其子弟別治之，如晉文侯弟成師別治曲沃東，周惠公子班別治鞏爲西周君之比，是中旄宇東雖專治其邑而仍屬於其父，則與三監分屬微異。逮康叔卒康伯嗣立，而東遂不復置君，故采詩者於三衛不復析別，是三衛始則三監鼎峙，中則殷東雖分二宇，而實統於一屬，終乃夷東爲邑，而與殷并合爲一，其事可推跡而得也。然自漢以來，儒者於三衛分合之故，咸莫能稽覈，故鄭君《詩譜》謂「成王殺武庚，伐三監，更於此三國建諸侯，以殷餘民封康叔於衛，使爲之長，後世子孫稍并彼二國」（《書》疏引鄭《書》注同）。不知康叔初封時已以子弟治二國，不待後世始兼并也。《漢志》則云三監叛，周公誅之，以其地封弟康叔，遷邶、鄘之民於雒邑。《詩·豳風》孔疏云：「如《志》所言，則康叔初即兼彼二國，非子孫矣。」服虔依以爲説。據孔推班、服義，雖知康叔已兼三衛，非其子孫，而亦未能實證其事，則皆由不知中旄之即康伯，故不能得其詳也。至三監分治三衛，説復多舛異。《漢志》云「邶以封紂子武庚，庸，管叔尹之，衛，蔡叔尹之，以監殷民，謂之三監」，鄭《詩譜》則云「自紂城而北謂之邶」。（《説文·邑部》云：「邶，故商邑，朝歌以北。」《續漢書·郡國志》云：「朝歌北有邶國。」）南謂之鄘，東謂之衛。《史記正義》引《帝王世紀》則云「自殷都以東爲衛，管叔監之；殷都以西爲鄘，蔡叔監之；殷都以北爲邶，霍叔監之」。依班説，則邶、衛爲舊殷，而庸在其東，中旄所治者即庸也。依鄭、皇甫、孔説，則在東者爲衛，而殷爲邶、庸。中旄所治者，即衛也。二説不同，竊疑班説近是。蓋中旄别封於庸，因以爲稱，猶康叔初封康亦即以爲稱康伯，即庸伯也。庸、康形相近，古多通用，史籍譌掍，遂并康叔康伯爲一，實則康叔之康當讀如字，而康伯之康自當作庸。二字本異，後人不察，謂其父子不嫌同稱，遂不能析别。鄭《書》注以康爲謚號，馬融、王肅、僞孔安國則以康爲畿内國名。（並詳《詩》、《書》疏）黨依鄭説爲謚號，則父子不宜同謚；依馬、王、孔説爲畿内國，則是康叔初封之采邑，逮封衛以後已易其舊國，何得其子仍繫此爲稱？二説於康伯殆皆不可通。孔沖遠推僞孔意，則謂康伯爲號謚，康叔之康猶爲國而號謚不見，亦强爲分别以圓其説，非塙論也。今以《周書》、《世本》、《漢志》諸文參互校覈，知康叔初封固已奄有三衛，而中旄父爲康伯，實即庸伯，蓋别治庸以屬衛。如是，則周公經理舊殷之政略及三衛，先後分合之情事皆顯較可得其蹤跡，或足爲治經攷史者釋一大疑乎！○劉師培云：案《斠補》釋此語附録所作《鄁鄘衛攷》引證至繁，以中旄父爲康伯，其説至確，惟《史記》言封康叔爲衛君，此言宇于殷，則殷即衛也。考《大匡解》云「管叔臯殷之監」，（舊作「自作殷之監」，從孫説改。孫氏又據《史略》於管叔下增「蔡叔」二字，復改之爲三，今不從。）本篇上文云「乃立王子禄父俾守商祀，建管叔于東，建蔡叔、霍叔于殷，以封禄父與殷東」，上文又云「三叔及殷東徐奄及熊盈以略」，亦殷、東對文。此文亦然。蓋武庚未畔之前，管叔所治者爲東，蔡、霍所治者爲殷。（《大匡解》「管叔臯殷之監」，管叔即建東之君，殷之監即蔡、霍也。）武庚則別分於鄁，即《漢書·地理志》所云「邶，以封紂子武庚；庸，管叔尹之；衛，蔡叔（脱霍叔）尹之」也。武庚既畔之後，則中旄父所治者爲東，康叔所治者爲殷，鄁蓋併入康叔所封。東即《詩》之庸，殷即《詩》之衛也。殷、衛本即一字，殷爲地名，即昔日之豕韋。（別有攷）《吕氏春秋·具備篇》曰：「湯嘗約於郼薄矣。」《慎勢篇》曰：「湯其無郼。」《高義篇》曰：「岐郼之廣也。」《慎大覽》曰：「夏民親郼如夏。」高注云：「郼讀曰衣。」此殷、韋古通之證。《淮南子·原道訓》高注云：「伊尹名摯，郼湯之相也。」是漢人仍稱殷湯爲郼湯。衛從韋聲，故又轉殷爲衛。（與殷衣、違隱通轉同例。）宇殷，猶之封衛也。至本篇上文所云「臨衛攻殷」，雖殷、衛並言，然足證其爲一地。或殷爲總名，衛爲城名，猶揚、越同字，揚爲州名，越又專爲國名也。又《世俘解》云「百弇以虎賁誓，命伐衛」，衛即此篇所臨之衛，猶東周畿内別有周公食采之周也，不得析衛、殷爲二地。孔云「康叔代霍叔」，霍叔以上蓋脱「蔡叔」二字，上注東謂衛、殷、鄁、鄘，則古無斯説。《斠補》又以彼注邶字爲衍文，謂孔以康叔所治爲武庚、霍叔故地，《書》所謂殷，孔所謂鄁，中旄所治爲管叔故地，《書》所謂東，孔所謂衛，蔡叔則別治鄘。明爲申孔，實非孔注義也，別有攷。

周公敬念于後曰：予畏周室克追，俾中天下。

【彙校】曰，程本、吳本作「日」。周室，鍾本、趙本、吳本作「同室」，盧校從。克追，郝懿行作「不延」。○盧文弨云：

謝云：「同室克追，當是『周室克造』之訛。『追謂尊王』之語殊不明。」○王念孫云：案注文蓋有脱誤。念孫案：《初學記·居處部》引此本作「予畏周室不延」，延誤爲追，後人因改爲克追耳。謝以「同」爲「周」之誤，是也，而改「克追」爲「克造」，則與畏字義不相屬。○唐大沛云：同室克追，當作「周室不延」，延是國祚長久之意，正與「敬念于後」意相應，王（念孫）説是也。「克追」二字不成句，且義不明。○朱右曾改「周室不延」，云：不延，舊作「克追」，據《初學記》訂。又引「俾中天下」作「以爲天下宗」，蓋所見本異。

【集注】孔晁云：成王二年秋迎周公，三（諸本作「二」）年春歸也。周公追畏尊王也。○陳逢衡云：追畏尊王當是「追思前王」之誤。敬念於後，爲周謀遠大之基。同室，指管、蔡、霍，即《大誥》所謂亦惟在王宫邦君室也。克追，謂追武王營洛之事。俾中天下，正武王度邑之意。○丁宗洛云：迎歸之後，追畏居東之前不咎管、蔡之害，已而幸周室之克造，所以爲尊王也。○唐大沛云：孔注「成二年秋迎周公，三年春歸也」與本節意不相屬，不知何以繫于此。

及將致政，乃作大邑成周于土中。

【彙校】郝懿行云：數句舊本有脱誤，當據《藝文類聚》增易。

【集注】孔晁云：王城也，於天下土爲中。○盧文弨云：沈云：「自郟以内統稱成周，不專指王城。」○潘振云：及，逮也。逮將還政於王，乃作大邑，命曰成周。于天下土爲中，視岐周則爲下都也。○陳逢衡云：《水經·洛水注》引作「中土」。大邑，洛邑也，謂之王城，故曰大邑。周至大會諸侯於東都而王業成，故曰成周。於土中者，《書·召誥》曰：「王來紹上帝，自服於土中。」注：「洛邑，天地之中，故謂之土中。」《孝經援神契》曰：「八方之廣，周洛爲中，謂之洛邑。」《漢書·地理志》：「周公營洛邑，以爲土中，諸侯蕃屏，故立京師。」蓋以此地居天下之中，四方八貢道里均，故卒營築居九鼎焉。○丁宗洛云：《紀年》：「成王五年，遷殷民于洛邑，遂營成周。七年，周公復政于王。」

城方千七百二十丈，郛方七百里。

〔彙校〕千，鍾本作「于」。○盧文弨云：《水經注》：「城方七百二十丈」，脱一「千」字。沈改「七」爲「六」，不知何據。郛方七百里，宋本作「七十二里」，《前編》作「十七里」，訛。○王念孫云：城方七百二十丈，《藝文類聚·居處部》三、《初學記·居處部》、《太平御覽·居處部二十》、《玉海》百七十三引此「城」上皆有「立」字，蓋古本也；「七百」皆作「六百」，與《水經注》異，未知孰是。（沈改七爲六，蓋本於此。）郛方七十里，《類聚》、《初學記》、《御覽》、《玉海》皆作「七十二里」，與宋本同，當據以訂正。○孫詒讓云：焦循云：「《匠人》營國方九里，計每五步得三丈，每百八十丈得一里，以九乘之，千六百二十丈，與《考工》九里正合。」《羣經宮室圖》金鶚云：「建城必合里之整數，而無奇零。若城方千七百二十丈，計十里則不足，計九里則有餘，餘百丈是爲一百六十六步有奇，殊非法制。」又云：「七十里，當從《前編》作十七里，蓋傳寫之譌也。《孟子》言三里之城七里之郭，七爲五之譌，則郭大於城不及一倍。今郭方七十里大於城九倍，與《孟子》不合，且郭爲外城當與近郊相遠，與城相近，天子近郊五十里，郛方七十里，則近於近郊矣。」（《禮説》）朱云：「古者六尺四寸爲步，三百步爲里，一里之長百九十二丈，依《攷工記》國方九里，當云千七百二十八丈，今略其奇數耳。」案：此城方當依沈、焦、金説，從宋本《御覽》作「方千六百二十丈」爲是，朱説失之。郛不得大於城八倍，今本作七十里，宋本作七十二里，皆不可通。《前編》作十七里，亦無分率可證。竊疑當爲二十七里，乃三城方之數也。《周禮·典命》鄭注謂城方九里者，宮當方九百步，九百步即三里也。若然，周王宮方三里，城方九里，郭方二十七里，皆以三乘遞加，衰分正合。宋本二、七互譌，今本又删二字，遂差牾不合耳。金説亦誤。○劉師培云：案盧校云「《水經注》城方七百二十丈脱一千字，沈改七爲六不知何據。」《雜志》云「《藝文類聚·居處部》、《初學記·居處部》、《太平御覽·居處部》、《玉海》百七十三引此城上有立字，蓋古本也。七百皆作六百，與《水經注》異，未知孰是。」今考《左傳·隱元年》「都城過百雉」，孔注引賈逵云「雉長三丈」，又引《異義》云古《周禮》及《左氏》説一丈爲板，板廣二尺，五板爲堵；一堵之牆，長丈高丈；三堵爲雉，一雉之牆長三丈高一丈。孔疏又云必以雉長三丈爲正者，以鄭是伯爵，城方五里，大都參國之一，其城不過百雉，因而三之，則侯伯之城當三百雉。計五里積千五百步，步長六尺，是九百丈也。據孔説，蓋以《攷工記·匠人》「營國方九里」爲據。天子之城既方九里，故上公七里，侯伯五里，均援是以推。又《考工記》賈疏云：「《典命》云『上公九命，國家、宫室、車旗、衣服、禮儀以九爲節，侯伯子男以下皆依命數。』鄭云：『國家謂城方。公之城蓋方九里，侯伯七里，子男五里』。」並《文王有聲》詩箋差之，天子當十二里，此云九里者，按下文有夏殷制，則此九里通異代也。鄭《異義》駁或云周亦九里，城則公七里，子男三里，不取《典命》等注，由鄭兩解故義有異也。是鄭君解王城或言方九里，或云方十二里，二説不同，實則九里之説與《考工》符。以六尺爲步計之，三百步爲里計，長一百八十丈，二千七百步爲九里，計長一千六百二十丈，（當得五百四十雉。）則「七百」自係「六百」之訛。《大典》本元《河南志》引《周書》正作「立城方千六百二十丈」，足證元本未訛。《博物志》亦作七百，與酈注同誤。（王應麟《王會篇補注》亦引作七百。）郛方七十里，案盧校云「宋本作七十二里，《前編》作十七里，訛」。竊以《前編》所引近是，詳金鶚《求古録·禮説》。元《河南志》引作七十二里，與宋本同，惟王應麟《王會篇補注上》、《詩地理考五》並引作十七里，與《前編》合，劉恕《通鑑外紀》亦云郛方十七里。○陳漢章云：立城方千七百二十丈，案七百當作六百，已詳王氏《雜志》。劉君云《大典》本元《河南志》亦引作六百，足證元本未訛。沈氏彤《周官禄田考》曰百八十丈爲一里，王城九里，方千六百二十丈。又焦氏循《羣經宫室圖》曰計每五步得三丈，每百八十丈得一里，以九乘之，千六百二十丈，與《考工記·匠人》營國方九里正合。又趙氏在翰《七緯》（卷三十五）引楊應階曰方千六百二十丈，凡徑五百四十雉，周二千一百六十雉，九里之城也。以上三説以六尺爲步，三丈爲雉推之，並足爲此經之證。朱釋及金氏鶚《求古録禮説》皆未覈，孫《斠補》亦未詳，故補之。

【集注】孔晁云：郛，郭也。○潘振云：郭謂之郛，外城也。○陳逢衡云：《左傳》：「都，城不過百雉。」方丈曰堵，三堵曰雉，一雉之牆長三丈，高一丈。侯伯之城方五里。徑三百雉，則城方九百丈。此侯國之制，故其大都不得過百雉。兹云城方千七百二十丈，則王城之制。以三丈一雉計之，蓋周五百七十三雉。以一雉五步計之，則有二千八百六十五步，以三百步爲里計之，則城方九里有奇，此與《匠人》營國方九里合。郛，郭也。外城曰郭。以《孟子》「三里之城，七里之郭」計之，郛特倍大於城。今以九里之城，爲郭當不過二十里。若依宋本作七十二里，則郭大於城八倍，似不足據，俗本作郭方七百里，更屬謬誤，惟《前編》作十七里差可信。○唐大沛云：依陳（逢衡）《補注》説，郭十七里差可信。沛案：若周圍十七里則郛去城不及一里，古人必無此狹小規模，陳説誤矣，宋本不誤也。○朱右曾云：王城在今河南府城西北。古者六尺四寸爲步，三百步爲里，一里之長百九十二丈。依《考工記》國方九里，當云千七百二十八丈，今略其奇數耳。○孫詒讓云：王宫方九百步（約《典命》注説）即三里，城内包宫垣距城面各三里，并之爲城方九里。（每面長千六百二十丈，積八十一里。）郛内包城，城距郛面亦各九里，并之爲郛方二十七里也。（積七百二十九里。）如此則宫垣距城與宫方參相等，城距郛與城方亦參相等，分率整齊，比例均一，足見周公經國精意。）若如今本作城方千七百二十丈，（九里有零。）郛方十七里，（除城方九里，每面止四里。）宋本作七十二里，（除城方每面三十一里半。）又作七十里，（除城方每面三十里半。）揆之分率無一可通，足知其誤。

南繫于洛水，地因于郟山，以爲天下之大湊。

【彙校】地，盧校據《水經注》及《通鑑前編》改「北」。○劉師培云：北因於郟山，案《類聚》六十三引作「陝山」。《玉海》百七十三引作「郟」，注云一作「陝」，又云《博物志》亦作「陝」，惟《太平寰宇記·河南道三》、《玉海》十五、《王會篇補注上》引作「郟山」。《公羊·隱五年傳》「自陝而東」，《釋文》云：「一云當作郟。」是郟、陝互通。《御覽》一百五十六又作「邙」。

【集注】孔晁云：繫、因，皆連接也。湊，會也。○潘振云：郟山，邙山也，在河南府北，綿亘四百餘里。○陳逢衡云：南繫於洛水者，據《度邑解》云「自洛汭延及伊汭」，水北曰汭，故曰南繫，猶所謂衣帶水也。郟山，北芒山也，在今河南府北十里，王孫滿所謂成王定鼎於郟鄏是也。京相璠曰：「郟，山名。鄏，邑名。」蓋郟山在洛邑之北境而依以爲城，故曰北因。湊，水上人所會也。○朱右曾云：郟山在河南府城北。

制郊甸方六百里，國西土爲方千里。

【彙校】方千里，鍾本作「七千里」。○盧文弨云：《水經注》「國」作「因」。○王念孫云：《水經注》是也。上注云「因，連接也。」謂連宗周爲方千里也。《漢書·地理志》曰：「雒邑與宗周通封畿爲千里」，是其證。《太平御覽·州郡部三》引此亦作「因」。○劉師培云：案盧校云《水經注》「國」作「因」，《雜志》以作「因」爲是，今考《玉海》十六引作「制郊田方六百里，因四土爲方千里」，「郊田」、「四土」均係訛文，作「因」固不誤也。劉恕《通鑑外紀》亦作「因西土爲方千里」。

【集注】孔晁云：西土，岐周，通爲圻（元刊本作「岓」）内。○潘振云：西土，岐周也。王畿之制，百里内爲郊，五百里内爲甸。《禹貢》甸服四面各五百里。今雒方六百里，不足四面之數，因岐周爲方千里，絶長補短，則四面皆五百里矣，周之王畿如此也。

分以百縣，縣有四郡，郡有□鄙。

〔彙校〕闕處盧據《淮南子》注補「四」字。○郝懿行云：周無郡，據此是晚周先秦書無疑。秦并天下置三十六郡以統其縣，此云縣有四郡是縣大而郡小也。雖有郡名，與秦制實異爾。《春秋·哀二年左傳》注引此。○劉師培云：分以百縣縣有四郡郡有鄙，案《意林》引《風俗通》述此文云：「周制方千里分爲縣，縣有四郡，郡者羣也。」《輔行記》第四之三引《釋名》云：「天子制地千里，分爲百郡。」疑有脱。）《左傳·哀二年》杜注亦引此文，《釋文》云：「千里百縣，縣方百里，縣有四郡，郡方五十里。」二書所引均無「郡有鄙」語，盧本據《淮南子》注于「鄙」上增「四」字，然《御覽》一百五十七引無「四」字，《吕氏春秋·季夏紀》高注亦無「四」字，盧校疑非。

〔集注〕陳逢衡云：《説文》六篇引「周制，天子城方千里，爲百縣，縣有四郡」，本此。高誘《淮南·時則》注：「周制，天子地方千里，分爲百縣，縣有四郡。」又《吕氏·季夏紀》注：「周制，天子畿内方千里，分爲百縣，縣有四郡，郡有鄙。」俱本此。

大縣城，方王城三之一；小縣立城，方王城九之一。

〔彙校〕盧文弨云：「立」字疑衍。《前編》「大縣」下亦作「立城」。○王念孫云：《玉海》十五引此大縣、小縣下皆作「立城」，正與《通鑑前編》同，且上文「城方千七百二十丈」，「城」上原有立字（辯見上），與此文同一例，則是今本「大縣」下脱立字，非「小縣」下衍立字。○劉師培云：案大縣方王城三之一，當方五百四十丈，計一百八十雉；小縣方九之一，當方一百八十丈，計六十雉。又「大縣」下盧校謂《通鑑前編》所引作「立城」，今考顧炎武《歷代宅京記》七所引仍有「立」字。

郡鄙不過百室，以便野事。

【彙校】郡鄙，程本、鍾本、王本作「都鄙」，盧校從。過，鍾本作「遄」。

【集注】孔晁云：耕桑之事。○潘振云：都，公卿大夫之采地，王子弟所食邑。都之所居曰鄙。便，利也、宜也。野事，桑耕之事。○唐大沛云：惠氏《九經古義》曰：「都鄙謂采地。井田六鄉則一族，六遂則一酇，皆百室也。《周禮》百室之制，都鄙與鄉遂同也。」

農居鄙，得以庶士；士居國家，得以諸公、大夫。

【集注】孔晁云：居，治也。治鄙以農，治國家以大夫。○盧文弨云：農之秀者可爲士，士有功效可爲大夫。趙云：「以，用也。」○陳逢衡云：以者，能左右之謂也。農力於野而士食其禄，則士有代耕之助矣，故曰農居鄙得以庶士。士效其材而諸公大夫收其用，則諸公大夫有臂指之助矣，故曰士居國家得以諸公大夫。居，在也。○孫詒讓云：得，讀爲《周禮·大宰》「長以貴得民，吏以治得民」之得。（後《太子晉》云「奉翼遠人皆得已仁」，「得已」即得以，古字通也。）注「治鄙以農」當作「治鄙以士」，盧、趙説並誤。○陳漢章云：盧校云「農之秀者可爲士」，本《齊語》及《管子·小匡篇》文，此經即《管子》四民不雜處義。

凡工賈胥市臣撲,州里俾無交爲。

〔彙校〕撲,程本、鍾本、王本作「僕」,注同,盧校從。丁宗洛《管箋》「胥市」改「胥吏」。○孫詒讓云: 案市人即工賈,不宜兩見,審校文義,疑當作「工賈居市」,「胥」即「居」之譌。《大聚》云「商賈趣市州里」上,據注亦當有「居」字。上文云「農居鄙,士居國家」,文例正同,可以互證。注「工商百」疑當作「百工商賈」,下「胥人」二字亦有譌。據注則孔所見本「胥」字已誤。

〔集注〕孔晁云: 工賈(鍾本、王本同,餘作「商」,盧校從)百胥人臣僕各異州里而居,不相雜交也。胥,待(元刊本同,餘作「待」,盧校從趙改「相」)也。(盧文弨云: 注既云「百胥人」,又云「胥,待也」,雜出,疑此三字後人竄入。○丁宗洛《管箋》「工賈百胥人」訂作「百工商胥吏」。)○潘振云: 此言正市位也。工,工師。賈、胥、市,皆官名,賈、市定物價,胥師領羣胥,胥給市中繇役。臣僕,謂征伐所得,及諸侯所獻之俘臣僕于周者,如《周禮》五隸是也。國中九經九緯,所謂州也。里,居也。交,共也,雜處之意。爲,語辭。○陳逢衡云: 胥,即《周官》「史胥徒」之胥,如所謂胥執鞭度守門是也。市,即司市之官。臣僕,臣妾也。州里,見《周官·司常》,州是鄉之官,里與縣鄙是遂之官,與《書·酒誥》所謂越百姓里居者近是,蓋鄉大夫、鄉先生之屬。孔(晁)謂各異州里而居,誤矣。卑無交爲,則託業者安其業,司事者敬其事,養望者高其望,而君子小人兩無出位之懼矣。○丁宗洛云: 胥吏,當即胥徒之類。(孔)注「待」字,即「徒」字之訛。○朱右曾云: 胥,庶人,在官給繇役。臣僕,私家僕從。○劉師培云: 俾無交爲,孔注「不相雜交也」。案「爲」即「化」叚,如《尚書·堯典》「南訛」,《史記·五帝紀》作「譌」是。謂各習所業,弗互易也。(《尚書·益稷》「化居」,僞傳云: 「化,易也。」)猶《國語·齊語》所云「安習不遷」。○陳漢章云: 凡工賈胥市,此胥即《周禮·司市》「胥執鞭度」之胥,二肆則一胥。朱釋爲「府史胥徒」之胥,非是。臣僕,即太宰九職之臣妾。

乃設丘兆于南郊，以上帝，配□后稷，日月星辰，先王皆與食。

〔彙校〕盧校「以」下增「祀」，闕處補「以」，各家從。○王念孫云：「日月星辰」四字，本作「農星」二字。《漢書·郊祀志》高祖制「詔御史其令天下立靈星祠」，張晏曰：「龍星左角爲天田，則農祥也，晨見而祭之。」靈星，蓋即《周書》所謂農星也。後人不解農星而改爲日月星辰，謬矣。《藝文類聚·禮部上》兩引此文，並作「農星先王皆與食」。《太平御覽·禮儀部》六及十一、《玉海》九十九所引並與《類聚》同。○劉師培云：配以后稷日月星辰先王皆與食，案朱校云：「『日月星辰』四字，《藝文類聚》、《太平御覽》、《玉海》引俱作『農星』。」農星，星之一，疑非。《雜志》謂農星即靈星，今考《通典·禮四》云「東晉靈星配饗南郊」，《晉書·禮志上》同。《隋書·禮儀志》云：「陳制祀昊天上帝、日月五星、北斗二十八宿，司中司命風師靈星于下，立爲衆星之位。」是晉、陳均以靈星配天也，所據之制即此篇農星配食之文，（惟北齊別靈星之祀於丘郊，見《北齊書·文宣紀》天保八年詔。）知六朝以前之本並作「農星」，朱說非。

〔集注〕孔晁云：設，築壇城。內郊，南郭也。先王，后稷。謂郊時。○盧文弨云：日月星辰，《御覽》作「農星」。○趙云：「此注非后稷已配上帝，此先王當自太王而下。」文弨疑此「先王」當如《月令》之五帝。○潘振云：兆，壇域塋界也。上帝，天也。國有內城，然後有近郊五十里。近郊有外城環之，是之謂郭。壇兆設于城之外，郭之內。先王，指太王以下。與食，配享也。○陳逢衡云：孔（晁）以后稷注先王，不誤。特所謂后稷者，蓋如《國語》「我先王世后稷」之義。○朱右曾云：丘，圜丘。兆，域也。先王，謂太昊、炎帝、黄帝、少昊、顓頊五德之帝。○孫詒讓云：案此即南郊祀受命帝也。凡《周禮》皆以受命帝爲上帝，此文例與彼同，朱以丘爲圜丘，誤。周圜丘以帝嚳配，不配稷也。注「城」當爲「域」，「設築壇域」釋正文丘兆也。郊壇不得在城內，注「內郊」當爲「南郊」之誤。○劉師培云：案此文孔注不完，據《禮記·郊特牲》、《祭法》孔疏引王肅《聖證論》以圓邱即郊證以本書，其誼實合。孔晁所宗，實惟王學《祭法疏》引王肅曰《家語》云季康子問五帝,孔子曰:「天有五行,木、火、金、水及土,四分時化,育成萬物,其神謂之五帝。」是五帝之佐也。猶三公輔王,三公可得稱王,輔不得稱天王;五帝可得稱天,佐不得稱上天。王爲此説,蓋詁鄭君感生帝之説也。《南齊書·禮志一》王儉《郊禮議》引孔晁曰:「言五帝佐天化育,故有從祀之禮,旅上帝是也。」説與王同,疑本注亦當備斯誼,與《家語·五帝》、《郊問》諸篇同。

諸受命於周,乃建大社于周中。

〔彙校〕盧校據《公羊·文十三年》疏「諸」上增「封人社壝」,「諸」下增「侯」,「周中」改「國中」,各家從。○郝懿行云:「諸」下疑脱「侯」字。

〔集注〕孔晁云:受,封也。○潘振云:社,五土總神也。壇邊低垣圍繞者爲壝。受命,受封也。大社在王宫之右,庫門内之西,王宫在國中,故曰國中。○陳逢衡云:《周官·封人》:「掌設王之社壝,凡封國,設其社稷之壝。」注:「壝謂壇及堳埒也。」諸侯受命於周,封國也。大社,冢土也。《祭法》:「王爲羣姓立社曰大社。」《禮運》:「祀社於國。」此建於國中之證。○唐大沛云:封人,掌社壝之官。社以祭土神。壝謂壇壝,凡封國則設之。○朱右曾云:封人,地官之屬。壝,謂爲壇之堳埒。

其壝東青土、南赤土、西白土、北驪土,中央疊以黄土。

〔彙校〕青,諸本作「青」。疊,諸本作「亹」,盧從。○盧云:亹,一作「釁」,見《公羊疏》。○劉師培云:北驪土,案《書抄》八十七引「驪」作「黑」。中央亹以黄土,案亹、兩一聲之轉,故從兩之字古多讀釁。《淮南·俶真訓》高注云：「㒼，讀簫簫無逢際之㒼。」《周禮・鼈人》先鄭注云：「互物謂有甲㒼胡。」此文之「釁」蓋與㒼同，謂平覆以土，無隙痕也。《白虎通義・社稷篇》引《春秋傳》作「上冒以黃土」。《尚書・禹貢》疏引《韓詩外傳》、《文選・楊荆州誄》李注引《尚書緯》、《唐書・張齊賢傳》並同，冒亦㒼字轉音。（今謂以皮覆鼓曰㒼鼓，音讀若瞞，即釁字之音。）《唐會要》二十二載《韋書夏議》謂「冒以黃土，即係以黃土遍覆壇上」，亦得釁字之正解。《御覽》五百三十二引作「中霤以黃土」，疑誤。

〔集注〕潘振云：釁，冒也。○陳逢衡云：《白虎通》引《春秋傳》曰：「天子有大社焉，東方青色，南方赤色，西方白色，北方黑色，上冒以黃土，故將封東方諸侯，青土，苴以白茅，謹敬潔清也。」《韓詩外傳》：「天子社廣五丈，東方青，南方赤，西方白，北方黑，上冒以黃土，將封諸侯，各取其方色土。」○朱右曾云：驪，黑也。《禹貢》徐州貢五色土。

將建諸侯，鑿取其方一面之土，苞以黃土，苴以白茅，以爲土封，故曰受則土於周室。

〔彙校〕苞，盧校作「燾」，各家從。則土，程本、趙本、吳本作「則大」；盧校改「列土」，潘、丁、朱從。○盧文弨云：《初學記》已作「故曰列土於周室」，《御覽》因之耳。燾，舊作「苞」，訛。（孔）注以覆釋燾，而舊本亦脱「燾」字，云「覆茅苴裹土」不成語矣，故今定爲「燾」字，則正文與注正相應也。正文「以爲土封」本一作「以土封之」，又一作「以爲社之封」。又「故曰受列土」舊作「故曰受則大」，惠以「大」爲衍文，而引《周禮・大宗伯》「王命受則」爲受則之證，非也。「故曰」二字當承上大社之説，《御覽》作「故曰列土」，稍節其文耳，其云「列土」則是也。又惠採《公羊疏》引孔氏注云：「王者封五色土社，建諸侯則各割其方土與之使立社，燾以黃土，苴以白茅，茅取其潔，黃取其王者覆四方。」

案：此所引多見正文，不盡由孔氏，今載之，以備參考。○王念孫云：燾以黄土苴以白茅以爲土封，盧曰「以爲土封」一本作「以土封之」。念孫案一本是也。以土封之，謂各以一方之土封之，故下句云受列土於周室也。若云以爲土封，則文義不明。《北堂書鈔·禮儀部八》、《藝文類聚·禮部中》、《初學記·禮部上》、《太平御覽·地部二》、《禮儀部十一》、《玉海》九十九並引作「以土封之」。○孫詒讓云：盧云惠採《公羊疏》引孔氏注，見《公羊·文十三年》徐疏。諦覈，徐彦所引乃《書·禹貢》「徐州厥貢維土五色章」僞孔傳文，非孔晁此書注也，惠、盧並失。考朱氏《集訓》竟據以校易孔注之文，大謬。○劉師培云：將建諸侯鑿取其方一面之土，案《書抄》八十七引「將」作「明」，疑誤。《公羊·文十三年疏》引無「方」字。案盧校云「燾舊作苞，受列土舊作受則大」，又云「故曰二字當承上大社，《御覽》作『故曰列土』，稍節其文耳」，其説是也。《類聚》三十九引《周書》云「苴以白茅，以土封之，故曰列土于周也」，蓋挩「受」字。《書抄》八十九所引與《御覽》同，均徵盧校之確。（《玉海》十五引作「則土」，與舊本同。）又案《白虎通義·社稷篇》引《春秋傳》、《孝經疏》二引《韓詩外傳》，蔡邕《獨斷》、《尚書·禹貢》僞傳、《三國志·魏武帝、吴孫權傳》、《華陽國志·後賢志·何攀傳》、《南齊書·高帝紀》、《陳書·高祖紀》並云「苴以白茅」。《説文》引《禮》作「蒩」，《史記·三王世家》引《春秋大傳》「苴」作「裹」，邱光庭《兼明書》六引《開元禮·新制篇》又作「以白茅包而賜之」。作「包」作「裹」，義並同「苴」，惟舊本作「苞以黄土」自屬訛文。《禹貢》僞傳作「燾以黄土」，此「包」當作「燾」之徵。《玉海》十五亦引作「苞」，與舊本同。（《公羊·文十三年》疏所引亦誤作「包」，朱本於此節之文，自云據《公羊疏》「苞」亦作「燾」，不知何據。）

【**集注**】孔晁云：其方，謂建東方諸侯以青土也。覆茅苴，裹土封之爲社也。（「覆」上盧校增一「燾」字，説詳校。）○陳逢衡云：苴以白茅，以爲社。明有土，敬謹潔清也。則土，惠氏《禮説》曰：「九儀之命，五命賜則，則者，則土也。茅上謂之則土。則土者，公侯百里、伯七十里，子男五十里，附庸字者三十里，名者二十里，人者十五里，均有一定之制，是謂則土。」○丁宗洛云：「列土」之「列」與「裂」通，即上鑿取之意。○唐大沛云：賜則土，盧以惠說爲非，而陳《補注》乃仍從惠說，又引他書證則字，均未合，王（念孫）說是也。○朱右曾云：苴，藉也。

乃位五宮：大廟、宗宮、考宮、路寢、明堂。

〔彙校〕盧文弨云：五宮，疑當作「五官」。如以大廟等五者當五宮，非也。《隋書·牛宏傳》引「乃立大廟、宗宮、路寢、明堂」。案：古立、位二字本通用。○劉師培云：案《宋書·禮志》云大明五年有司奏，《周書》云「清廟明堂路寢同制」，鄭玄注《禮》義（《通考》七十三引「義」作「儀」）生於斯，即約此節之文。又《禮記·玉藻》孔疏曰：「《周書》亦云宗廟、路寢、明堂其制同。」

〔集注〕孔晁云：五宮，宮府寺也。大（鍾本作「太」）廟，后稷。二宮，祖、考廟也。路寢，王所居。明堂，在國南者也。（案：盧校作「大廟，后稷廟，二宮祖考廟考廟也」。盧文弨云：「宮」當作「官」，注當作「五官，官府寺也」，今皆訛「官」爲「宮」，非也。注「后稷」下「廟」字並「考廟」字舊皆脫，今校增。○孫詒讓云：祖考廟即謂祖廟考廟，似無脫字，盧臆增「考」「廟」二字，非。）○潘振云：大廟，后稷。宗宮，文廟。考宮，武廟。在王宮之左，庫門之東。○陳逢衡云：宗宮，文王廟，謂之宗者，宗祀文王之義也。考廟，武王廟。路寢，大寢也。《爾雅》：「室有東西廂曰廟，無東西廂有室曰寢。」路寢，聽政之所，爲周六寢之一。明堂之制見《考工記·匠人》及《大戴禮》，蓋仿黃帝合宮爲之，其見於傳記者則有鎬京之朝堂，有泰山之明堂，此則洛邑之明堂也，蓋朝諸侯及四夷之所。

咸有四阿、反坫。

〔彙校〕孫詒讓云：咸有四阿反坫，孔云：「宫廟四下曰阿。反坫，外向室也。」朱云：「垝謂之坫，在堂隅。反坫者，當坫之上屋棨反向外如飛翼。」孔廣森云：「四阿者，屋上四角爲飛檐也。鄭注《儀禮》云：『坫在堂角。』此四阿之下即堂之四角。」金鶚云：「外向之室不見於經傳，惟門外塾之室可稱外向，然未聞名爲反坫，且大夫士皆有塾，不獨天子有之也。且反坫文承四阿之下，與重亢、重郎、常累、復格相承，皆言堂上棟宇之制，其非門外之室明矣。《明堂位》云：『反坫出尊崇坫康圭』，《論語》、《郊特牲》之反坫，實反爵之坫，而《逸周書》反坫，卻不可解爲反爵之坫。竊思堂之四隅有反坫，屋之四隅曲而翻起爲阿，四阿反坫者，謂阿反于坫上也。四隅檐宇曲而翻起，如阿邱之高聳，故曰四阿，此惟天子有之。《斯干》詩言『宣王之宫，如翬斯飛』，以四隅之阿言也。《考工記》『殷人重屋四阿』，四阿翻起於坫上，故曰四阿反坫，反之爲言翻也。」案：反坫諸説舛異，皆不塙。以字形校之，竊疑當作「反圬」，反圬即反宇也。《白虎通義·聖人篇》、《論衡·講瑞篇》並云「孔子反宇」，《史記·孔子世家》云「生而首上圬頂」，《索隱》云「圬頂言頂上窳也」，故孔子頂如反宇。反宇者，若屋宇之反，中低而四傍高也。蓋圬與宇聲同字通，與坫形近而誤。《吴越春秋·闔閭内傳》云：「故小城南門上反羽爲兩蟉，繞棟以象龍角。」反羽亦即反圬也。（羽、宇音近。）朱云「飛翼」，孔云「飛檐」，皆頗得其義，而謂當坫之上謂之反坫，則緣誤爲釋，義仍迂曲不可從也。

〔集注〕孔晁云：咸，皆也。廟（盧校廟上增「宫」字）四下曰阿。反玷，外尚（盧校改「向」）室也。○潘振云：坫，堂角。門側之堂謂之塾，堂角内向，故曰反坫。○朱右曾云：四阿，四注，屋四面有霤。阿，下也。垝謂之坫，在堂隅。反坫者，當坫之上，屋榮反向如飛翼。

重亢，重郎，常累，復格，藻棁。設移，旅楹，惷常，畫。

〔彙校〕設，程本、趙本、吴本作「誤」。盧校「惷」改「春」，「畫」下增「旅」，云：正文「移」即「簃」也。「春常畫旅」舊本作「惷常畫」，無「旅」字，今據宋人陸佃《陶山集》所引改正，注亦多從之。惠半農云：「復格」即「複笮」。○王念孫云：引之曰：「諸書無謂笮爲格者，格當爲『榕』，音節，字或作『楶』，或作『節』，謂柱上方木也。《説文》『榕，欂櫨也。櫨，柱上枅也。』《倉頡篇》曰：『枅，柱上方木也。』（見《文選·魯靈光殿賦》注）《爾雅》『栭謂之楶』，李巡曰：『栭，今欂盧也。』（見《明堂位正義》）《明堂位》『山節藻棁』，鄭注曰：『山節，刻欂盧爲山也。』栭，或謂之芝栭。《魯靈光殿賦》『芝栭欑羅以戢孴』，張載曰：『芝栭，柱上節，方小木爲之，長三尺。』故孔云復榕，累芝栭也。榕、笮一聲之轉，故《廣雅》云『榕謂之笮』。然則笮也、榕也、栭也、芝栭也、枅也、欂櫨也，六者一物也。榕爲柱上方木，棁爲梁上短柱，故以復榕藻棁連文，猶《禮記》、《論語》之以山節藻棁連文也，榕與格字相似，世人多見格，少見榕，故榕誤爲格矣。」○劉師培云：重郎，案《隋書·牛弘傳》、《宇文愷傳》並引「郎」作「廊」，又《原本玉篇·广部》廊字注云「《周書》凡（立字之訛）五宫明堂咸有重廊，野王案：《漢書》『陳廊廡下』是也。」是顧氏所據本亦作「廊」。（《漢書·百官公卿表》之「郎中令」，《韓非子·孤憤篇·外儲説右篇》之「郎中」，以及《國策·魏策》所云「郎門」，字並作郎。）

〔集注〕孔晁云：重亢，累棟也。重郎，累屋也。常累，系也。復格，累之（盧校改「芝」）孺（程本、王本作「檽」，盧校改「栭」）也。井（程本、鍾本、吴本、王本作「升」，盧校删）藻棁，畫梁柱也。承屋曰移。旅，别（盧校改

「列」）也。惷（盧校改「春」）常，謂藻井（程本、鍾本、吴本作「升」）之節（諸本作「飾」）也。言皆畫列柱爲之（盧校改「文」）也。〇潘振云：重亢，累棟也。重郎，兩廡也。常累，柱頭斗拱，拱即柄也。倍尋曰常，丈六尺，度也。十黍曰累，量也。復格，即複笮，複，重也；笮，屋上板，在瓦之下、棼之上也。藻棁，畫藻於短柱也。移即簃，堂邊小屋也。旅楹，列柱也。春常者，謂於棟下承之以板，另削木横格之，形如井幹，畫水中物以厭火，如水衡斗拱形，即藻井也。畫旅，畫列柱爲文也。〇朱右曾云：重亢，複屋。棟，一名棼。重郎，即重屋也。常累未詳，或云結網施宇下以禦鳥雀者也。復格，即複笮，《廣雅》云：「楁謂之笮。」柱頭斗拱也。藻棁，畫梁上侏儒柱爲藻文也。《爾雅》云：「連謂之簃。」謂堂邊小屋也。移即簃也。藻井，今名承塵，以板承橑，有界畫，如井旅樹門屏也，天子外屏畫以文采。亢，讀爲亢龍之亢，極也，極即棟也。《説文》：「複屋之棟曰棼。」郎即廊也，《説文》無「廊」字。累字本作「絫」，又作「纍」，《廣雅．器》云：「纍，索也。」又云：「縿，緍也。」今殿屋宇下方鐵絲網，蓋其遺制。復音福，復格，《御覽》一百八十四卷引作「深閣」，王念孫以格爲「楁」字之僞，楁謂之栭，郭璞云「即櫨也」。《御覽》引《通俗文》云：「連閣曰簃。」〇孫詒讓云：案「常累」義難通，注釋爲系，亦有誤脱。春常，注釋爲藻井飾，亦不知何據。竊疑「常累」當作「累常」，孔蓋以常爲藻井、春常爲藻井飾，則累常爲重藻井矣。累常與下春常同物，惟以累與春爲異，注當云「累常，累藻井也」。今本注闕佚，僅存一「累」字，傳寫又譌爲「系」，遂不可通。（此書凡云「重」云「復」，注並訓爲累，足相比例。）推繹注意，大抵如是。但藻井何以謂之常，則所未詳耳。畫旅，旅當讀爲梠。《説文．木部》云：「梠，楣也。」《釋名．釋宮室》云：「梠，旅也，連旅旅也。」或謂之檐梠，與旅古音近字通。注以列訓旅楹，因訓畫旅爲列柱，於文不順，不足據也。或云旅當讀爲櫨，畫旅即畫欂櫨也，亦通。

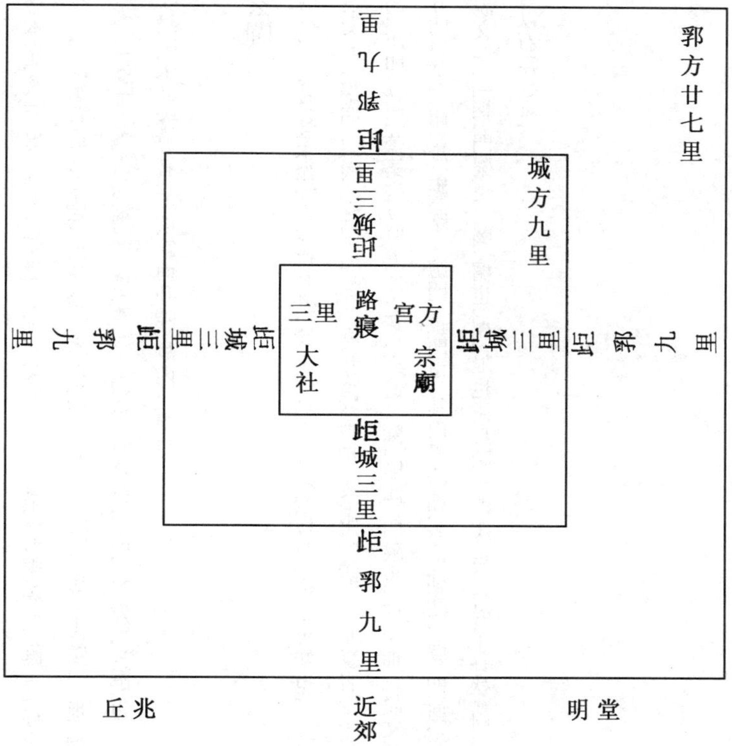

作雒城郛圖

内階、玄階，堤唐，山廧，

〔彙校〕内，鍾本作「貧」。堤，鍾本作「是」。○盧文弨云：玄階，《前編》作「玄陛」。堤唐，《陶山集》作「提唐」，注同。

〔集注〕孔晁云：以黑石爲階（元刊本同，餘諸本作「間」，盧從「階」）。唐，中庭道。堤，謂爲高之也。廧，謂廧畫山雲（盧校倒「爲高」，「廧」上增「山」，「謂」下增「廧」）。○朱右曾云：内，讀爲納，納陛也。《漢書音義》孟康曰：「納陛謂鑿殿基際爲陛，不使露尊者，不欲露而升陛，故内之霤也。」

應門、庫臺玄閫。

〔集注〕孔晁云：門者（鍾本作「人」）皆有臺，於庫門見之，後（盧校改「從」）可知也。又以黑石爲門陛（盧校改「限」）也。○陳逢衡云：應門，《爾雅》謂之正門，蓋發政以應物，故謂之應門。庫臺者，謂庫門兩旁積土如臺門之制，故曰庫臺。或曰庫即五庫，蓋築臺以貯五庫之物，亦通。閫，即閾，門限也，亦作梱，《説文》：「梱，門橛也。」○朱右曾云：天子五門：臯、庫、雉、應、路。應門，正門也，其内爲治朝，亦曰朝門。閫，門橛，在門中而短。舊解謂之閾，注曰門閾。《説文》：「梱，門橜也。閾，榍也，榍，限也。」是閫非即閾也。《晏子春秋》曰：「和氏之璧，井里之困也。」可見門閫有以石爲之者。

逸周書彙校集注卷五

皇門解第四十九

【集注】潘振云：皇，大也。大門，路門也。《竹書》：「成王元年，周公誥諸侯於皇門。」叙在《作雒》之後者，以《作雒》追武王之命，不可以不先之也，故次之以《皇門》。○莊述祖云：皇門者，周公告誡國子咨以善言也。皇，大也。路寢之門，其左曰左閎門。王居明堂之禮，東西稱門，南北稱闈，故左閎門謂之皇門。○丁宗洛云：此篇雄奇鬱勃，的係周初文字。

維正月庚午，周公格左閎門會羣門。

【彙校】《史略》「格」下有「于」字。○王念孫云：周公格于左閎門（今本脱于字，據《玉海》補）會羣門，念孫案「會羣門」三字義不可通，當爲「會羣臣」。後序云：「周公會羣臣于閎門以輔主之格言（以上疑脱「誥」字），作《皇門》。」是其證。今本「臣」作「門」者，涉上句「左閎門」而誤。《玉海》九十、二百六十九引此並作「會羣臣」。○丁宗洛云：浮山云「羣門」是「羣臣」訛。○唐大沛云：正文義自明，王（念孫）據《玉海》增「于」字，改「羣門」爲「羣臣」，似不必。○朱右曾據《玉海》增「于」字，「羣門」改「羣臣」。○俞樾云：《尚書·堯典》「闢四門」，《詩·緇衣》篇正義引鄭注曰：「四門者，卿士之私朝，在國門。後世東門襄仲、桐門右師，取法於古也。」又《周官・大司馬職》帥以門名，鄭注曰：「軍將皆命卿。古者軍將蓋爲營治於國門，魯有東門襄仲，宋有桐門右師，皆上卿爲軍將者。」然則此篇所云會羣門者，言會集衆卿士也。序云「周公會羣臣于閎門」，經作「羣門」，序作「羣臣」，並不相背。《玉海》九十、二百六十九兩引此經並作「會羣臣」，則後人不達門字之義，而據序以改經也。篇内云「乃維其有大門宗子勢臣，罔不茂揚肅德」，可證門字之非誤。朱右曾本從《玉海》作會羣臣，失之矣。○孫詒讓云：案《史略》引亦有「于」字，與《玉海》同。注疑當云「亦曰皇門，閎音近皇也」。○劉師培云：案此篇繫於《作雒解》後，當作於成王即政元年（即周公攝政第八年）。是年距入甲申統五百三十五年，正月己巳朔，二日庚午。周公格左閎門，孔注「路寢左門曰皇門，閎音皇」。案古籍皇、閎互訓，（《風俗通義・皇霸篇》云：「皇，閎也。」）故孔以皇門訓閎，且以皇字況其音，竊疑篇名本作「閎」，後人據注改「皇」。

〔集注〕孔晁云：格，至也。路寢左門曰皇門。閎，音皇也。（朱右曾云：孔注未詳所據。）○盧文弨云：羣門，族姓也，篇中曰宗子、曰私子，皆爲大家世族而言。此誥在成王元年，見《竹書》。○潘振云：左，闈東也。閎，大也。閎門即皇門也。羣門，族姓之正室，代父當門，或繼有采地，或繼有守土者也。○莊述祖云：格，至也。閎門，路門之外掖門也，其左小學在焉，《王制》云「小學在公宫南之左」是也。鄭氏以爲殷制。羣門，諸卿大夫適子也。○陳逢衡云：公蓋欲弭流言於初起之時，大合羣門以誥之，故特言會。

曰：嗚呼！下邑小國克有耇老據屏位，建沈入，非不用明刑。

〔彙校〕入，盧校改「人」。非，盧校改「罔」，莊校改「棐」。○盧文弨云：罔，舊作非，訛。

〔**集注**〕孔晁云：耇老，賢人也。又建立沈伏之賢人，不用明法。（按：「不」上盧增「無」字，云：「無」字舊亦脱，今皆補正。）○潘振云：耇老，面凍黎若垢惡人也。據，杖持也。屏内，見君之位，在路門外者。沈人，隱士。○莊述祖云：下邑小國，謂周。耇老，老成人也。據，依也。屏謂之樹，門屏之中謂之宁，中庭之左右謂之位。建，立也。沈人，沈伏之賢人。棐，俌刑法也。○陳逢衡云：下邑小國，謂友邦冢君也，暗指殷東邶鄘諸國。屏位，如《玉藻》所謂某屏之臣是也。或曰屏攝之位，言能承祀也。沈人，屈於下者。建，謂建立。罔不用明刑，典型也。○唐大沛云：耇老，謂年高德即者。屏位，《爾雅》：「屏謂之樹。」《禮緯》：「天子外屏，諸侯内屏，屏在路門之内外。」位，則所立之位，蓋指君言，非謂耇老之據屏位也。或曰：據，當作拒。屏，蔽也，謂蔽賢路之人則拒之。建沈人，謂賢人沈伏于下者。建，立也。刑，法也。刑，型通。

維其開告于予嘉德之説，命我辟王小至于大。

〔**彙校**〕王念孫云：維其開告于予嘉德之説，引之曰：「此本作『維其開告予于嘉德之説』，故孔注曰『開告我於善德之説』也。《般庚》曰『予告女于難』，彼以『告女于』連文，猶此以『告予于』連文也。下文『資告予元』，亦以『告予』連文，今本予字在于字下，則義不可通。」○莊述祖云：開吉，當作「啓告」。○朱右曾依王念孫説倒「于予」。

〔**集注**〕孔晁云：言下邑所行而我法之，是開告我於（丁宗洛云：「於」宜作「以」）善德之説。小至于大者，小大邦君也。○潘振云：維，專辭。其，指國邑。嘉德，指賢人。○莊述祖云：啓，教；嘉，善也。言耇老賢人教告以善德之言，俌用明法，故文王、武王以諸侯而爲天子也。○陳逢衡云：開告，啓迪也。嘉德，美善之德。説，謂言説。予，周公自謂。辟王，指成王。小至於大，小大之言皆宜告也。

我聞在昔有國誓王之不綏于卹，

〔彙校〕王念孫云：我聞在昔有國誓（與哲同）王之不綏于卹，引之曰：「哲王之不綏于卹，文義不明，『之』疑當作『亡』，亡與罔同。綏，安也。卹，憂也。始於憂勤者終於佚樂，哲王之憂乃其所以得安也，故曰『在昔有國哲王罔不綏于卹』。下文言『罔不者多矣』，罔與亾古同聲而通用，『亾』隸或作『亡』，其草書與『之』字相似，因誤而爲『之』。《晏子春秋·雜篇》『播亾在於四方』，今本『亾』誤作『之』，是其證。」○莊述祖云：「誓王」當作「哲王」。

〔集注〕孔晁云：卹，憂，言思治也。○潘振云：古曰在昔，指成湯也。有國，正室之封於畿內者。○莊述祖云：綏，安；卹，憂也。○陳逢衡云：在昔有國誓王，古我夏先后與殷先哲王也。不妥，不安也。於卹，多憂卹也。○丁宗洛云：誓，戒也，解作「哲」亦通。不綏于卹，言不以可憂者爲安也。○唐大沛云：命，猶告也。辟，君也。

乃維其有大門宗子勢臣，內不茂揚肅德，訖亦有孚，以助厥辟，勤王國王家。

〔彙校〕內，盧校從趙改作「罔」。○莊校「大門宗子」作「大宗門子」，「勢」作「埶」。

〔集注〕孔晁云：大門宗子，適長。勢臣（按程本作「曰」，趙本、鍾本、吴本作「日」），顯仕。茂，勉；肅，敬；訖，既也。孚，信也。○潘振云：訖，盡也。○莊述祖云：大宗，宗子。門子，小宗之適子。《周官·小宗伯》曰：「其正室皆謂之門子。」埶，治也。埶臣，大宗門子之能左王治國者，所謂世臣也。茂，勉；揚，續；肅，敬；孚，信也。言續者自其先祖皆有功德也。○陳逢衡云：大門，猶《梓材》所云大家宗子，公族公姓也。《周禮·小宗伯》「其正室皆謂之門子」，鄭成康曰：「門子，將代父當門者也。」勢臣，秉國有權勢者也。大門宗子勢臣，即暗指三叔。○朱右曾云：大門，大族也。○孫詒讓云：乃維其有大門宗子勢臣，孔云「勢臣顯仕」，莊云「埶，治也。埶臣大宗門子之能左王治國者」。案「勢」當讀爲「暬」，古文叚借。《國語・楚語》云：「居寢有暬御之箴」，韋注云：「暬，近也，暬臣猶云近臣。」孔訓爲顯仕，則是有權勢之臣，非良臣矣。莊説尤迂曲，不可通也。

乃方求論擇元聖武夫，羞于王所。

〔彙校〕劉師培云：案《玉海》一百六十九引無「乃」字。

〔集注〕孔晁云：言旁自羞進。（盧文弨訂「方，旁。羞，進」，云：方訓爲旁，羞訓爲進。舊作「言旁自羞進」，「言」字誤，「自」字衍。）○莊述祖云：方讀若旁，薄也。元，善；聖，通也。元聖可以爲公卿，武夫可以爲將帥者。羞，進也。《書》曰：「聿求元聖。」（《墨子》引《湯誓》文）《詩》云：「赳赳武夫。」○陳逢衡云：方求，偏求也。論擇，慎選也。《書》曰：「聿求元聖。」《詩》曰：「赳赳武夫。」元聖可以資論道，武夫以備腹心。羞於王所，貢士之典也。○唐大沛云：方、訪古字通，當如「王訪于箕子」之訪。○朱右曾云：武夫，爪牙之士。

其善臣以至于有分私子。

〔彙校〕按：「于」舊誤「十」，今訂正。子，趙本、程本、吴本作「予」。○盧文弨云：此句上疑本有「自」字，誤在上句注中，前卷中即有似此者。○莊述祖校此句上有「自」字。

〔集注〕孔晁云：私子，庶蘖（鍾本、程本、吴本作「孽」）也。○莊述祖云：善臣，謂元聖武夫。《傳》曰：「庶人工商各有分親。」私子，餘子。有分私子，謂無氏族可列者。○陳逢衡云：善臣，猶藎臣也。分，分土也。有分私子，謂有采邑之庶孽。○朱右曾云：分，職也。私子，家臣。

苟克有常，罔不允通，咸獻言在于王所。

〔集注〕孔晁云：常，謂常德，言皆信通於義，以益王也。○莊述祖云：有常，有恒者。咸，皆也。言元聖武天競進于王所，即至有在卑賤之中，苟能有恒，無不進達也。○陳逢衡云：罔不允通則咸有獻言之責，意是時流言方煽，周之支庶必有交通三叔者，故並及有分私子責以有常也。《金縢》曰：「管叔及其羣弟。」其不專指蔡霍可知。○唐大沛云：允，信。通，達。

人斯是助王恭明祀、敷明刑。

〔彙校〕劉師培云：人斯是助王恭明祀敷明刑，孔注「言善人君子皆順是助法王也」。案據孔注，疑正文當作「人順斯助王」。「是」與「斯」同，蓋衍文也。又注文「順是助法王」，當作「順是法助王」。又案《文選·東京賦》李注引作「恭明祠專明刑」，祠、祀古通，「專」乃「尃」訛，即古敷字。薛氏《鐘鼎欵識·盄和鐘銘》「叡敷明刑」，字正作「尃」。《拜陵廟詩》李注又引作「冬助王恭明祀」，「冬」疑「各」訛，似「人」下又有「各」字，孔注皆字即釋「各」之詞。

〔集注〕孔晁云：言善人君子皆順是助法王也。○莊述祖云：是，則也。敷，敬也。○陳逢衡云：恭明祀則天祖格，敷明刑則億兆安，人即指元聖武夫。

王用有監，明憲朕命，用克和有成，用能承天嘏命。

〔彙校〕用，趙本、程本、吴本作「周」。盧校從「用」，云：王用，俗本訛作「王周」，今從章本、何本。

〔集注〕孔晁云：監，視。明此事法故能承天命王天下也。○莊述祖云：監，視；憲，法；訓，順；嘏，大也。王又視明法順命，用是上下能和以有成，用定能奉天之大命也。○唐大沛云：憲，法言也。朕命，我之命令也，指國家言。謂能和衷以相與有成也。○朱右曾云：明憲，先王之法。克和，民和也。有成，政立也。承，奉。嘏，大。

百姓兆民，用罔不茂在王庭。

〔彙校〕罔，鍾本、趙本、程本、吴本、王本作「周」。

〔集注〕孔晁云：勉在王庭，獻言於王所也。○莊述祖云：言民亦無不勸勉者。○唐大沛云：天子曰兆民。○朱右曾云：茂，美也。惟能相勸勉，故孚于上天下地。

先用有勸，永有□于上下。

〔彙校〕王念孫云：先用有勸，引之曰：「先字於義無取，疑克字之誤，克用有勸者，克用有勸於羣臣也。《多方》曰『明德慎罰，亦克用勸；要因殄戮多罪，亦克用勸；開釋無辜，亦克用勸。』文義竝與此同。上文曰『用克和有成』，下文曰『戎兵克慎，軍用克多』，亦與此克字同義，克與先草書相似，故克誤爲先。」○莊校「先」改「克」，闕處補「啓」。○陳逢衡云：空方疑是「格」字。○丁宗洛云：方空爲「孚」。○朱右曾「克」從王引之説改「克」，闕處從丁補「孚」。○朱駿聲於闕處補「亯」。○陳漢章云：案王氏《雜志三》引《多方》「亦克用勸」，而未引「不克終日勸于帝之迪」，則勸者謂何？

〔集注〕孔晁云：上謂天，下謂地也。○莊述祖云：言民亦無不勸勉者，上謂天，下謂民。○陳逢衡云：先用有勸指大門宗子勢臣。上謂天，下謂民。

人斯既助厥勤勞王家。

〔**彙校**〕唐大沛「既」作「是」，云：「厥」下疑脱「辟」字，上云「助厥辟勤王國王家」，此宜當然。○朱右曾「厥」下增「辟」字。

〔**集注**〕孔晁云：助君也。謂大門衆于(王本作「予」；鍾本作「子」，盧校從)也。

先人神祇報職用休，俾嗣在厥家。

〔**彙校**〕盧文弨云：《困學紀聞》引作「俾嗣在王家」，蓋嗣先人勤勞于王家也。趙云「嗣厥家」謂世有令聞，保其宗廟。亦通。

〔**集注**〕孔晁云：先人及天地報之，王用善詔家。(王本「之」作「正」，「詔」作「詒」。盧校「善詔」訂「美紹」，云：注以美釋休，以紹釋嗣，舊訛爲「善詔」，一本詔又作「其」，皆非也。)○莊述祖云：言先人者，大宗門子之先祖皆得于大烝。《商書》曰：「兹予大亨于先王爾祖，其從與亨之。」職，主；休，美也。○陳逢衡云：報，如《國語》「殷人報焉，周人報焉」之報。《紀年》「報祀上甲微」，皆謂祭也。報職用休者，謂報以其職，如食於水、食於火、食於社稷之類，以用昭其休美也。嗣在厥家，子孫繩繩萬年靡不承也。○朱右曾云：職，主；休，美也。嗣王家，謂嗣王家之職。

王國用寧，小人用格，□能稼穡，咸祀天神，戎兵克慎，軍用克多。

〔**彙校**〕按：闕處莊校補「家」，朱駿聲補「爰」，陳逢衡疑是「用」。

〔**集注**〕孔晁云：神祐之故。○潘振云：咸，感也。戎兵，見《大明武》。軍用，楨幹芻茭之類。○莊述祖云：格，至也。戰功曰多。○陳逢衡云：用寧用格，安上全下也。克慎克多，有備無患也。○朱右曾云：小人，細民。格，來；咸，和也。

王用奄有四鄰，遠土丕承，萬子孫用末被先王之靈光。

〔彙校〕遠土，趙本、吳本作「遠士」，盧從，云：卜本、何本作「遠土」。○王念孫云：作「遠土」者是也。上言「奄有」，故下言「遠土」，《魯頌・閟宫篇》「奄有下土」是也。《玉海》百六十九引此正作「遠土」。

〔集注〕孔晁云：奄，同。丕，大。末（按吳本誤未），終。○潘振云：奄，大；有，餘也。被，負荷也。○莊述祖云：神之精明者曰靈。○陳逢衡云：奄有四鄰遠土，謂有天下。用末被先王之靈光，謂終受其福也。○朱右曾云：承，繼也。

至于厥後嗣，弗見先王之明刑，維時及胥學于非夷。

〔彙校〕維，鍾本作「雖」。及，程本、吳本作「反」。○盧文弨云：及，趙疑是「反」字。○王念孫云：引之曰「及」當爲「乃」，言後嗣不見先王之明法，於是乃相學於非常也。「乃」字不須訓釋，若「及」字則費解矣。孔注但云爲是相學於非常而不言及，故知「及」爲「乃」之誤。（莊校作「乃」。）○丁宗洛云：玩注語，「反」義猶長，「及」字不可從。○朱右曾依王念孫説作「乃」。

〔集注〕孔晁云：時，有。（盧文弨曰：「時」當訓「是」，觀注下文知「有」字爲誤。）胥，相。爲是相學與（盧校改「於」）非常也。○潘振云：厥後嗣，指紂也。○莊述祖云：夷，常。夷、彝通。○陳逢衡云：厥後嗣，夏商季世。學，習也。非夷，即匪彝。○孫詒讓云：莊説是也。《酒誥》云：「誕惟厥縱淫泆于非彝。」《召誥》云：「其惟王，勿以小民淫用非彝。」《洛誥》云：「女于棐民彝。」《吕刑》云：「率乂于民棐彝。」棐、非，夷、彝字通。非彝，猶言非法也。（《書》僞孔傳訓「棐」並爲輔，非是，互詳前《小開篇》。）

以家相厥室，弗卹王國王家，維德是用。

〔彙校〕莊校無「家」字，讀「王維德是用」。○俞樾云：以家相厥室弗卹王國王家維德是用，注曰「言勢人以大夫私家不憂王家之用德」。按《祭公篇》曰「汝無以家相亂王室，而莫卹其外，尚皆以時中乂萬國」，文義與此略同，疑此文「厥室」上亦當有「亂」字而今本脱之，「弗卹」二字屬上句讀。以家相亂厥室弗卹，猶云以家相亂王室而莫卹其外也。王國王家維德是用，猶云尚皆以時中乂萬國也。孔注以「弗卹」屬下讀，失之。○孫詒讓云：案惟德是用「德」上當有一字，而今本脱之，此上下文所言者皆惡德也。○劉師培云：據孔説家相即家臣，「相」下似脱「私」字，蓋言私賢人爲己臣，不復使爲國用也。惟《祭公解》「汝無以家相亂王室而莫卹其外」，彼文之「外」似即此文「王國王家」，乃此文「厥室」彼又作「王」，孔注云「言陪臣執國命，恤，憂也，外謂王室之外也」，與此注殊，或「王室」之「王」亦係訛字。

〔集注〕孔晁云：言勢人以大（按鍾本作「天」）夫私家不憂（按鍾本、程本、吴本作「慶」）王家之用德。○潘振云：此家，卿大夫也。○莊述祖云：相，助也。室，私也。○陳逢衡云：相厥室，猶上文大門宗子勢臣。○于鬯曰：此德字與諸言德者異，諸言德者多爲美辭，此德字非美辭也。蓋德本無美不美之義，故曰懿德、曰明德，而亦曰凶德、曰惡德，皆配字以見義。專言德則可以爲美辭，即無不可以爲不美之辭。上文云「維時及胥學于非夷，（王《雜志》引之云：「及當作乃。」）以家相厥室，弗卹王國王家」，下文云「以昬求臣作威。不詳不屑，惠聽無辜之亂，亂是羞于王」（王《雜志》以「求」字移入下文「王阜」下，兩「亂」字改爲「辭」，下「辭」字上，移下文「乃維不順之」五字入之），則「維德是用」之爲不美之義可知矣。蓋猶言任性行爲耳，否則上下何以接筍？孔解言「不憂王家之用德」（今本憂誤慶，盧氏從元劉廷榦本、明章蘗本改正），則以「弗卹王國王家維德是用」十字作一句讀，究無此句法。《莊子・大宗師篇》云：「以德爲循」，郭象注云：「德者自彼所循。」蓋亦任性行爲之意。維德是用，與「以德爲循」句義頗類。惟在《莊子》以以德爲循爲美，在《周書》以維德是用爲不美，聖狂之説異也。或曰「德」或訓恩，《戰國・秦策》高注屢云：「德，恩也。」然則維德是用謂維私恩是用，義亦得備一通。要以私恩是用，則亦爲不美矣，説亦相輔也。

以昏求臣，作威不祥，不屑惠聽，無辜之亂辭是羞于王。王阜良，乃惟不順之言于是。人斯乃非維直以應，維作誣以對，俾無依無助。

〔彙校〕辭，鍾本、趙本、吴本作「亂」。祥，盧校作「詳」，云：「詳」本或作「祥」，義並同。「不屑」，疑「不肯」之訛。○王念孫云：此文顛倒錯誤，今改訂如左：以昏臣（昏臣二字連讀。下文「譬若匹夫之有昏妻」，注曰「喻昏臣也」，是其證。「以昏臣」三字上有脱文），作威不祥。不屑惠聽無辜之辭，乃惟不順之辭是羞于王。（「乃惟不順之」五字本在「辭是羞于王」上，故注曰「言進不順辭于王」。）王阜求良言，（阜求良言謂大求善言也，故注曰「阜，大。良，善也」。王求善而是人作誣以對。據此，則「阜良」二字之閒原有「求」字明矣。）于是人斯乃非維直以應，維作誣以對，俾無依無助。今本「求」字誤入上文「昏臣」二字之閒，兩「辭」字皆誤作「亂」，「乃惟不順之」五字又誤入下文「良言」二字之閒，則義不可通。盧改併上下文，又改下「亂」字爲「辭」，而以「亂辭」二字連讀，則愈不可通。○丁宗洛「是人」改「是入」，云：「入」舊訛「人」。又按曰：「是人」乃釋經文「斯」字，讀者勿誤會而謂于是人，非訛。○唐大沛、朱右曾均依王念孫説訂此句爲「以昏臣作威不祥，不屑惠聽無辜之辭，乃維不順之辭是羞于王，王阜求良言，于是人斯乃非維直以應，維作誣以對，俾無依無助」。

〔集注〕孔晁云：祥，善也。不察無罪以惡民也。言順不進之辭于王（按鍾本、程本、吴本無「之」字，趙本「之辭」作「亂」）。皁，大；良，善也。王求善而是人作誣以對，故王無依助也。（原在「無依無助」句下，盧併。）○莊述祖云：屑，絜；惡，順；辜，罪也。是，則；羞，進；直，正；誣，加也。○陳逢衡云：羞，進也。王，即暗指成王。無辜之亂辭，即所謂無稽之言。辜，必也。無辜，猶無據也。此實指流言，故曰亂辭，辜字不必作罪字解。皁，盛也。良，易直也。不順之言即無辜之亂辭，出於口而逆於耳者也。是人，指家相。誣，欺罔也，以無爲有也。誣則不直，不直則讒賊媢嫉勢必至，小人進君子退而君爲孤注矣，故無依無助。

譬若畋，犬驕用逐禽，其猶不克有獲。

〔彙校〕畋，趙本、吴本、程本作「略」。

〔集注〕孔晁云：驕謂不習也。言□（王本作「是」）。陳逢衡云：空方疑作「是」字。唐大沛云：方框疑是「用」字）。人之無得，猶驕犬逐禽，不能獲。○莊述祖云：驕，讀若趫，善走也。言必獲禽，喻斯人善司上意也。○陳逢衡云：言畋犬用以逐禽必馴擾而後有獲，若聽其狂噬必至喪家而不卹。此譬之用人當謹御下之道，否則敗乃公事矣。○朱右曾云：驕，虚憍也，虚憍之犬猶不能獲禽。○洪頤煊云：案「驕」是畋犬之名。《詩·駟鐵》「載獫歇驕」，毛傳：「獫歇驕，田犬也。長喙曰獫，短喙曰歇驕。」言用驕犬以逐禽，其尚不能有獲，喻用賢臣尚不能利於家國，況是讒賊媢嫉之人？

是人斯乃讒賊媢嫉，以不利于厥家國。

〔集注〕孔晁云：言賊仁賢，忌媢嫉妒，以不（趙本、程本、吴本作「而」）利其君。○莊述祖云：媢，妒；嫉，妎也。小人非與君子爲讎也。不詳不順，作誣以欺其主，君子終必知之。不盡去之，于小人不利也，而國家乃大不利矣。○朱右曾云：媢、嫉，皆妒也。

譬若匹夫之有婚妻，曰予獨服在寢，以自露厥家。

〔彙校〕予，鍾本作「于」。○王念孫云：婚妻，本作「昏妻」，此後人不曉文義而改之也。據孔注云喻昏臣也，則本作「昏妻」明矣。○于鬯云：但曰「予獨服在寢」，句未見意義。下文云「媢夫有邇無遠」，在彼亦無義。疑彼六字當在此「曰」字之上，其文合上文，云「譬若匹夫之有婚妻，（案「婚」讀爲「昏」，不煩改字。）媢夫有邇無遠，曰予獨服在寢，則媢夫有邇無遠」，即是婚妻之所爲，句始有義。曰予獨服在寢，即是婚妻之媢語，意義亦可見矣。下文「乃食蓋善夫俾莫通」，（王《雜志》云：「食當爲弇。」）遥承上文是「人斯乃讒賊媢嫉」言之，古書文法固有之。

〔集注〕孔晁云：寢（按元刊本、趙本、程本、吴本作「收」），室也。言自露於家。言謂美好，喻昏臣也。（丁宗洛本孔注「言謂美好」作「自謂美好」。）○王念孫云：《方言》曰：「露，敗也。」賊媢嫉之人專權以敗國，亦若昏妻之專寵以敗家也。孔云言自露於家謂美好，蓋未解露字之義。○潘振云：服，事也。寢，正寢，謂堂也。露，彰也。厥家，其妻也。○莊述祖云：服，事。露，猶暴也。喻斯人專君權寵以自衒也。○陳逢衡云：「婚」通作「昏」，闇也。昏妻無益於厥夫，猶昏臣無益於王國。露，敗也。○丁宗洛曰：獨服在寢，言專妬也。○朱右曾云：服，事；寢，室；露，敗也。以妒婦喻昏臣也。

媚夫有邇無遠，乃食蓋善夫，俾莫通在士王所。

〔**彙校**〕在士，盧從沈改「在于」。○王念孫云：引之曰：「媚當爲媢字之誤也。下『媚夫』同。《顏氏家訓·書證篇》曰：『太史公論英布曰：禍之興自愛姬，生於妬媚，以至滅國。』又《漢書·外戚傳》亦云：『成結寵妾妬媚之誅。』此二媚竝當作媢，媢亦妬也，義見《禮記》、《三蒼》。且《五宗世家》亦云『常山憲王后妬媢』。王充《論衡》云：『妬夫，媢婦。』益知媢是妬之別名。原英布之誅爲意賁赫耳，不得言媚。案《五宗世家》索隱亦云：『媢，鄒氏作媚。』《潛夫論·賢難篇》：『妬媢之攻擊也，亦誠工矣。』今本媢字亦誤作媚。《爾雅·釋宮》：『楣謂之梁。』《釋文》：『楣，或作楣。』蓋隸書眉字或作肙，與冒相似，故從冒、從眉之字傳寫往往譌溷。鄭注《大學》曰：『媢，妬也。』此媢夫二字正承上文『讒賊媢嫉』言之，非謂其佞媚也，不當作『媚』明矣。『食蓋』二字義不相屬，食當爲『弇』。《爾雅》：『弇，蓋也。』《字通》作『掩』。孔注云『掩蓋善夫』，是其明證矣。弇蓋善夫俾莫通在于王所，亦承上文『媢嫉』言之。《大學》引《秦誓》曰『媢疾以惡之』，又曰『而違之俾不通』，正此謂也。弇與食字相似，故弇誤爲食。盧云『食猶日月食之食』，失之。」○莊校「食蓋」作「既蓋」。于鬯云：此篇文多錯誤，王《雜志》訂正上文諸條皆可信，則此亦錯文可知矣。王氏尚未審此文之錯，故以媚爲媢字之誤。要其説可以解下文之媢夫，不可以解此之媚夫，此媚自是佞媚之媚，非媢嫉之媢。下文「媚夫先受殄罰」，卻當云「媢夫先受殄罰」，蓋即涉此「媚夫」而誤媢爲媚也，豈知媢夫者、謂婚妻之媢其夫，非謂其夫之媢。媚夫者，謂其人曰媚夫，於義殊絶也。

〔**集注**〕孔晁云：食爲野□（盧文弨云：「野」字訛）。媚夫見近利而無遠慮，利爲掩（按鍾本、趙本、程本、吴本、王本作遠）蓋，善夫使莫通。○盧文弨云：食，猶日月之食，亦掩蔽之意。○莊述祖云：媚，説也。蓋，揜也。容説之臣有日近無日疏，既揜蔽善臣使莫通，猶未盡其術士事也。○陳逢衡云：媚夫，佞幸之臣。善夫，即善臣。食蓋，掩蔽貌。○丁宗洛云：盧云「食猶明之食，亦掩蔽之意」，洛案《管子・君臣篇》「明臣在上，便嬖不能食其意」，孔注：「蠱惑曰食。」

乃維有奉狂夫是陽是繩，是以爲上，是授司事于正長。

〔彙校〕是以爲上，「是」字趙本、程本、何本、吴本空闕。于正，趙本誤「干上」。

〔集注〕孔晁云：言陽舉狂夫以爲上人，□爲官長，正長（按諸本均作「主」）其事也。（闕處丁補作「授」，唐補作「以」。）○潘振云：繩，法度也。授，付也。正，謂官府之正。長，謂都邑之長。○莊述祖云：陽，舉；繩，譽；捿，推也。狂夫，狂行之人也。○陳逢衡云：狂夫與媢夫相類。「陽」通「揚」。繩，譽也。○朱右曾云：丁嘉葆曰：繩如繩息嬀之繩，譽也。愚謂狂夫，愚狂之人。陽，揚舉之也。正，大夫也。長，一職之長。

命用迷亂，獄用無成。小民率穡，保用無用。

〔彙校〕莊校「穡」作「瘴」，云：率穡，依（孔）注當作「率痛」，或「率瘴」之僞。○丁宗洛「穡」改「懎」，云：懎，恨也，舊作「穡」，于義無着。

〔集注〕孔晁云：命者，教也。率，皆。痛愁困（按趙本、吴本作用）也。○潘振云：率，皆也。穡，儉嗇也。○莊述祖云：亂政之所興也。迷，惑。瘴，病。○陳逢衡云：政出多門故迷亂，獄以賄行故無成。穡，斂也。斂以秋有陰慘之象，故孔以痛愁困訓「穡」也。○朱右曾云：「穡」讀爲「歡」，悲意。

壽亡以嗣，天用弗保。

〔**彙校**〕天，鍾本、王本作「大」。

〔**集注**〕孔晁云：安（按鍾本、趙本、程本、吴本空闕，王本作「用」）民之用，無所宣施，是故民失其性，天所不安，用非其人故也。○潘振云：保民之用，指六軍也。凡年齒皆曰壽。○莊述祖云：保，聚也。保既無用，保何用矣？○唐大沛云：保，安也。用，用之於民也。亡，謂夭亡也。嗣，續也。

媢夫先受殄罰，國亦不寧。嗚呼，敬哉！監于兹，朕維其及。

〔**彙校**〕莊校無「敬哉」二字。

〔**集注**〕孔晁云：殄，絶其世也，及其人也。（上「也」字盧校改「罰」，云：案《盤庚》云「罰及爾身」，又云「殄滅之無遺育」，此正（孔）注之所本，今改正。至「朕維其及」，蓋言害將及我也，（孔）注不爲此作釋。）○丁宗洛本（孔）注作「殄絶其世，又及其君也」，云：「又」舊作「也」，「君」作「人」。盧改「也」爲「罰」，以注祇釋「殄罰」二字，因咎其不爲「朕維其及」一語作注。竊謂殄罰雖異，注乃舉其甚者，余改「罰及其人」作「又及其君」，則經之由媢夫而國而朕，語亦明矣。○莊述祖云：監，鏡也。言當以善者爲法，惡者爲戒。○陳逢衡云：敬，儆也。監，視也。○朱右曾云：及，及于禍也。

朕藎臣，夫明爾德以助予一人憂，無維乃身之暴皆卹

〔**彙校**〕夫明，莊校改「矢明」，朱右曾據《玉海》訂「大明」。○盧文弨云：皆卹，疑當作「是卹」。○唐大沛云：作

「是卹」文義可通，此三句文義甚晦，或有訛脱。○孫詒讓云：莊氏讀「藎臣」句絶，是也。盧、朱並讀「朕維其及」句，失之。大明爾德，大，莊改「矢」，與舊相近，似是。

〔集注〕孔晁云：藎，進也。言我進用之臣，大（諸本作「夫」）明明之德，助我憂天下者。（盧文弨云：注「明明」趙疑「明爾」。）○莊述祖云：藎，進也。師氏、保氏在王左右。矢，陳也，陳大學之道以明其德。凡國之子弟皆可爲大夫卿士助王國王家。憂，饒也。○唐大沛云：《爾雅·釋詁》：「藎，進也。」《詩·大雅》「王之藎臣」疏：「藎，惠愛之篤，進進無已也。」本文藎臣亦當如《詩》疏所訓。

爾假予德憲，資告予元。

〔彙校〕假，莊校作「徦」，云：更伯反，至也。○孫詒讓云：孔云：「資，用也。」莊云：「資，讀曰諮，訪問于善爲諮。」案：莊説近是，「元」疑當爲「允」之譌，言告我言信是也。

〔集注〕孔晁云：假，借；資，用也。借我法用德之告我，我大德之所行也。（盧訂作「假，借；資，用也。借我法用德法之用告我，我大德之所行也」，云：舊作「借我法用德之告我」，又重一「我」字，皆訛，今改正。）○莊述祖云：暴，比爍也。卹，憂也。言不獨一身之暴爍，自憂者，世卿門子不憂身之無庇而所當憂者非一端也。廣之，即以儆之。貴游之子弟知憂斯寡過矣。德，明德也。憲，法也。資，讀曰諮，訪問於善爲諮。元，善也。○陳逢衡云：乃，汝也。卹憂，卹也。皆卹爾者，言我於家國之外亦併憂及汝身。憲，法也。假予德憲則善夫進元善也，資告予元則善言通。○朱右曾云：暴，惡也。假，嘉；資，用也。

譬若衆畋,常扶予險,乃而予于濟。汝無作!

〔**彙校**〕畋,鍾本、趙本、程本、吴本、王謨本作「略」。險,鍾本作「夫」。○盧文弨云:而,古與「能」同。「汝無作」,趙云似有闕文。○莊述祖校作「譬若泳淵,常扶予險乃能予于濟」。○朱右曾云:「汝無作」,愚謂衍文。○劉師培云:「作」字舊本蓋作「忘」,古字作「亡」,與乍形近,因訛爲「作」。《文儆解》云「汝慎守勿失,以詔有司,夙夜勿忘」,義與此同。

〔**集注**〕孔晁云:如衆令畋(趙本作「略」)獵相扶持也。齊(鍾本、趙本、程本、吴本作「濟」,盧從),遂(趙本作逐)也。○盧文弨云:「能」本作「乃」,能以我往濟也。潛行曰泳。扶,左;乃,與;而,女;于,往;濟,渡也。言與國同安危。○陳逢衡云:汝,即指大門宗子勢臣家相厥室,暗指三叔。作,造也。謂造流言以傾國,無作戒之之辭。○唐大沛云:乃,汝也。作,與起也。蓋云汝能與起而助我乎。○朱右曾云:古文「能」作「耐」,或省作「而」,劉向《説苑》凡能字皆作「而」。○于鬯云:作訓爲。《爾雅·釋言》云:「作,爲也。」爲之言僞也。《詩·采苓篇》:「人之爲言。」孔義引定本作「僞言」。《左·成九年傳》陸釋云:「爲本作僞。今俗言人僞曰做作,即此義矣。」汝無作者,汝無僞也。無者,戒辭,言汝毋作僞也。猶《小戴·月令記》鄭注引今《月令》「毋或詐僞也」。彼「詐僞」,《戴記》正作「作爲」,然則作可讀爲詐,詐、作並諧乍聲,詐、僞同意。《爾雅·釋詁》云:「詐,僞也。」汝無作,亦即汝無僞也。趙曦明校疑「作」下有闕文,朱右曾《集訓》以「汝無作」三字爲衍,皆非。

逸周書彙校集注卷五

大戒解第五十

〔集注〕潘振云：大，大君。戒，謂有以警之也。○陳逢衡云：此周王訪於周公，公教以體羣臣之事，務在尊其位，盡其志，庶人才爲我用也。後幅九備雖脱落不全，而篇名大戒，實取義於此，此篇亦當在《作雒》前。

維正月既生魄，王訪于周公曰：「嗚呼！朕聞維時兆厥工，非不顯，朕實不明。

〔彙校〕盧文弨云：《説文》引《逸周書》曰：「朕實不明，以侻伯父。侻，完也，胡困切。」今此書無下句，《説文》所釋亦難曉。○王念孫云：「兆厥工」三字文義未明，孔注曰「兆，始。工，官。言政治維是始正其官」，據此則正文「兆」下當有「正」字。○朱右曾據《説文》增「以侻伯父」句。○孫詒讓云：盧云：「《説文》引《逸周書》『朕實不明，以侻伯父』，今此書無下句。」朱本據補。案《説文》段玉裁注云：「侻當爲溷之叚借。」亦舉此篇及《本典篇》「故（惠、朱校並據《文選》注改「敬」）問伯父」兩文而未能决定。張文虎云：「溷與故問伯父之問聲亦相近，疑亦本溷字也。」今案《本典篇》上文有「朕不知明德所則」之語，與《説文》亦約略相應。張以爲彼篇異文，於義亦通。無由决，其必爲此篇脱文也。又案《本典篇》云「非不念，念而不知，故問伯父」，此篇後文亦有「非不念念不知」之語，竊疑「以侻伯父」四字即在此篇，亦當在「念不知」之下，下接周公答語，正相承貫。許君約引，不必兩句定相次也。

〔集注〕孔晁云：兆，始。工，官。言政治維（鍾本、趙本、程本、吴本、王謨本闕）是始正其官。○潘振云：時，指政而言。顯，達也。○陳逢衡云：言百司庶府俱有顯績。朕實不明，無以簡任之也。○唐大沛云：非不顯，言不顯揚之，但簡任之道，朕實不明耳。○朱右曾云：俒，完也。言伯父之訓非不明顯，朕愚不知所以完守之者。《曲禮》曰「五官之長曰伯」是。《職方》天子同姓謂之伯父，謂三公兼二伯者也，故成王謂周公爲伯父。

維士非不務，而不得助。大則驕，小則懾，懾謀不極。

〔集注〕孔晁云：言務求士而不得助，如此之難。極，中也。○陳逢衡云：言我非不以求士爲務，而不能得其助。權大則驕，位小則懾，懾則不敢爲我謀，雖謀亦不得其中也，何助之有？○唐大沛云：助，謂輔助。驕，驕傲。懾，懼。○朱右曾云：恇懼者失常，故謀不得中。

予重位與輕服，非共得福厚用遺。

〔彙校〕劉師培云：案孔注（見注）訛脱不可曉。是求益之言，「言」字疑亦他注錯入，惟審繹注文知正文「非共得」三字「得」當讀「德」，「共」乃「夫」訛。（《史記·周紀》「悉求夫惡」，本書《度邑解》作「共」，是其例。）與《禮記·中庸》「苟無其德」相似。福厚用遺，即冢彼言，謂位重事輕，若以無德之人處之，亦必禄厚而功寡也。又此節均協韻，「遺」字獨否，疑亦訛文。

〔集注〕孔晁云：重，所重在於重位。輕服（鍾本、程本、王謨本作「重」）所立，非夫德而厚福用之。是求益之言也。

〇盧文弨云：（孔）注訛，難通曉。趙云：「似言授之位與服，誠冀助我而共得其福耳。非然者，胡爲厚遺之若此乎？」〇潘振云：服，五服。福，即《皇門解》所謂嘏命也。以物予人曰遺。言我重其位而置之，與輕其服而予之，非欲共得嘏命於天，所以厚遺之乎？〇陳逢衡云：重位與輕服者，謂斟酌官爵大小而任之。服，如服官政之服。福，禄也。非其得福位不當也，厚用遺則絀而退之耳。

庸止生郄，庸行信貳。衆輯羣政，不輯多匿。嗚呼！予夙勤之，無或告余。非不念，念不知。」

〔彙校〕多匿，鍾本、吴本、王本作「自匿」。〇盧文弨云：郄，正字作「郤」。〇唐大沛云：「夙」下疑脱「夜」字。〇劉師培云：案《武儆解》云「汝夙夜勤心之無窮」，《成開解》云「余夙夜之勤」，疑此「夙」下脱「夜」字。

〔集注〕孔晁云：止，容也。常（「也常」二字鍾本、趙本、程本、吴本作「端則」）信。貳則難得中也。我雖勤之，無有告我者，徒知而不得明知也。〇潘振云：庸，常也。止，容止也。貳，譏間也。輯，和也。〇陳逢衡云：張惠言曰：「庸，用也。止，無事。行，有爲也。無事則隙，有爲則貳，不得助之患如此。政，正也。衆士輯和則無不正，不和則人人自匿其心矣。」衡案：衆，即《周禮》所謂陳殷置輔也。予非不念，念不知，蓋望公訓勉之辭。〇丁宗洛云：海山云：「庸止句承厚遺，庸行句承非得福，其弊總歸於不輯耳。」洛案：庸，用也。用人取必容止則郄隙易生，取重於德行則疑貳可信，蓋用賢所以輯政，不輯則邪慝矣，匿與慝通也。蓋「大則驕」三句言人之難用也，「予重位」三句言待人之難也，「庸止」四句言用人之道也，讀者細玩自得。（孔）注「常」疑係「庸」字之注。「則容也」也字似誤，但「庸」似當訓用，與別處不同。〇唐大沛云：庸，常也。貳，疑也。匿者，與慝同，惡也。〇朱右曾云：此又言取士之難。止，容止。郄，間隙。矜持懈則簞豆見于色，是生郄也。貳，當爲「貣」，差也。行有誠亦爲僞，故恐信非所信也。用賢所以安輯庶政，不輯則慝矣。匿，慝也。貳，讀爲忒，《禮·緇衣》：「其儀不忒。」《釋文》本作「貣」。〇孫詒讓云：衆輯羣政不輯自匿，朱云「用賢所以安輯庶政，不輯則慝矣，匿，慝矣」。案朱釋「匿」爲慝，是也，而釋「政」爲「庶政」，則非。此「政」當爲「正」之借字，言衆和輯則羣自正，故云「不輯自慝」，慝與正兩句文義正相對也。《大匡篇》云「不遠羣正」，與此「羣政」義異而字同。

周公曰：「於！敢稱乃武考之言曰：微言入心，夙喻動衆，大乃不驕。行惠於小，小乃不懾。

〔彙校〕武考，鍾本、趙本、程本、吴本、王本作「武王」。小乃不懾，元刊本同，餘諸本作「衆乃不懾」。盧校作「小」，云：次「小」字從宋元本，俗間本作「衆」。

〔集注〕孔晁云：言武王（盧改「武考」）之有此言。（諸本「武王」上有「汝之」，「武王」下無「之」字，盧從。）〇潘振云：稱，述也。夙，早敬也。惠，恩惠。〇陳逢衡云：於，嘆辭。稱，述也。張惠言曰：「夙喻，素行喻乎人也。言行動人，大臣乃不驕。惠及小臣，小臣乃不懾。」衡案：微言入心，夙喻動衆，臣鄰一德，都俞之象也，故大臣處盛滿而不驕。行惠於小，加温語於庶府也，故小臣得以效忠而不懼。〇朱右曾云：微言，微眇之言。入心，入人深也。夙喻，以身率之，不待言而喻也。行惠者，接以寬和待之。

連官集乘，同憂若一，謀有不行。予惟重告爾。

〔彙校〕予，元刊本同，餘諸本作「茲」。爾，鍾本作「再」，趙本闕，程本、吴本、王本作「再」。○盧文弨云：集乘，疑是「集衆」。「予」字從宋本俗間本作「茲」，元本無「重」字。○丁宗洛「爾」作「再」，「再」下增「庸」字，云：再音稱，大也，舉也。「庸」舊在下段之首，今從海山校屬本句，蓋語意猶言重告以舉用之道也。

〔集注〕孔晁云：連官則同憂戚（盧校作「職」，云從元本），集衆事則同憂。謀有不行，必行也（「必」上盧從趙增「言」字）。○潘振云：重，猶多也。○陳逢衡云：連與聯通。乘，事也。連官集乘，謂連事通職相佐助，如《周禮·小宰》以官府之六聯合邦治是也。同憂若一，則謀宜濟矣。乃有不行，則未得盡志耳。○唐大沛云：《周禮》乘其事謂計其事也。集乘，當是集衆計事之義，故曰集乘，或作治事解亦通。重，再也。周公又申言之以告成王也。○朱右曾云：連官集乘，言連事共職相爲佐助，猶同車共載也。

庸厲□以餌士，權先申之，明約必遺之，□□□□。其位不尊，其謀不陽。

〔彙校〕「庸厲」下闕處元刊本泐一字，朱駿聲補「材」、丁宗洛補「毋」。「必遺之」下四方框諸本作雙行小注「餌謂爵禄，權謂勢重」，盧校從。

〔集注〕孔晁云：餌謂爵禄。權謂勢重。○盧文弨云：其位不尊，其謀不陽，蓋言賢者不在尊位，雖有善謀亦不能顯士於衆人而使人服從也。（孔）注似不得其意。○潘振云：餌，啗魚具，喻引進也。約，期約。陽，揚也。○陳逢衡云：庸，功也。厲，勵也。餌，謂誘之使進士。權以申之，尊其位也。明約以遺之，約，戒約也。遺，即「厚用遺」之遺。○丁宗洛云：陽是昭宣意。

我不畏敬，材在四方。

〔集注〕孔晁云：　卑(元刊本、程本、趙本、吴本誤「車」)當畏敬聖(元刊本、程本、吴本、王本作「賢」，盧校從)者，尊其位，陽其謀也。在四方，言□(元刊本作「畔」，丁宗洛補「散」)。○盧文弨云：　在四方，言野多遺賢，或且以資敵。○潘振云：　畏者，畏其材。敬者，敬其德。材者，有用之通稱。在四方，去此邦也。言待國之士宜重也。

無擅于人，塞匿勿行，患戚咸服，孝悌乃明。

〔彙校〕患，元刊本、趙本、吴本作「惠」。

〔集注〕孔晁云：　擅人，專己。塞逆陰忌□(元刊本作「事」，程本、吴本、王本作「哀」，盧校删)。惠，順；　戚，近也。○陳逢衡云：　無擅於人，用賢不吝，簡在帝心，不專擅也。賢路大開，故塞匿勿行。惠戚咸服一家，仁也。孝悌乃明一國，興仁也。○丁宗洛云：　自擅其長，謂人皆不如己，故(孔)注曰專己。人雖有所長亦不見用，故(孔)注曰陰忌。但此尤是戒王，非謂相臣也。○朱右曾云：　孝悌明則等威立，而人恥亂。○孫詒讓云：　孔云：　「匿，陰忌。」案：　(孔)注疑當作「陰惡」，蓋孔亦讀「匿」爲「慝」也。

明立威耻亂使衆之道，撫之以惠，内姓無感，外姓無讁。

〔彙校〕感，元刊本、趙本作「惑」。陳逢衡删句首「明」字。

〔集注〕孔晁云：　鄙恥其亂則思治矣。内長同姓，同宗。外姓，異姓。讁，過。(陳逢衡云：　「長同」二字疑衍。丁宗洛云：　「長同」二字衍，海山改「長」爲「言」，雖可通，然同姓同宗並言卻難通。)○盧文弨云：　感，古憾字。○潘振云：讁，咎也。○陳逢衡云：立威則法不馳，恥亂則禍不生，内姓無感，親親得其所也。外姓無讁，尊賢各有等也。○丁宗洛云：浮山云：「無感、無讁，互文見義。」○朱右曾云：孝悌明則等威立，而人恥亂。感、憾，古今字。無憾，不施其親也。無讁，不求備于一人也。

人知其罪，上之明審。教幼乃勤，貧賤制□。設九備，乃無亂謀。

【彙校】闕處陳逢衡疑是「敬」，朱駿聲補「節」。丁宗洛從海山據上注「内長」、「幼」上增「長」字，删方圍。

【集注】孔晁云：上明則不隱情，故曰知罪。○陳逢衡云：言人知其罪，由於上之明審。教幼乃勤，父兄之教嚴也。貧賤有制則不妄干。九備見下。乃無亂謀，知所戒也。

九備：一、忠正不荒美好，乃不作惡；

【彙校】盧文弨云：正文脱二三兩段。○丁宗洛云：「美好」二字定係下文所闕誤在此。（孔）注與經文不附，恐係經脱二三兩段而注尚存耳。○唐大沛云：上文「明立威恥亂」疑即「荒」下脱文。

【集注】孔晁云：順人心明察而民化而善。○潘振云：荒，一同慌。美，美酒。好，好爵。惡，沈酗也。○陳逢衡云：荒如色荒、禽荒之荒。甘酒、嗜音、峻宇、雕墻，皆所謂美好也。不荒美好則能修身，故曰乃不作惡。○唐大沛云：忠正，即中正。荒，謂荒怨。

四、□説聲色，憂樂盈匿；五、碩信傷辯，曰費□□；六、出觀好怪，内乃淫巧；

〔彙校〕「説」上闕文朱駿聲補「戒」,「費」下闕文朱駿聲補「辭説」。○丁宗洛云：曰費□□,「曰」疑亦是方圍。○唐大沛云：四□説聲色,方圍疑是「怡」字。○朱駿聲云：九備無二、三,當是闕文。○孫詒讓云：信,當爲「言」之譌。出觀好怪内乃淫巧,案：「出」當作「士」,士觀見前《程典》、《柔武》二篇。

〔集注〕孔晁云：碩,大。怪,異。○潘振云：説、悦通。碩,大也。辯,利口也。費,損。怪,奇技奇器也。○陳逢衡云：聲色惑溺雖樂心憂。盈匿,謂樂滿則憂伏也。碩信傷辯,大詐似信,辭多飾也。出觀,遊幸也。好怪,服奇之義。

七、□□謀躁,内乃荒異;八、□□好威,民衆日⿰土逃;九、富寵極足是大極,内心其離。

〔彙校〕⿰土逃,諸本作「逃」,盧從,云：「逃字從元本,卜本、俗間本作『挑』,字書無。」朱駿聲於「謀」上闕處補「慮淺」,「好威」上補「違德」。○陳逢衡云：是大極,「是」下疑脱「曰」字。○丁宗洛云：是大極,浮山云此三字似(孔)注語「是乃足」訛,蓋言極大足。○孫詒讓云：案「逃」當讀爲偷,古音相近通用,《禮記·表記》云：「安肆日偷。」鄭注云：「偷,苟且也。」此亦言上好威則民不自保,日惟苟且求自免於刑也。今本作「挑」,乃「恌」之誤,《詩·小雅·鹿鳴》「視民不恌」,毛傳云：「恌,愉也。」○劉師培云：七□□謀躁内乃荒異,案「異」疑「暴」訛,躁、暴協韻,與上色、匿協韻同。九富寵極足是大極内心乃離,案「是」即「足」字誤羨之文,「大極」二字或亦孔注。

〔集注〕孔晁云：□(元刊本作「離」)室也。(丁宗洛云：空闕疑是「内」字。)○潘振云：荒,惚也。好威,喜飾尊嚴以懼衆也。富,貨之也。○陳逢衡云：謀躁則心無定。荒異,荒忽無常之貌。好威則民衆畏罪,故曰逃。富寵貴倖之臣極足,賜予無復加也。内心其離,人心散也。九備,國之忌,故篇題以「大戒」爲名。

九備既明，我貴保之，應協以動，遠邇同功。

〔彙校〕盧文弨云：協，亦作「恊」。

〔集注〕孔晁云：應協以動，動必以和。○潘振云：明者，知其理也。貴者，重之而不敢輕。保者，守之而不敢失。應，合也。協，和也。動，謂謀也。○陳逢衡云：我貴保之則能大戒。協，和也。應合以動則事乃有成，故同功。遠謂外姓，邇謂内姓。○朱右曾云：保，守也。協，同心之和也。

謀和適同，覆以觀之，上明仁義，援貢有備。

〔彙校〕同，盧校改「用」。○陳逢衡云：貢，疑是「責」字之訛。○丁宗洛云：「用」亦作「同」。「援貢」似有訛字。

〔集注〕孔晁云：上謂君也。○潘振云：適用，合用也。覆，詳審也。援，引也。貢，薦也。○陳逢衡云：謀和則志同，故適用。覆以觀之，覆其實也。戴清曰：「案：『上明仁義』二句乃歸重于上之辭，下三節詳言之。備，即前九備。」○朱右曾云：謀和適用，敷奏以言也。覆觀，明試以功也。上，尚也。援，汲引也。貢，進也。備，具也。此答庸止庸行之問也。

聚材多□，以援成功，克禁淫謀，衆匿乃雍。

〔彙校〕闕處朱駿聲補「士」。

〔集注〕孔晁云：言閉塞不行也。（丁宗洛云：「言」下似應有「衆匿」二字。）○潘振云：謀不得其中謂之淫謀。匿，陰姦也。雍，和也。○王念孫云：匿，古「慝」字。慝，惡也。言能禁淫謀則衆惡皆塞也。○陳逢衡云：淫謀，猶言非謀。衆匿，衆謀匿於下者。雍，和也。衆匿乃雍則其謀陽矣。此謂在上者能大戒聲色遊觀寵幸等九備之害，庶能尊賢貴德而謀國有人也。○丁宗洛云：雍與壅通。

順得以動人，以立行。輯佐之道，上必盡其志，然後得其謀。

〔彙校〕朱右曾云：順得，當爲「順德」。

〔集注〕孔晁云：言和輯求助當先順人也。○潘振云：道，猶方也。○陳逢衡云：順得以動，順聽得以鼓舞之也。人以立行能建白也，盡其志則位尊，得其謀則謀陽。○朱右曾云：盡其志，謂忠信重禄以體之。

無□其信，雖危不動。□□以昭，其乃得人。

〔彙校〕上闕處元刊本作「棄」；陳逢衡疑「失」，丁宗洛從補；唐大沛、朱右曾從王念孫均補「轉」。下闕處陳逢衡疑「厥用」，丁宗洛、唐大沛、朱右曾從王念孫説補「貞信」。○王念孫云：無□其信雖危不動，念孫案：闕文是轉字。轉者，移也。上守信而不移則下親其上，雖危而不可動矣，故曰無轉其信雖危不動。孔注曰「轉移」，是釋正文轉字也。下文曰「上危而轉下乃不親」，正與此文相應。□□以昭其乃得人，念孫案：闕文是「貞信」二字，此承上文「無轉其信」而言。信不轉，故曰「貞信」。以，與「已」同。上之貞信已昭，則下莫不爲上用，故曰「貞信已昭，其乃得人也」。孔注曰「貞信如此得其用也」，是其證。

〔集注〕孔晁云：轉移貞信如此，得其用也。（丁宗洛云：「轉移」不見經文，疑誤。）○潘振云：危，傾危也。動，轉移也。其乃，語辭。○陳逢衡云：危，謂事勢急迫。不動，謂君心不摇動也。其乃得人，猶云得其人也。

上危而轉，下乃不親。」

〔集注〕孔晁云：上危而下不親之，不足信故也。○陳逢衡云：此與上節緊對。上危而轉，不信也。下乃不親，則自匿矣。○陳漢章云：即《詩·小雅·菀柳》云「上帝甚蹈，無自暱焉」意，毛傳：「蹈，動也。」動與轉義同。

王拜曰：「允哉，允哉！敬行天道。」

〔彙校〕陳逢衡云：此節與上文不貫，當是《小開武解》「以知吉凶」下錯簡。其《小開武解》「王拜曰允哉」至「日正余不足」二十四字當在此，蓋校書者以同有「王拜曰允哉」遂致前後錯亂。案：「日正予不足」語意於此篇「朕實不明，余非不念，念不知」尤相貫注。○丁宗洛、唐大沛並云：「天」疑「大」字之訛。

〔集注〕陳逢衡云：允哉允哉，《呂氏春秋·貴信篇》引《周書》，高誘注：「《周書》，逸書也。」